长输管道地震反应分析

李昕 周晶 著

科学出版社

北京

内 容 简 介

油气输送工程、城市引水工程等往往需要采用长距离管道运输，地震是长输管道潜在的破坏原因之一。本书系统地论述了长输管道在地震的波动效应和地震引起的永久地面变形作用下的分析理论和方法，共三篇。第一篇论述了陆地和海底长输管道在空间变化的地震波作用下的分析方法；第二篇论述了长输管道在断层和滑坡作用下的分析方法；第三篇论述了长输管道地震作用下的失效模式、失效准则和安全评价方法。

本书可作为相关专业的研究生学习用书，也可供土木工程、水利工程、海洋与船舶工程、工程力学等相关专业中从事管道工程领域的工程技术人员参考。

图书在版编目(CIP)数据

长输管道地震反应分析/李昕，周晶著. —北京：科学出版社，2017.11
ISBN 978-7-03-054967-9

Ⅰ.①长… Ⅱ.①李… ②周… Ⅲ.①长输管道-地震反应分析 Ⅳ.①U173.9

中国版本图书馆 CIP 数据核字(2017) 第 255474 号

责任编辑：赵敬伟／责任校对：彭 涛
责任印制：张 伟／封面设计：耕者工作室

斜 学 出 版 社 出版
北京东黄城根北街 16 号
邮政编码：100717
http://www.sciencep.com

北京九州迅驰传媒文化有限公司 印刷
科学出版社发行 各地新华书店经销
*

2017 年 11 月第 一 版 开本：720×1000 1/16
2017 年 11 月第一次印刷 印张：20 1/2 插页：2
字数：410 000
定价：128.00 元
(如有印装质量问题，我社负责调换)

前　　言

随着社会经济的不断发展，地下管道在输水、输油、输气、排水等方面得到广泛的应用，成为现代社会的大动脉，通常称之为地下生命线工程。长输管道穿越复杂地质条件场地，地震是潜在破坏原因。1971 年美国圣费尔南多地震之后，人们从惨痛的地震经验教训中领悟到生命线工程的重要性。国内外广大学者经过近半个世纪的努力，在地震作用下埋地管道的理论分析、试验研究和数值计算等方面取得了丰硕的成果。

地震作用下，导致埋地管道破坏的原因主要是地震的波动效应以及地震引起的断层错动、滑坡、液化等永久地面变形效应。随着计算机性能的提高，数值仿真方法广泛用于埋地管道的地震反应分析。长输管道必须考虑地震波的空间传播效应，建立时域分析模型来精确计算地震波动反应。海底管道不可避免的会出现悬空情况，地震作用下悬空管道与周围海水的相互作用复杂，其水动力计算模型的研究较少。因此，陆地和海底长输管道的地震反应分析和评价方法的研究非常重要。

作者多年从事埋地管道地震反应的研究，结合国内外的文献，总结本课题组的研究成果整理成书。全书共分为三篇：第一篇为地震波作用下长输管道反应分析、论述了空间多点地震动合成方法、地震波作用下长输管道反应的数值分析、地震波作用下长输管道反应的理论分析、地震波作用下海底悬跨管道水动力计算模型、地震波作用下海底悬跨管道分析方法；第二篇为永久地面变形作用下长输管道反应分析，论述了永久地面变形危害、断层作用下埋地管道反应的数值方法分析、断层作用下埋地管道反应的解析方法分析、滑坡作用下埋地管道地震反应分析；第三篇为长输管道地震安全评价、论述了埋地管道失效模式和失效准则、埋地管道地震反应分析经典方法、长输管道地震反应分析和评价软件。

本书是作者及合作者二十多年来研究工作的总结。高级工程师翟贺，博士研究生董汝博、李明高、王滨，硕士研究生刘慧、王原嵩、周灵林、李秀梅、成洪武、赵翀、王颂翔、康鹏程、武慧生和周润等做了大量的研究工作，他们的辛勤工作才使得本书的研究工作逐步深入，也使得本书内容丰富、翔实，在此表示衷心的感谢。

本书的研究工作得到了国家重点研发计划 (2016YFC0802301)、国家自然科学基金委员会重点基金 (50439010)、 面上基金 (50308012)、 国际合作基金 (50811140341)、教育部科学技术研究重大项目 (305003) 的资助，在此表示衷心感谢。

　　由于作者水平有限，书中难免有疏漏及不足之处，衷心希望读者批评指正。

　　　　　　　　　　　　　　　　　　　　　　　　　　李　昕

　　　　　　　　　　　　　　　　　　　　　　　　大连理工大学

　　　　　　　　　　　　　　　　　　　　　　　　2017 年 6 月

目　　录

第一篇　地震波作用下长输管道反应分析

第三篇　长输管道地震安全评价

第一篇

地震波作用下长输管道反应分析

第1章 空间多点地震动合成方法

1.1 引 言

由震源释放出来的地震波所引起的地表附近土层的振动被称为地震动。地震波在地壳的传播过程中会经历复杂的介质条件，不同频率地震波分量的传播速度、反射和散射方式均不相同，不同空间点的各地震波频率分量的到时、幅值和叠加方式亦不相同。影响地震动的主要因素有三个：震源、传播途径与传播介质、局部场地条件。

对于小尺度结构，结构不同位置受到的地震动差别不大；但当结构在平面上尺度较大时，不同位置经历的地震动将存在一定差异。主要体现在以下四个方面[1]：① 在地震动场的不同位置，地震波到达的时间上存在差异，即行波效应；② 地震波在传播过程中发生复杂的反射和散射，同时，在地震动场的不同位置，地震波的叠加方式也不同，存在相干性，即部分相干效应；③ 在地震波传播过程中，随着能量的耗散，振幅会减小，即波的衰减效应；④ 在地震动场的不同位置，地质条件不同，影响地震波的振幅和频率，即局部场地效应。这些差异会对大跨度结构的地震反应产生不可忽视的影响，因此建立能够综合反映地震地面运动的空间变化的多点地震动模型对大尺度结构的地震反应分析具有重要的意义。

1.1.1 地震动空间变化特性的认识与发展

人类对地震动空间变化特性的分析研究是从地震动监测台阵建设完成后开始的。在没有获得差动台阵的强震记录之前，学者在研究地震动的空间变化对结构反应的影响时多采用行波法，即完全相干模型。这种方法假定地震波沿地表以一定的波速传播，多点地震记录的形状没有任何变化，只是时间的滞后，没有考虑幅值衰减。行波法能考虑各点间地震动的相位变化，比一致输入前进了一步，但这种方法不能反映各点间的地震动的波形差异。密集的地震动监测台阵建设完成后，根据监测到的数据，人们才对地震动空间变化特性有了新的认识并展开了进一步的研究。

目前，可提供大量数据并被国内外研究人员采用最多的地震动监测台阵是于1980 年 9 月在中国台湾东北海岸安装的数字强震动地震仪台阵，称为强地面运动台阵台湾 1 号 (strong motion aRray, Taiwan, No.1, SMART-1)。SMART-1 台阵由分别安置在半径为 100m，1km 和 2km 的三个圆环上的 36 个数字式加速度仪和在圆心的第 37 个加速度仪共同组成 [2]，具体布置见图 1.1。

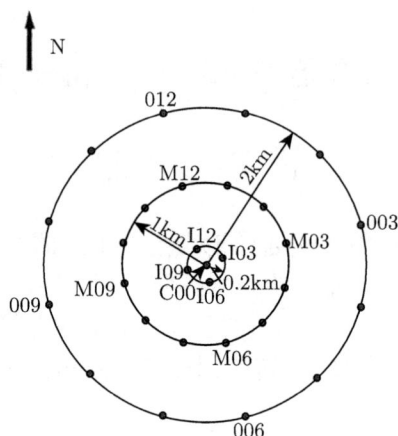

图 1.1　SMART-1 台阵示意图

1.1.2　空间相关多点地震动合成三要素

合成空间相关多点地震动一般需要具备三个要素：① 功率谱密度函数；② 相干函数；③ 强度包络函数。其中功率谱密度函数和相干函数被用来描述地震动空间变化特性。关于地震动空间变化性的研究，通常都是基于台阵采集的地震记录来得到。为了在有限的记录中得到有价值的信息，一般采用如下假设 [2]：

(1) 研究区域内的场地在空间上是均匀的。也就是说，所有描述地震动空间变化性的量只与空间点的相对距离有关，与它们的绝对坐标无关。

(2) 台站采集的地震动时程记录是平稳随机过程。从这个角度来说，地震动记录不存在开始与结束过程。虽然实际地震记录有明显的开始与结束阶段，但这可以看成是无限的平稳随机时程在通过强震剪切波窗 (strong motion shear wave window) 之后的一个时程片断。

(3) 台站采集的平稳随机过程是各态历经的。也就是说，任何一个实例所包含的信息都能充分描述整个时间过程。

以上假设与实际并不完全相符，但这些限制性的假设可以将实际中难以用数学进行描述的统计上的复杂性简单化，对于从众多实际地震记录中提取的描述地震动空间变化特性模型的工作来讲则是必要的。

1. 功率谱密度函数模型

功率谱密度函数是描述地震动频域特性的重要指标，与地震动的场地特性密切相关。根据场地均匀性假设，各空间点的功率谱密度函数应该是一致的。目前应

用最广的是 Kanai-Tajimi 谱及其修正形式。Kanai-Tajimi 谱的表述为 [3,4]

$$S_a(\omega) = S_0 \frac{\omega_g^4 + 4\xi_g^2\omega_g^2\omega^2}{\left(\omega_g^2 - \omega^2\right)^2 + 4\xi_g^2\omega_g^2\omega^2} \tag{1.1}$$

式中：S_0——来自基岩的白噪声过程；

　　　ω_g——土体滤波器的频率；

　　　ξ_g——土体滤波器的系数。

该模型形式简单，应用方便，经过多年的研究已经形成了较完整的参数确定方法，但是该模型存在低频成分失真以及不满足地面运动的速度和位移在频率 $\omega = 0$ 处是有限值的条件，即不满足两次可积。故对于长周期结构地震反应分析可能给出不正确的结果。为此，国内外学者在 Kanai-Tajimi 谱的基础上提出了一系列的修正方案。

国外最常用的为 Clough 和 Penzien 提出的 C-P 模型 [5]：

$$S_a(\omega) = S_0 \frac{\omega_g^4 + 4\xi_g^2\omega_g^2\omega^2}{\left(\omega_g^2 - \omega^2\right)^2 + 4\xi_g^2\omega_g^2\omega^2} \cdot \frac{\omega^4}{\left(\omega_f^2 - \omega^2\right)^2 + 4\xi_f^2\omega_f^2\omega^2} \tag{1.2}$$

该模型在 Kanai-Tajimi 谱的基础上附加了一个滤波器，ω_f 和 ξ_f 分别为该滤波器的频率和阻尼系数。通过调整 ω_f 和 ξ_f，可模拟地震动低频能量的变化。

国内较为常用的是胡聿贤提出的修正模型 [6]：

$$S_a(\omega) = S_0 \frac{\omega_g^4 + 4\xi_g^2\omega_g^2\omega^2}{\left(\omega_g^2 - \omega^2\right)^2 + 4\xi_g^2\omega_g^2\omega^2} \cdot \frac{\omega^n}{\omega^n + \omega_c^n} \tag{1.3}$$

式中：ω_c——控制低频含量的参数。

　　　ω_c 越大，地震动低频含量越小。参数 n 取 4 或 6。

国内学者对 C-P 模型和胡聿贤修正模型进行比较分析后认为 [7]，C-P 模型和胡聿贤修正模型的总体统计结果之间的差异较小。对一般的应用可采用胡聿贤修正模型，因其参数较少，易于确定；但对于抗震安全性能要求较高的长周期结构，建议采用 C-P 模型来充分考虑地震动低频能量的影响。

2. 相干函数模型

相干函数是在频域内描述不同测点地震动过程的相关程度的量，其值介于 0 与 1 之间。一般情况下，地表两个不同点地震动之间的相干函数可以通过以下公式得到

$$\gamma_{jk}(\omega) = \frac{S_{jk}(\omega)}{\sqrt{S_{jj}(\omega)S_{kk}(\omega)}} \tag{1.4}$$

式中：γ_{jk}——j 和 k 两点地震动的相干函数；

S_{jk}——两点之间的互功率谱；

S_{jj}, S_{kk}——两点的自功率谱。

同时为了表达方便，省略了频率下标 n。式 (1.4) 是一个复数，将其写成指数形式并将两点之间在地表的距离作为变量，则式 (1.4) 可表示为

$$\gamma(\xi,\omega) = |\gamma(\xi,\omega)| \exp\left[i\theta(\xi,\omega)\right] \tag{1.5}$$

式中：ξ——j 和 k 两点之间在地表的距离；$i = \sqrt{-1}$。

式 (1.3) 中的复数项 $\exp\left[i\theta(\xi,\omega)\right]$ 用以描述地震动的行波效应，即地震波波形的传播导致在前方空间点处地震波到时的延迟。考虑在地震波传播方向上的一系列空间点，则这些地震动相干性的行波效应部分可表示为

$$\gamma_{wp}(\xi,\omega) = \exp\left[-i\frac{\omega(\boldsymbol{c}\cdot\boldsymbol{\xi})}{|\boldsymbol{c}|^2}\right] = \exp\left[-i\frac{\omega\xi}{c}\right] \tag{1.6}$$

式中：γ_{wp}——相干性的行波效应部分；

c——地震波波速。

根据场地均匀性假设，考虑场地内地震波波速一致是合理的 [8]。因此，在式 (1.5) 中：

$$\theta(\xi,\omega) = -\frac{\omega\xi}{c} \tag{1.7}$$

相干函数中的另外一项，$|\gamma(\xi,\omega)|$ 用来描述各点地面运动之间的相似性。到目前为止，各国学者已经提出了许多模型，主要可以分为经验性和半经验性两类。

1) 经验性模型

(1) Feng 和 Hu 模型 [9]。

$$|\gamma(\xi,\omega)| = \exp[-(a\omega + b)|\xi|] \tag{1.8}$$

式中：a, b——统计参数。

(2) Loh 模型 [10]。

$$|\gamma(\xi,\omega)| = \exp[-a(\omega)|\xi|] \tag{1.9}$$

式中：$a(\omega)$——根据实际地震记录得到的关于 ω 的函数。

(3) Harichandran 和 Vanmarcke 模型 [8]。

$$|\gamma(\xi,\omega)| = A \exp\left[-\frac{2|\xi|}{\alpha\theta(\omega)}(1-A+\alpha A)\right] + (1-A)\exp\left[-\frac{2|\xi|}{\theta(\omega)}(1-A+\alpha A)\right] \tag{1.10}$$

其中，

$$\theta(\omega) = K\left[1 + \left(\frac{\omega}{\omega_0}\right)^b\right]^{-0.5} \tag{1.11}$$

式中：A，α，K，ω_0，b——统计参数。

(4) Loh 和 Yeh 模型[11]。

$$|\gamma(\xi,\omega)| = \exp\left(-a\frac{\omega|\xi|}{2\pi c}\right) \tag{1.12}$$

式中：a——统计参数；

　　　c——地震波波速。

(5) Hao 模型[12]。

$$|\gamma(\xi,\omega)| = \exp(-\beta_1|\xi|)\exp\left[-\alpha_1(\omega)\sqrt{|\xi|}\left(\frac{\omega}{2\pi}\right)^2\right] \tag{1.13}$$

其中，

$$\alpha_1(\omega) = A\frac{2\pi}{\omega} + B\frac{\omega}{2\pi} + C \tag{1.14}$$

式中：β_1，A，B，C——统计参数。

(6) Loh 和 Lin 模型[13]。

$$|\gamma(\xi,\omega)| = \exp\left[(-a - b\omega^2)|\xi|\right] \tag{1.15}$$

式中：a，b——统计参数。

(7) Abrahamson 模型[14]。

$$\operatorname{artanh}[|\gamma(\xi,\omega)|] = (a_1 + a_2|\xi|)\left\{\exp\left[(b_1 + b_2)|\xi|\right] + \frac{1}{3}\left(\frac{\omega}{2\pi}\right)^c\right\} + k \tag{1.16}$$

式中：a_1，a_2，b_1，b_2，k——统计参数。

(8) 王君杰模型[15]。

$$|\gamma(\xi,\omega)| = \exp\left\{-\left[a + b\left(\frac{\omega}{2\pi}\right)^2\right]|\xi|\right\} \tag{1.17}$$

式中：a，b——统计参数。

(9) 屈铁军模型[16]。

$$|\gamma(\xi,\omega)| = \exp\left[-a(\omega)|\xi|^{b(\omega)}\right] \tag{1.18}$$

其中，

$$a(\omega) = a_1\omega^2 + a_2, \quad b(\omega) = b_1\omega + b_2 \tag{1.19}$$

式中：a_1，a_2，b_1，b_2——统计参数。

以上各式中，屈铁军模型是在分析 Feng 和 Hu 模型、Harichandran 和 Vanmarcke 模型、Loh 和 Yeh 模型、Hao 模型、Loh 和 Lin 模型、Abrahamson 模型和王君杰模型 7 个模型场地条件的基础上，将各个模型值取平均的结果。

2) 半经验性模型

半经验性模型的解析形式是基于理论推导得到的，而其参数根据地震记录得到。应用最广泛的半经验性模型是 Luco 和 Wong 基于剪切波在随机介质中传播一定距离给出的，其表达式为

$$|\gamma(\xi, \omega)| = \exp\left[-(\eta\omega\xi/v_{rm})^2\right] = \exp(-\alpha^2\omega^2\xi^2) \tag{1.20}$$

其中，

$$\eta = \mu\left(\frac{R}{r_0}\right)^{1/2}, \quad \alpha = \frac{\eta}{v_{rm}} \tag{1.21}$$

式中：v_{rm}——随机介质中弹性剪切波的波速；

   r_0——沿传播路径随机不均匀性的刻度长度；

   μ—— 用来度量介质弹性属性的相关变化特性；

   R——两振动点之间的地表距离；

   α——相干性损失参数，控制函数的指数衰减。

通过近似选择相干性损失参数，Luco 和 Wong 模型与实际记录的相干性拟合良好，常被用于生命线工程地震反应分析。

3. 强度包络函数模型

地震动是一个非平稳的随机过程。在人工合成地震动的时候，通常用一个确定性函数和一个平稳的随机过程相乘来获得地震动的强度非平稳性，即

$$a(t) = f(t) \cdot u(t) \tag{1.22}$$

式中：$u(t)$——一个平稳随机过程；

   $f(t)$——一个确定性函数，也称为地震动的强度包络函数。

为了描述地震动的强度非平稳性，各国学者先后提出过多种强度包络函数模型。通常可将式 (1.22) 写成下面的形式：

$$a(t) = \sum_{j=1}^{m} f_j(t) \cdot u_j(t) \tag{1.23}$$

式中：m 通常取 1 或 3。当 $m = 1$ 时，$f(t)$ 为单峰值模型；当 $m = 3$ 时，$f(t)$ 为多峰值模型。

常用的单峰值包络模型有胡聿贤和周锡元模型 [6]：

$$f(t) = I_0 \left(\mathrm{e}^{-\alpha t} - \mathrm{e}^{-\beta t} \right) \tag{1.24}$$

式中：I_0——强度因子；

　　α, β——统计参数。

Goto 和 Toki 模型 [17]：

$$f(t) = a \frac{t}{t_p} \mathrm{e}^{1 - \frac{t}{t_p}} \tag{1.25}$$

式中：a, t_p——统计参数。

多峰值模型有 Amin 和 Ang 模型 [18]：

$$f(t) = \begin{cases} I_0 (t/t_1)^2, & 0 \leqslant t \leqslant t_1 \\ I_0, & t_1 < t \leqslant t_2 \\ I_0 \mathrm{e}^{-c(t-t_2)}, & t_2 < t \end{cases} \tag{1.26}$$

目前工程中应用较多的是 Amin 和 Ang 模型，这个模型共有四个参数，即强度因子 I_0、衰减系数 c、上升段与强度平稳段的分界点 t_1 和平稳段与衰减段的分界点 t_2。这个模型将地震加速度时程明显地分为上升、强度平稳和衰减三个时段，比较直观、简单，基本上能反映地震加速度幅值的时变特征。

1.1.3　空间相关多点地震动合成方法

在进行长跨结构地震反应分析时，往往需要开展确定性分析，这就要求已知空间相关的多点地面运动作为结构支撑的输入条件，因此根据地震动空间变化的随机特征合成空间相关的多点地震动时程是各国学者的研究重点之一，由此产生了各种各样的合成方法。例如，协方差矩阵分解法 [19]、谱重构法 [20,21]、含随机相位的包络函数法 [22]、运用傅里叶序列近似模拟相干函数法 [23,24]、ARMA 近似法 [25]、FFT 法 [26]、混合 DFT 和数字滤波器法 [27]、条件模拟法 [28,29]、插值法 [30] 等。

在众多方法中，以协方差矩阵分解法和谱重构法应用较为广泛。其中，协方差矩阵分解法最初是由 Hao、Oliveira 和 Penzien 三人联合提出的，称之为 HOP 方法 [19]。该方法是在合成 1 个点的地震动时程基础上提出来的，即将地震动功率谱矩阵进行 Cholesky 分解，通过运算得到某点地震动不同频率分量的幅值和相位与功率谱矩阵分解值之间的关系，再对有随机分布相位角的余弦函数在频率和空间上双求和，得到各点的地震动时程。屈铁军和王前信 [31,32] 对 HOP 方法进行了改进，计算每一点时均考虑与其他 $n-1$ 个点的相关性，避免了 HOP 方法中各点合成公式相差较大导致的各点地震动幅值相差较大的情况，同时给出了适用于 II、III 类场地的功率谱模型。刘文华等 [33] 在屈铁军方法的基础上引入相位差谱，用符合相位差谱统计规律的相位角代替随机相位角，生成了考虑非平稳性的多点地震动时程。倪永军和朱晞 [34] 在随机场的模拟中引入相位差谱，按不同设计烈度生成了时间–空间变化的非平稳人工随机场。夏友柏 [35] 和刘先明 [36] 在生成功率谱矩阵时，假设各点的自功率谱相同，避免进行 Cholesky 分解，提出了各自的简化方法。

然而在 HOP 方法中，当两点之间的距离趋于无限小时，合成的两点地震动时程曲线不趋于一致，差别较大。实际应用中为了避免这一情况，通常选取相隔一段距离的两个点生成地震动时程，两点之间各点的地震动时程，采用内差法获得 [37,38]。

1.2　空间相关多点地震动传统合成方法

1.2.1　地震波传播特点及检验方法

1. 传播特点

地震从震源以波的形式向外传播，由于行波效应、部分相干效应、波的衰减效应及局部场地效应的存在，在地表不同空间点处的地震动存在一定差别。差动台阵的统计结果表明 [37]，在一个局部场地上，各点的地震动既不是完全相关的，也不是完全不相关的，各点之间的相干值总是在 0 与 1 之间，且随测点间距的增加、频率的增高而减小。因此，基于场地均匀性假设可以推断，地表的两个空间点的地震动时程之间的相似程度将随着两个点在地震动传播方向上的投影距离的减小而增大，当两个空间点在地震动传播方向上的投影距离趋近于无限小时，两个点的地震动时程应当趋于一致。

2. 检验方法

为了研究各空间点地震动时程之间的相似性，同时考虑到地震动的随机特性，在此引入动态时间弯曲距离 (dynamic time warping distance，DTW 距离) 作为不同点地震动时程的相似性度量标准。DTW 距离在语音识别领域中得到广泛应用，Berndt 和 Clifford 将其引入时间序列的相似性研究中 [39]。DTW 距离根据最小代价的时间弯曲路径进行对齐匹配，能够支持时间轴的伸缩。DTW 距离的定义式表述如下：

设时间序列 $\boldsymbol{X}\,(x_1, x_2, \cdots, x_n)$，$\boldsymbol{Y}\,(y_1, y_2, \cdots, y_m)$，其长度分别为 n 和 m。它们之间的 DTW 距离定义为

$$D_{\text{DTW}}\left(\langle\rangle, \langle\rangle\right) = 0$$
$$D_{\text{DTW}}\left(\boldsymbol{X}, \langle\rangle\right) = D_{\text{DTW}}\left(\langle\rangle, \boldsymbol{Y}\right) = \infty$$

$$D_{\mathrm{DTW}}\left(\boldsymbol{X}, \boldsymbol{Y}\right) = d\left(x_1, y_1\right) + \min \begin{cases} D_{\mathrm{DTW}}\left(\boldsymbol{X}, \boldsymbol{Y}\left[2:-\right]\right) \\ D_{\mathrm{DTW}}\left(\boldsymbol{X}\left[2:-\right], \boldsymbol{Y}\right) \\ D_{\mathrm{DTW}}\left(\boldsymbol{X}\left[2:-\right], \boldsymbol{Y}\left[2:-\right]\right) \end{cases} \tag{1.27}$$

式中：$\langle\rangle$——空的时间序列；

$d(x_i, y_j)$——序列点 x_i 和 y_j 之间的距离；

$[2:-]$——一维数组中从第 2 个元素起到最后一个元素为止的子数组。

两条时间序列的 DTW 距离可以通过一种基于累积距离矩阵的动态规划方法计算[40]。累积距离矩阵实际上是一个递推关系，定义如下：

设时间序列 $\boldsymbol{X}(x_1, x_2, \cdots, x_n)$，$\boldsymbol{Y}(y_1, y_2, \cdots, y_m)$，其长度分别为 n 和 m。构造累积距离矩阵为

$$r(i, j) = d(x_i, y_j) + \min\{r(i-1, j), r(i, j-1), r(i-1, j-1)\} \tag{1.28}$$

图 1.2 给出了一个计算累积距离矩阵的例子。图中的阴影部分表示两条时间序列之间最小的动态时间弯曲路径，累积距离矩阵的右上角得到的值就是这两条时间序列之间的距离。实际上，该累积距离矩阵的任一元素 $r(i, j)$ 都代表了时间序列 $\boldsymbol{X}_{1:i}$ 和 $\boldsymbol{Y}_{1:j}$ 之间的 DTW 距离。

	第 1 列	第 2 列	第 3 列	第 4 列
第 6 行	6	16	11	12
第 5 行	6	13	9	10
第 4 行	7	10	7	8
第 3 行	6	6	4	5
第 2 行	5	3	2	3
第 1 行	4	1	1	2
$\boldsymbol{Y}$ \ $\boldsymbol{X}$		3	4	3

图 1.2 时间序列 $\boldsymbol{X} = \{3, 4, 4\}$ 和 $\boldsymbol{Y} = \{4, 5, 6, 7, 6, 6\}$ 之间的累积距离矩阵的计算过程

由式 (1.27) 可以看出，两条时间序列的 DTW 距离越大，它们之间的相似性越弱；反之，两条时间序列的 DTW 距离越小，它们之间的相似性越强。如果两条时间序列一致，则其 DTW 距离为 0。

1.2.2 传统的空间相关多点地震动合成方法

1. 基本理论

在 HOP 方法中，地震时间序列被认为是多个谐波函数的叠加，每一个谐波函数对应一个频率值 ω_k，ω_k 在 $[0, \omega_{\mathrm{N}}]$ 范围内变化。其中，ω_{N} 是 Nyquist 频率。具体

的方法是先合成 1 个点的地震动时程；当生成第 2 个点的地震动时，将地震动表示成两项三角级数和的形式，考虑与已生成的第 1 个点的地震动的相关性；以此类推，生成第 n 个点的地震动时程的时候，将该点的地震动时程表示为 n 项三角级数的和，考虑与已生成的前 $n-1$ 个点的地震动的相关性。假设在地震波传播方向有 n 个空间点，令 $u_j(t)\,(j=1,\cdots,n)$ 表示要合成的 n 个点的地震动时程，则各点地震动时程可表示为

$$u_j(t) = \sum_{m=1}^{j} \sum_{k=0}^{N-1} a_{jm}(\omega_k) \cos\left[\omega_k t + \theta_{jm}(\omega_k) + \varphi_{mk}\right], \quad j = 1, 2, \cdots, n \tag{1.29}$$

式中：j 和 m——空间点号；

　　　　k——频率分量；

　　　　$a_{jm}(\omega_k)$——考虑第 j 点与第 m 点相关的第 k 个频率分量的幅值；

　　　　$\theta_{jm}(\omega_k)$——考虑第 j 点与第 m 点相关的第 k 个频率分量的相位角；

　　　　φ_{mk}——随机相位角，均匀分布在区间 $(0, 2\pi)$ 上，且当 $m \neq r$ 或 $k \neq s$ 时，

　　　　　　　　φ_{mk} 和 φ_{rs} 相互独立（r 为空间点号，s 为频率分量）。

　　由式 (1.29) 可知，要合成第 j 点的地震动时程，只需求出 $a_{jm}(\omega_k)$ 和 $\theta_{jm}(\omega_k)$ 的值，这可由功率谱矩阵获得。

　　对于频率为 ω_k 的地震动分量，其功率谱矩阵可表示为

$$\boldsymbol{S}(\mathrm{i}\omega_k) = \begin{bmatrix} S_{11}(\omega_k) & S_{12}(\mathrm{i}\omega_k) & \cdots & S_{1n}(\mathrm{i}\omega_k) \\ S_{21}(\mathrm{i}\omega_k) & S_{22}(\omega_k) & \cdots & S_{2n}(\mathrm{i}\omega_k) \\ \vdots & \vdots & & \vdots \\ S_{n1}(\mathrm{i}\omega_k) & S_{n2}(\mathrm{i}\omega_k) & \cdots & S_{nn}(\omega_k) \end{bmatrix} \tag{1.30}$$

　　根据互功率谱的性质

$$S_{mj}(\mathrm{i}\omega_k) = S_{jm}^{*}(\mathrm{i}\omega_k) \tag{1.31}$$

式中：$*$ 表示共轭。

　　由式 (1.31) 则有

$$\boldsymbol{S}(\mathrm{i}\omega_k) = \boldsymbol{S}^{\mathrm{H}}(\mathrm{i}\omega_k) \tag{1.32}$$

式中：H 表示共轭转置。可见功率谱矩阵 $\boldsymbol{S}(\mathrm{i}\omega_k)$ 是 Hermite 矩阵，而且是正定矩阵，进行 Cholesky 分解如下：

$$\boldsymbol{S}(\mathrm{i}\omega_k) = \boldsymbol{L}(\mathrm{i}\omega_k) \boldsymbol{L}^{\mathrm{H}}(\mathrm{i}\omega_k) \tag{1.33}$$

其中,

$$\boldsymbol{L}\left(\mathrm{i}\omega_k\right) = \begin{bmatrix} l_{11}\left(\omega_k\right) & 0 & \cdots & 0 \\ l_{21}\left(\mathrm{i}\omega_k\right) & l_{22}\left(\omega_k\right) & \cdots & 0 \\ \vdots & \vdots & & \vdots \\ l_{n1}\left(\mathrm{i}\omega_k\right) & l_{n2}\left(\mathrm{i}\omega_k\right) & \cdots & l_{nn}\left(\omega_k\right) \end{bmatrix} \tag{1.34}$$

$a_{jm}(\omega_k)$ 与 $\theta_{jm}(\omega_k)$ 可根据下式确定:

$$a_{jm}\left(\omega_k\right) = \sqrt{4\Delta\omega}\left|l_{jm}\left(\mathrm{i}\omega_k\right)\right| \tag{1.35}$$

$$\theta_{jm}\left(\omega_k\right) = \arctan\frac{\mathrm{Im}\left[l_{jm}\left(\mathrm{i}\omega_k\right)\right]}{\mathrm{Re}\left[l_{jm}\left(\mathrm{i}\omega_k\right)\right]} \tag{1.36}$$

将式 (1.35)、式 (1.36) 代入式 (1.29) 即可得到第 j 点的平稳地震动时程。

真实的地震动是非平稳的,主要体现在强度非平稳和频率非平稳两个方面。在人工合成地震动时,强度的非平稳性可用平稳地震动时程与一个强度包络函数相乘来获得;频率的非平稳性采用分段合成再叠加的方法来近似获得,通常将加速度时程分为起震、平稳和衰减三个阶段进行合成。一个点的非平稳地震动时程的合成公式为 [41]

$$a\left(t\right) = f\left(t\right)\sum_{p=1}^{3} d_p\left(t\right)u_p\left(t\right) \tag{1.37}$$

式中:$u_p\left(t\right)$——第 p 时段的平稳地震动时程;

$d_p\left(t\right)$——窗函数;

$f\left(t\right)$——强度包络函数。

2. 相似性检验

为了检验利用传统的多点地震动合成方法得到的多点地震动时程是否符合地震动传播特性,按照图 1.3 各点平面位置示意图构建计算模型。图中 3 个点在地震动传播方向上,坐标分别为 0m, 1m, 101m,地震波在第一个点处入射。由地震动传播机制可知,1,2 两点之间的距离相差仅 1m,因此一次合成得到的这两点的地震动时程之间的相似性应该高于 1,3 两点和 2,3 两点。

利用传统方法合成 3 个点的地震动时程,合成所需要的功率谱密度函数、相干函数、强度包络函数等参数均按文献 [19] 确定。传统方法合成的 3 个点的加速度时程如图 1.4 所示。

图 1.3　各点平面位置示意图

(a)　1点($x=0$m)的加速度时程

(b)　2点($x=1$m)的加速度时程

(c)　3点($x=101$m)的加速度时程

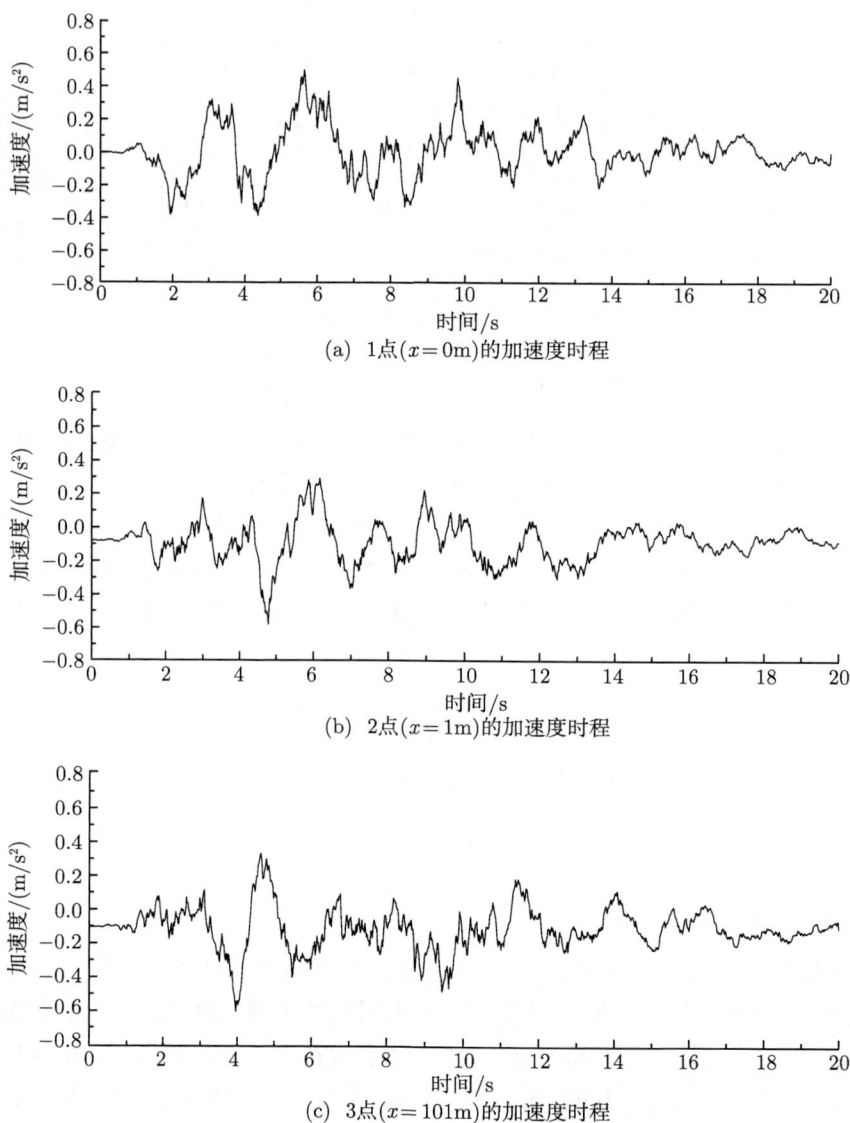

图 1.4　传统方法合成的 3 个点的加速度时程

　　根据式 (1.27) 计算各点地震动时程之间的 DTW 距离，计算结果如表 1.1 所示。可以看出，虽然点 1 和点 2 之间的距离仅有 1m，但两点地震动时程之间的 DTW 距离却很大，甚至大于 DTW(2,3)。这说明，合成的第一点时程与第二点时程相似性较弱，甚至弱于第二点时程与第三点时程的相似性，这与实际地震动传播特性不符。因此，在实际应用中为了避免这一情况，通常首先选取相隔一段距离的两个点生成地震动时程，再利用内差法得到中间过渡点的地震动时程。

表 1.1 传统方法得到的各点地震动时程之间的 DTW 距离

点号	1	2	3
1	0		
2	37.87	0	
3	42.48	35.89	0

1.3 空间相关多点地震动改进合成方法

1.3.1 基于实际地震记录的空间多点地震动合成方法

1. 基本思想

为了简化问题，这里假设一次地震发生后，将在震源处产生唯一的地震动时程 (可分解为三个正交方向上的分量)，称之为原始地震动。原始地震动以震源为中心向外传播，穿过地球中复杂的介质，并经历复杂的反射、折射及阻尼耗散后，最终体现在地表各点的将是具备空间变化性的地震动场。也就是说，在一次地震中存在一个原始地震动时程，地表各点的地震动时程都以原始地震动为基础，各点之间由各种原因导致的差异性用相干幅值和相干相位角表示。基于以上假设，改进后的空间相关多点地震动合成方法的基本思想为：首先，生成一次地震的原始地震动时程；然后，利用各点之间的相干性以相干幅值和相干相位角为基础在原始地震动中进行修正，从而得到 n 个点的考虑空间相关性的最终地震动时程。因此，式 (1.29) 中的随机相位角 φ 将只与频率 ω_k 有关，而与空间点号 m 无关。

同时，分析式 (1.29) 可以看出，采用该方法合成某一点的地震动时，无法考虑与后面将要生成的其他点的地震动的相关性。由于各个点的合成公式相差较大，所以生成的地震动幅值相差较大。针对这一问题，采用屈铁军等建议的修正方法，在生成每个点的地震动时都考虑这个点与其他各个点地震动的相关性，将每个点的合成公式都表示成 n 项三角级数的和。

基于以上思想，改进后的空间相关多点地震动合成公式为

$$u_j(t) = \sum_{m=1}^{n} \sum_{k=0}^{N-1} a_{jm}(\omega_k) \cos[\omega_k t + \theta_{jm}(\omega_k) + \varphi_k], \quad j = 1, 2, \cdots, n \quad (1.38)$$

式中：φ_k——原始地震动的相位角，当 $k \neq s$ 时，φ_k 和 φ_s 相互独立 (此处下标 s 表示频率分量)。

经过这样的修正后，得到的多点地震动时程将与地震动传播特性相符合。

由以上分析可以看出，合成多点地震动时程的一个关键问题在于得到原始地震动的相位谱。多年来，人们一直假定相位谱在 $(0, 2\pi)$ 区间上均匀分布，没有研

究其深层次的意义。1979 年,日本学者 Ohsaki 首次提出相位差谱的概念 [42],其定义为

$$
\Delta\varphi\left(\omega_k\right)
= \begin{cases}
\varphi\left(\omega_{k+1}\right) - \varphi\left(\omega_k\right), & 0 \leqslant \varphi\left(\omega_{k+1}\right) - \varphi\left(\omega_k\right) \leqslant 2\pi, \\
\varphi\left(\omega_{k+1}\right) - \varphi\left(\omega_k\right) + 2\pi, & -2\pi \leqslant \varphi\left(\omega_{k+1}\right) - \varphi\left(\omega_k\right) \leqslant 0,
\end{cases} \quad k = 0, 1, 2, \cdots, N-1
$$

(1.39)

式中:$\Delta\varphi\left(\omega_k\right)$——时程的相位差谱;

　　　N——相位谱的离散点数。

Ohsaki 研究了相位差谱对地震动加速度时程的强度包络曲线的影响。自此之后,相位差谱才逐渐引起人们的重视,对相位差谱统计规律的研究也逐渐开展起来 [43−51]。因此,下文将分为未知和已知相位差谱统计规律两种情况进行讨论。

2. 未知相位差谱统计规律的情况

当相位差谱统计规律未知时,令 φ_k 在 $(0, 2\pi)$ 区间上均匀分布,首先利用式 (1.38) 合成 n 个点的平稳地震动时程,再利用式 (1.37) 得到 n 个点的非平稳地震动时程。

为检验本书方法合成的多点地震动是否符合地震动传播特性,仍以图 1.3 计算模型为例,应用本书方法合成 3 个点的地震动时程,各参数不变。改进方法合成的 3 个点的加速度时程如图 1.5 所示。

计算各点地震动时程之间的 DTW 距离,如表 1.2 所示。可以看出,应用本书方法得到的 DTW(1,2) 为 0.93,仅是根据传统方法得到的相对应值的 2.45%。1,3 两点之间的距离和 2,3 两点之间的距离相差 1m,因此 DTW(1,3) 和 DTW(2,3) 也很接近。可见利用本书方法合成的多点地震动符合实际地震动传播特性。

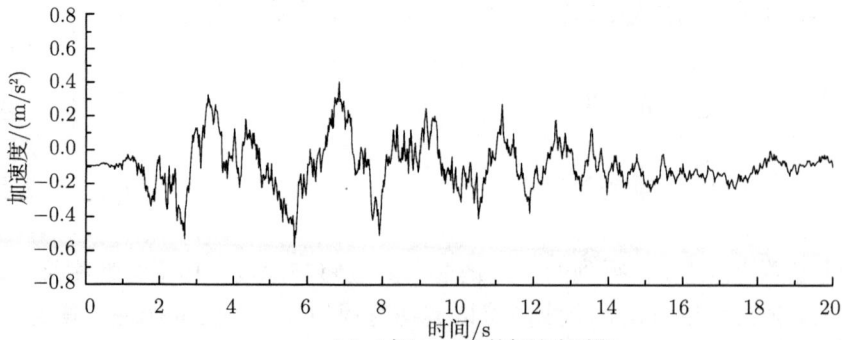

(a) 1点($x = 0$m)的加速度时程

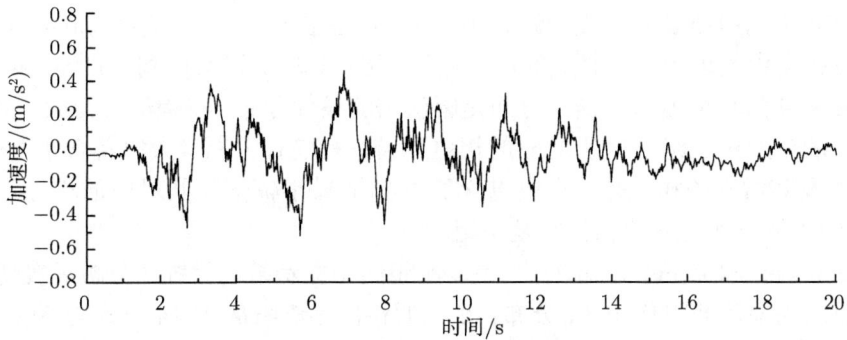

(b) 2点($x=1$m)的加速度时程

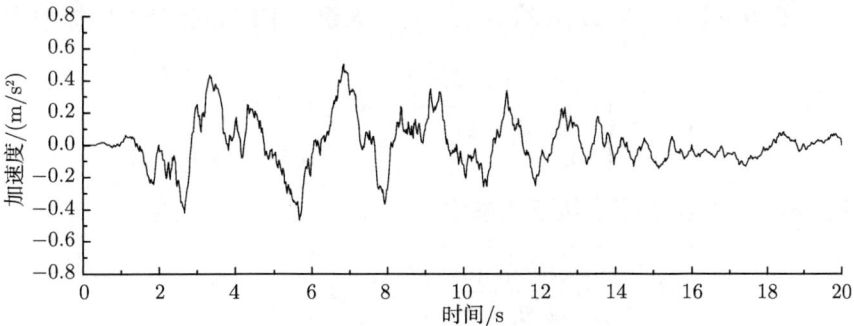

(c) 3点($x=101$m)的加速度时程

图 1.5 改进方法合成的 3 个点的加速度时程

表 1.2 本书改进方法得到的各点地震动时程之间的 DTW 距离

点号	1	2	3
1	0		
2	0.93	0	
3	20.82	20.49	0

此处需要指出, 虽然本书实例中选取的空间点在地震动传播方向的一条直线上, 但利用本书改进方法合成多点地震动时, 可以考虑其他位置空间点的影响, 只需将空间其他点的地震动时程一起合成, 即可得到考虑所有合成点之间的相干性的地震动场。

3. 已知相位差谱统计规律的情况

1) 相位差谱统计模型

(1) Thráinsson 和 Kremidjian 模型。

Thráinsson 和 Kremidjian 对美国加利福尼亚州九次地震中约 300 条加速度记录的相位差谱进行了统计分析, 给出了相位差谱的概率密度函数及其均值、方差的统计公式。所选用地震波的震中距在 0~100km 范围内、震级 M 在 6.0~7.5 范围内，并且在自由场地上或刚性、低层 (最多二层) 结构上记录得到。Thráinsson 和 Kremidjian 认为相位差谱的概率分布是幅值谱的条件分布，将幅值分为大、中、小三组，然后分别对三组幅值所对应的相位差谱进行统计分析。大组包含了 10% 的最大幅值及其对应的相位差，小组包含了 55% 的最小幅值及其对应的相位差，其余 35% 的幅值及其对应的相位差是中组。

Thráinsson 和 Kremidjian 对大、中、小组的相位差谱进行统计分析后发现：大组、中组的相位差谱服从 Beta 分布；小组的相位差谱服从 Beta 分布与 [0,1] 均匀分布的组合分布。

将相位差谱变换至 $[0, 2\pi]$，然后归一化，大组、中组相位差谱的概率密度函数是

$$f(x) = \begin{cases} \dfrac{x^{p-1}(1-x)^{q-1}}{\beta(p, q)}, & 0 \leqslant x \leqslant 1 \\ 0, & x < 0 \text{ 或 } x > 1 \end{cases} \tag{1.40}$$

式中：$\beta(p, q)$——Beta 函数，按下式确定：

$$\beta(p,q) = \frac{\Gamma(p)\Gamma(q)}{\Gamma(p+q)} \int_0^1 t^{p-1}(1-t)^{q-1}\mathrm{d}t \tag{1.41}$$

其中，

$$\Gamma(x) = \int_0^\infty t^{x-1}\mathrm{e}^{-t}\mathrm{d}t \tag{1.42}$$

Beta 分布参数 p, q 均大于 0，它们与 $\beta(p,q)$ 的均值 μ(表示大组均值 μ_L 或中组均值 μ_I)、方差 σ^2(表示大组方差 σ_L^2 或中组方差 σ_I^2) 间的关系为

$$\begin{cases} \mu = p + q \\ \sigma^2 = \dfrac{pq}{(p+q)^2(1+p+q)} \end{cases} \tag{1.43}$$

小组的相位差谱服从 Beta 分布与 [0,1] 均匀分布的组合分布。小组相位差谱归一化之后的概率密度函数按下式确定：

$$f_s(x) = w + (1-w)\frac{x^{p-1}(1-x)^{q-1}}{\beta(p, q)}, \quad 0 \leqslant x \leqslant 1 \tag{1.44}$$

其中，w 是 [0,1] 均匀分布的加权系数。小组相位差谱的均值 μ_s、方差 σ_s^2 按下式确定：

$$\begin{cases} \mu_s = \dfrac{w}{2} + (1-w)\dfrac{p}{p+q} \\ \sigma_s^2 = \dfrac{w^2}{12} + (1-w)^2\dfrac{pq}{(p+q)^2(1+p+q)} \end{cases} \tag{1.45}$$

通过统计分析认为 μ_L，μ_I，μ_s，σ_L^2，σ_I^2，σ_s^2，w 这七个参数并非彼此独立，可将 μ_L 与 σ_s^2 看成基本参数，而将其他五个参数作为导出参数，可表示为

$$\mu_I = 0.11 + 0.81\mu_L \tag{1.46}$$

$$\mu_s = 0.2 + 0.6\mu_L \tag{1.47}$$

$$\ln(\sigma_L^2) = -0.617 + 1.078\ln(\sigma_s^2) \tag{1.48}$$

$$\ln(\sigma_I^2) = -0.549 + 0.897\ln(\sigma_s^2) \tag{1.49}$$

$$w = \begin{cases} 0, & \sigma_s^2 \leqslant 0.00453 \\ -0.068 + 15\sigma_s^2, & \sigma_s^2 > 0.00453 \end{cases} \tag{1.50}$$

基本参数 μ_L 与 σ_s^2 可由下式获得

$$\mu_L = \frac{c_1 + c_2 D}{q_1 + q_2 M} \tag{1.51}$$

$$\ln(\sigma_s^2) = \frac{c_1 + c_2 \exp(c_3 D^{c_4})}{q_1 + q_2 M} \tag{1.52}$$

式中：D——震中距；

M——震级；

c_1，c_2，c_3，c_4，q_1，q_2——统计参数。

(2) 赵凤新模型。

赵凤新等通过对美国西部近百条基岩上地震记录的相位差谱进行分析，得到了适用于岩石场地的地震动相位差谱统计规律。首先对相位差谱 $\Delta\varphi(f)$(此处 f 为频率，单位为 Hz) 进行一定次数的平滑，得到相位差谱均值曲线 $\Delta\bar{\varphi}(f)$，同时令 $\varepsilon(f) = \Delta\varphi(f) - \Delta\bar{\varphi}(f)$，$\varepsilon(f)$ 是均值为零的平稳随机过程，则 $\Delta\bar{\varphi}(f)$ 与震级 M 和震源距 R 之间的关系为

$$\log_{10}|\Delta\bar{\varphi}(f)| = a_1(f) + a_2(f) \cdot M + a_3(f)\log_{10}(R + R_0) \tag{1.53}$$

式中：$a_1(f)$，$a_2(f)$，$a_3(f)$——与频率有关的回归系数；

R_0——常数。

零均值随机变量 $\varepsilon(f)$ 的方差 σ_ε 与震级 M 和震源距 R 之间的关系为

$$\log_{10}\sigma_\varepsilon = d_1 + d_2 \cdot M + d_3\log_{10}(R + R_0) \tag{1.54}$$

式中：d_1，d_2，d_3——回归系数；

R_0——常数。

针对岩石场地，$d_1 = -1.124$，$d_2 = 0.089$，$d_3 = 0.3161$，$R_0 = 15.0$。

假定 $\varepsilon(f)$ 服从对数正态分布，通过式 (1.53) 和式 (1.54) 可得到 $\Delta\bar{\varphi}(f)$ 和 σ_ε，通过生成随机数的方法给出平稳随机过程 $\varepsilon(f)$，从而得到地震动相位差谱：

$$\Delta\varphi(f) = \Delta\bar{\varphi}(f) + \varepsilon(f) \tag{1.55}$$

2) 基于相位差谱的空间相关多点地震动合成方法

得到相位差谱后，任意指定初相位 φ_0，即可由式 (1.39) 直接生成满足给定相位差谱统计规律的相位角 φ_k，代入式 (1.38)，即可得到相应的非平稳空间相关多点地震动时程。关于利用相位差谱合成空间相关多点地震动的方法，文献 [33] 中有较为详尽的介绍，本书不再赘述。

已知相位差谱统计规律，由于相位差谱包含地震动的非平稳信息，所以不必再利用式 (1.37) 来获得合成地震动的非平稳性。

1.3.2 基于地震反应谱的空间多点地震动合成方法

传统 HOP 法采用功率谱模型函数来合成多点地震动，但在实际工程中一般规定选取设计反应谱来合成人工波。为了解决这个问题，本节引入反应谱和功率谱的近似转换关系，得到相应的功率谱密度函数，转换关系如下式：

$$S(\omega) = \frac{\xi}{\pi\omega} \cdot S_a^T(\omega)^2 \cdot \frac{1}{\ln\left(\dfrac{-\pi}{\omega T}\ln(1-P)\right)} \tag{1.56}$$

式中：P——反应超越概率，一般取 $5\% \sim 10\%$；

$\quad$ S_a^T——目标谱，$S_a^T = \beta(T) \cdot |a_{\max}|$；

$\quad$ ξ——地震动阻尼比，一般根据场地条件选取。

设计反应谱可以根据相关抗震规范 [52] 选取，本节采用建筑抗震规范设计反应谱，如图 1.6 所示。

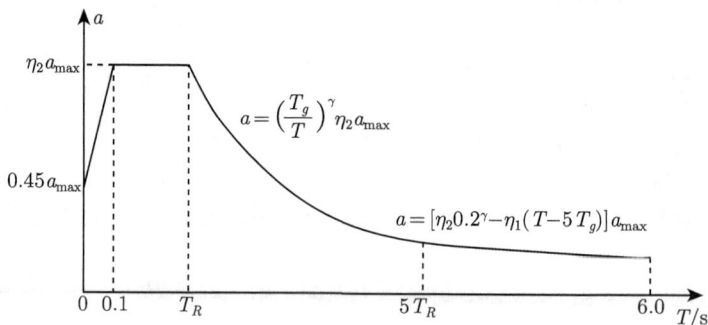

图 1.6 建筑抗震规范设计反应谱

其中：a——地震影响系数；

$\quad T_g$——场地特征周期；

$\quad a_{\max}$——地震影响系数最大值；

$\quad \eta_1$——下降段的下降斜率调整系数；

$\quad \gamma$——衰减指数；

$\quad \eta_2$——阻尼调整系数；

$\quad T$——结构自振周期。

HOP 方法得到的地震波是一个平稳的地震波，但地震是一个非平稳的过程，采用 Amin 和 Ang 模式，见式 (1.26)，其中 I_0 取为 1，则包络。所以需要使用一个包络函数来合成非平稳过程，函数见式 (1.57)，单点的非平稳地震动时程的合成公式如式 (1.58) 所示。包络函数形式如图 1.7 所示，在选取包络线函数参数时，主要考虑地震动时长 t，确定 t_1，t_2 后，衰减系数 c 可以通过计算得到。

$$f(t) = \begin{cases} \left(\dfrac{t}{t_1}\right)^2, & 0 \leqslant t \leqslant t_1 \\ 1, & t_1 \leqslant t \leqslant t_2 \\ \mathrm{e}^{-c(t-t_2)}, & t_2 \leqslant t \end{cases} \tag{1.57}$$

$$a_j(t) = f(t) \cdot U_j(l) \tag{1.58}$$

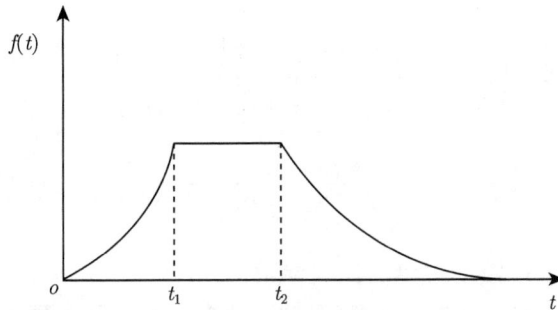

图 1.7 强度包络函数图

由于式 (1.56) 定义的反应谱与功率谱近似转换关系存在一定误差，故 HOP 方法生成的地震波会和目标反应谱有误差，所以应该对合成地震波进行修正，使合成地震波的反应谱更接近目标反应谱。对于空间多点地震动，推荐使用调整功率谱方法进行修正。常用的功率谱修正迭代公式如下：

$$S^{i+1}(\omega_k) = S^i(\omega_k) \cdot \left[\frac{S^T(\omega_k)}{S_a(\omega_k)}\right]^2 \tag{1.59}$$

式中：$S^i(\omega_k)$——原有功率谱；

$S_a(\omega_k)$——合成地震波反应谱 (通过加速度时程计算得到);

$S^T(\omega_k)$——目标反应谱。

通过计算发现, 进行 6 次左右的迭代即可得到较为理想的结果, 误差在 5% 左右, 符合工程计算的精度。

1.4 空间相关多点地震动合成实例

1.4.1 基于传统 HOP 法的地震动合成实例

地震动时程模拟为一维均匀调制的非平稳随机向量过程。选择与波传播方向在同一直线上的四个点合成加速度时程, 见图 1.8。四个点的坐标分别为 0m, 1m, 101m 和 1000m。

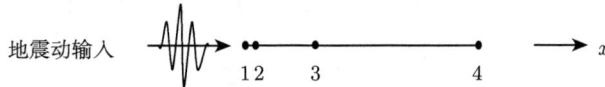

图 1.8 地面上点 1, 2, 3 和 4 的位置示意图

合成多点地震动需要具备三个要素: 目标功率谱密度函数、相干函数、调制函数。

选取 Clough 和 Penzien 提出的目标功率谱密度函数:

$$S_j(\omega) = S_{0j}\left(\frac{1 + 4\xi_{gi}^2(\omega/\omega_{gi})^2}{[1 - (\omega/\omega_{gi})^2]^2 + 4\xi_{gi}^2(\omega/\omega_{gi})^2}\right)$$
$$\times \left(\frac{(\omega/\omega_{fi})^4}{[1 - (\omega/\omega_{fi})^2]^2 + 4\xi_{fi}^2(\omega/\omega_{fi})^2}\right), \quad j = 1, 2, 3, 4 \quad (1.60)$$

式中: S_{0j}——取决于地震动强度的比尺参数;

ω_{gj} 和 ξ_{gj}——Kanai-Tajimi 模型的过滤参数, 表示土层 j 点处的固有频率和阻尼比;

ω_{fj} 和 ξ_{fj}——第二过滤参数, 为了保证地面位移具有有限的能量。

对于中硬土, $\omega_{gj} = 10.0\text{rad/s}$, $\xi_{gj} = 0.4$, $\omega_{fj} = 1.0\text{rad/s}$, $\xi_{fj} = 0.6$。

相干模型采用屈铁军等建议的一种经验模型:

$$\gamma_{jm}(\text{i}\omega, d_{jm}) = \exp\left(-a(\omega)d_{jm}^{b(\omega)}\right)\exp\left(-\text{i}\omega\frac{d_{jm}}{v_{app}}\right), \quad j, m = 1, 2, 3, 4; j \neq m \quad (1.61)$$

式中: d_{jm}——波传播方向上 j 和 m 点间的投影距离;

v_{app}——视波速;

$a(\omega)$, $b(\omega)$——频率 ω 的函数，表示如下：

$$a\left(\omega\right) = a_1\omega^2 + a_2$$
$$b\left(\omega\right) = b_1\omega + b_2 \tag{1.62}$$

式中：a_1, a_2, b_1 和 b_2——经验参数，对于中硬土，$a_1=1.678\times10^{-5}$, $a_2=1.219\times10^{-3}$, $b_1=-5.5\times10^{-3}$, $b_2=0.7674$。

采用 Monti 等提出的调制函数模型：

$$\zeta\left(t\right) = \begin{cases} \left(\dfrac{t}{t_1}\right)^2, & 0 \leqslant t \leqslant t_1 \\ 1, & t_1 \leqslant t \leqslant t_2 \\ \exp\left(\dfrac{t - t_2}{t_{\max} - t_2}\ln\beta\right), & t_2 \leqslant t \leqslant t_{\max} \end{cases} \tag{1.63}$$

式中：t_1——地震动平稳开始时刻；

t_2——地震动衰减开始时刻；

$t_{\max}$——地震动持时；

β——$t_{\max}$ 处的包络幅值对于平稳段 ($t_1 \leqslant t \leqslant t_2$) 包络幅值的比值。

调制函数参数取 $t_1=3\text{s}$, $t_2=13\text{s}$, $t_{\max}=24\text{s}$, $\beta=0.02$。进行迭代后，合成的四个点的地震动加速度时程如图 1.9 所示。从中看出，根据给定的调制函数，点 1，2，3 和 4 的加速度时程反映了地震动时程的非平稳性。

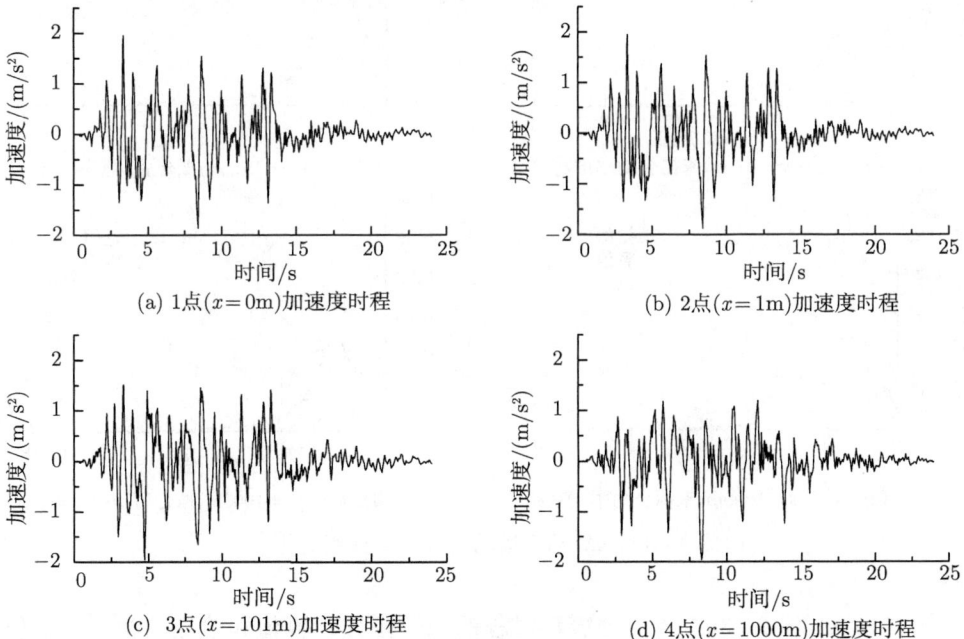

(a) 1点($x=0\text{m}$)加速度时程

(b) 2点($x=1\text{m}$)加速度时程

(c) 3点($x=101\text{m}$)加速度时程

(d) 4点($x=1000\text{m}$)加速度时程

图 1.9　合成的加速度时程

对每个非平稳加速度时程独立地进行迭代以拟合给定的功率谱。迭代过程在频域内进行，经过数次迭代后可以达到足够的精度。分别对 1，3 和 4 点合成的加速度时程的功率谱和给定的功率谱进行比较，见图 1.10。由于点 1 和点 2 的空间距离很小，忽略了点 2 的功率谱比较。从图 1.10 (a)、图 1.10 (c) 和图 1.10 (e) 可以看出，未经拟合的加速度时程的功率谱与目标功率谱在低频区域吻合得不好。从图 1.10 (b)、图 1.10 (d) 和图 1.10 (f) 可以看出，经过拟合的加速度时程的功率谱与目标功率谱吻合得很好，从而合成地震动时程的精度得到提高。

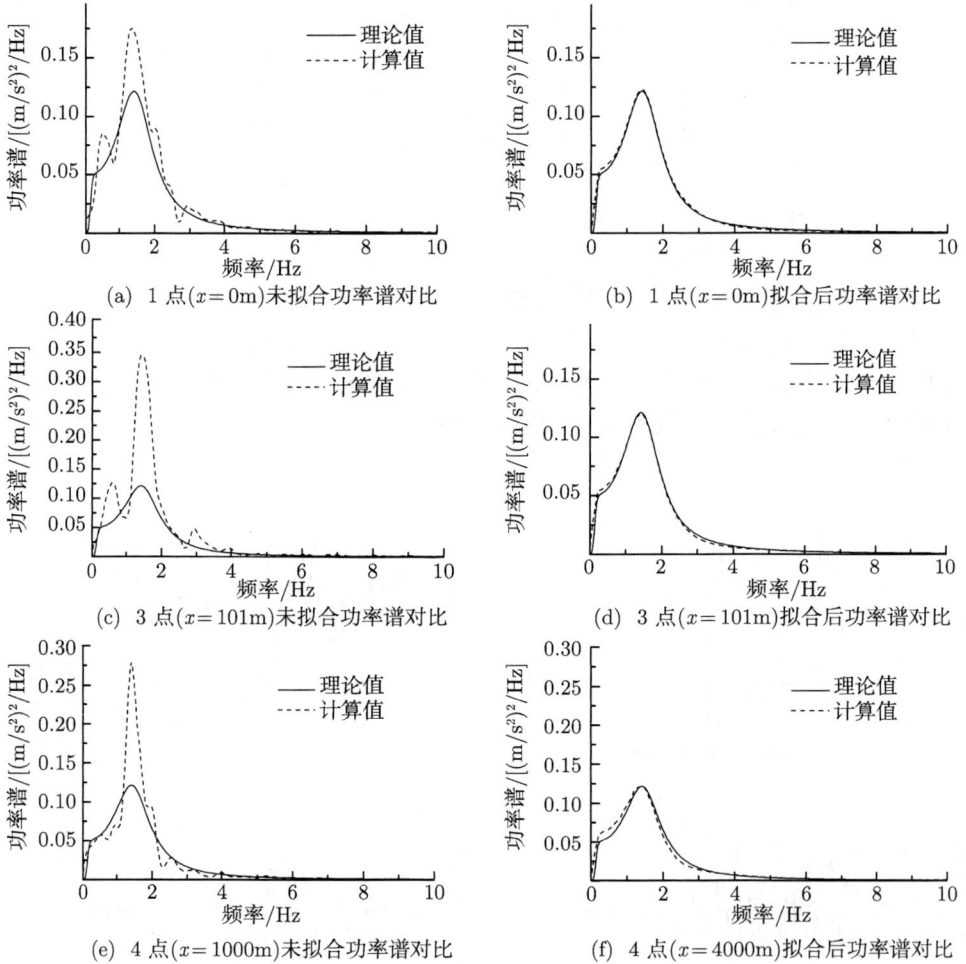

(a) 1 点 $(x=0\text{m})$ 未拟合功率谱对比   (b) 1 点 $(x=0\text{m})$ 拟合后功率谱对比

(c) 3 点 $(x=101\text{m})$ 未拟合功率谱对比   (d) 3 点 $(x=101\text{m})$ 拟合后功率谱对比

(e) 4 点 $(x=1000\text{m})$ 未拟合功率谱对比   (f) 4 点 $(x=4000\text{m})$ 拟合后功率谱对比

图 1.10   计算功率谱与目标功率谱图对比

图 1.11 对 1，2，3 和 4 点地震动时程的相干函数计算值和给定的相干函数值进行了比较。图中标有 "计算值 1" 和 "计算值 2" 的曲线分别表示采用和未采用迭

代方案生成的地震动。从图中可以看出，计算值和理论值吻合得较好，随着频率成分升高，相干性变弱。由于 1 点和 2 点间的距离远小于 1 点和 3 点及 1 点和 4 点间的距离，所以 1 点和 2 点间的相干性强于 1 点和 3 点及 1 点和 4 点，同时还可以看出，采用功率谱拟合技术对空间点的相干性影响很小。因此，经过拟合后的多点地震动时程是合理可信的。

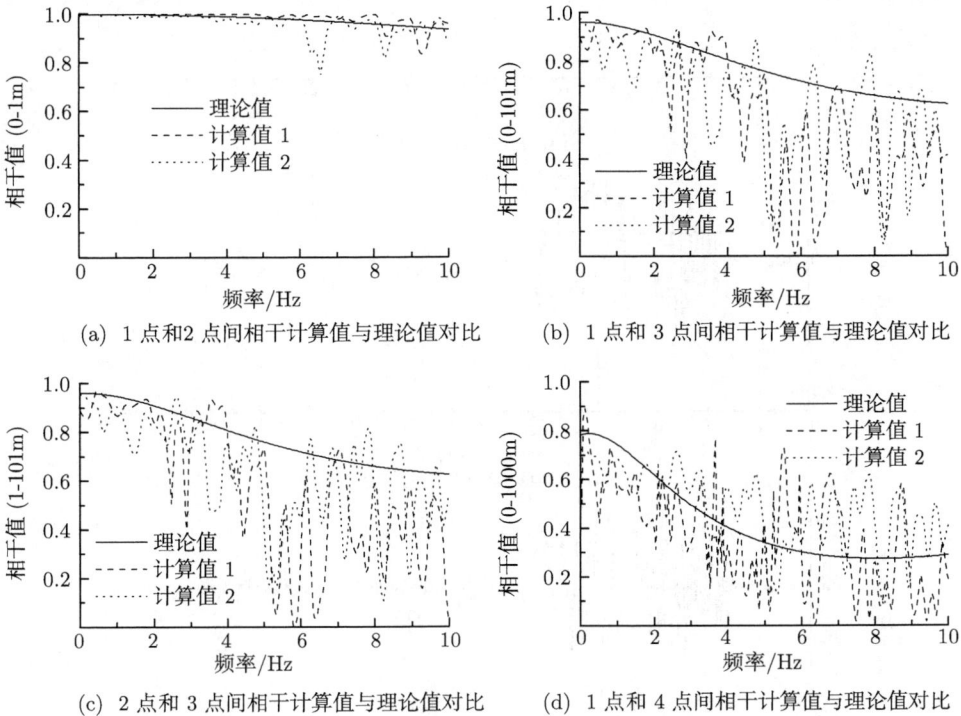

(a) 1 点和2 点间相干计算值与理论值对比　　　(b) 1 点和 3 点间相干计算值与理论值对比

(c) 2 点和 3 点间相干计算值与理论值对比　　　(d) 1 点和 4 点间相干计算值与理论值对比

图 1.11　两点相干计算值与理论值对比

由上可知，该方案合成的地震动时程具有以下特性：① 与给定的功率谱吻合；② 与给定的相干函数吻合较好；③ 依据给定的调制函数，地震动幅值随时间发生变化。

1.4.2　基于实际地震记录的地震动合成实例

1. 合成实例

计算算例仍取图 1.3 所示模型，实际地震记录分别选取 1994 年 1 月 17 日美国 Northridge 地震中 90016 LA-N Faring Rd 台站所记录的 FAR090 分量和 1999 年 9 月 20 日中国台湾集集地震中 CHY036 号台站所记录的 CHY036-N 分量。Northridge 地震和集集地震的原始地震动时程曲线以及 3 个点合成的加速度时程曲线分别如

图 1.12 和图 1.13 所示。

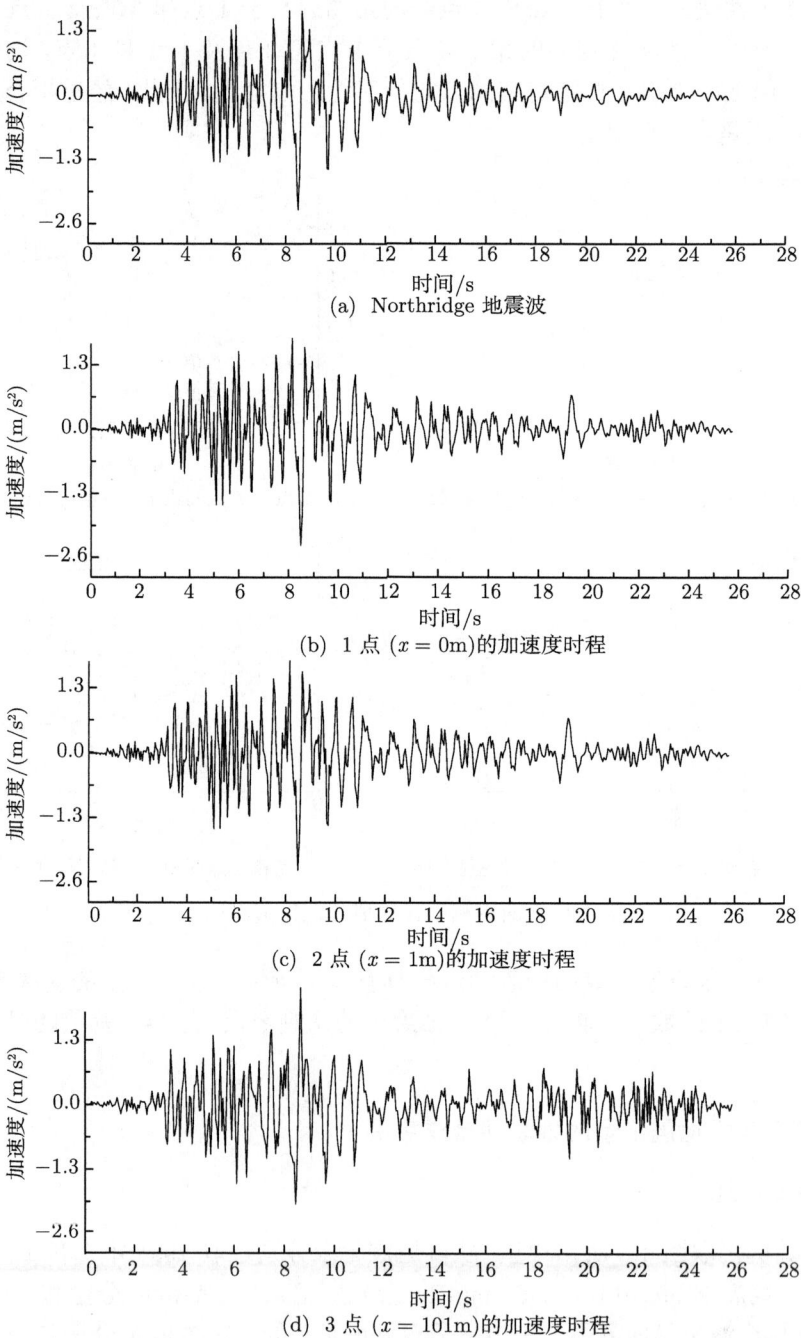

(a) Northridge 地震波

(b) 1 点 ($x = 0$m)的加速度时程

(c) 2 点 ($x = 1$m)的加速度时程

(d) 3 点 ($x = 101$m)的加速度时程

图 1.12　Northridge 波以及合成的 3 个点的加速度时程

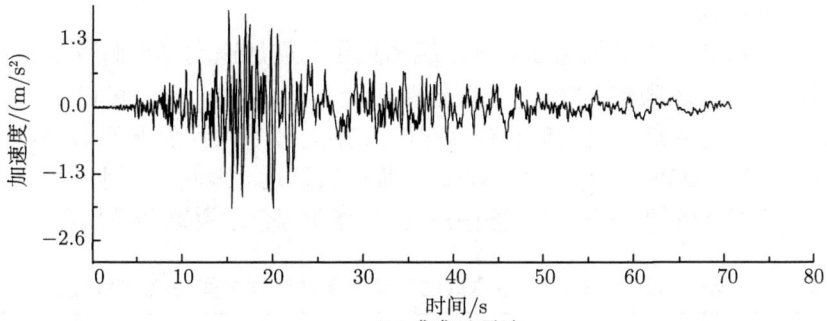

(a) 集集地震波

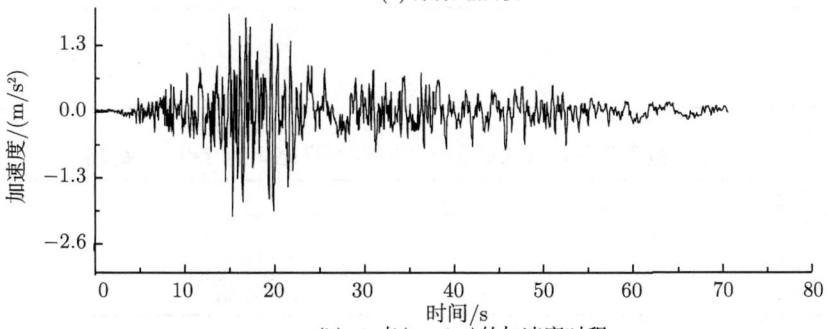

(b) 1 点($x=0$m)的加速度时程

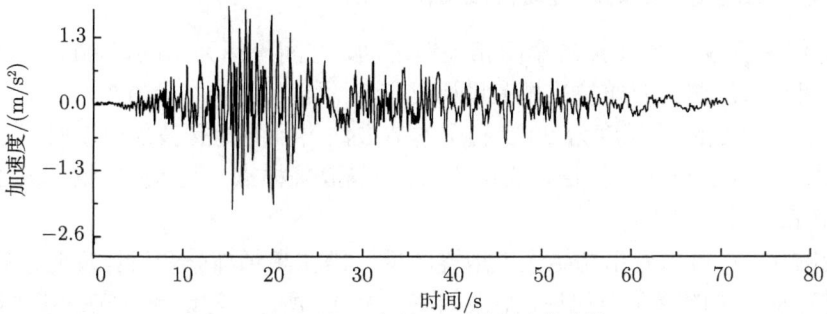

(c) 2 点($x=1$m)的加速度时程

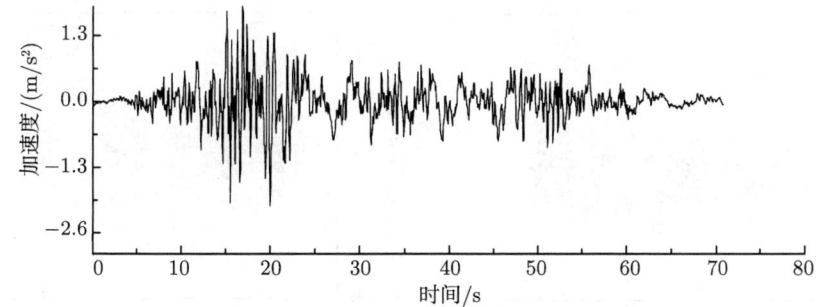

(d) 3 点($x=101$m)的加速度时程

图 1.13　原始的集集波以及合成的 3 个点的加速度时程

2) 相似性检验

根据 Northridge 地震加速度时程曲线和集集地震加速度时程曲线合成的多点地震动加速度时程之间的 DTW 距离分别列于表 1.3、表 1.4。可以看出，基于两种地震波得到的多点地震动时程的 DTW(1,2) 均较小，且远小于 DTW(1,3) 和 DTW(2,3)，同时，DTW(1,3) 和 DTW(2,3) 都比较接近。因此，利用本节方法生成的基于实际地震记录的非平稳空间相关多点地震动符合地震动传播机制。

表 1.3　基于 Northridge 波合成的各点地震动时程之间的 DTW 距离

点号	1	2	3
1	0		
2	2.80	0	
3	93.66	93.06	0

表 1.4　基于集集波合成的各点地震动时程之间的 DTW 距离

点号	1	2	3
1	0		
2	6.17	0	
3	154.79	155.56	0

1.4.3　基于地震反应谱的地震动合成实例

该算例是合成一个 4 点的空间相关地震动，空间坐标为 (0m，800m，1600m，2400m)。目标反应谱为建筑抗震规范设计反应谱 (图 1.6)，$a_{\max}$ 为 $0.3g(2.94\mathrm{m/s^2})$，T_g 为 0.3s，合成地震波的长度为 20s。利用本节方法得到的地震波加速度时程曲线如图 1.14 所示。为了对比目标谱，以 0.02s 为间隔取采样点，目标反应谱和人工反应谱对比结果如图 1.15 所示。

从图 1.15(a) 可以看出初始人工地震波反应谱在高频部分和设计反应谱误差较大，经过对功率谱的修正迭代后，结果如图 1.15(b) 所示，与设计反应谱基本符合。

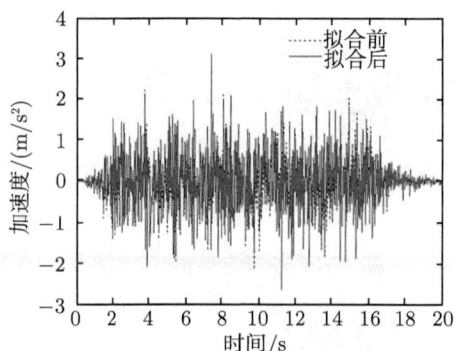

(a) 1点$(x=0\mathrm{m})$加速度时程

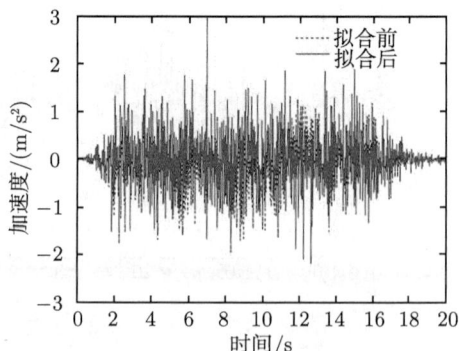

(b) 2点$(x=800\mathrm{m})$加速度时程

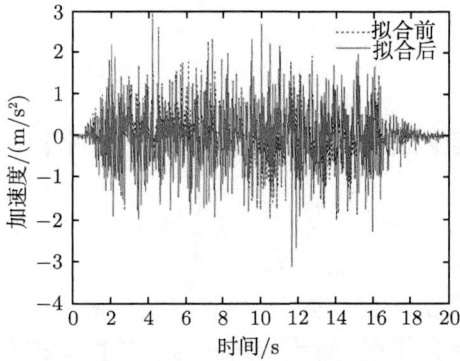

(c) 3点($x=1600$m)加速度时程

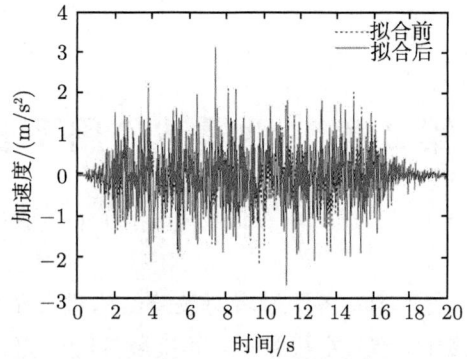

(d) 4点($x=2400$m)加速度时程

图 1.14 地震加速度时程曲线

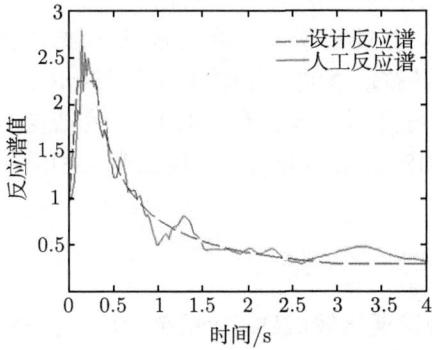

(a) 初始人工地震波反应谱与设计反应谱

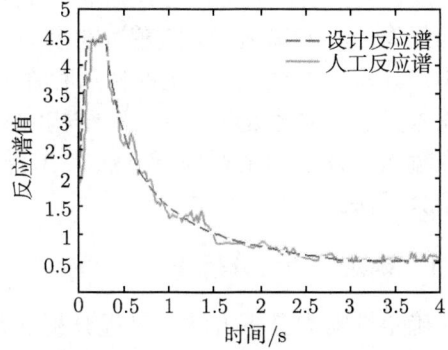

(b) 修正后人工地震波反应谱与设计反应谱

图 1.15 加速度反应谱比较图

第2章　地震波作用下长输管道反应的数值分析

2.1　引　　言

近些年，各国学者对长跨结构进行了大量的研究，包括埋地管道尤其是长距离输送油、气、水等管道，其抗震性能一直是研究热点。对于长跨结构主要有 4 种效应 [53] 影响其地震响应：① 行波效应，由于空间上距离震源位置不同，传播到不同的位置存在时间差；② 相干效应，波的传播过程中会穿越不同的介质，这会导致波的反射和散射，并且波在不同场地条件下有不同的叠加方式，这都将引起相干函数的损失；③ 衰减效应，随着波在空间中传播，其能量损失不可避免，从而振幅会减小；④ 局部场地效应，土的性质存在差异，导致地震波的振幅和频率有变化。可见输入多点相关地震动开展长跨结构的地震时程分析十分必要。目前，研究结构在多点输入下反应的主要分析方法有 3 种，即确定性动力分析法、反应谱法和随机振动分析法。

2.1.1　确定性动力分析法

确定性动力分析方法中时程分析法是一种发展比较成熟、应用范围广的方法。该方法有很多优点：① 可以考虑结构–基础的相互作用，如管道–土相互作用、桩–土相互作用等；② 可以考虑多向地震波输入、多点输入及非一致输入；③ 可以考虑输入地震波的行波效应和局部场地效应等因素。

陈玮 [54] 以南京长江大桥为例进行分析，考虑地震波的行波效应，发现结构的反应特征值会随着视波速的增大而发生明显变化，先是上下波动然后趋于平稳。杨庆山、刘文华、田玉基 [55] 以体育场为研究对象，分别计算了一致输入与非一致输入的应力应变反应，计算结果表明：在地震动作用下一致输入的位移大于多点输入的位移。项海帆 [56] 研究了在地震作用下相位差效应对斜拉桥飘浮情况的影响，并以天津永和桥为工程实例进行模拟分析，结果表明：相位差效应对斜拉桥是有利的。袁万城 [57] 也分析了斜拉桥在地震作用下的响应 (以南浦大桥为实例)，其结果显示和项海帆基本一致。

2.1.2　反应谱法

早在 20 世纪 Biot 就提出了反应谱概念 [58]，但是由于反应谱需要大量的地震观测数据来生成，所以在当时无法获得普遍应用。随着强震记录 [59] 的增多，各国学者针对不同结构提出不同的设计反应谱，并被抗震规范所采用。基于反应谱的方法称为反应谱法，反应谱法主要分 3 步进行：① 选取合适的反应谱；② 开展结构反应计算；③ 选取合适的反应谱组合公式。

对于空间长跨度结构，国内外学者进行了深入的研究。Yamamura [60] 根据空间分布和场地类型将结构各支撑点分组，空间距离近的支撑点为一组，并假设各组支撑点的地面运动完全相关，不同组不相关，提出了一种近似反应谱分析法。Berrah 和 Kausel [61] 将反应谱法推广到多点输入分析中，在原有的组合法上，引进 2 个修正系数：反应谱值修正系数和结构动力特性修正系数。Vanmarcke 和 Zavoni [62] 研究了避免开展多点结构体系复杂计算的方法，提出可以利用若干一致的单自由度体系来代替多自由度体系，从而将结构的动力方程表示成为模态贡献和的形式。Kiureghian 和 Neuenhofer [63] 提出了 MSRS 法，即多支撑反应谱法，此方法基于随机振动理论，考虑了各支撑处的相干效应、行波效应及场地效应，是现在最常用的一种反应谱法。刘洪兵和朱晞 [64] 在 MSRS 法的基础上提出了一种考虑最大地震反应数学期望的反应谱法，通过简化谱参数来提高计算效率。

2.1.3　随机振动分析法

随机振动分析法作为一种概率型的分析方法，关键在于要确定计算中反应量的统计规律，并提出相应的统计量。Petrov [65] 对考虑空间相关性的多点地震动输入下结构的随机振动求解方法进行了研究。Hao [66] 以 4 点支撑的矩形板和圆拱为研究对象，对比一致激励与多点激励下的响应结果，发现一致激励下的反应高于多点激励；对于行波效应，发现考虑了空间变化的反应结果更符合实际。Soyluk 等 [67] 以 Jindo 大桥为研究对象，分别进行随机振动分析与行波效应分析，研究结果显示一致激励相比随机振动而言可能低估了结构的反应，结构的响应结果受视波速影响相当大。楼梦麟等 [68] 以均质土坝为研究对象，对其进行地震响应分析，数值分析结果表明在输入反对称地震动时，结构的反对称振型对坝体响应的贡献将加强。计算成本高一直是随机振动分析方法的一个缺点，为了提高计算效率，降低计算成本，林家浩 [69] 提出了虚拟激励法，该方法建立在随机振动方程的精确解法的基础上，其计算效率非常高，为多点输入下的结构分析提供了很大帮助。

2.2　埋地管道动力反应分析控制方程

2.2.1　管道动力时程分析控制方程

考虑管土相互作用，埋地管道地震作用下的整体动力平衡方程 [70,71] 为

$$[M]\left\{\ddot{U}\right\} + [C_s]\{\dot{u}\} + [K_p]\{U\} + [K_s]\{u\} = 0 \tag{2.1}$$

式中：$[M]$——质量矩阵，由集中质量法求得；

　　　$[C_s]$——土体阻尼矩阵；

　　　$[K_p]$——管体刚度矩阵；

　　　$[K_s]$——土体刚度矩阵，随动剪应变而变化；

　　　$\{\ddot{U}\}$——绝对加速度；

　　　$\{U\}$——绝对位移；

　　　$\{\dot{u}\}$——相对速度；

　　　$\{u\}$——相对位移。

令总刚度为

$$[K] = [K_p] + [K_s] \tag{2.2}$$

采用 Rayleigh 假定：单元阻尼阵为

$$[C]^e = \alpha [M]^e + \beta [K]^e \tag{2.3}$$

式中：$\alpha = \xi\omega$；$\beta = \dfrac{\xi}{\omega}$；$\xi$ 为单元阻尼比，随动剪应变 γ 而变化；α, β 随结构自振基频 ω 而变。绝对位移 $\{U\}$ 表示为

$$\{U\} = \{u_g\} + \{u\} \tag{2.4}$$

式中：$\{u_g\}$——地面运动位移。

式 (2.1) 按相对位移表示为

$$[M]\{\ddot{u}\} + [C_s]\{\dot{u}\} + [K]\{u\} = -[M]\{\ddot{u}_g\} - [K_p]\{u_g\} \tag{2.5}$$

式中：$\{\ddot{u}\}$——节点相对加速度；

　　　$\{\ddot{u}_g\}$——地面运动相对加速度。

利用逐步积分法求解上述动力方程。当采用 Wilson-θ 法 [5] 时，为保证方程是无条件稳定的，取 $\theta = 1.40$。

2.2.2　拟静力方法分析控制方程

地震调查和实验研究表明，地震作用下，埋管与周围土体运动相似，埋管所受惯性力由周围土体承担，不表现其自振特性，因此，可以按拟静力分析方法计算。此时管道仍采用梁单元，土体可简化为平行管轴方向和垂直管轴方向均匀分布的弹簧。

将式 (2.1) 以绝对位移表示，其运动方程为

$$[M]\{\ddot{U}\} + [C_s]\{\dot{U}\} + [K]\{U\} = [C_s]\{\dot{u}_g\} + [K_s]\{u_g\} \tag{2.6}$$

因为管体在动力作用下，受到周围土体的约束，不显现其自振特性，所以可以按拟静力方法计算 [72]。

$$[\boldsymbol{K}]\{U\} = [\boldsymbol{K}_s]\{u_g\} \tag{2.7}$$

式 (2.7) 的增量形式为

$$[\boldsymbol{K}]\{\mathrm{d}U\} = [\boldsymbol{K}_s]\{\mathrm{d}u_g\} \tag{2.8}$$

2.3　管道和土体相互作用模型

当地震产生的力和变形通过管–土交界面之间的相互作用作用于埋地管道时会导致埋地管道的破坏，也就是说土体运动造成了管道的变形。地震可能引起饱和砂土或粉土发生液化，开展埋地管道地震反应分析，必须考虑土体分别处于非液化和液化两种状态。为了便于分析，任何地面变形均可分解为横向变形部分和轴向变形部分。本章将基于这两种类型的运动对管土相互作用进行讨论。对于横向变形部分又分为竖直方向和水平方向，由于管道在竖直方向的运动方式不同，故对于竖直方向，必须分为向上和向下两部分。

2.3.1　非液化土土弹簧模型

对于管土相互作用的模拟已经有大量的研究，其中较为常用的是将土体模拟成弹簧单元，并考虑土弹簧单元是非线性的，将其作用在管壁节点上。本节采用美国生命线联盟发布的 *Guidelines for the Design of Buried Steel Pipe* (2001)[73] 中推荐的理想弹塑性土弹簧模拟非线性管土相互作用。图 2.1 为三个方向上的土弹簧力–位移曲线。

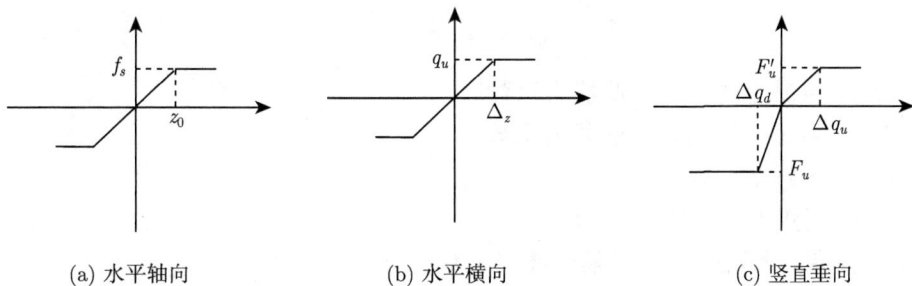

(a) 水平轴向　　　　　　　　(b) 水平横向　　　　　　　　(c) 竖直垂向

图 2.1　土弹簧本构模型

1. 管轴方向土弹簧模型

单元管道长度轴向土弹簧屈服力 f_s(单位 N/m) 为

$$f_s = \pi D \alpha_b c_b + \pi D H \overline{\gamma_b} \frac{1 + K_{0b}}{2} \tan \delta_b \tag{2.9}$$

式中：D——管道外径；

c_b——回填土的内聚力，单位：ksf 或 100kPa；

α_b——黏附因子，$\alpha_b = 0.618 - 0.123 c_b - \dfrac{0.274}{c_b^2 + 1} + \dfrac{0.695}{c_b^3 + 1}$；

H——管道中心线到地表面的距离；

$\overline{\gamma_b}$——回填土的有效重度；

K_{0b}——回填土的静止侧压力系数，$K_{0b} \approx 1 - \sin \varphi'$，$\varphi'$ 为回填土的有效内摩擦角；

δ_b——管土作用摩擦角，$\delta_b = f \varphi_b$，φ_b 为回填土的内摩擦角，f 为外表面涂层摩擦系数，对于光滑钢质管道，一般取 0.5～0.7。

土体轴向弹性极限位移 Z_0 与土体类型有关，详见表 2.1。

表 2.1　轴向土弹簧的屈服位移

土体类型	Z_0/mm	土体类型	Z_0/mm
密砂	3	硬黏土	8
松砂	5	软黏土	10

2. 水平横向土弹簧模型

单元管长度上水平横向土弹簧屈服力 q_u(单位是 N/m) 为

砂土：

$$q_u = \gamma H N_{qh} D \tag{2.10}$$

黏土：

$$q_u = N_{ch} c D \tag{2.11}$$

式中：N_{ch}——黏土的横向弯曲能力系数；

N_{qh}——砂土的横向弯曲能力系数；

γ——天然土的有效重度；

c——天然土的内聚力。

水平横向土弹簧的弹性极限位移 Δ_z 为

$$\Delta_z = 0.04 \left(H + \frac{D}{2} \right) \leqslant (0.1 \sim 0.15) D \tag{2.12}$$

3. 垂直方向土弹簧模型

1) 管道垂直向下运动

单位长度管道垂直向下运动时, 土弹簧的屈服力 F_u 为

$$F_u = N_c cD + N_q \overline{\gamma} HD + N_r \gamma \frac{D^2}{2} \qquad (2.13)$$

式中: N_c, N_q 和 N_r——支撑能力系数, $N_q = \mathrm{e}^{(\pi \tan \varphi)} \tan^2 \left(45 + \dfrac{\varphi}{2}\right)$, $N_r = \mathrm{e}^{(0.18\varphi - 2.5)}$,

$$N_c = [\cot(\varphi + 0.001)] \left\{ \mathrm{e}^{[\pi \tan(\varphi + 0.001)]} \tan^2 \left(45 + \frac{\varphi + 0.001}{2}\right) - 1 \right\};$$

γ——天然土的总重度;

$\overline{\gamma}$——天然土的有效重度。

此时的土弹簧弹性极限位移见表 2.2。

表 2.2   垂直向下土弹簧的屈服位移

土体类别	Δ_{qd}
颗粒土	$0.1D$
黏性土	$0.2D$

2) 管道垂直向上运动

单位长度管道垂直向上运动时, 土弹簧的屈服力 F_u':

$$F_u' = N_c' cD + N_q' \overline{\gamma} HD \qquad (2.14)$$

式中: N_c'——黏性土垂直向上系数, 当 $c = 0$ 时, $N_c' = 0$, 当 $c \neq 0$, 且 $\dfrac{H}{D} \leqslant 10$ 时, $N_c' = 2\left(\dfrac{H}{D}\right) \leqslant 10$;

N_q'——砂土垂直向上系数, 当 $\varphi = 0°$ 时, $N_q' = 0$, 当 $\varphi \neq 0°$ 时, $N_q' = \left(\dfrac{\varphi H}{44D}\right) \leqslant N_q$。

此时的弹簧极限位移 Δ_q 的取值范围见表 2.3。

表 2.3   垂直向上土弹簧的屈服位移

土体类别	Δ_{qu}
砂土	$0.01H \sim 0.02H(< 0.1D)$
黏性土	$0.1H \sim 0.2H(< 0.2D)$

2.3.2   土弹簧的等效刚度

如 2.3.1 节所述, 当管-土间相对位移小于土弹簧的最大屈服位移 u_0 时, 管土之间的相互作用可用土弹簧来模拟。此时, 管道反应类似于弹性地基梁, 但该

种模型只适用于小位移的情况。例如，对于埋深为 1.2m，土质情况为中密度砂土 ($\gamma =17.64\,\text{kN/m}^3$，$\rho =1792\text{kg/m}^3$，$\phi =35°$)，直径为 0.3m 的管道，轴向最大屈服位移为 $3.8 \times 10^{-3}\text{m}$，横向最大屈服位移为 0.04m，竖直向上最大屈服位移为 0.018m，竖直向下最大屈服位移为 0.038m。本节将会对本书所选的美国生命线联盟发布的土弹簧等效刚度计算方法与其他一些土弹簧等效刚度计算方法进行比较。

1. 水平轴向运动

对于轴向土弹簧参数，日本《高压天然气管道抗震规范》(1982) 中指出土弹簧系数与管道直径成比例。王汝梁指出土弹簧系数两倍于土壤的等效剪切强度。表 2.4 给出了这两种理论与本书所引公式在轴向土弹簧等效刚度上的对比。以埋深为 1.2m，土质情况为中密度砂土 ($\gamma =17.64\text{kN/m}^3$，$\rho =1792\text{kg/m}^3$，$\phi =35°$) 的直径为 0.15m，0.3m 和 0.6m 的管道为例。

表 2.4　轴向土弹簧刚度对比

来源	公式	刚度/MPa			备注
		0.15m	0.3m	0.6m	
日本规范	$\pi D K_0$	2.77	5.54	11.07	$K_0 = 5880\text{kN/m}^3$
王汝梁	$2G_s$	5.90	5.90	5.90	$G_s = 66.3\sqrt{\gamma H \dfrac{1+2k_0}{3}}$
本书	$\dfrac{f_s}{u_0/2}$	2.73	5.79	12.83	$u_0 = 3.8 \times 10^{-3}\text{m}$，$k_{0b}$=0.6，$f$=0.9 按公式 (2.9) 计算

如表 2.4 所示，当直径为 0.3m 时，3 种方法所得的结果较为接近。但王汝梁的方法并未考虑管径的影响，所以该方法得到的大口径管道的土弹簧刚度较小，得到的小口径管道的土弹簧刚度较大，而日本规范与本书所选规范匹配较好。

2. 水平横向运动

对于模拟弹塑性管土相互作用中的水平横向运动，Audibert 和 Nyman 在 1977 年提出如图 2.2 所示的三个土弹簧参数。也就是说，K_{L1} 和 K_{L2} 适用于较小和相对平稳位移的情况，K_{L3} 适用于相对位移大于 Δ_z 的情况。

与之相似的是 Thomas 于 1978 年提出的适用于相对位移较大情况下的土弹簧系数 K_L：

$$K_L = 2.7 \cdot \frac{q_u}{\Delta_z} \tag{2.15}$$

对于相对位移较小的情况，El Hmadi 和 M. O'Rourke 于 1989 年提出了如下的公式：

$$K_L = 6.67 \cdot \frac{q_u}{\Delta_z} \tag{2.16}$$

需要注意的是以上两种弹簧系数的计算方法是基于 ASCE 规范确定的，式 (2.16) 对应于图 2.2 中曲线的初始斜率 K_{L1}。因此，该方程也可以用于保守估测地震波传播时的情况。

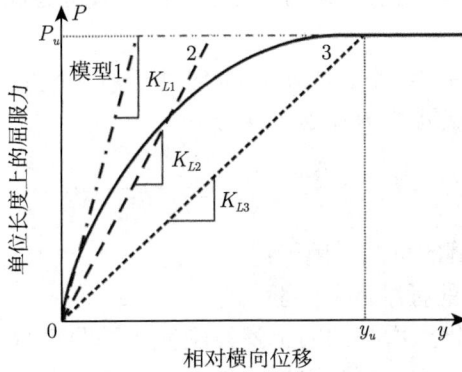

图 2.2　不同相对位移对应的土弹簧参数

3. 竖向运动

在考虑无限弹性地基梁的情况下，Vesic 在 1961 年基于 Winkler 理论提出了一种针对于管道竖直向下运动的公式，垂直方向的弹簧刚度系数为

$$K_v = 0.65 \left(\frac{E_s D^4}{E_p I_p} \right)^{\frac{1}{12}} \cdot \frac{E_s}{1 - \mu_s^2} \tag{2.17}$$

式中：μ_s——土壤的泊松比；

E_s——土壤的弹性模量，$E_s = 2(1 + \mu_s) G_s$，G_s 是土壤的剪切模量；

$E_p I_p$——管道的抗弯刚度。

对于直径为 0.3m，壁厚为 0.0076m 的钢管，当土壤剪切模量从 3.13MPa 到 58.8MPa 变化时，式 (2.17) 所得的弹簧刚度从 3.92MPa 变化到 25.48MPa。使用式 (2.13)，并假定中密度砂土（γ =17.64kN/m³，ρ =1792kg/m³，ϕ =35°），埋深 1.2m 管道，计算所得的弹簧刚度为 13.72MPa。需注意的是该值约等于式 (2.17) 所得范围的平均值。

2.3.3　液化土土弹簧模型

对于铺设于液化区域的管道，Suzuki(1988)、Miyajima 和 Kitaura(1989) 指出管道反应对等效土土弹簧刚度很敏感。

结合基于弹性地基梁的理论方法的实验数据，Takada 在 1987 年提出了一个适用于液化土情况的等效土土弹簧模型。该模型的弹簧刚度范围约为非液化土弹簧刚度的 1/1000 到 1/3000。另外，Yoshida 和 Uematsu(1978)，Matsumoto(1987)，Yasuda (1987) 和 Tanabe(1988) 分别提出了自己的土弹簧模型，这些模型的刚度范围为非液化土土弹簧刚度的 1/100 到 1/300。

　　Miyajima 和 Kitaura 于 1991 年进行了模型实验, 结果表明弹簧刚度与液化土壤的有效应力有关。也就是说土弹簧刚度与土壤的有效应力和强度成正比, 与孔隙水压力成反比。

　　对于饱和砂土, 1994 年 T. O'Rourke 针对处于液化区的管和桩在受到地面横向运动时提出了一个折减因子 R_f, 公式如下:

$$R_f = \frac{N_{qh}}{K_c} \cdot \frac{1}{0.0055 \, (N_l)_{60}} \tag{2.18}$$

式中: K_c——不排水土壤的承载力因子;

　　　　$(N_l)_{60}$——校正后的标准灌入实验的值。

　　将折减因子与非液化土所得到的土弹簧刚度相乘即可得到液化区折减后的土弹簧刚度, 计算结果为非液化土刚度的 1/100 到 1/500。因此, 对于处于液化区的土壤, 其纵向和横向土弹簧刚度可考虑取非液化区土弹簧刚度的 3%。

　　上述方法中是将液化土当成软土来处理。另外, 也可将液化土看成一种黏性的流体。对于此模型, 管土交界面之间的相互作用通过管道与周围土体之间的相对位移来体现。根据 Sato 所述, 管道单位长度上所受到的横向力为

$$F = \frac{4\pi\eta V}{2.002 - \log Re} \tag{2.19}$$

式中: η——液化土的黏滞系数;

　　　　V——管道与液化土之间的相对速度;

　　　　Re——雷诺数, $Re = \rho v D / \eta$, v 是流体速度, ρ 是液化土的密度。

　　基于模型实验, Sato 于 1994 年提出了一个与黏滞系数和液化强度有关的关系因子 F_L, 该关系如图 2.3 所示。

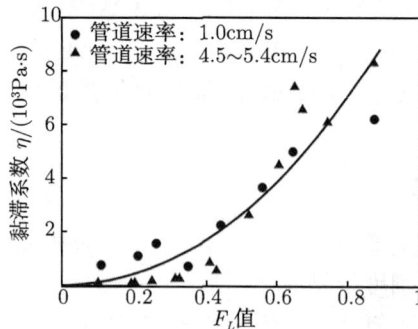

图 2.3　不同相对位移对应的土弹簧参数

　　日本道路协会于 1990 年定义了该关系因子, 如下:

$$F_L = \frac{0.0042 D_r}{(a_{\max}/g) \cdot (\sigma_v/\sigma_v')} \tag{2.20}$$

式中：D_r——土的相对密度；

$a_{\max}$——地表最大加速度；

σ_v——总的积土压力；

σ_v'——有效积土压力。

将液化土模拟为液体有两个问题需注意：① 土壤的速度指的是与管道反应有关的土壤速度的最大值，通常是未知的；② 当液化土停止流动时 (此时速度为 0)，式 (2.20) 表明管土交界面之间没有弹簧反力，这一点违反常理。

2.4　地震波作用下长输管道反应分析实例

2.4.1　管道钢本构关系

埋地管道的极限状态分析必须考虑管材的非线性特性。参考 *Guidelines for seismic design of buried pipelines: provisions with commentary and explanatory examples* 中的规定，可采用 Ramberg-Osgood 模型 (简称 R-O 模型)，作为管线钢的本构模型。

管道钢 Ramberg-Osgood 模型的非线性应力–应变关系如下：

$$\varepsilon_x = \frac{\sigma_x}{E_0}\left[1 + \frac{n}{1+r}\left(\frac{\sigma_x}{\sigma_y}\right)^r\right] \tag{2.21}$$

式中：ε_x——管道应变；

σ_x——管道应力；

E_0——管道初始弹性模量；

σ_y——管道钢屈服应力；

n, r——Ramberg-Osgood 模型参数。

以 X70 管道钢为例，Ramberg-Osgood 本构模型参数 [74] 如下：$E_0=207\text{GPa}$，$\sigma_y=482\text{MPa}$，$n=30.65$，$r=26.13$，其本构关系曲线见图 2.4。

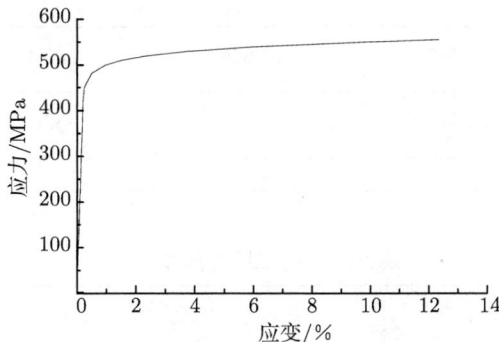

图 2.4　X70 管道钢应力–应变曲线

2.4.2　有限元模型的建立

某埋地管道总长约 87km，依据勘测的坐标数据，利用 PIPE20 [75] 单元在考虑材料非线性的情况下分段建立管道整体模型。假设管道全部埋置于土体中，具体参数可参考表 2.5。根据不同土体种类，将埋地管道分为九段 (坐标见表 2.6，地质情况见表 2.7，土体参数见表 2.8)，每个工段都有相应的局部坐标系，使土弹簧单元与各段管道的轴向、水平横向和垂直方向保持一致，有限元模型见图 2.5。

表 2.5　管道模型参数

参数	值	参数	值
管道外径	0.800m	管道类型	X70
管道壁厚	0.0254m	管道密度	$7850kg/m^3$
弹性模量	206GPa	泊松比	0.3
设计压力	14MPa	设计温度	70°C

表 2.6　各工段坐标点

地质分段	坐标点			里程/m
	X/m	Y/m	Z/m	
工 1 段	0	0	−74	13 649
	9 942	−9 393	−68	
工 2 段				33 777
	24 680	−23 213	−54.2	
工 3 段				49 779
	36 412	−34 262	−72.8	
工 4 段				59 443
	43 555	−40 972	−68	
工 5 段				67 055
	48 563	−46 762	−50	
工 6 段				72 129
	51 293	−51 040	−34	
工 7 段				75 229
	52 983	−53 639	−32	
工 8 段				76 987
	53 974	−55 091	−30	
工 9 段				87 135
	48 252	−63 474	0	

表 2.7　各工段地质情况

地质分段	地质特征	段长/m	里程
工 1 段	均一粉砂	13 649	0+000～13+649
工 2 段	均一粉砂	20 128	13+649～33+777

续表

地质分段	地质特征	段长/m	里程
工 3 段	均一粉砂	16 002	33+777～49+779
工 4 段	均一淤泥夹砂	9 664	49+779～59+443
工 5 段	均一淤泥夹砂	7 612	59+443～67+005
工 6 段	均一淤泥	5 074	67+005～72+129
工 7 段	均一淤泥	3 100	72+129～75+229
工 8 段	均一软黏土	1 758	75+229～76+987
工 9 段	均一软黏土	10 148	76+987～87+135

表 2.8　土体参数

土质	黏聚力/kPa	有效重度/(kN/m³)	内摩擦角/(°)	静止压力系数	总重度/(kN/m³)
淤泥夹砂	10.4	15.4	3.9	0.6	16.4
淤泥	5.6	15	2.15	0.7	16
粉砂	0.4	18	10	0.4	19
软黏土	7	16	25	0.55	19

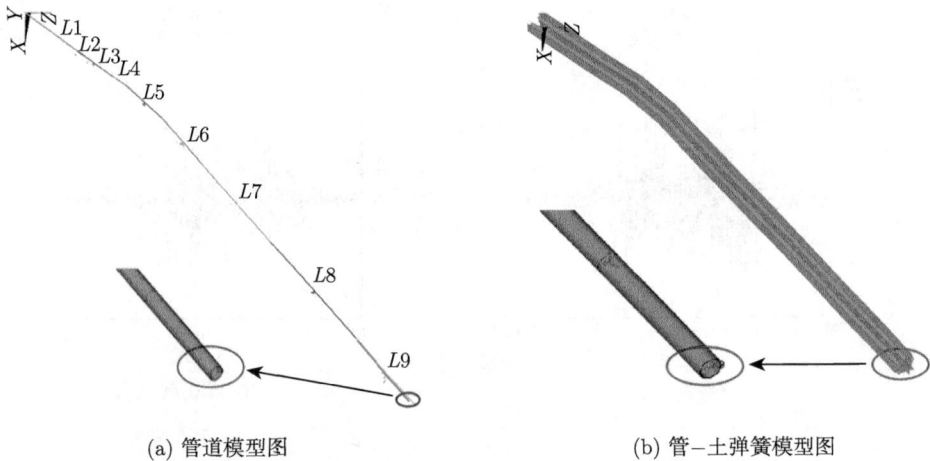

(a) 管道模型图　　　　　　　　　　　　　　(b) 管–土弹簧模型图

图 2.5　管道有限元模型图 (后附彩图)

2.4.3　空间相关多点地震波的合成

此次分析所需空间相关多点地震波按照建筑设计抗震规范反应谱进行合成，以多段起点为输入点，共取九点，地震动峰值加速度为 $0.3g$，反应谱特征周期为 $0.45s$，地震持续时间为 $20s$，抗震设防烈度为 8 度。人工合成地震波加速度时程见图 2.6，人工合成地震波位移时程见图 2.7。

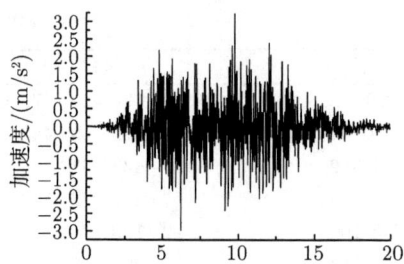

(a) 第 1 点

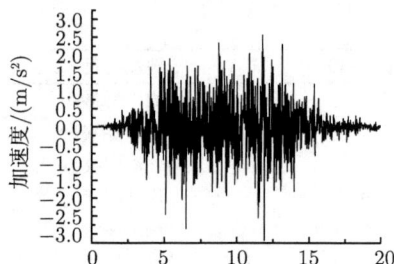

(b) 第 2 点

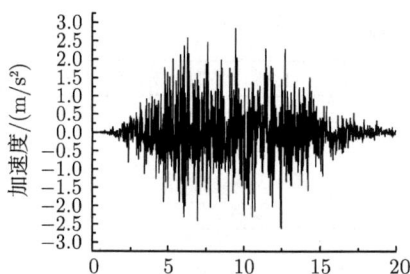

(c) 第 3 点

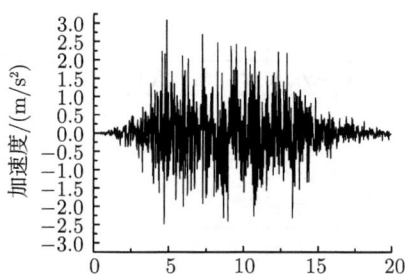

(d) 第 4 点

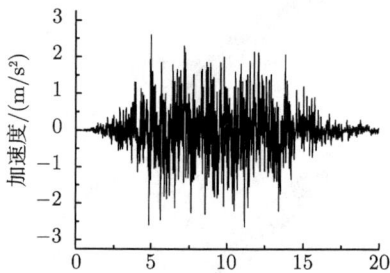

(e) 第 5 点

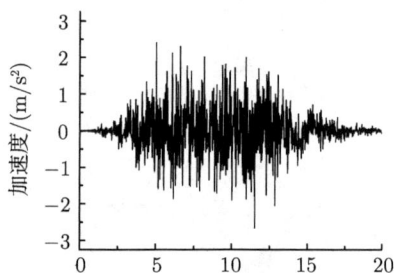

(f) 第 6 点

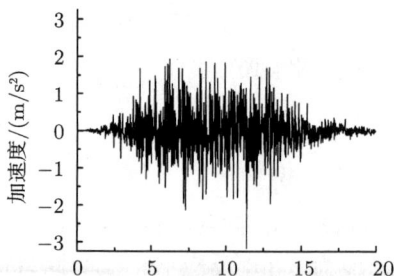

(g) 第 7 点

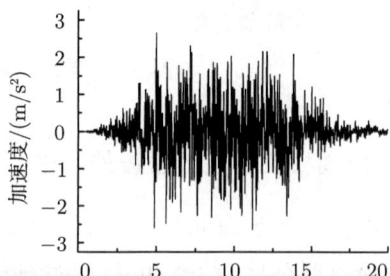

(h) 第 8 点

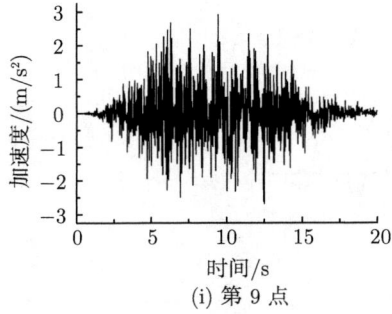

(i) 第 9 点

图 2.6 人工合成地震波加速度时程图

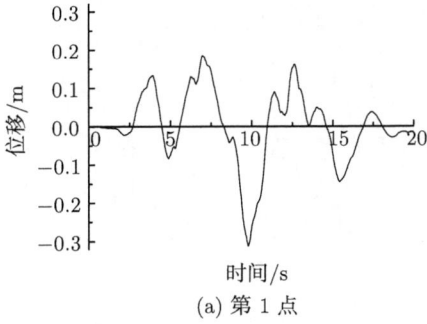

(a) 第 1 点

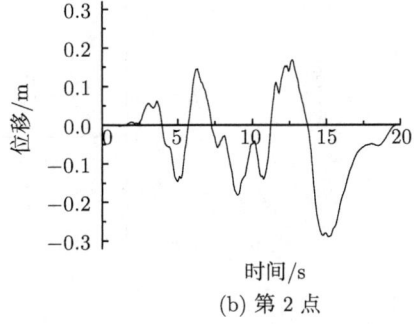

(b) 第 2 点

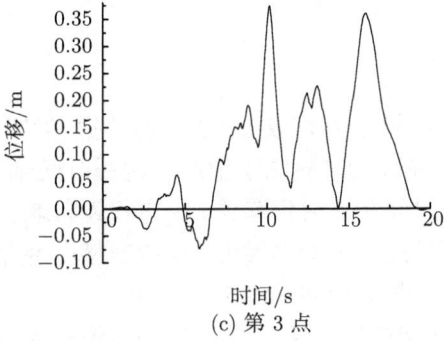

(c) 第 3 点

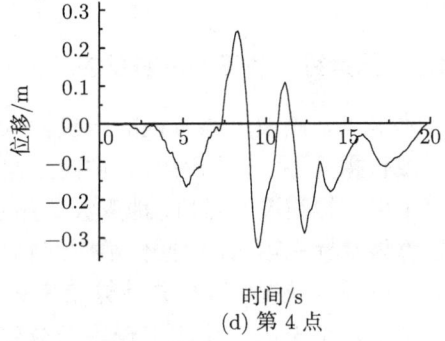

(d) 第 4 点

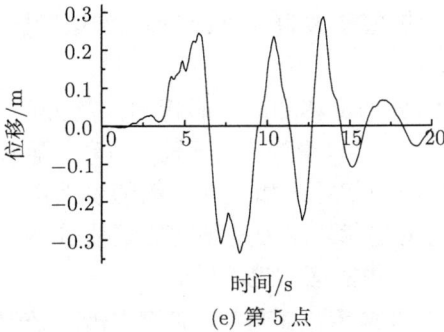

(e) 第 5 点

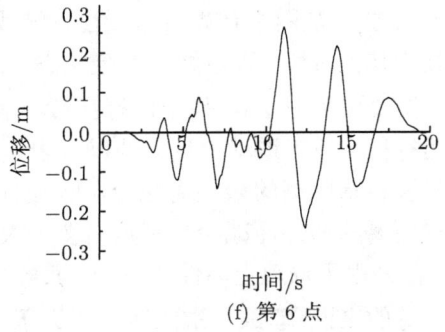

(f) 第 6 点

(g) 第 7 点

(h) 第 8 点

(i) 第 9 点

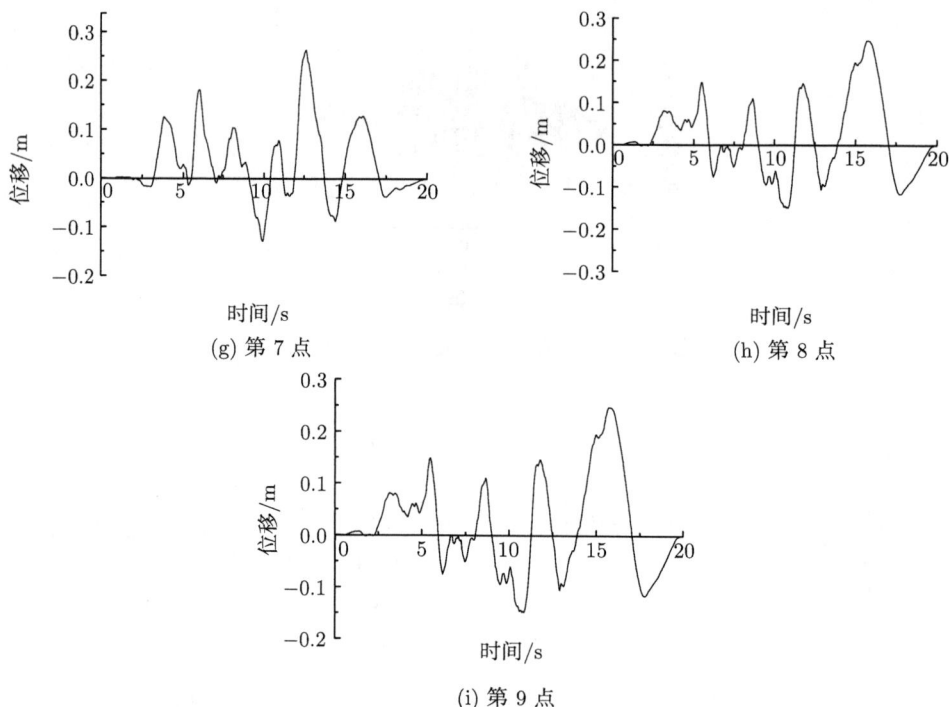

图 2.7　人工合成地震波位移时程图

2.4.4　无运行荷载下的地震反应

本书以地震波位移时程的方式输入地震动，地震时程取 2.4.3 节的数据。实际地震波传播并不一定沿着管道轴向方向，所以在分析时建立了地震波传播时间轴，计算中引入地震波入射角，地震波到达各点的时间和入射角有关。轴向和竖向地震波按整体坐标系输入，根据传播时间轴加载到各点土弹簧单元上，只考虑管道重力作为初始荷载情况。其相关计算结果见图 2.8～ 图 2.10 和表 2.9。

图 2.8 是无运行荷载下管线的分段应力极值云图 (图 2.8(j)) 为全部管线应力极值云图)。从图中首先可以看出，管线的应力极值最大为 −368MPa，管道受压，仍处于弹性阶段，管道处于安全状态，并未破坏。

图 2.9 和图 2.10 是无运行荷载下各段中点处的位移和应力时程图，表 2.9 是无运行荷载下管道动力反应的极值表。从表 2.9 中可以看到，对于轴向位移，随着地震波传播距离的增加而减少，但是对于轴向应力却并未如预期一般随着地震波传播距离的增加而减少，而是出现了大小不定的起伏。原因是震动的幅值虽然减小，但是由于场地土壤性质不同，其约束不同，产生的应力也不同。

总的来说，管线两端的应力要大于中段的轴向应力，由于中段淤泥夹砂和淤泥两种土质情况对管道的约束较小，故产生应力也较小；路由两端海积软黏土和粉砂土质情况对管道约束较大，产生的应力也较大；但是在一定范围，土壤性质相似的条件下 (如第 1, 2, 3 工段)，管道应力还是呈下降的趋势。在第一段处的轴向位移为 33.7cm、应力为 368MPa，在第九段处的轴向位移为 26.4cm、应力为 279MPa，位移衰减了 21.6%，应力也衰减了 21.8%。

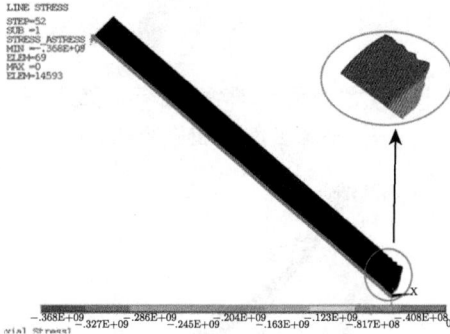

(a) 第 1 段 (极值：−368MPa)

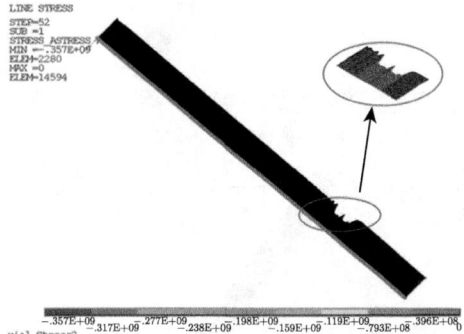

(b) 第 2 段 (极值：−357MPa)

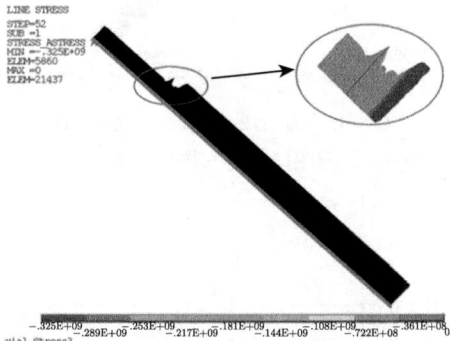

(c) 第 3 段 (极值：−325MPa)

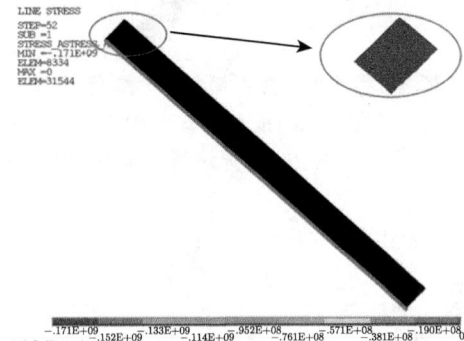

(d) 第 4 段 (极值：−171MPa)

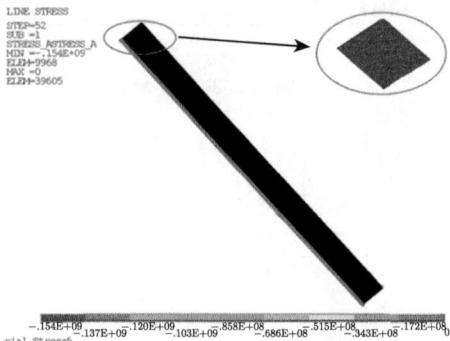

(e) 第 5 段 (极值：−154MPa)

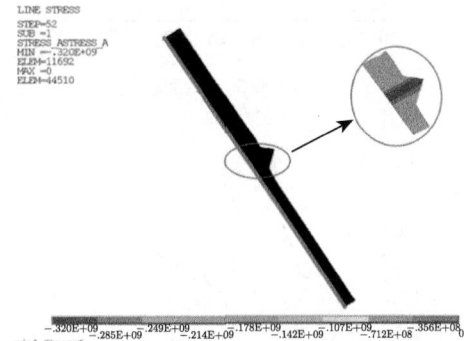

(f) 第 6 段 (极值：−320MPa)

(g) 第 7 段 (极值: −211MPa)

(h) 第 8 段 (极值: −294MPa)

(i) 第 9 段 (极值: −279MPa)

(j) 全部管段 (极值: −368MPa)

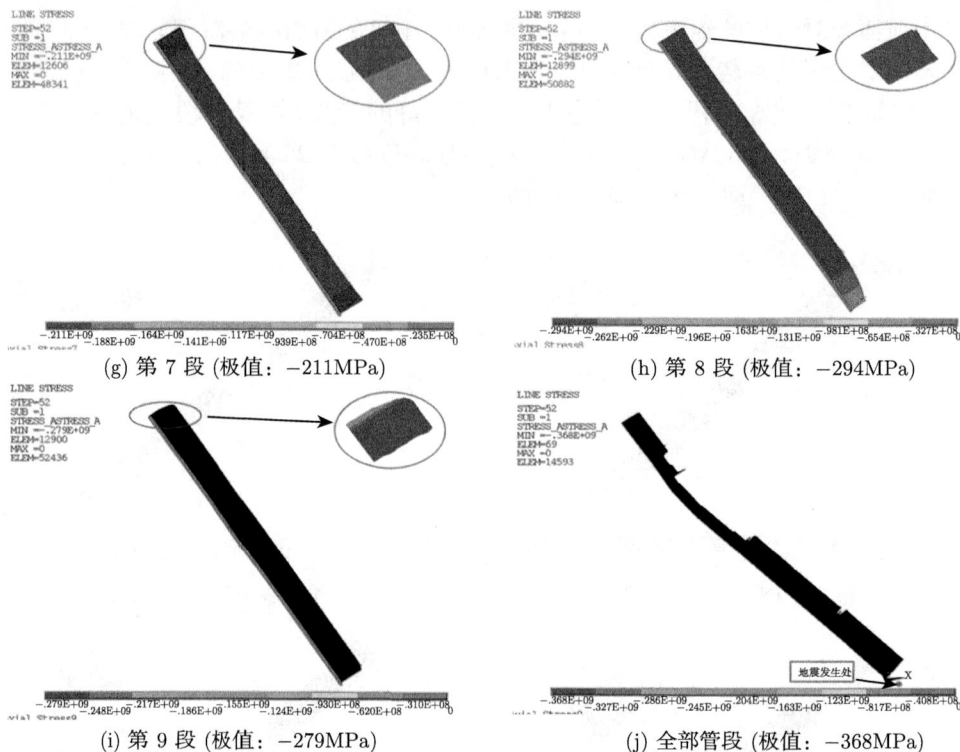

图 2.8　无运行荷载下管线地震反应极值应力云图 (后附彩图)

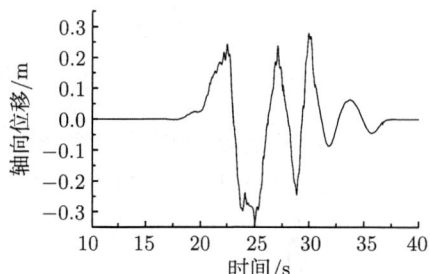

(a) 6.69km 处管道

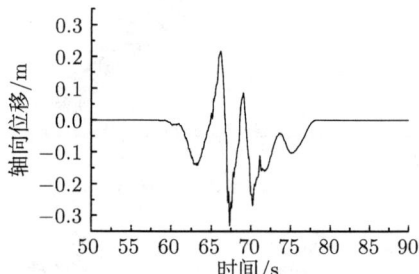

(b) 23.58km 处管道

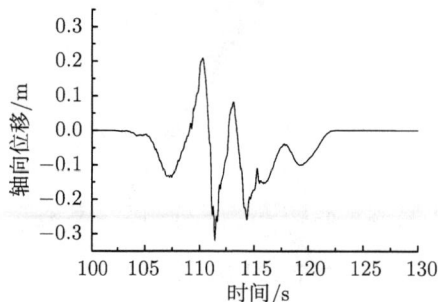

(c) 41.64km 处管道

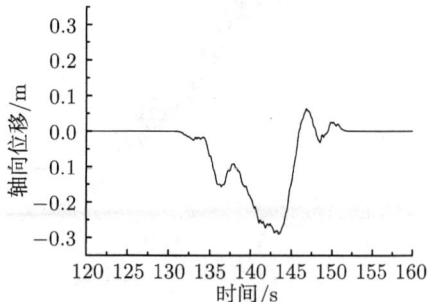

(d) 54.48km 处管道

(e) 63.11km 处管道

(f) 69.46km 处管道

(g) 73.54km 处管道

(h) 75.97km 处管道

(i) 81.93km 处管道

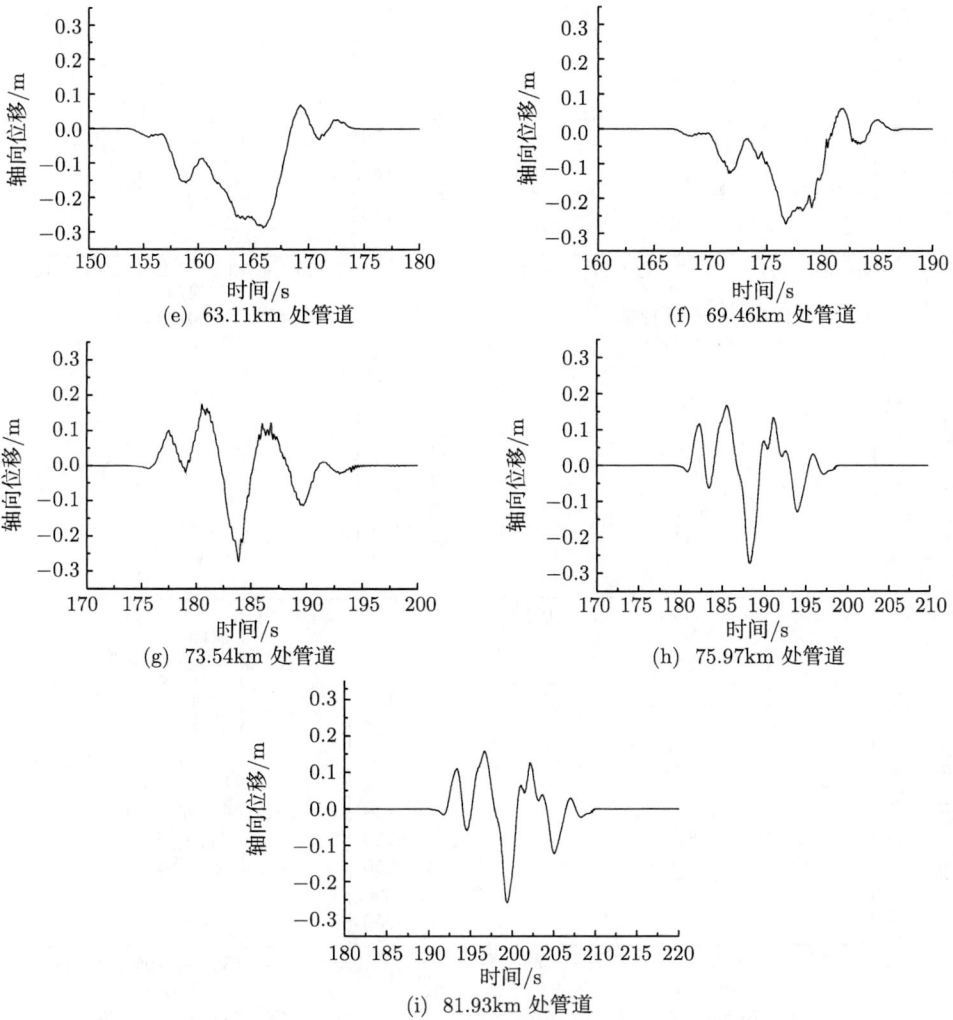

图 2.9　无运行荷载下分段中点处的轴向位移时程图

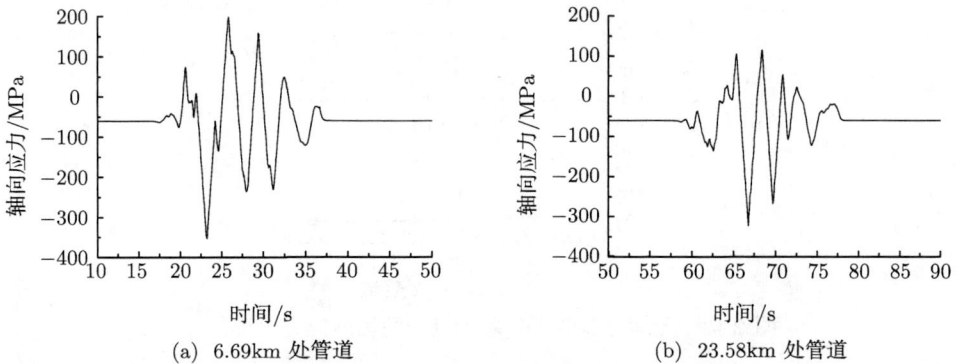

(a) 6.69km 处管道

(b) 23.58km 处管道

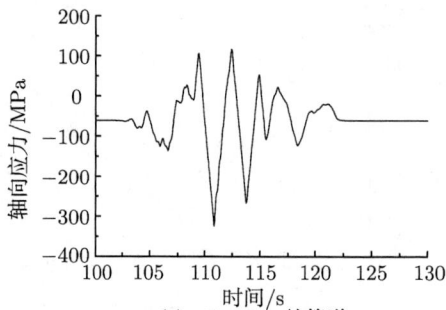

(c)　41.64km 处管道

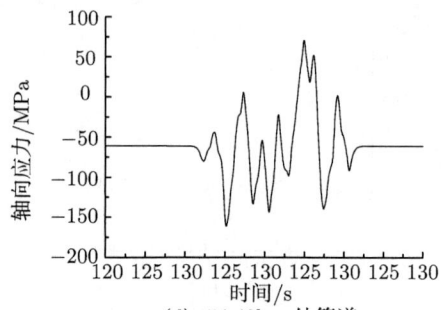

(d)　54.48km 处管道

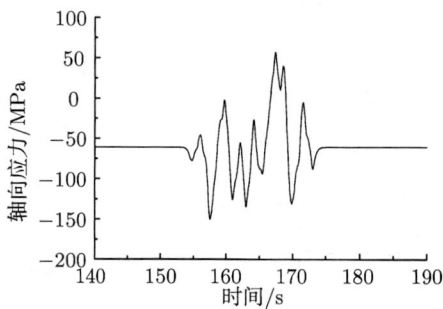

(e)　63.11km 处管道

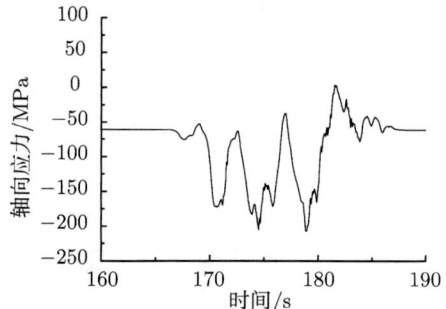

(f)　69.46km 处管道

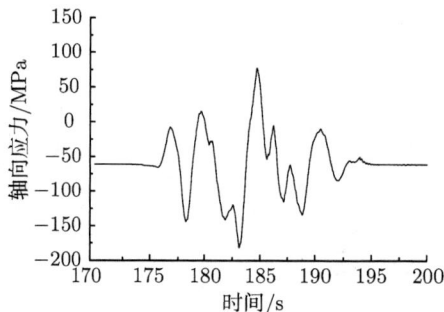

(g)　73.54km 处管道

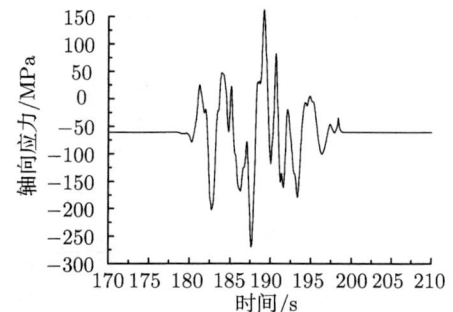

(h)　75.97km 处管道

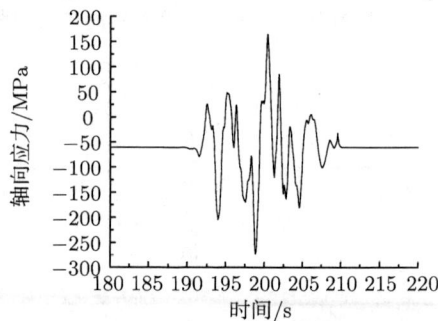

(i)　81.93km 处管道

图 2.10　无运行荷载下分段中点处的轴向应力时程图

表 2.9　分段中点处极值表

反应极值 中点位置	输入峰值/cm	轴向位移/cm	轴向应力/MPa
6.69km	37.4	33.7	368
23.58km	33.47	33.4	357
41.64km	32.6	31.9	325
54.48km	31.18	29.1	171
63.11km	31.18	28.9	154
69.46km	28.9	27.4	320
73.54km	26.5	27.3	211
75.97km	26.34	27.3	294
81.93km	26.1	26.4	279

2.4.5　运行荷载下的地震反应

本节增加内压和温度作为初始运行荷载 (内压为 14MPa, 外部海水温度为 4°C, 管内温度为 70°C), 进行管道地震反应计算。其相关计算结果见图 2.11~ 图 2.13 和表 2.10。

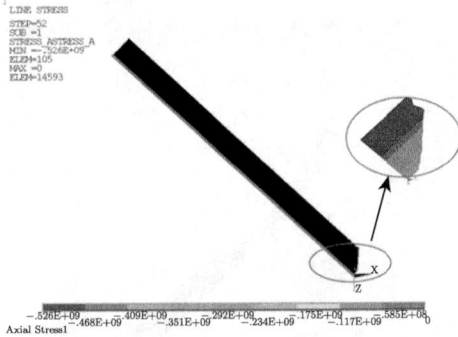

(a) 第 1 段 (极值: −526MPa)

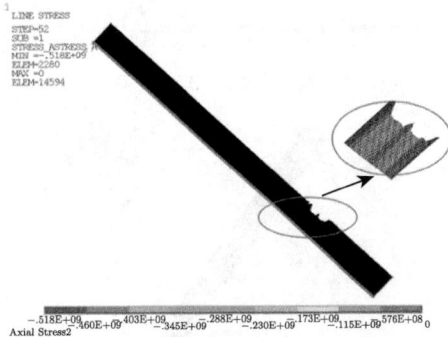

(b) 第 2 段 (极值: −518MPa)

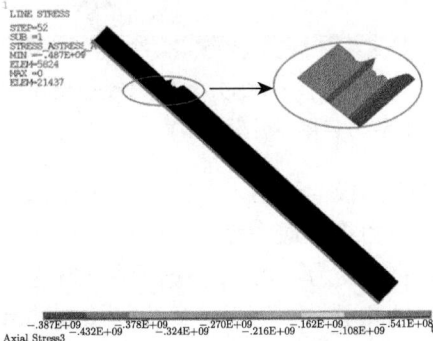

(c) 第 3 段 (极值: −487MPa)

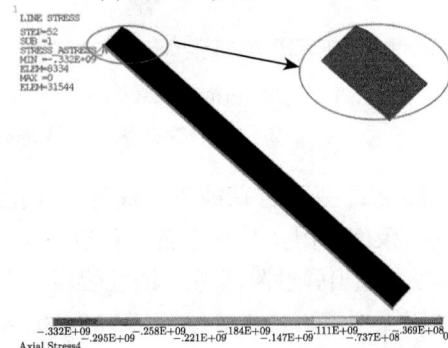

(d) 第 4 段 (极值: −332MPa)

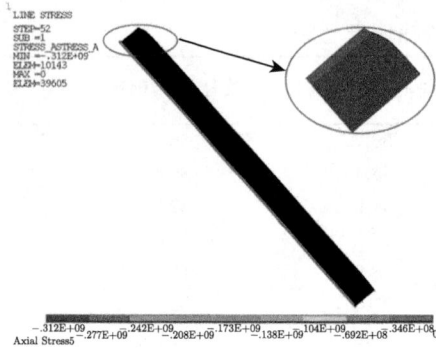

(e) 第 5 段 (极值：−312MPa)

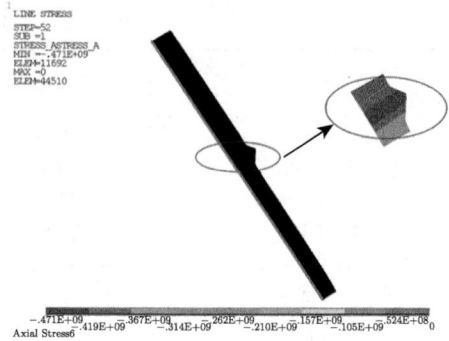

(f) 第 6 段 (极值：−471MPa)

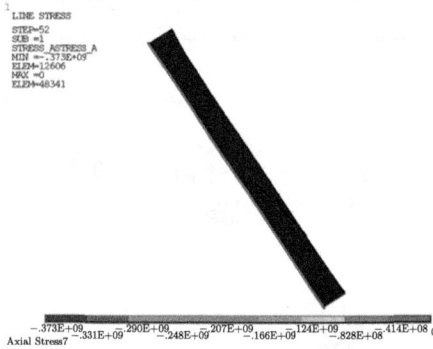

(g) 第 7 段 (极值：−373MPa)

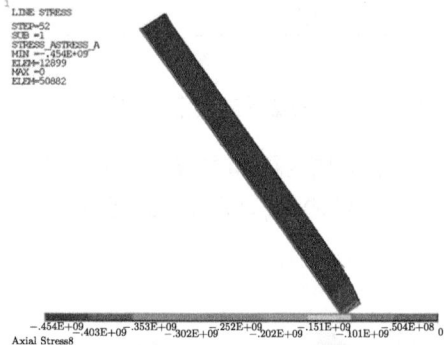

(h) 第 8 段 (极值：−454MPa)

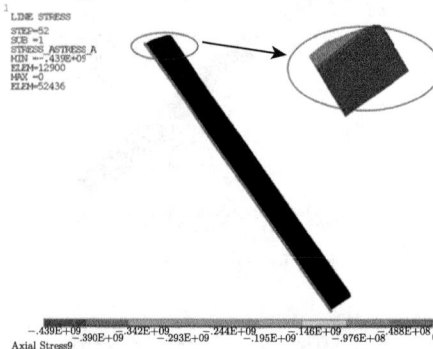

(i) 第 9 段 (极值：−439MPa)

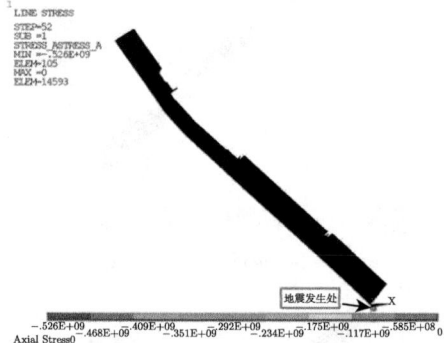

(j) 全部管段 (极值：−526MPa)

图 2.11　运行荷载下管线地震反应极值应力云图 (后附彩图)

　　图 2.11 是运行荷载下管线地震反应的分段应力极值云图 (图 2.11(j) 为全部管线应力极值云图)。从图中首先可以看出，管线的应力极值最大为 −526MPa，管道受压，应力超出弹性阶段进入塑性阶段，此时管道的应变为 1.3%。根据《油气输送管道线路工程抗震技术规范》(GB 50470—2008) 中的相关公式可以计算出管道在地震波动作用下轴向允许压缩应变为 $0.32 \times \dfrac{t}{D} \times 100\% = 0.32 \times \dfrac{0.0254}{0.8} \times 100\% = 0.01016 \times$

100％＝1.016％。

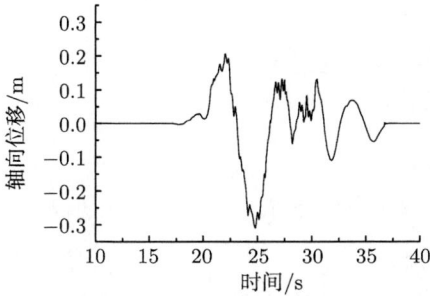

(a) 6.69km 处管道

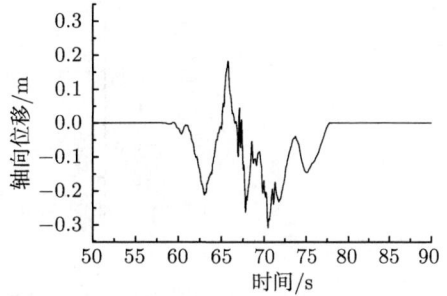

(b) 23.58km 处管道

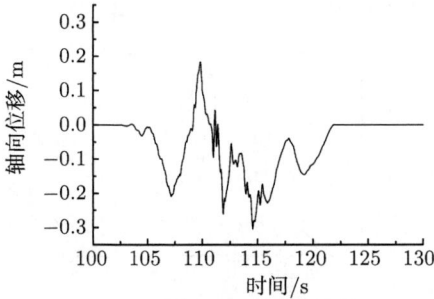

(c) 41.64km 处管道

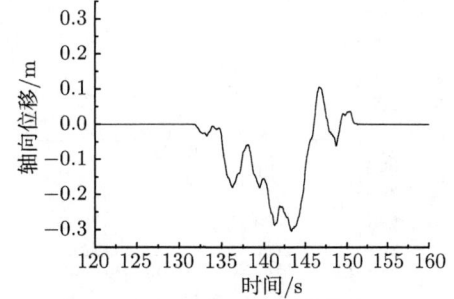

(d) 54.48km 处管道

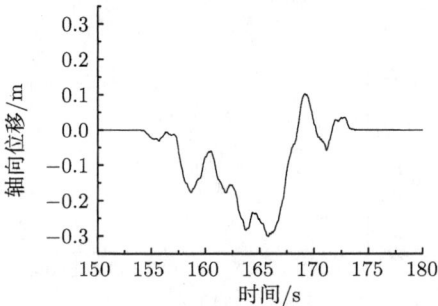

(e) 63.11km 处管道

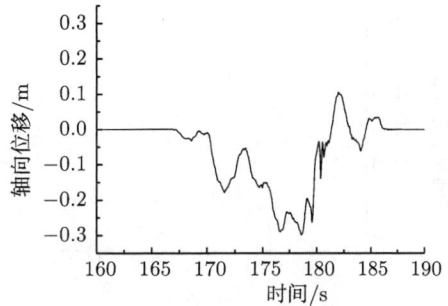

(f) 69.46km 处管道

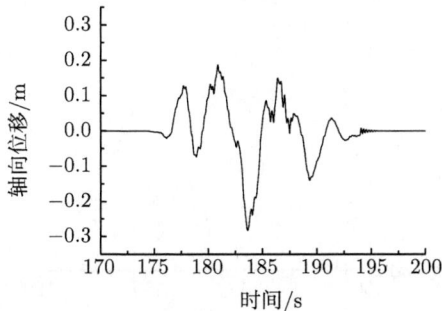

(g) 73.54km 处管道

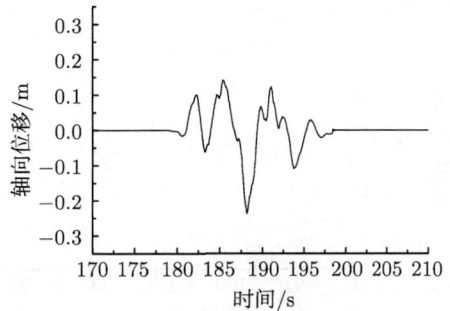

(h) 75.97 km 处管道

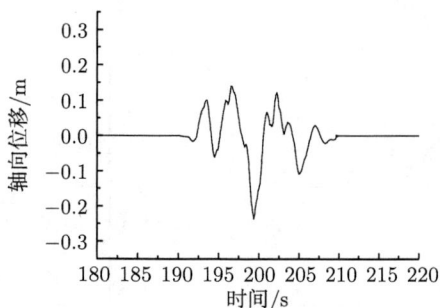

(i) 81.93km 处管道

图 2.12　运行荷载下分段中点处的轴向位移时程图

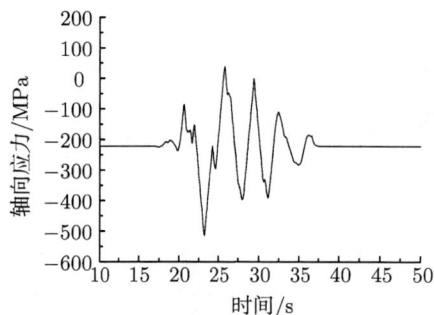

(a) 6.69km 处管道

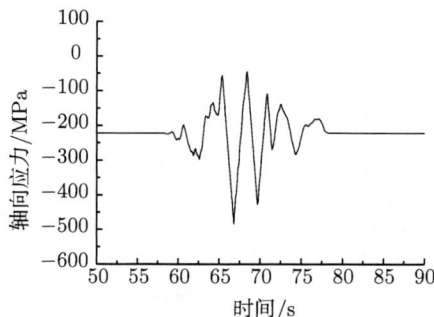

(b) 23.58km 处管道

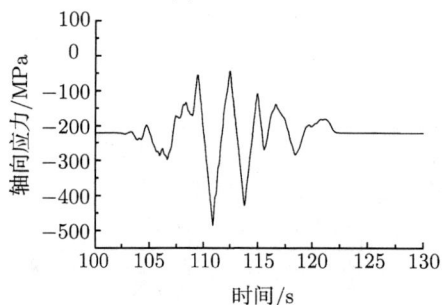

(c) 41.64km 处管道

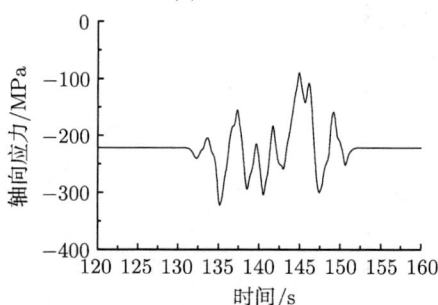

(d) 54.48km 处管道

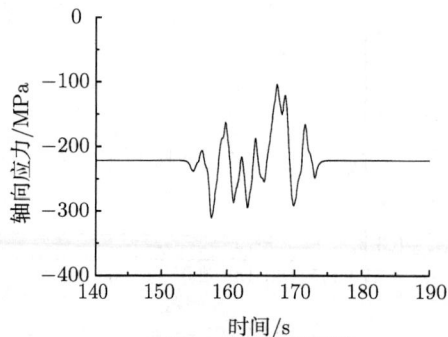

(e) 63.11km 处管道

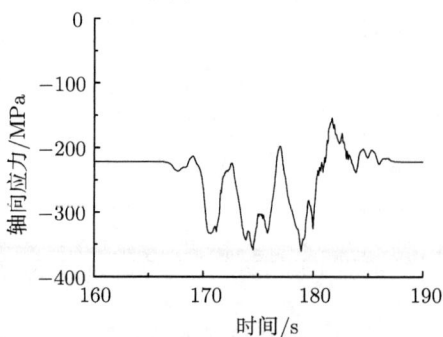

(f) 69.46km 处管道

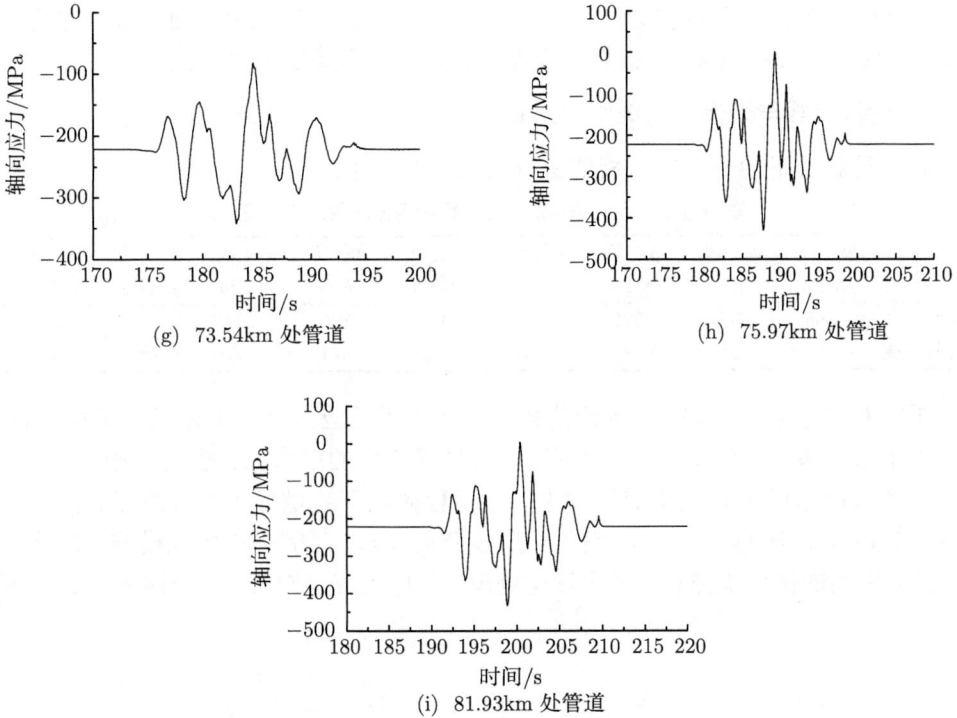

(g) 73.54km 处管道

(h) 75.97km 处管道

(i) 81.93km 处管道

图 2.13 运行荷载下分段中点处的轴向应力时程图

由于 1.3% > 0.016%, 故此时管道不满足抗震要求, 需对设计方案进行适当调整。

图 2.12 和图 2.13 是运行荷载下各段中点处的位移和应力时程图, 表 2.10 是运行荷载下管道动力反应的极值表。从表 2.10 中可以看到, 极值变化趋势与无运行荷载时类似, 轴向位移随着距离的增加而减少, 但轴向应力出现了大小不定的起伏。

表 2.10 分段中点处极值表

反应极值 中点位置	输入峰值/cm	轴向位移/cm	轴向应力/MPa
6.69km	37.4	31.0	515
23.58km	33.47	30.8	485
41.64km	32.6	30.4	484
54.48km	31.18	30.4	322
63.11km	31.18	30.1	311
69.46km	28.9	29.8	361
73.54km	26.5	28.3	342
75.97km	26.34	23.7	433
81.93km	26.1	23.6	430

在第一段处的轴向位移为 31.0cm、应力为 515MPa，在第九段处的轴向位移为 23.6cm、应力为 430MPa，位移衰减了 23.8%，应力衰减了 16.5%。

2.4.6　运行荷载与无运行荷载结果对比

将两种状态下的分段应力极值进行对比，见表 2.11。

表 2.11　运行荷载与无运行荷载分析结果比较

分段	第一段 /MPa	第二段 /MPa	第三段 /MPa	第四段 /MPa	第五段 /MPa	第六段 /MPa	第七段 /MPa	第八段 /MPa	第九段 /MPa
无运行荷载	−368	−357	−325	−171	−154	−320	−211	−294	−279
有运行荷载	−526	−518	−487	−332	−312	−471	−373	−454	−439

根据对比结果可以知道，运行荷载状态下管道的应力要大于无运行荷载状态，这是由于温度和内压使管道产生压应力，而地震产生的最大应力也是压应力，二者产生叠加效应造成了管道反应的增大。无运行荷载下管道处于弹性阶段，而运行荷载下管道处于塑性阶段，且不满足抗震规范的要求，故需采取抗震措施来减小管道反应。常用的抗震措施有：增大管道壁厚，采用大应变钢管，重要区段设计截断阀等。

第3章 地震波作用下长输管道反应的理论分析

3.1 引 言

除了极为少见的火山地震、陷落地震以外,工程中主要面对的地震是构造地震。构造地震由板块构造运动引起,它是地壳岩石中长期积累的变形在瞬间转化为动能的结果。地震波主要有体波、面波两种,体波又分为纵波 (P 波) 和横波 (S 波),面波分为瑞利波和勒夫波,多数学者认为横波对结构的作用效应显著,是结构破坏的主要因素。

世界各国计算埋地管道地震应力的计算公式都是根据波动理论推导而来,大多数国家的计算公式都是以横波作为计算地震波动作用的基础。这是因为横波振幅大,周期长,不易被土壤吸收,传播距离远,而且传播了大部分的地震能量。工程上可以把地震波视为简谐波 (正弦波或余弦波) 以便于计算,任何复杂波均可由简谐波叠加而成。关于地震反应计算中是否考虑土壤与管道的相对变形影响,各国的计算方法不尽一致。

3.1.1 不考虑土壤与管道相对变形的埋地管线地震反应计算

有些国家 (如美国) 规范给出的计算方法不考虑土壤和管道之间的相对变形,假定管道在土壤中被完全嵌固,管道的波动变形与土壤的波动变形完全一致。据此, Newmark 提出了管道反应的上限解。

将土体中传播的地震波理想化为如下正弦波形式:

$$y = u_G \sin \frac{2\pi}{L_0}(x - Ct) \tag{3.1}$$

式中: u_G—— 地震行波的振幅;

L_0—— 地震行波波长;

C—— 地震行波波速。

在半无限空间场地中,任何一束与结构斜交的剪切波,均可分解到三个正交的平面上:结构纵轴线的水平面、竖直面以及垂直于结构轴线的平面。最后一个分量对管道结构不产生应变,故不予考虑。为简化起见,分别研究剪切波的前两个分量。

图 3.1 为地震波作用示意图。

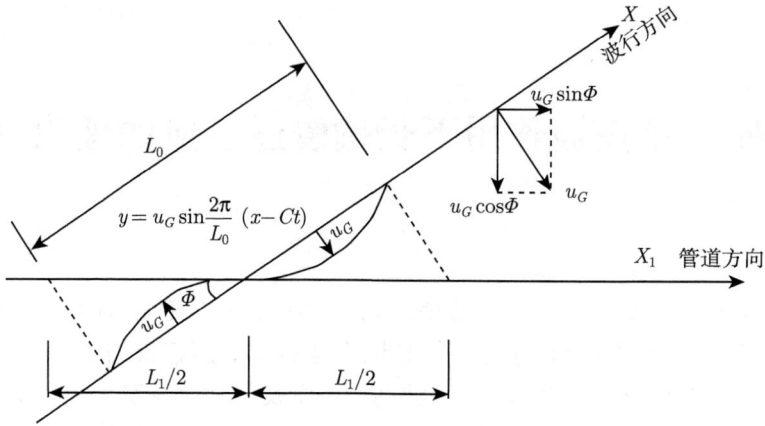

图 3.1　地震波作用示意图

根据图 3.1，地震行波沿管轴线方向的运动分量为 $y_a = u_G \sin\Phi \sin\dfrac{2\pi}{L_1}(x_1 - Ct)$，地震行波垂直于管轴方向的运动分量为 $y_b = u_G \cos\Phi \sin\dfrac{2\pi}{L_1}(x_1 - Ct)$，$L_1 = L_0/\cos\Phi$。则结构轴向拉伸应变为

$$\varepsilon_a = \frac{\partial y_a}{\partial x} = \frac{2\pi u_G}{L_0}\sin\Phi\cos\Phi\cos\left[\frac{2\pi\cos\Phi}{L_0}(x_1 - Ct)\right] \tag{3.2}$$

当管道弯曲变形时，由平面变形法则可得结构外缘弯曲拉伸应变 $\varepsilon_b = \dfrac{1}{\rho}\dfrac{W}{2}$，其中 W 表示弯曲平面内结构的宽度；ρ 表示曲率半径。

$$\varepsilon_b = \frac{1}{\rho}\frac{W}{2} = \frac{2\pi^2 u_G W}{L_0^2}\cos^3\Phi\sin\left[\frac{2\pi\cos\Phi}{L_0}(x_1 - Ct)\right] \tag{3.3}$$

结构外缘的总应变为

$$\begin{aligned}
\varepsilon &= \frac{2\pi u_G}{L_0}\sin\Phi\cos\Phi\cos\left[\frac{2\pi\cos\Phi}{L_0}(x_1 - Ct)\right] \\
&\quad + \frac{2\pi^2 u_G W}{L_0^2}\cos^3\Phi\sin\left[\frac{2\pi\cos\Phi}{L_0}(x_1 - Ct)\right] \\
&= A\sin\left[\frac{2\pi\cos\Phi}{L_0}(x_1 - Ct) + \beta\right]
\end{aligned} \tag{3.4}$$

式中：$A = \sqrt{\left(\dfrac{2\pi u_G}{L_0}\sin\Phi\cos\Phi\right)^2 + \left(\dfrac{2\pi^2 u_G W}{L_0^2}\cos^3\Phi\right)^2}$，令 $\xi_0 = \left(\dfrac{\pi W}{L_0}\right)^2$，则

$$A = \frac{\pi u_G}{L_0}\sqrt{(\sin 2\Phi)^2 + \frac{\xi_0}{2}(1 + \cos 2\Phi)^3} \tag{3.5}$$

令 $\dfrac{\mathrm{d}A}{\mathrm{d}\varPhi} = 0$，可得方程：

$$\sin 2\varPhi[4\cos 2\varPhi - 3\xi_0(1 + \cos 2\varPhi)^2] = 0 \tag{3.6}$$

解此方程，可得方程的一个解 $\varPhi = 0$。此时地震波与管轴一致，管道内部仅引起弯曲变形产生的应变。

方程的另一个解为

$$\varPhi = \frac{1}{2}\arccos\left[\frac{2}{3\xi_0}(1 - \sqrt{1 - 3\xi_0}) - 1\right] \tag{3.7}$$

对应的情况是，地震波在管道内部产生最大应变。

将式 (3.7) 代入式 (3.5)，即可得到管道截面的最大应变 $\varepsilon_{\max}$。

根据以上公式可以看出，当不考虑管、土之间相对位移时，地震反应公式形式十分简洁优美，非常便于使用。该公式综合考虑了管道弯曲变形和轴向变形两个方面的作用，要求得管道截面最大应变，应首先求得使管道地震反应取最大值时的地震波入射角度。式 (3.5)、式 (3.7) 给出了埋地管线在地震行波作用下管道应变的上限值。

3.1.2 考虑土壤与管道相对变形的埋地管线地震反应公式

从实际震害来看，地震发生时土壤与管道之间实际上存在相对变形，故有的国家 (如中国、日本) 规范规定的计算方法考虑了土壤和管道之间的相对变形，这些国家的规范计算方法如下。

1. 《室外给水排水和燃气热力工程抗震设计规范》(TJ32—78)

由沈世杰等主编的《室外给水排水和燃气热力工程抗震设计规范》(TJ32—78) 推荐了一种埋地管线的抗震计算公式 (以下简称 TJ32—78 规范公式)，该计算公式以横波地震作用作为地震反应的计算基础，并考虑了地震时土壤与管道间存在轴向相对变形对地震应力值的影响。

设地震波动方程为

$$y = u_G \sin 2\pi\left(\frac{t}{T} - \frac{x}{L}\right) \tag{3.8}$$

式中：y—— 土壤沿横波方向的位移；

$\quad\quad u_G$—— 地震横波的振幅；

$\quad\quad T$—— 地震横波的周期；

$\quad\quad L$—— 地震横波的波长；

$\quad\quad t$—— 地震横波的时间自变量；

$\quad\quad x$—— 地震横波的空间自变量。

如果时间给定，那么位移 y 就只是 x 的函数；如果令 $t=0$，那么式 (3.8) 可以化简为

$$y = u_G \sin \frac{2\pi x}{L} \tag{3.9}$$

一般来说，横波的传播方向 X_1 与埋地管道的轴向 X 方向并不一致，如果它们之间的夹角为 Φ，则 y 可分解为

$$\text{轴向变形：} u_{s1} = u_G \sin \Phi \sin \frac{2\pi x_1}{L_1} \tag{3.10}$$

$$\text{横向变形：} w_{s1} = u_G \cos \Phi \sin \frac{2\pi x_1}{L_1} \tag{3.11}$$

由图 3.1 中几何关系可知：$L_1 = \dfrac{L}{\cos \Phi}$，$x_1 = \dfrac{x}{\cos \Phi}$。则轴向应变为

$$\begin{aligned}
\frac{\partial u_{s1}}{\partial x_1} &= u_G \sin \Phi \frac{2\pi}{L_1} \cos \frac{2\pi x_1}{L_1} \\
&= 2 \sin \Phi \cos \Phi \frac{\pi u_G}{L} \cos \frac{2\pi x_1}{L_1}
\end{aligned} \tag{3.12}$$

TJ32—78 规范公式只考虑与管轴线成 45° 倾角的横波作用，若 $\Phi = 45°$，则 $\varepsilon_{p\max} = \dfrac{\pi u_G}{L}$。再考虑管道与土壤间的相对变形，由于管道本身刚度的作用，位移幅值要比同方向土壤的位移小，所以引入传递系数 $\xi(\xi \leqslant 1.0)$。为了安全起见，又引入安全系数 1.2，上式便可改写为

$$\varepsilon_{p\max} = 1.2\xi \frac{\pi u_G}{L} \tag{3.13}$$

通过半经验方法确定传递系数 ξ。ξ 与场地土的剪切刚度成正比，与管道的结构刚度 (以 E，A，D 表示) 成反比，最大的情况为 $\xi=1$。根据我国唐山、海城的埋地管道震害资料归纳出下式：

$$\xi = \frac{1}{1 + \dfrac{EAD}{2V_s^2}} \tag{3.14}$$

式中：E—— 管道的弹性模量；

$\quad\quad A$—— 管壁的横截面积；

$\quad\quad D$—— 管道的平均直径；

$\quad\quad V_s$—— 横波波速。

由于埋地管线的埋置深度一般都不大，管道处土壤的地震加速度可近似地取用地面地震加速度的相同值。所以，

$$\left(\frac{\partial^2 y}{\partial t^2}\right)_{\max} = K_h g \tag{3.15}$$

式中：g—— 重力加速度；

　　K_h—— 地震系数，地震烈度 7 度时为 0.1，地震烈度 8 度时为 0.2，地震烈度 9 度时为 0.4。

将式 (3.8) 代入式 (3.15)，可得 $\dfrac{\partial^2 y}{\partial t^2} = -u_G \left(\dfrac{2\pi}{T}\right)^2 \sin\left(\dfrac{t}{T} - \dfrac{x}{L}\right)$，$\left(\dfrac{\partial^2 y}{\partial t^2}\right)_{\max} = u_G \left(\dfrac{2\pi}{T}\right)^2$。所以有 $u_G = \dfrac{K_h g T^2}{4\pi^2}$，式中 T 表示场地的特征周期；又 $L = V_{sp} T$，V_{sp} 为管道埋设深度处土层的剪切波速，代入式 (3.13)，可得

$$\varepsilon_{p\,\max} = 1.2\xi \frac{K_h g T}{4\pi V_{sp}} \tag{3.16}$$

对于埋地连续钢质管线，在求得最大轴向应变后，即可用 $\sigma = E\varepsilon$ 的关系求得最大轴向地震应力。在计算传递系数 ξ 和管道最大轴向地震应力时要用到波动的周期与管道埋设深度处土层的剪切波速 V_{sp}，它们与地基土的种类有关。将求得的埋地管道的最大轴向地震应力与管道的初始轴向应力 (如内压产生的轴向应力、泊桑应力、温度应力等) 相叠加，叠加后的总轴向应力应小于屈服极限 σ_s。

根据以上公式分析，可以知道 TJ32—78 规范公式的主要特点如下：

(1) 仅考虑地震横波的作用；

(2) 地震横波简化为简谐波；

(3) 仅考虑轴向变形对地震应变的影响；

(4) 在地震行波作用下，管道轴向最大应变与传递系数成正比，传递系数为半经验公式，公式中应用剪切波速代替土的弹簧刚度系数。

应用以上方法可以方便地计算出地震行波作用下的管道最大应变。对于有接口直管线，通过与接口允许应变值比较，可以确定接口管线是否安全，TJ32—78 规范公式基本上可行；但对于连续地下钢质管线，TJ32—78 规范公式的计算结果偏小很多，偏于不安全，主要原因是采用半经验公式方法计算出的传递系数过小。

2. 《室外给水排水和燃气热力工程抗震设计规范》(GB50032—2003)

由沈世杰等主编的《室外给水排水和燃气热力工程抗震设计规范》(GB50032—2003) 推荐的埋地管线抗震计算公式 (以下简称 GB50032—2003 规范公式) 不再采用经验公式，计算公式的推导建立在管道微元体的受力分析基础上，分析中采用的计算模型是将地下直管线视作埋置于地下的弹性地基梁，具体的原理和推导过程如下。

如果地震行波方向上地震波的方程为 $u_s = u_G \sin\dfrac{2\pi x}{L}$，那么在管线方向上，地震波的方程可沿两个方向分解。

轴向变形：$u_{s1} = u_G \sin\Phi \sin\dfrac{2\pi x_1}{L_1}$ \qquad (3.17)

横向变形：$w_{s1} = u_G \cos \Phi \sin \dfrac{2\pi x_1}{L_1}$ （3.18）

管线分析采用的计算模型是将地下直管线视作埋置于地下的弹性地基梁，计算模型如图 3.2 所示。

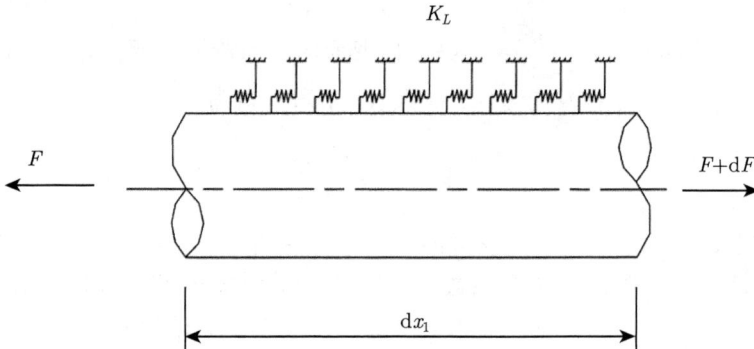

图 3.2　弹性地基梁计算模型

仅考虑轴向变形对埋地管线地震反应的影响，建立平衡方程，

$$\mathrm{d}F + K_L(u_{s1} - u_p)\mathrm{d}x_1 = 0$$ （3.19）

式中：u_{s1}—— 地震波作用下管道周围的土体轴向位移；

　　　u_p—— 管道结构轴向的位移；

　　　K_L—— 管道轴向发生单位位移时土体对管道的弹性抗力，以下称为管道单位长度上轴向土弹簧系数。

又 $F = EA\dfrac{\mathrm{d}u_p}{\mathrm{d}x_1}$，将其代入平衡方程，则平衡方程可表示为

$$\frac{\mathrm{d}^2 u_p}{\mathrm{d}x_1^2} - \frac{K_L}{EA} u_p = -\frac{K_L}{EA} u_{s1} = -\frac{K_L}{EA} u_G \sin \Phi \sin \frac{2\pi x_1}{L_1}$$ （3.20）

通过解微分方程和必要的推论，得到 $u_p = \xi_L u_{s1}$，其中 $\xi_L = \dfrac{1}{1 + \dfrac{EA}{K_L}\left(\dfrac{2\pi}{L}\right)^2}$，

$\varepsilon_p = \xi_L \dfrac{2\pi}{L} u_G \sin \Phi \cos \Phi$。当 $\Phi = 45°$ 时，有

$$\varepsilon_{p\,\mathrm{max}} = \xi_L \frac{\pi}{L} u_G$$ （3.21）

式 (3.21) 即为 GB50032—2003 规范公式中给出的埋地管线计算公式，式中 u_G 的推导过程与本节 TJ32—78 规范公式部分没有差别，故仍然采用 $u_G = \dfrac{K_h g T^2}{4\pi^2}$。

由 $\varepsilon_{p\max} = \xi_L \dfrac{\pi}{L} u_G$, $\xi_L = \dfrac{1}{1 + \dfrac{EA}{K_L}\left(\dfrac{2\pi}{L}\right)^2}$, $u_G = \dfrac{K_h g T^2}{4\pi^2}$ 三式可以知道:

(1) 计算埋地管线的最大地震反应, 必须明确管线所在的场地、设防烈度、场地类别、地震设计分组等地震条件, 这些地震条件直接决定 $K_h g$, T, 从而决定 u_G 的大小; 场地内地震波的剪切波速、场地特征周期直接决定 L, 从而间接地影响 ξ_L 的计算。

(2) 计算埋地管线的最大地震反应时另一个关键参数是 K_L, 这个参数称为管道单位长度上轴向土弹簧系数。GB50032—2003 规范公式中管道轴向土弹簧系数取用方法是 $K_L = u_p k_l$, u_p 为单位长度的外缘面积; k_l 为沿管道方向土体的单位面积弹性抗力。k_l 应根据管道外缘构造及相应土质实验确定; 当无实验数据时, 一般可采用 $0.06\mathrm{N/mm}^2$。K_L 的取用方法与日本《煤气管道抗震设计规范》一致。

(3) 关于剪切波的波长, GB50032—2003 规范公式的计算方法是 $L = V_{sp}T_g$。V_{sp} 为管道埋设深度处土层的剪切波速, 计算中 V_{sp} 取实测剪切波速的 $2/3$, $V_{sp} = \dfrac{2}{3}V_s$; T_g 为管道埋设场地的特征周期。可以看出, V_s 的这种取值方法实际上是对公式的一种修正。

(4) GB50032—2003 规范公式中 $\varepsilon_{p\max} = \xi_L \dfrac{\pi}{L} u_G$, 其中 $\xi_L = \dfrac{1}{1 + \dfrac{EA}{K_L}\left(\dfrac{2\pi}{L}\right)^2}$

为沿管道轴向的位移传递系数; TJ32—78 规范公式中 $\varepsilon_{p\max} = 1.2\xi \dfrac{\pi u_G}{L}$, 其中 $\xi = \dfrac{1}{1 + \dfrac{EAD}{2V_s^2}}$ 两版规范中位移传递系数的表达式有很大的变化, 但是 $\varepsilon_{p\max}$ 均与位移传递系数呈线性关系。

比较 TJ32—78 规范公式、GB50032—2003 规范公式发现, GB50032—2003 规范公式仍然是:

(1) 仅考虑地震横波的作用;

(2) 地震横波简化为简谐波;

(3) 仅考虑轴向变形对地震应变的影响;

(4) 管道反应的纵向位移、最大应变均与传递系数成正比;

(5) 采用使管道地震反应最大的地震波入射角度为 45° 的经验结果。

3. 《输油 (气) 埋地钢质管道抗震设计规范》(SYJ4050—91)

由中国石油天然气总公司管道设计院主编的《输油 (气) 埋地钢质管道抗震设计规范》(SYJ4050—91) 也推荐了埋地管线抗震计算公式 (以下简称 SYJ4050—91

规范公式)。

该公式的表达式如下:

$$\varepsilon_{p\max} = \alpha_1 \frac{2\pi A}{L} \cos\Phi \sin\Phi + \alpha_2 \frac{2\pi^2 A D_H}{L^2} \cos^3\Phi \tag{3.22}$$

式中: α_1—— 与 GB50032—2003 规范公式中的位移传递系数 ξ_L 相同, 为轴向位移传递系数;

α_2—— 横向变形传递系数, 其值近似等于 1;

A—— 土壤的振幅, 与 GB50023—2003 公式中的 $u_G = \frac{K_h g T^2}{4\pi^2}$ 含义相同;

D_H—— 管道的外径;

Φ—— 地震波入射角度, 通过试算确定。

SYJ4050—91 规范公式的原理和推导过程与 GB50032—2003 规范公式相同, 不同之处在于 SYJ4050—91 规范公式不再采用使管道地震反应最大的地震波入射角度为 45° 的经验结果, 而是通过试算获得。

4. 日本煤气管线抗震设计规范公式

日本是地震多发国家, 生命线工程的理论研究随着每一次实际地震的震害结果而深化。例如, Niigata(1964/6/16, $M = 7.5$) 地震后提出了场地液化对埋地管线的影响问题; Nihon-kai 中部地震 (1983/5/26) 提出了管线延性的概念, 经多年研究后, 2002 年提出了高压煤气管线抗液化计算方法; 1978 年 Miyagi-ken 地震引起了煤气设施的严重破坏, 反应位移法引入生命线抗震工程; Kobe(阪神) 地震 (1995/1/17, $M = 7.2$), 断层滑动给生命线工程造成了很大的破坏, 此后, 修订了包括生命线工程在内的许多结构工程抗震设计规范。生命线工程抗震设计规范修订的一个显著特点是引入了两水准的设计地震运动 (Level 1、Level 2)。

阪神地震前的埋地管道抗震设计规范, 埋地管道应变和应力计算建立在弹性地基梁的基础上, 具体的考虑方法如表 3.1 所示。

表 3.1　1982 年版规范计算方法

材料本构		Level 1
管道模型		弹性
土弹簧模型	轴向	考虑管土滑移
	垂直于管轴方向	弹性

由此可见, 我国《室外给水排水和燃气热力工程抗震设计规范》(GB50032—2003) 与日本 1982 版煤气管线抗震设计规范基本一致。

阪神地震后, 引入两水准地震运动, 定义如表 3.2 所示。

表 3.2 两水准地震运动

	定义	管道的预期表现
Level 1	管道服役期内，可能遭受 1~2 次的地震运动	无需修理即可保持管道正常功能
Level 2	管线寿命中，不太可能出现，但一旦出现，便是作用特别强的地震运动	可能出现管道变形，但不至于出现泄漏

对于 Level 2 的场地运动，充分考虑了管土之间滑移、分离等因素对管道非线性反应的影响。Level 2 地震作用下埋地管道地震反应计算公式是建立在管道非线性有限元分析的基础上的。下面简单介绍埋地管线地震反应计算的公式

$$\begin{cases} \varepsilon_P = \alpha\varepsilon_G, & \alpha\varepsilon_G \leqslant \varepsilon_y \\ \varepsilon_P = \varepsilon_G, & \alpha\varepsilon_G > \varepsilon_y \end{cases} \tag{3.23}$$

式中：ε_P—— 地震时的管道应变；

ε_G—— 场地应变；

ε_y—— 管材料的屈服应变；

α—— 直管应变传递系数，$\alpha = q\alpha_0$，其中：$\alpha_0 = \dfrac{1}{1 + \left(\dfrac{2\pi}{\lambda_l L}\right)^2}$，$\lambda_l = \sqrt{\dfrac{K_l}{EA}}$。

当 $\tau_G \geqslant \tau_{cr}$ 时，$q = 1 - \cos\xi + \Omega\left(\dfrac{\pi}{2} - \xi\right)\sin\xi$，其中 $\xi = \arcsin\dfrac{\tau_{cr}}{\tau_G}$，此时 $q \leqslant 1$；当 $\tau_G < \tau_{cr}$ 时，$q = 1$。

其中：Ω——q 处于安全一侧时的安全系数；

K_l—— 轴向单位长度的土弹簧常数；

L—— 设计地震波的波长；

E—— 管道弹性模量；

A—— 管道的截面积；

τ_G—— 管道表面的剪应力，$\tau_G = \dfrac{2\pi}{L}\dfrac{EA}{\pi D}\alpha_0\varepsilon_G$；

τ_{cr}—— 管土之间的临界剪应力。

3.2 地震行波作用下长输管道轴向变形反应

作用在埋地管线上的地震行波为横波。为便于推导，借鉴 Newmark、GB50032—2003 规范公式的分析思路，将土体中传播的地震波理想化为如下正弦波形式：

$$y = u_G \sin 2\pi\left(\dfrac{t}{T} - \dfrac{x}{L}\right) \tag{3.24}$$

式中：y—— 土壤沿横波方向的位移；

u_G—— 地震横波的振幅；

　　T—— 地震横波的周期；

　　L—— 地震横波的波长；

　　t—— 地震横波的时间变量；

　　x—— 地震横波的空间变量。

　　本节的主要内容是研究管道内部的应变反应，而应变是一个仅与 x 有关的变量。为此可将时间 "凝固" 在某一时刻，位移 y 就只是 x 的函数；如果再令 $t=0$，上式可简化为 $y = u_G \sin \dfrac{2\pi x}{L}$。采用这种变换手段的目的是使公式推导过程和结果简洁明了。

3.2.1　理论推导

　　地震行波传播及作用于管线如图 3.3 所示。

图中：X—— 轴方向为地震波的行波方向；

　　　　X_1—— 轴方向为管线的轴向方向；

　　　　$\varPhi$—— 地震行波与管线的夹角，即地震行波入射角；

　　　　L—— 简化的地震简谐波的波长；

　　　　u_G—— 简谐地震波的振幅；

　　　　L_1—— 地震行波向管轴线投影的视波长。

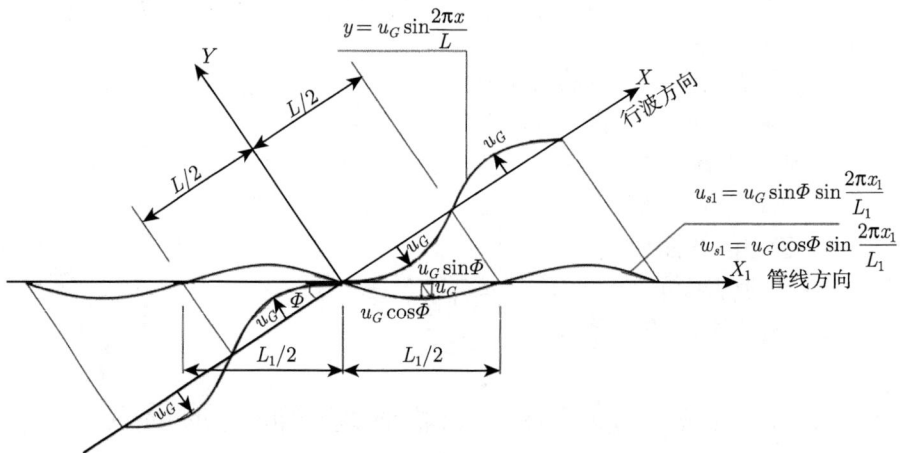

图 3.3　地震行波对埋地管线的作用

由图中几何关系可知

$$L_1 = \frac{L}{\cos \varPhi}, \quad x_1 = \frac{x}{\cos \varPhi} \tag{3.25}$$

如果地震行波方向上地震波的方程为 $y = u_G \sin \dfrac{2\pi x}{L}$，那么，地震波可沿两个方向分解。

$$\text{管道轴向：} \quad u_{s1} = u_G \sin \varPhi \sin \frac{2\pi x_1}{L_1} \tag{3.26}$$

$$\text{管道横向 (垂直于管道轴向)：} \quad w_{s1} = u_G \cos \varPhi \sin \frac{2\pi x_1}{L_1} \tag{3.27}$$

管线分析采用的计算模型是将地下直管线视作埋置于地下的弹性地基梁。计算模型如图 3.2 所示。

由于 $F = EA\varepsilon_p = EA\dfrac{\mathrm{d}u_p}{\mathrm{d}x_1}$，则 $\dfrac{\mathrm{d}F}{\mathrm{d}x_1} = EA\dfrac{\mathrm{d}^2 u_p}{\mathrm{d}x_1^2}$。

将上式代入平衡方程 (3.19)，则平衡方程可表示为

$$\frac{\mathrm{d}^2 u_p}{\mathrm{d}x_1^2} - \frac{K_L}{EA}u_p = -\frac{K_L}{EA}u_{s1} = -\frac{K_L}{EA}u_G \sin\varPhi \sin\frac{2\pi x_1}{L_1} \tag{3.28}$$

令 $\lambda = \sqrt{\dfrac{K_L}{EA}}$，解微分方程 (3.28)，可得

$$u_p = c_1 \mathrm{e}^{-\lambda x_1} + c_2 \mathrm{e}^{\lambda x_1} + \frac{1}{1 + \left(\dfrac{2\pi}{\lambda L_1}\right)^2} u_{s1}$$

$$= c_1 \mathrm{e}^{-\lambda x_1} + c_2 \mathrm{e}^{\lambda x_1} + \frac{1}{1 + \left(\dfrac{2\pi}{\lambda L_1}\right)^2} u_G \sin\varPhi \sin\frac{2\pi x_1}{L_1} \tag{3.29}$$

代入初始条件：当 $x_1 = 0$ 时，$u_p = 0$；当 $x_1 = L_1/2$ 时，$u_p = 0$。可得：$c_1 = c_2 = 0$，所以

$$u_p = \frac{1}{1 + \left(\dfrac{2\pi}{\lambda L_1}\right)^2} u_{s1} = \frac{1}{1 + \dfrac{EA}{K_l}\left(\dfrac{2\pi \cos\varPhi}{L}\right)^2} u_G \sin\varPhi \sin\frac{2\pi x_1}{L_1} \tag{3.30}$$

定义管道轴向位移传递系数 $\xi_L = \dfrac{u_p}{u_{s1}}$，则

$$\xi_L = \frac{1}{1 + \left(\dfrac{2\pi}{\lambda L_1}\right)^2} = \frac{1}{1 + \dfrac{EA}{K_l}\left(\dfrac{2\pi \cos\varPhi}{L}\right)^2} \tag{3.31}$$

由式 (3.31) 可知，位移传递系数 ξ_L 是一个与地震波入射角度 $\varPhi$ 有关的函数。则，

$$u_p = \xi_L u_{s1} = \xi_L u_G \sin\varPhi \sin\frac{2\pi x_1}{L_1} \tag{3.32}$$

相应的管道轴向应变为

$$\varepsilon_N = \frac{\mathrm{d}u_p}{\mathrm{d}x_1} = \xi_L \frac{2\pi}{L_1} u_G \sin\varPhi \cos\frac{2\pi x_1}{L} = \xi_L \frac{2\pi}{L} u_G \sin\varPhi \cos\varPhi \cos\frac{2\pi x_1}{L_1} \tag{3.33}$$

定义:

$$K_N = \xi_L \frac{2\pi}{L} u_G \sin\Phi \cos\Phi = \xi_L \frac{\pi}{L} u_G \sin 2\Phi \tag{3.34}$$

则

$$\varepsilon_N = K_N \cos \frac{2\pi x_1}{L_1} \tag{3.35}$$

由式 (3.34) 可知, K_N 是地震波入射角度 Φ 的函数。注意到位移传递系数 ξ_L 中含有 $\cos\Phi$, 则

$$K_N(\Phi) = \frac{\dfrac{2\pi}{L} u_G \sin\Phi \cos\Phi}{1 + \dfrac{EA}{K_l}\left(\dfrac{2\pi\cos\Phi}{L}\right)^2} = \frac{\dfrac{\pi}{L} u_G \sin(2\Phi)}{1 + \dfrac{EA}{K_l}\left(\dfrac{2\pi\cos\Phi}{L}\right)^2} \tag{3.36}$$

由于 K_N 与管道轴向位移传递系数的关系可用式 (3.34) 表达, 令 $B = \dfrac{2\pi}{\lambda L}$, 则

$$\xi_L = \frac{1}{1 + \dfrac{EA}{K_l}\left(\dfrac{2\pi\cos\Phi}{L}\right)^2} = \frac{1}{1 + (B\cos\Phi)^2} \tag{3.37}$$

$$K_N(\Phi) = \frac{\dfrac{\pi}{L} u_G \sin(2\Phi)}{1 + (B\cos\Phi)^2} \tag{3.38}$$

可见, 求管道截面最大应变问题转化为求 $K_N(\Phi)$ 最大值的问题。

$$\frac{\mathrm{d}K_N}{\mathrm{d}\Phi} = \frac{\pi}{L} u_G \frac{\mathrm{d}}{\mathrm{d}\Phi}\left(\frac{\sin(2\Phi)}{1 + (B\cos\Phi)^2}\right) \tag{3.39}$$

因为 $\dfrac{\mathrm{d}}{\mathrm{d}\Phi}\left(\dfrac{\sin(2\Phi)}{1 + (B\cos\Phi)^2}\right) = \dfrac{2\cos 2\Phi + 2(B\cos\Phi)^2\cos 2\Phi + B^2(\sin 2\Phi)^2}{(1 + (B\cos\Phi)^2)^2}$, 故

$$\frac{\mathrm{d}K_N}{\mathrm{d}\Phi} = \frac{\pi}{L} u_G \frac{2\cos 2\Phi + 2(B\cos\Phi)^2\cos 2\Phi + B^2(\sin 2\Phi)^2}{(1 + (B\cos\Phi)^2)^2} \tag{3.40}$$

令 $\dfrac{\mathrm{d}K_N}{\mathrm{d}\Phi} = 0$, 则 $2\cos 2\Phi + 2(B\cos\Phi)^2\cos 2\Phi + B^2(\sin 2\Phi)^2 = 0$

将上述公式展开成正弦、余弦函数, 并两端除以 $(\cos\Phi)^4$, 化简得

$$(\tan\Phi)^4 - B^2(\tan\Phi)^2 - B^2 - 1 = 0 \tag{3.41}$$

解该方程, 并考虑 $0 \leqslant \Phi \leqslant \dfrac{\pi}{2}$, 可得 $\tan\Phi = \sqrt{B^2 + 1}$。也就是说当 $\Phi = \arctan\sqrt{B^2 + 1}$ 时, $K_N(\Phi)$ 取得极值。又有

$$\frac{\mathrm{d}^2 K_N}{\mathrm{d}\Phi^2} = \frac{\pi}{L} u_G \frac{\mathrm{d}^2}{\mathrm{d}\Phi^2}\left(\frac{\sin(2\Phi)}{1 + (B\cos\Phi)^2}\right)$$

$$= \frac{\pi}{L} u_G \frac{\mathrm{d}}{\mathrm{d}\Phi} \left(\frac{2\cos 2\Phi + 2(B\cos\Phi)^2 \cos 2\Phi + B^2(\sin 2\Phi)^2}{(1+(B\cos\Phi)^2)^2} \right)$$

$$= \frac{\pi}{L} u_G \frac{\mathrm{d}}{\mathrm{d}\Phi} \left(\frac{2(B^2+2)(\cos\Phi)^2 - 2}{(1+(B\cos\Phi)^2)^2} \right)$$

$$= \frac{\pi}{L} u_G \frac{B^2(B^2+2)\cos^2\Phi - 3B^2 - 2}{(1+B^2\cos^2\Phi)^3} \sin 2\Phi$$

则当 $\Phi = \arctan\sqrt{B^2+1}$ 时，$\cos^2\Phi = \dfrac{1}{B^2+2}$，$\sin 2\Phi = \dfrac{\sqrt{B^2+1}}{B^2+2}$，此时 $\dfrac{\mathrm{d}^2 K_N}{\mathrm{d}\Phi^2} < 0$。

故当 $\Phi = \arctan\sqrt{B^2+1}$ 时，$K_N(\Phi)$ 取得极大值。将 $\Phi = \arctan\sqrt{B^2+1}$ 代入式 (3.38) 可得

$$K_{N\max} = \frac{\pi}{L} u_G \frac{1}{\sqrt{1+B^2}} \tag{3.42}$$

所以，由式 (3.35) 可知

$$\varepsilon_N = \frac{\pi}{L} u_G \frac{1}{\sqrt{1+B^2}} \cos \frac{2\pi x_1}{L_1} \tag{3.43}$$

$$\varepsilon_{N\max} = \frac{\pi}{L} u_G \frac{1}{\sqrt{1+B^2}} \tag{3.44}$$

式 (3.43) 表示仅考虑轴向变形情况下埋地管线在地震行波作用下的管道最大应变公式，式 (3.44) 表明，在 $x_1 = k\dfrac{L_1}{2}$ 处 (k 为整数)，管道轴向应变取得最大值 $\varepsilon_{N\max}$。$\varepsilon_{N\max}$ 是一个与地震波、土体、管道材质和截面有关的函数。

地震行波作用下，管道截面存在的最大应力

$$\sigma_{N\max} = E\varepsilon_{p\max} = \frac{\pi u_G}{L} \frac{E}{\sqrt{1+B^2}} \tag{3.45}$$

3.2.2 建议公式的讨论

下面对本节推导的埋地管线地震反应计算公式进行以下讨论：

1. 公式中重要变量的含义

1) $\lambda = \sqrt{\dfrac{K_L}{EA}}$

式中：K_L—— 管道单位长度上轴向土弹簧系数，反映了土体对管道轴向变形的约束程度；

$\quad\quad EA$—— 反映了管道轴向刚度；

$\quad\quad \lambda$—— 反映了土体、管道轴向变形的刚度比。

2) $B = \dfrac{2\pi}{\lambda L}$

式中：L—— 地震波的波长；

　　　　λ—— 反映了土体、管道轴向变形的刚度比；

　　　　B—— 在地震行波作用下，管道在土体中工作的综合指标。

　　3) $\xi_L = \dfrac{u_p}{u_{s1}}$，$\xi_L = \dfrac{1}{1 + (B\cos\Phi)^2}$

式中：ξ_L—— 管道轴向位移传递系数。其含义是，在地震行波的作用下，管体变形
　　　　　　与地震时的土体变形不一致，其间位移传递相差一个传递系数。本书
　　　　　　建议公式中 ξ_L 也是 Φ 的函数。

　　4) $K_N(\Phi) = \dfrac{\dfrac{\pi}{L}u_G\sin(2\Phi)}{1 + (B\cos\Phi)^2}$

式中：$K_N(\Phi)$—— 确定入射角度 Φ 的地震行波作用于管道上，仅考虑管道轴向变
　　　　　　　形时管道截面产生应变的最大值。

　　由上式可以看到，地震行波入射埋地管线的角度不同，管道截面的最大应变亦不同。根据上文推导，当 $\Phi = \arctan\sqrt{B^2 + 1}$ 时，$K_N(\Phi)$ 取得最大值。使管道地震反应取最大值的地震波入射角 $\Phi = \arctan\sqrt{B^2 + 1}$，此时 $\Phi > 45°$。当 $\Phi = 90°$ 时，$K_N(\Phi) = 0$，也就是说，此时仅考虑管道轴向变形时，管道截面不产生应变的情况。

2. 建议公式与 GB50032—2003 规范公式的区别

　　建议公式的推导建立在微分方程 (3.28) 的基础上，微分方程的实质是力学平衡方程。微分方程自变量 X_1 的方向是微元体的轴向，即管道的轴向。X 的方向是地震行波的方向，它与管道走向 X_1 的夹角是 Φ。X 和 X_1、L 和 L_1 之间有本质区别，在公式推导的过程中切不可混淆。

　　1) 管道轴向位移传递系数的区别

　　$u_p = \xi_L u_{s1}$，ξ_L 称为管道轴向位移传递系数。

　　GB50032—2003 规范公式中 $\xi_L = \dfrac{1}{1 + \dfrac{EA}{K_l}\left(\dfrac{2\pi}{L}\right)^2}$，将本节定义的符号代入上

式，得

$$\xi_L = \frac{1}{1 + \dfrac{EA}{K_l}\left(\dfrac{2\pi}{L}\right)^2} = \frac{1}{1 + \left(\dfrac{2\pi}{\lambda L}\right)^2} = \frac{1}{1 + B^2} \tag{3.46}$$

　　由上述公式可以看出：管道轴向位移传递系数与管道材质和截面、管与土的作用系数以及地震波的波长有关，但与地震波的入射角度无关。也就是说，无论地震行波的传播方向如何，只要管道参数和地震参数相同，管道的纵向变位系数都是一样的，这个结论显然并不合理。

本节推导的公式中:

$$\xi_L = \frac{1}{1 + \dfrac{EA}{K_l}\left(\dfrac{2\pi\cos\Phi}{L}\right)^2} = \frac{1}{1 + (B\cos\Phi)^2} \tag{3.47}$$

式 (3.47) 表明管和土之间的轴向位移传递系数还与地震波的入射角度有关, 式 (3.47) 表示的位移传递系数大于规范公式中的位移传递系数。

对于结合公式 (3.47), 当 $\Phi = 45°$ 时, $\xi_L = \dfrac{1}{1 + \dfrac{B^2}{2}}$, 为 GB50023—2003 给出

的计算公式; 当 $\Phi = \arctan\sqrt{B^2 + 1}$ 时, $\cos\Phi = \dfrac{1}{\sqrt{2 + B^2}}$, 此时管道轴向变位系数

$\xi_L = \dfrac{1}{1 + \dfrac{B^2}{2 + B^2}}$, 管道的轴向应变取得最大值。

2) 轴向最大应变的区别

GB50023—2003 规范公式中给出: $\varepsilon_{N\max} = \xi_L \dfrac{\pi}{L} u_G$, 式中 ξ_L 的定义如式 (3.46) 所示。将本节定义的符号代入上式, 则 $\varepsilon_{N\max} = \dfrac{\pi}{L} u_G \dfrac{1}{1 + B^2}$。

本节推导的公式中, 当地震波入射角度 $\Phi = \arctan\sqrt{B^2 + 1}$ 时, 管道内地震反应取得最大值。此时 $\xi_L = \dfrac{1}{1 + \dfrac{B^2}{2 + B^2}}$, 则 $\varepsilon_{N\max} = \dfrac{\pi}{L} u_G \dfrac{1}{\sqrt{1 + B^2}}$。

$\varepsilon_{N\max} = \dfrac{\pi}{L} u_G \dfrac{1}{\sqrt{1 + B^2}}$ 显然大于 $\varepsilon_{N\max} = \dfrac{\pi}{L} u_G \dfrac{1}{1 + B^2}$, 因而与建议公式相比, GB50032—2003 规范公式偏于不安全。

按照本节建议公式, $\varepsilon_{N\max} = \dfrac{\pi}{L} u_G \dfrac{1}{1 + B^2}$ 对应的地震波入射角度既不是 $0°$ 也不是 $45°$, 而是 $\Phi = \arctan(B^2 + 1 \pm B\sqrt{B^2 + 1})$。

GB50032—2003 规范公式与本节建议公式的对比汇总见表 3.3。

表 3.3　GB50032—2003 规范公式与本节建议公式区别一览表

比较项目　　　　　　　公式	GB50032—2003 规范公式	本节建议公式
管道截面地震反应最大时的地震波入射角度	45 度	$\Phi = \arctan\sqrt{B^2 + 1}$
位移传递系数	$\xi_L = \dfrac{1}{1 + B^2}$	$\xi_L = \dfrac{1}{1 + (B\cos\Phi)^2}$
地震反应最大时的位移传递系数	$\xi_L = \dfrac{1}{1 + B^2}$	$\xi_L = \dfrac{1}{1 + \dfrac{B^2}{2 + B^2}}$
管体内部最大地震反应计算公式	$\varepsilon_{N\max} = \dfrac{\pi}{L} u_G \dfrac{1}{1 + B^2}$	$\varepsilon_{N\max} = \dfrac{\pi}{L} u_G \dfrac{1}{\sqrt{1 + B^2}}$

3) 管道不同位置的截面最大轴向应变

由式 (3.43) 可知，由轴向变形引起的管道不同位置的应变是一个关于 x_1 的余弦函数。应变最大值位于管道轴向 $x_1 = k\dfrac{L_1}{2}$ 处 (k 为整数)；在 $x_1 = \left(k - \dfrac{1}{2}\right)\dfrac{L_1}{2}$ 处 (k 为整数) 管道轴向应变为零。在同一条管道上，某些区段受拉，某些区段受压，某些点上管道轴向应变为零。

3.2.3 工程实例分析

1. 工程实例

结合宝钢二高炉风口高压水地下管道检测鉴定的工程实例，该工程埋地管线的基本条件如下。

该地下管线处于非液化区，抗震设防烈度为 7 度，设计基本地震加速度值为 $0.1g$，设计地震分组为第一组，场地土类别为 IV 类，特征周期为 0.85s，场地土的剪切波速为 140m/s，整个管线系统有三种截面类型的钢质管道，分别是 D630 × 10、D426 × 9、D325 × 8。

参照 GB50032—2003 规范公式，沿管道方向的土体弹性抗力为

$$K_L = A_p k_l$$

式中：A_p—— 管道单位长度的外缘表面积；

k_l—— 管道轴向土体对管道单位面积上的弹性抗力；若无实测，其值可取为 0.06N/mm^3

$u_G = \dfrac{K_H g T_g}{4\pi^2}$，对于本工程 $u_G = 21.1\text{mm}$。

2. 埋地管线的最大应变计算

1) GB50032—2003 规范公式的计算结果

基于 GB50032—2003 规范公式的计算结果见表 3.4。

表 3.4　GB50032—2003 规范公式的计算结果

管道型号	λ	B	地震波入射角度 $\Phi/(°)$	轴向位移传递系数 ξ_L	$\dfrac{1}{1+B^2}$	最大应变	最大应力/MPa
D630 × 10	0.000178	0.2963	45	0.9193	0.9193	5.121×10^{-4}	98.32
D426 × 9	0.000188	0.2803	45	0.9271	0.9271	5.165×10^{-4}	99.16
D325 × 8	0.0002	0.2638	45	0.9349	0.9349	5.208×10^{-4}	99.99

2) 本节建议公式的计算结果

基于本节建议公式的计算结果见表 3.5。

表 3.5 建议公式的计算结果

管道型号	λ	B	地震波入射 角度 $\Phi/(°)$	轴向位移传递 系数 ξ_L	$\dfrac{1}{1+B^2}$	最大应变	最大应力/MPa
D630×10	0.000178	0.2963	46.21	0.9596	0.9588	5.341×10^{-4}	102.55
D426×9	0.000188	0.2803	46.08	0.9636	0.9629	5.364×10^{-4}	102.98
D325×8	0.0002	0.2638	45.96	0.9675	0.9669	5.386×10^{-4}	103.41

3) 计算结果分析

对于以上三种尺寸的地下直管线在同一种地震条件下的最大应变, GB50032—2003 规范公式的计算结果比本节建议计算公式的计算结果分别偏小了 4.3%、3.9%、3.4%。可见, GB50032—2003 规范公式的计算结果偏于危险, 但与本节方法相比误差在 5% 以内。

3.3 地震行波作用下长输管道弯曲变形反应

3.2 节推导的公式仅考虑了地震行波作用下地下直管线轴向变形引起应变的情况, 随着管道直径的增加, 管道弯曲引起的应变可能变得不可忽略, 甚至成为应变的主要部分。因此, 很有必要对地下直管线由弯曲变形引起的应变情况加以研究。

3.3.1 公式的推导

弯矩作用下管道的受力模型见图 3.4, 图中 X_1 为管道方向。设管道截面弯矩为 M_p; 管道的弯曲变形为 w_p; 垂直于管道轴向 (横向) 的土壤位移为 w_{s1}; 垂直于管道轴向 (横向) 的土体弹性系数为 K_T; 管道截面最外缘距中和轴的距离为 Z。

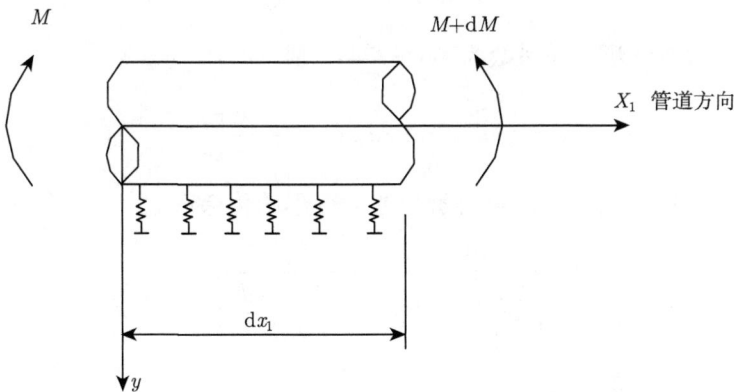

图 3.4 管单元弯曲方向受力分析模型

管道变形与弯矩的关系

$$-EIw_p'' = M_p \tag{3.48}$$

其中，y 的方向以向下为正，弯矩以下部受拉为正，根据材料力学基本微分关系式可得

$$\frac{\mathrm{d}^2 M_p}{\mathrm{d}x_1^2} = q(x_1) \tag{3.49}$$

$$q(x_1) = -K_T(w_{s1} - w_p) \tag{3.50}$$

于是基本微分方程为

$$EIw_p^{(4)} + K_T w_p = K_T w_{s1} \tag{3.51}$$

根据图 3.3，有

$$w_{s1} = u_G \cos\Phi \sin\frac{2\pi x_1}{L_1} \tag{3.52}$$

于是基本微分方程可表示为

$$EIw_p^{(4)} + K_T w_p = K_T u_G \cos\Phi \sin\frac{2\pi x_1}{L_1} \tag{3.53}$$

令 $\lambda_T = \sqrt[4]{\dfrac{K_T}{EI}}$，则上述微分方程可表示为

$$w_p^{(4)} + \lambda_T^4 w_p = \lambda_T^4 u_G \cos\Phi \sin\frac{2\pi x_1}{L_1} \tag{3.54}$$

式 (3.54) 为四阶常系数非齐次微分方程，微分方程的解等于相应的齐次方程的解与非齐次方程特解的和。

先求解齐次微分方程 $w_p^{(4)} + \lambda_T^4 w_p = 0$，其解为

$$w_p = \mathrm{e}^{\frac{\lambda_T}{\sqrt{2}}x_1}\left(c_1\cos\frac{\lambda_T}{\sqrt{2}}x_1 + c_2\sin\frac{\lambda_T}{\sqrt{2}}x_1\right) + \mathrm{e}^{-\frac{\lambda_T}{\sqrt{2}}x_1}\left(c_3\cos\frac{\lambda_T}{\sqrt{2}}x_1 + c_4\sin\frac{\lambda_T}{\sqrt{2}}x_1\right) \tag{3.55}$$

定义管道弯曲变形传递系数为 $\xi_T = \dfrac{w_P}{w_{s1}}$，则

$$w_p = \xi_T w_{s1} = \xi_T u_G \cos\Phi \sin\frac{2\pi x_1}{L_1} \tag{3.56}$$

将式 (3.56) 代入式 (3.54) 可得管道弯曲变形的传递系数：

$$\xi_T = \frac{\lambda_T^4}{\left(\dfrac{2\pi}{L_1}\right)^4 + \lambda_T^4} = \frac{1}{\left(\dfrac{2\pi\cos\Phi}{\lambda_T L}\right)^4 + 1} \tag{3.57}$$

于是微分方程 (3.54) 的解为

$$\begin{aligned} w_p = &\mathrm{e}^{\frac{\lambda_T}{\sqrt{2}}x_1}\left(c_1\cos\frac{\lambda_T}{\sqrt{2}}x_1 + c_2\sin\frac{\lambda_T}{\sqrt{2}}x_1\right) + \mathrm{e}^{-\frac{\lambda_T}{\sqrt{2}}x_1}\left(c_3\cos\frac{\lambda_T}{\sqrt{2}}x_1 + c_4\sin\frac{\lambda_T}{\sqrt{2}}x_1\right) \\ &+ \xi_T u_G \cos\Phi \sin\frac{2\pi x_1}{L_1} \end{aligned} \tag{3.58}$$

代入初始条件，当 $x_1 = 0$ 时，$\omega_p = 0$；当 $x_1 = \dfrac{L_1}{2}$ 时，$\omega_p = 0$，可得 $c_1 = c_2 = c_3 = c_4 = 0$，则微分方程的解可进一步表示为

$$w_p = \xi_T u_G \cos\Phi \sin\frac{2\pi x_1}{L_1} = \frac{u_G \cos\Phi}{\left(\dfrac{2\pi\cos\Phi}{\lambda_T L}\right)^4 + 1}\sin\frac{2\pi x_1}{L_1} \tag{3.59}$$

令 $K_p(\Phi) = \xi_T u_G \cos\Phi = \dfrac{u_G\cos\Phi}{\left(\dfrac{2\pi\cos\Phi}{\lambda_T L}\right)^4 + 1}$，$K_p(\Phi)$ 表示当地震行波入射角为 Φ

时，管道弯曲变形的最大值。令 $C = \dfrac{2\pi}{\lambda_T L}$，则管道弯曲变形传递系数为

$$\xi_T = \frac{1}{(C\cos\Phi)^4 + 1} \tag{3.60}$$

$$K_p(\Phi) = \frac{u_G\cos\Phi}{(C\cos\Phi)^4 + 1} \tag{3.61}$$

$$\omega_p = K_p\sin\frac{2\pi x_1}{L_1} \tag{3.62}$$

地下管道在弯曲变形作用下的曲率为

$$(\omega_p)'' = -K_p\left(\frac{2\pi}{L_1}\right)^2\sin\frac{2\pi x_1}{L_1} = -K_p\left(\frac{2\pi\cos\Phi}{L}\right)^2\sin\frac{2\pi x_1}{L_1} \tag{3.63}$$

令 Z 表示管道截面最外缘距中和轴的最大距离，则

$$\varepsilon_{W,x} = Z \times (\omega_p)'' = -Z \times K_p\left(\frac{2\pi}{L_1}\right)^2\sin\frac{2\pi x_1}{L_1}$$

$$= -Z \times K_p\left(\frac{2\pi\cos\Phi}{L}\right)^2\sin\frac{2\pi x_1}{L_1} \tag{3.64}$$

$$K_W(\Phi) = Z \times K_p\left(\frac{2\pi\cos\Phi}{L}\right)^2 = \frac{u_G\cos^3\Phi}{(C\cos\Phi)^4 + 1}\left(\frac{2\pi}{L}\right)^2 Z \tag{3.65}$$

$K_W(\Phi)$ 表示当地震行波入射角为 Φ 时，管道截面由弯曲变形产生的轴向应变的最大值。

$$\varepsilon_W = K_W(\Phi)\sin\frac{2\pi x_1}{L_1} \tag{3.66}$$

为了求出考虑弯曲变形时管道的最大应变，应首先求出 K_W 的最大值。

$$\frac{\mathrm{d}K_W}{\mathrm{d}\Phi} = \frac{\sin\Phi\cos^2\Phi(C^4\cos^4\Phi - 3)}{(1 + C^4\cos^4\Phi)^2}\left(\frac{2\pi}{L}\right)^2 Z u_G \tag{3.67}$$

令 $\dfrac{\mathrm{d}K_W}{\mathrm{d}\Phi} = 0$，可得 $\Phi = 0$，$\Phi = \dfrac{\pi}{2}$ 或 $\Phi = \arccos\dfrac{\sqrt[4]{3}}{C}$

(1) 当 $\Phi = \dfrac{\pi}{2}$ 时，$K_W = 0$，地震波垂直入射管道，管道内部无应变，K_W 为极小值。

(2) 当 $\Phi = 0$ 时，$\dfrac{\mathrm{d}K_W}{\mathrm{d}\Phi} = 0$，$K_W$ 取极大值。此时：$\xi_T = \dfrac{1}{C^4 + 1}$，$K_p = \xi_T u_G \cos\Phi = \dfrac{u_G}{C^4 + 1}$，$K_W = Z \times K_p \left(\dfrac{2\pi \cos\Phi}{L} \right)^2 = \dfrac{1}{C^4 + 1} \left(\dfrac{2\pi}{L} \right)^2 Z u_G$。

(3) 当 $\Phi = \arccos \dfrac{\sqrt[4]{3}}{C}$ 时，$\dfrac{\mathrm{d}K_W}{\mathrm{d}\Phi} = 0$，$K_W$ 取极大值。此时：$\xi_T = \dfrac{1}{(C \cos\Phi)^4 + 1}$ $= \dfrac{1}{4}$，$K_p = \xi_T u_G \cos\Phi = \dfrac{\sqrt[4]{3}}{4C} u_G$，$K_W = Z \times K_p \left(\dfrac{2\pi \cos\Phi}{L} \right)^2 = \dfrac{(\sqrt[4]{3})^3}{4C^3} \left(\dfrac{2\pi}{L} \right)^2 Z u_G$。

3.3.2　公式的讨论

1. 公式中重要变量的含义及相应公式

1) $\lambda_T = \sqrt[4]{\dfrac{K_T}{EI}}$

式中：K_T—— 管道单位长度上管道横向的土弹簧系数，它反映了土体对管道弯曲变形约束的程度；

　　　EI—— 管道的弯曲刚度；

　　　λ_T—— 土体、管道侧向变形的刚度比。

2) $C = \dfrac{2\pi}{\lambda_T L}$

式中：L—— 地震波的波长；

　　　λ_T—— 土体、管道侧向变形的刚度比；

　　　C—— 在地震行波作用下，管道在土体中工作的综合指标。

3) $\xi_L = \dfrac{w_p}{w_{s1}}$

式中：ξ_L—— 管道弯曲位移传递系数，其含义是：在地震行波的作用下，管体弯曲变形与地震时的土体变形不一致，二者位移之间相差的比例系数。

4) $K_W(\Phi) = \dfrac{u_G \cos^3\Phi}{(C \cos\Phi)^4 + 1} \left(\dfrac{2\pi}{L} \right)^2 Z$

式中：$K_W(\Phi)$—— 确定角度的地震行波作用于管道上时，管道截面由弯曲变形产生应变的最大值。

由上式可以看到，地震行波入射埋地管线的角度不同，管道截面的最大应变也不同。

2. 本章公式的几个结论

1) 弯曲变形的传递系数

当仅考虑地震作用下管道的弯曲作用时，需要对 $\Phi = 0$、$\Phi = \arccos \dfrac{\sqrt[4]{3}}{C}$ 时的

K_W 值进行比较，以确定 K_W 的最大值。

一般来说，工程中管线的 C 值通常很小。由分析可知，对于外径为 219.1～1420mm 的埋地管线，$C_{\max} < 0.29$。所以，$\dfrac{\sqrt[4]{3}}{C} > 1$，而反余弦函数的定义域是 $[-1, 1]$，也就是说 $\varPhi = \arccos \dfrac{\sqrt[4]{3}}{C}$ 这个解是不存在的。因此，可以得到以下结论。

当地震波入射角度 $\varPhi = 0$ 时，由弯曲变形引起的管道最大应变取得最大值。此时 $\varepsilon_{W\,\max} = \dfrac{1}{C^4 + 1} \left(\dfrac{2\pi}{L} \right)^2 Z u_G$。

另外，由于 $C_{\max} < 0.29$，$\xi_T = \dfrac{1}{(C \cos \varPhi)^4 + 1}$，可以得到另一条结论：管道弯曲位移的传递系数 $\xi_T \approx 1$。

2) 地震行波作用产生的管道轴向最大应变

当地震波入射角度 $\varPhi = 0$ 时，由弯曲变形引起的管道内部最大应变取得最大值。此时 $\varepsilon_{W\,\max} = \dfrac{1}{C^4 + 1} \left(\dfrac{2\pi}{L} \right)^2 Z u_G$。

显然，仅考虑弯曲变形埋地管道地震反应取极值时的地震波入射角度与仅考虑轴向变形管道地震反应取极值时的入射角度完全不同。为了全面考虑地震行波对埋地管线的作用，求解埋地管道最大地震反应，应综合考虑轴向变形、弯曲变形两个方面的作用。

3) 管道不同位置的截面最大弯曲应变

根据 $\varepsilon_W = K_W(\varPhi) \sin \dfrac{2\pi x_1}{L_1}$ 可知，由弯曲变形引起管道不同位置的应变是一个关于 x_1 的正弦函数。在 $x_1 = \left(k - \dfrac{1}{2} \right) \dfrac{L_1}{2}$ 处 (k 为整数)，管道轴向应变为最大值；在 $x_1 = k \dfrac{L_1}{2}$ 处 (k 为整数)，管道轴向应变为零。

在同一条管道上，某些区段受拉，某些区段受压；某些点上管道轴向应变为零。

3.3.3 工程实例分析

1. 工程实例

结合宝钢二高炉风口高压水地下管道检测鉴定的工程实例，计算仅考虑弯曲变形情况下埋地管线的地震反应。该工程埋地管线的基本条件同 3.2.3 节。

K_T 为管道单位长度上管道横向的土弹簧系数，它反映了土体对管道弯曲变形约束的程度。GB50032—2003 规范公式并未涉及这个参数，本书 K_T 的取值方法借鉴《输油 (气) 埋地钢质管道抗震设计规范》以及《日本新抗震设计法》中的规定：$K_T = 3G$，其中，G 为土体剪切模量，定义为 $G = \dfrac{3\gamma}{g} V_S^2$，$\gamma$ 为动剪应变幅值。

所以对于本工程，$K_T = 114$。

2. 埋地管线的最大应变

埋地管线在地震作用下的弯曲应变结果见表 3.6。

表 3.6　最大应变计算表

管道型号	λ_T	C	L	Z	u_G	最大应变
D630 × 10	0.000855298	0.061732881	119000	315	21.1	1.85291×10^{-5}
D426 × 9	0.001182296	0.044658874	119000	213	21.1	1.25293×10^{-5}
D325 × 8	0.001495558	0.035304544	119000	162.5	21.1	9.55876×10^{-6}

工程实例的计算结果表明，对于 D630×10，D426×9，D325×8，当 $\Phi = 0$ 时弯曲应变产生的最大轴向应变值分别是 1.85291×10^{-5}，1.25293×10^{-5}，9.55876×10^{-6}。其值与仅考虑轴向作用时的最大应变 (表 3.5) 相比很小，相差一个数量级以上。

3.4　地震行波作用下长输管道轴向和弯曲共同变形反应

本节将研究埋地管线在地震行波作用下综合考虑轴向变形和弯曲变形情况下的管道反应，以下简称总应变。

3.4.1　埋地管道总应变计算公式推导

1. 总应变的定义

按照 3.2 节的分析，仅考虑管道轴向变形时，地震行波作用下的管道应变为

$$\varepsilon_N = K_N \cos \frac{2\pi x_1}{L_1} \tag{3.68}$$

式中：$K_N = \dfrac{\dfrac{\pi}{L} u_G \sin(2\Phi)}{1 + (B \cos \Phi)^2}$；$B = \dfrac{2\pi}{\lambda L}$。

按照 3.3 节的分析，仅考虑管道弯曲变形时，地震行波作用下在管道截面最外缘处的管道应变为

$$\varepsilon_W = K_W \sin \frac{2\pi x_1}{L_1} \tag{3.69}$$

式中：$K_W = \dfrac{u_G \cos^3 \Phi}{(C \cos \Phi)^4 + 1} \left(\dfrac{2\pi}{L} \right)^2 Z$；$C = \dfrac{2\pi}{\lambda_T L}$。

综合考虑管道轴向、弯曲变形作用，在管道某截面最外缘处有

$$\varepsilon_p = K_N \cos \frac{2\pi x_1}{L} + K_W \sin \frac{2\pi x_1}{L}$$

$$= \sqrt{K_N^2 + K_W^2} \sin\left(\frac{2\pi x_1}{L_1} + \beta\right) = A \sin\left(\frac{2\pi x_1}{L_1} + \beta\right) \tag{3.70}$$

式中：$\beta = \arctan\left(\dfrac{K_N}{K_W}\right)$，$A = \sqrt{K_N^2 + K_W^2}$，则有

$$A = \sqrt{\left(\frac{\frac{\pi}{L} u_G \sin(2\Phi)}{1 + (B\cos\Phi)^2}\right)^2 + \left(\frac{u_G \cos^3\Phi}{(C\cos\Phi)^4 + 1}\left(\frac{2\pi}{L}\right)^2 Z\right)^2} \tag{3.71}$$

由于 K_N，K_W 均为 Φ 的函数，所以 A 也是 Φ 的函数。A 的物理意义是入射角确定的地震波在管道截面外边缘产生的最大轴向总应变。当 A 取得最大值时，管道应变取得最大值 $\varepsilon_{\max}$。A 是研究地下直管线地震反应的目标函数 (以下简称目标函数)。

2. 地震波入射角的构造函数

对于

$$A^2 = K_N^2 + K_W^2 = \left[\frac{\frac{\pi}{L} u_G \sin(2\Phi)}{1 + (B\cos\Phi)^2}\right]^2 + \left[\frac{u_G \cos^3\Phi}{(C\cos\Phi)^4 + 1}\left(\frac{2\pi}{L}\right)^2 Z\right]^2,$$

由 $\dfrac{\mathrm{d}A^2}{\mathrm{d}\Phi} = 2A\dfrac{\mathrm{d}A}{\mathrm{d}\Phi}$ 和 $\dfrac{\mathrm{d}A}{\mathrm{d}\Phi} = \dfrac{1}{2A}\dfrac{\mathrm{d}A^2}{\mathrm{d}\Phi}$ 可知，如果 $\dfrac{\mathrm{d}A^2}{\mathrm{d}\Phi}=0$，那么 $\dfrac{\mathrm{d}A}{\mathrm{d}\Phi}=0$，所以可以通过研究 $\dfrac{\mathrm{d}A^2}{\mathrm{d}\Phi}=0$ 来研究 $\dfrac{\mathrm{d}A}{\mathrm{d}\Phi}=0$。

当 $\dfrac{\mathrm{d}A^2}{\mathrm{d}\Phi} = 0$ 时，有

$$K_N\frac{\mathrm{d}K_N}{\mathrm{d}\Phi} + K_W\frac{\mathrm{d}K_W}{\mathrm{d}\Phi} = 0 \tag{3.72}$$

由 3.2 节、3.3 节两节的推导可知，把式 (3.40) 和式 (3.67) 代入式 (3.72) 得

$$K_N\frac{\mathrm{d}K_N}{\mathrm{d}\Phi} + K_W\frac{\mathrm{d}K_W}{\mathrm{d}\Phi}$$

$$= \frac{\frac{\pi}{L} u_G \sin(2\Phi)}{1 + (B\cos\Phi)^2}\frac{\pi}{L}u_G \frac{2\cos 2\Phi + 2(B\cos\Phi)^2\cos 2\Phi + B^2(\sin 2\Phi)^2}{(1 + (B\cos\Phi)^2)^2}$$

$$+ \frac{u_G\cos^3\Phi}{(C\times\cos\Phi)^4 + 1}\left(\frac{2\pi}{L}\right)^2 Z\left(\frac{2\pi}{L}\right)^2 Z u_G \frac{\sin\Phi\cos^2\Phi(C^4\cos^4\Phi - 3)}{(1 + C^4\cos^4\Phi)^2} = 0 \tag{3.73}$$

令 $H_1 = \dfrac{\pi}{L}u_G$，$H_2 = \left(\dfrac{2\pi}{L}\right)^2 Z u_G$，并消去 $\sin\Phi\cos\Phi$，上式可化简为

$$2H_1^2\frac{2\cos 2\Phi + 2(B\cos\Phi)^2\cos 2\Phi + B^2(\sin 2\Phi)^2}{(1 + (B\cos\Phi)^2)^3} + H_2^2\frac{\cos^4\Phi(C^4\cos^4\Phi - 3)}{(1 + C^4\cos^4\Phi)^3} = 0$$

$$\tag{3.74}$$

上述简化过程中方程 (3.73) 两边削去了 $\sin\Phi\cos\Phi$, 所以, $\Phi = 0$、$\Phi = \dfrac{\pi}{2}$ 是方程 (3.72) 的解; $\Phi = 0$、$\Phi = \dfrac{\pi}{2}$ 加上式 (3.74) 的解组成的解集, 是方程 (3.72) 的解集。

进一步化简方程 (3.74), 如下:

$$2H_1^2 \frac{2\cos 2\Phi + 2B^2\cos^2\Phi\cos 2\Phi + B^2(\sin 2\Phi)^2}{\cos^4\Phi}$$
$$+ H_2^2 \frac{(C^4\cos^4\Phi - 3)(1 + B^2\cos^2\Phi)^3}{(1 + C^4\cos^4\Phi)^3} = 0 \tag{3.75}$$

其中,

$$\frac{2\cos 2\Phi + 2B^2\cos^2\Phi\cos 2\Phi + B^2(\sin 2\Phi)^2}{\cos^4\Phi}$$
$$= 2(1 - \tan^4\Phi + B^2\tan^2\Phi + B^2)$$
$$= 2(1 + \tan^2\Phi)(1 - \tan^2\Phi + B^2) \tag{3.76}$$

$$\frac{(C^4\cos^4\Phi - 3)(1 + B^2\cos^2\Phi)^3}{(1 + C^4\cos^4\Phi)^3}$$
$$= \frac{1}{\cos^2\Phi} \frac{\left(C^4 - \dfrac{3}{\cos^4\Phi}\right)\left(\dfrac{1}{\cos^2\Phi} + B^2\right)^3}{\left(\dfrac{1}{\cos^4\Phi} + C^4\right)^3}$$
$$= (1 + \tan^2\Phi) \frac{[C^4 - 3(1 + \tan^2\Phi)^2](1 + \tan^2\Phi + B^2)^3}{[(1 + \tan^2\Phi)^2 + C^4]^3} \tag{3.77}$$

将上述两式代入方程并消去 $1 + \tan^2\Phi$ 可得

$$4H_1^2(1 - \tan^2\Phi + B^2) + H_2^2 \frac{[C^4 - 3(1 + \tan^2\Phi)^2](1 + \tan^2\Phi + B^2)^3}{[(1 + \tan^2\Phi)^2 + C^4]^3} = 0 \tag{3.78}$$

进一步令 $t = 1 + \tan^2\Phi$, t 是地震波入射角度的函数。

则式 (3.78) 可进一步化简为

$$4H_1^2(2 - t + B^2) + H_2^2 \frac{(C^4 - 3t^2)(t + B^2)^3}{(t^2 + C^4)^3} = 0 \tag{3.79}$$

$$4H_1^2(2 - t + B^2)(t^2 + C^4)^3 + H_2^2(C^4 - 3t^2)(t + B^2)^3 = 0 \tag{3.80}$$

为了便于求解方程, 将上式两边除以 H_1^2, 有

$$4(2 - t + B^2)(t^2 + C^4)^3 + \frac{H_2^2}{H_1^2}(C^4 - 3t^2)(t + B^2)^3 = 0 \tag{3.81}$$

$$\frac{H_2^2}{H_1^2} = \left(\frac{4\pi}{L} Z\right)^2 \tag{3.82}$$

则方程可再化简为

$$4(2 - t + B^2)(t^2 + C^4)^3 + \left(\frac{4\pi}{L} Z\right)^2 (C^4 - 3t^2)(t + B^2)^3 = 0 \tag{3.83}$$

令 $f(t) = 4(2 - t + B^2)(t^2 + C^4)^3 + \left(\frac{4\pi}{L} Z\right)^2 (C^4 - 3t^2)(t + B^2)^3$，则方程 (3.83) 还可表示为 $f(t) = 0$，由 $t = 1 + \tan^2 \Phi$ 可知，$t \in [1, +\infty)$。

方程 (3.83) 是一个超越方程，无法显式求出关于 t(或 Φ) 的解析表达式，要解此方程，应当考虑采用数值解法。函数 $f(t)$ 称为关于地震波入射角的构造函数 (以下简称构造函数)。

3.4.2 总应变计算公式的讨论

1. 公式中重要变量 (函数) 的含义及相应公式

1) $A = \sqrt{K_N^2 + K_W^2}$

综合考虑轴向、弯曲变形作用下管道截面的最大应变 (简称总应变)，A 是研究地下直管线地震反应的目标函数，它也是地震波入射角 Φ 的函数。

至此，经过三节的推导，已得到了三个 "最大应变"，即仅考虑管道轴向变形作用，管道截面的最大应变为 $\varepsilon_{N\max}$；仅考虑管道弯曲变形作用，管道截面的最大应变为 $\varepsilon_{W\max}$；综合考虑轴向、弯曲变形作用，管道截面的最大应变为 $\varepsilon_{\max}$。

2) $f(t) = 4(2 - t + B^2)(t^2 + C^4)^3 + \left(\frac{4\pi}{L} Z\right)^2 (C^4 - 3t^2)(t + B^2)^3$

$f(t)$ 构造函数，参数 t 是地震波入射角 Φ 的函数，$t = 1 + \tan^2 \Phi$，与 Φ 之间存在对应关系。通过求解 $f(t) = 0$，可以解出总应变最大时的地震波入射角。

3) B, C, Z

这三个参数是与地震波特性、土体性质、管道材料、管道截面有关的参数。对于每一个特定的构造函数，均可用描点法作出函数图像，用观察法和试算法解方程 (3.83)。但是对于大量精确计算，无疑应该借助于计算机进行数值分析计算。

2. 本章公式的几个结论

本节公式适用于各种截面类型的地下管线结构的抗震验算。在求解总应变的过程中，位移传递系数的概念不再适用。

地下直管线抗震验算的流程如下。

第一步：输入已知信息 (如地震参数、土质参数、管线分布、截面信息、材质信息等)，进一步计算出 B, C, Z 等参数。

第二步：构造函数 $f(t) = 4(2 - t + B^2)(t^2 + C^4)^3 + \left(\dfrac{4\pi}{L} Z\right)^2 (C^4 - 3t^2)(t + B^2)^3$，应用数值方法解方程 $f(t) = 0$，从而得到使得地震反应最大的地震波入射角。

第三步：求得目标函数 A 的最大值，进而得到最大总应变 $\varepsilon_{\max}$。

根据上文推导，$\varPhi = 0$、$\varPhi = 90°$ 也是式 (3.72) 的解。当 $\varPhi = 90°$ 时，

$$A^2 = K_N^2 + K_W^2 = \left(\frac{\frac{\pi}{L} u_G \sin(2\varPhi)}{1 + (B\cos\varPhi)^2}\right)^2 + \left(\frac{u_G \cos^3 \varPhi}{(C\cos\varPhi)^4 + 1} \left(\frac{2\pi}{L}\right)^2 Z\right)^2 = 0 \quad (3.84)$$

也就是说当地震波垂直入射管线时，管道随着土体共同变形，管道截面不产生应变，即总应变取得最小值 0。当 $\varPhi = 0$ 时，

$$A^2 = K_N^2 + K_W^2 = \left(\frac{\frac{\pi}{L} u_G \sin(2\varPhi)}{1 + (B\cos\varPhi)^2}\right)^2 + \left(\frac{u_G \cos^3 \varPhi}{(C\cos\varPhi)^4 + 1} \left(\frac{2\pi}{L}\right)^2 Z\right)^2$$

$$= \left(\frac{u_G}{C^4 + 1} \left(\frac{2\pi}{L}\right)^2 Z\right)^2 \tag{3.85}$$

则 $A = \dfrac{u_G}{C^4 + 1} \left(\dfrac{2\pi}{L}\right)^2 Z$，此式与弯曲变形产生的管道截面最大应变 $\varepsilon_{W\max}$ 完全相同。推导结果与实际情况相符，也就是说当地震波沿管线方向入射时，管道仅产生弯曲变形，内部不产生因管道轴向变形引起的应变。

3.4.3　土体弹簧系数的确定

由计算公式可知，土体弹簧系数是埋地管线抗震计算中的重要参数，从理论分析角度来看，土体轴向、横向的弹簧系数 K_L，K_T 应与埋深有关；土体轴向弹簧系数 K_L 还应与管道外表面的构造、体型有关，因此其确定是比较困难的。比较合理的方法是结合工程实际情况通过实验加以确定。

下面给出我国及日本有关规范中关于土体弹簧系数的确定方法。

(1) 日本《石油管线抗震设计规范》，定义 $K_L = 3G$（G 为土体的剪切模量）。

(2) 日本《煤气管道抗震设计指南》，定义 $K_L = \pi D k_l$，其中 $k_l = 0.06\text{N/mm}^2$。

(3) 大连理工大学王扬、邬瑞峰，冶金部建筑研究总院候忠良在《Monte Carlo 法分析地下管网系统在地震作用下的服务能力》一文中指出，日本《石油管线抗震设计规范》给出的 K_L 值过大，日本《煤气管道抗震设计指南》给出的 K_L 值更合理一些，但偏于保守。K_L 的确定方法最好是实测。

(4)《日本新抗震设计法》，规定 $K_L = K_T = 3G$，其中 $G = \dfrac{3\gamma}{g} V_s^2$。

(5)《室外给水排水和燃气热力工程抗震设计规范》(GB50032—2003) 中 K_L 的确定方法与日本《煤气管道抗震设计指南》的确定方法一致。

(6)《输油 (气) 埋地钢质管道抗震设计规范》(SYJ4050—91) 中 K_L 的确定方法与日本《石油管线抗震设计规范》、《日本新抗震设计法》的确定方法一致。

综合考虑以上文献，土体弹簧系数确定方法如下：

方法一，K_L 的确定采用《室外给水排水和燃气热力工程抗震设计规范》的方法；即 $K_L = \pi D k_l$，其中 k_l 无实测时，$k_l = 0.06 \text{N/mm}^2$；$K_T = 3G$，其中 $G = \dfrac{3\gamma}{g} V_s^2$。

方法二，按《输油 (气) 埋地钢质管道抗震设计规范》规定，$K_L = K_T = 3G$，其中 $G = \dfrac{3\gamma}{g} V_s^2$。

3.4.4 工程实例分析

本节结合宝钢二高炉风口高压水地下管道检测鉴定的工程实例，采用手工计算方法，对上述过程加以说明。本节土体弹簧系数确定采用方法一，各参数的计算值见表 3.7，最大应变计算结果见表 3.8。

表 3.7 计算参数

最大应变 \ 管道型号	D630 × 10	D426 × 9	D325 × 8
$K_L/(\text{N/mm}^2)$	118.75	80.30	61.26
$K_T/(\text{N/mm}^2)$	114	114	114
B	0.296302	0.280345	0.263841
C	0.059166	0.042802	0.033836
t	2.08739	2.0874	2.0695
$\Phi/(°)$	46.2	46.1	45.96
A	5.341×10^{-4}	5.364×10^{-4}	5.386×10^{-4}

表 3.8 最大应变计算结果

最大应变 \ 管道型号	D630 × 10	D426 × 9	D325 × 8
$\varepsilon_{N\max}$	5.341×10^{-4}	5.364×10^{-4}	5.386×10^{-4}
$\varepsilon_{W\max}$	1.853×10^{-5}	1.253×10^{-5}	9.559×10^{-6}
$\varepsilon_{\max}$	5.341×10^{-4}	5.364×10^{-4}	5.386×10^{-4}
GB50032—2003 规范公式	5.121×10^{-4}	5.165×10^{-4}	5.165×10^{-4}

根据以上表格计算结果比较，针对算例管道可知：

(1) 最大总应变与仅考虑轴向变形作用管道内部最大应变的结果几乎相同。

(2) 仅考虑弯曲变形作用，管道内部最大应变远小于最大总应变。

(3) GB50032—2003 规范公式中应变公式的计算结果与本书方法最大总应变相比偏小。

第4章 地震波作用下海底悬跨管道水动力计算模型

4.1 引　言

各国学者针对圆柱体或管道在波浪和海流作用下的水动力问题开展了大量研究，而对地震作用下海底管道所受水动力开展的研究相对较少。

地震动除了通过土体约束直接作用在管道上，还将在短时间内使管道周围流体产生剧烈的往复运动，通过流体对管道的运动产生间接影响。实际海底管道特别是具有长悬跨段的管道，其柔性是不能忽略的。地震作用下悬跨段与海水直接接触，受到地震引起水动力的影响，改变了悬跨段的运动特性，从而进一步影响悬跨段周围流场特性。实际计算中，通常将地震引起的水动力简化为附加质量。Zeinoddini[76]等利用非线性有限元程序 ABAQUS 建立管道–流体–土体耦合有限元数值模型，指出传统的附加质量方法较为保守。

笔者 [77–79] 等进行了海底悬跨管道动力响应的实验研究，采用附加质量的方法进行了数值模拟，并建立了海底悬跨管道地震作用下的三维管道–流体耦合数值模型，并结合模型实验结果，提出了地震时海底管道的水动力模型。作为地震作用下海底悬跨管道水动力特性研究的基础，本章考虑了管道的柔性及其运动对地震引起的流场的影响，进行了海底悬跨柔性管道的水动力模型实验，采用水弹性相似理论进行管道模型设计。实验中测量了管道表面所受的水动力和管道的动力响应，发现地震动输入方向对海底管道的水动力具有较大的影响。基于最小二乘原理，计算了管道的水动力系数，包括水平输入下管道的拖曳力系数、惯性力系数和竖向力系数，竖向输入下管道的拖曳力系数、惯性力系数和水平力系数。讨论了 Re 数、K_c 数、水深 d 和悬跨高度 e 与水动力系数的关系，并分析了地震动特性对管道动力响应的影响规律。最后，根据势流体理论建立了考虑柔性管道–水体相互作用的三维有限元模型，并与实验结果进行了对比。

4.2 地震作用下海底悬跨管道水动力模型实验

4.2.1 动力模型实验相似理论

海底悬跨管道水动力模型实验应按水弹性相似关系设计，水弹性相似关系既要满足结构弹性相似 [80] 又要满足流体重力相似 [81]。

1. 结构弹性相似关系

考虑到海底管道破坏后果的严重性和维修费用的昂贵性，实际海底管道设计仅考虑管道处于弹性变形范围，所以本动力实验主要采用弹性力相似理论[80]。

1) 弹性力相似

实验主要研究海底管道的振动特性，需要保持惯性力与弹性恢复力的相似，相似关系表达为

$$\lambda_t^2 = \lambda^2 \cdot \lambda_\rho \cdot \lambda_E^{-1} \tag{4.1}$$

式中：λ—— 原型和模型间的几何比尺；

$\qquad \lambda_t$—— 原型和模型间的时间比尺；

$\qquad \lambda_\rho$—— 原型和模型间的质量密度比尺；

$\qquad \lambda_E$—— 原型和模型间的弹性模量比尺。

参数比尺是参数原型量与模型量的比值。

2) 刚度相似

海底管线悬跨长度一般达到几十米甚至上百米，受到振动台尺寸的限制，一般情况下模型的几何比尺较大。如果严格按照弹性相似律，模型管道的截面积过小，不利于量测传感器的布置和量测精度的保证。由于悬跨管道主要承受弯曲变形，故可只保持杆件长度方向的几何相似，而放松了对杆截面形状相似的要求，只保持截面的弯曲刚度相似，从而得到以下相似关系：

$$\lambda_t^2 = \lambda_\rho \cdot \lambda^4 \cdot \lambda_E^{-1} \cdot \lambda_r^{-2} \tag{4.2}$$

式中：λ_r—— 惯性半径比尺。其中惯性半径 $r = \sqrt{I/A}$，I 为惯性矩，A 为横截面积。

3) 液体–固体联合相似

由于模型实验中液体材料的选择受到限制，本实验模型周围液体采用与实际情况相同的水，所以原型和模型的液体质量密度比尺与模型和原型的管道材料质量密度比尺相等。

$$\lambda_\rho = \gamma_p/\gamma_m = \rho_p/\rho_m = 1.0 \tag{4.3}$$

式中：γ_p—— 原型中液体质量密度；

$\qquad \gamma_m$—— 模型中液体质量密度；

$\qquad \rho_p$—— 原型中管道材料质量密度；

$\qquad \rho_m$—— 模型中管道材料质量密度。

2. 流体相似

流体力学中的相似通常可分为几何相似、运动相似和动力相似。几何相似要求模型流场跟原型流场的 "边界" 几何形状相似。运动相似则要求模型流场和原型流场在对应点的速度方向、大小成比例。动力相似就是要求在两流场相应点上各动力学变量成同一常数比例。

几何相似是流体力学相似的前提,运动相似是流体力学相似的目的,动力相似是实现运动相似的保障。一般来说,可分别用方程分析法和量纲分析法来求得相似准则。

流体模型实验的基本动力相似准则包括:

(1) 重力相似准则 (弗劳德 (Froude) 相似准则);

(2) 阻力相似准则–层流黏滞力相似准则 (雷诺准则);

(3) 压力相似准则 (欧拉准则);

(4) 表面张力相似准则 (韦伯准则);

(5) 非恒定流相似准则 (斯特鲁哈准则);

(6) 弹性力相似准则。

同时满足上述所有动力相似准则是非常困难的,几乎不可能实现。在流体模型实验中,应根据不同实验目的选择相应的相似准则。本实验研究对象是地震作用下引起的水流对悬跨管道的作用,是具有自由表面的液体流动问题,重力作用和惯性力同等重要,因此模型应同时按照重力相似准则设计,即模型与原型之间满足弗劳德数相等。

运动体系在重力作用下,由重力 $F_g = Mg = \rho V g$,可得重力比尺:

$$\lambda_{F_g} = \lambda_\rho \lambda_g \lambda^3 \tag{4.4}$$

式中:λ_g—— 原型和模型间的重力加速度比尺。

由牛顿第二定律 $F = Ma = M\dfrac{\mathrm{d}V}{\mathrm{d}t}$,可得惯性力比尺:

$$\lambda_{F_I} = \lambda_\rho \lambda_{vf}^2 \lambda^2 \tag{4.5}$$

式中:λ_{vf}—— 原型和模型间的流速比尺。

根据动力相似条件,重力比尺和惯性力比尺应相等,于是有

$$\lambda_{F_g} = \lambda_{F_I}, \quad \lambda_\rho \lambda_g \lambda^3 = \lambda_\rho \lambda_{vf}^2 \lambda^2, \quad \frac{\lambda_{vf}^2}{\lambda_g \lambda} = 1 \tag{4.6}$$

由于重力加速度比尺 $\lambda_g = 1$,从而可得

$$\text{流速比尺:} \lambda_{vf} = \lambda^{1/2} \tag{4.7}$$

$$\text{时间比尺:} \lambda_t = \lambda^{1/2} \tag{4.8}$$

3. 水弹性相似

水弹性相似既要满足结构弹性相似又要满足流体重力相似。由公式 (4.2)、式 (4.3) 和式 (4.8) 可得水弹性相似准则，具体如下：

$$\lambda_t^2 = \lambda_{\rho s} \cdot \lambda^4 \cdot \lambda_E^{-1} \cdot \lambda_r^{-2}, \quad \lambda_t = \lambda^{1/2} \tag{4.9}$$

消去 λ_t，得到水弹性相似准则：

$$\lambda^3 = \lambda_r^2 \cdot \lambda_E \cdot \lambda_{\rho s}^{-1} \tag{4.10}$$

式中：$\lambda_{\rho s}$—— 管线材料密度比尺，且 $\lambda_{\rho s} = 1$，可通过配重来实现。

4.2.2 动力模型实验设计

1. 材料特性实验

管道模型采用有机玻璃 (聚丙烯树脂) 材料制作。这种材料的特点是弹性模量低，强度高，材质细密，易于进行机械加工，是用来模拟海底管道的理想材料。首先进行了有机玻璃的材料特性实验，分别测试了有机玻璃的密度、静弹性模量、动弹性模量和泊松比。

1) 密度测试

在模型管道上截取四段短管道作为试件，分别测量 4 个试件的重量和体积，经计算得到管道密度，其平均值 $\rho_m = 1.15 \times 10^3 \text{kg/m}^3$。

2) 静弹性模量及泊松比测试

在模型管道上截取六个小长方体，加工成长度为 30 cm，宽度为 1.5 cm，厚度为 0.5 cm 的试件。试件中间部位分别贴有水平向应变片和竖直向应变片，用来测量试件在万能实验机拉伸作用下的水平和竖向应力–应变曲线。基于两方向应力–应变曲线得到管材的静弹性模量和泊松比。

对 6 组试件计算的静弹性模量和泊松比取平均，得到静弹性模量 $E_s = 2965$ MPa。泊松比 $\mu = 0.35$。

3) 动弹性模量测试

在模型管道上截取一段长为 $l = 50$ cm 的管道用作测试管道动弹性模量的试件。将管道一端固定在工作台面上，则模型管道等效为一根悬臂梁，将水平加速度传感器布置在悬臂端，利用加速度传感器测试管道在冲击荷载作用下的加速度衰减信号，通过频域分析得到管道的基频，将基频代入下式计算管道的动弹性模量：

$$p_1 = \frac{3.515}{2\pi} \sqrt{\frac{E_m I}{\rho_m A l^4}} \tag{4.11}$$

式中：p_1—— 管道的基频；

E_m—— 管道的动弹性模量；

ρ_m—— 管道的密度；

A—— 管道的截面积，$A = \dfrac{\pi D^2}{4}(1 - \alpha^2)$, $\alpha = \dfrac{D - 2t}{D}$；

I—— 截面惯性矩，$I = \dfrac{\pi D^4}{64}(1 - \alpha^4)$；

L—— 管长。

模型管道外径 D_m=110 mm，壁厚 t_m=5 mm，密度 $\rho_m = 1.15 \times 10^3 \text{kg/m}^3$, l=50 cm；基频 p_1=137.5 Hz。将有关计算参数代入公式 (4.11) 中，得到管道的动弹性模量 E_m=3150 MPa。

2. 管道模型

1) 原型设计

原型管道材料为钢，外径 $D_p = 720$ mm，钢管壁厚 $t_p = 15$ mm，密度 $\rho_p = 7.8 \times 10^3 \text{kg/m}^3$，弹性模量 $E_p = 2.06 \times 10^5$ MPa，泊松比 $\mu_p = 0.3$。

2) 模型设计

模型外径 D_m =110 mm，壁厚 $t_m = 5$ mm，动弹性模量 E_m=3 150 MPa，密度 $\rho_m = 1.15 \times 10^3$ kg/m^3，泊松比 $\mu_m = 0.35$。模型管道的几何尺寸如图 4.1 所示。

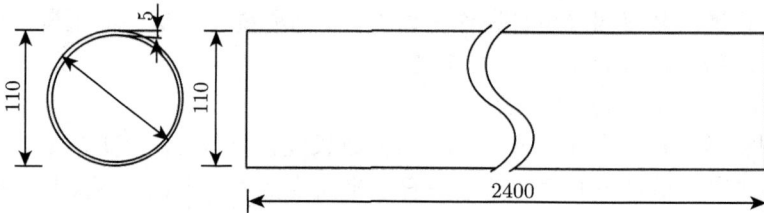

图 4.1　模型管道的几何尺寸图 (单位：mm)

由于有机玻璃材料质量密度较小，按照密度比尺为 1 的要求，模型的质量密度应与原型一致，因此，需要在模型上增加配重以弥补质量密度的差别。实验中以铅块作为配重，采用均匀方式布置，以满足模型相似条件。

3) 比尺计算

惯性半径比尺：$\lambda_r = \dfrac{r_p}{r_m} = 6.701$

管道密度比尺：$\lambda_{\rho s} = \dfrac{\rho_p}{\rho_m} = 1.0$(通过配重实现)

弹性模量比尺：$\lambda_E = \dfrac{E_p}{E_m} = \dfrac{2.06 \times 10^5}{3150} = 65.40$

几何比尺：$\lambda = \dfrac{L_p}{L_m} = (\lambda_r^2 \cdot \lambda_E \cdot \lambda_{\rho s}^{-1})^{1/3} = 14.32$

时间比尺：$\lambda_t = \sqrt{\lambda} = 3.78$

加速度比尺：$\lambda_a = \lambda / \lambda_t^2 = 1$

位移比尺：$\lambda_u = \dfrac{\lambda_F \lambda^3}{\lambda_E \lambda_I} = \dfrac{\lambda_m \lambda_a \lambda^3}{\lambda_E \lambda_I} = \lambda_\rho \lambda \lambda_r^2 \dfrac{\lambda}{\lambda_t^2} \dfrac{\lambda^3}{\lambda_E \lambda_I} = \dfrac{\lambda_\rho \lambda^5 \lambda_r^2}{\lambda_t^2 \lambda_E \lambda_I} = 8.44$

应力比尺：$\lambda_\sigma = \dfrac{\lambda_M \cdot \lambda_r}{\lambda_I} = \dfrac{\lambda_F \cdot \lambda \cdot \lambda_r}{\lambda_I} = \lambda_\rho \lambda \lambda_r^2 \dfrac{\lambda}{\lambda_t^2} \dfrac{\lambda \cdot \lambda_r}{\lambda_I} = \dfrac{\lambda_\rho \lambda^3 \lambda_r^3}{\lambda_t^2 \lambda_I} = 68.20$

应变比尺：$\lambda_\varepsilon = \dfrac{\lambda_\sigma}{\lambda_E} = 1.04$

式中：λ_F—— 作用力比尺；

$\quad\quad \lambda_I$—— 截面惯性矩比尺；

$\quad\quad \lambda_M$—— 弯矩比尺。

3. 传感器及布置

本次实验的目的是测量管道在地震动作用下所受的水动力以及管道的动力反应。因此实验中主要测量了管道表面的动水压力、管道加速度、管道的轴向应变和环向应变。采用的传感器包括动水压力传感器、应变计以及加速度传感器。模型实验采用大型电–液伺服控制水下地震模拟系统。实验中的管道模型和振动台中心控制系统照片分别见图 4.2 和图 4.3。

图 4.2　水下振动台及管道模型

图 4.3　振动台中心控制系统

1) 动水压力传感器布置

图 4.4 (a) 给出了柔性管道实验中动水压力传感器纵截面布置示意图。横截面布置编号见图 4.4 (b)。

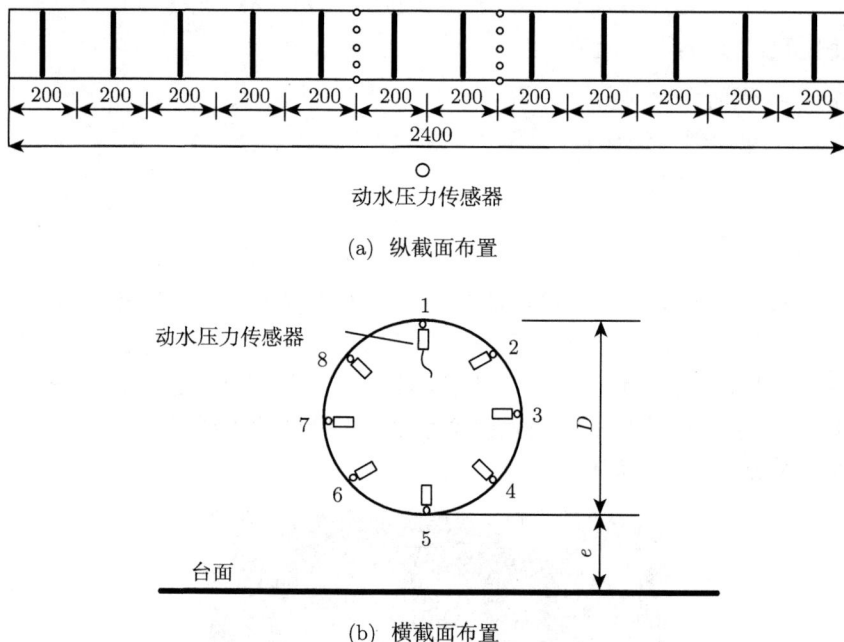

(a)　纵截面布置

(b)　横截面布置

图 4.4　动水压力传感器布置 (单位: mm)

2) 应变传感器布置

传统应变测试采用的传感器一般为电阻应变计,由于其安装简便、造价低、精度可以达到一般要求而得到了广泛的应用。由于本次实验在水下进行,所以需要对应变计进行防水处理以满足水下应变测试的要求。沿管道长度方向在管道的顶面纵轴线和侧面纵轴线各布置了 5 个应变计,分别用于测试模型在地震动作用下的轴线和环向应变。图 4.5 给出了应变计布置示意图。

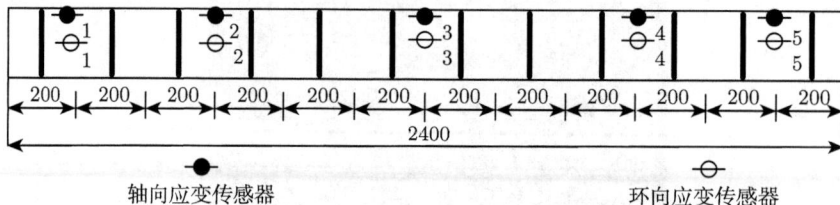

图 4.5　应变计布置图 (单位: mm)

3) 加速度传感器布置

本次实验采用 12 个 ARH—100 型压阻式加速度传感器,其具有体积小、重量轻、灵敏度高、稳定性好、防水等优点。沿管道长度方向在管道的侧面纵轴线上布置了 5 个垂直加速度传感器,在管道的底面纵轴线上布置了 5 个水平加速度传感器。在振动台面上各布置了一个水平加速度传感器和垂直加速度传感器,用于测试台面输入的加速度。具体布置见图 4.6。

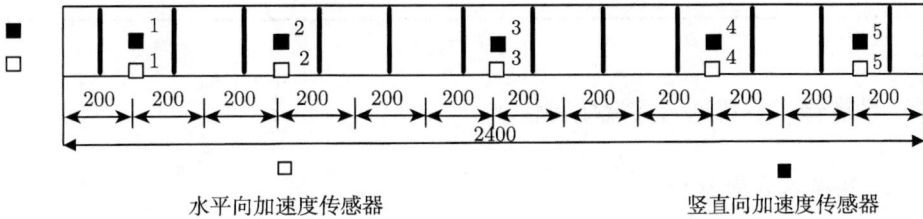

图 4.6　加速度传感器布置图 (单位: mm)

注: 0 号放置在台面上,水平地震输入时为水平向加速度传感器,竖直地震输入时为竖直向加速度传感器

4) 流速测量仪

实验中采用点式三向超声流速仪 ADV 测试流场特性,采用电容式波高传感器测量水面波高。流速测点布置见图 4.7。

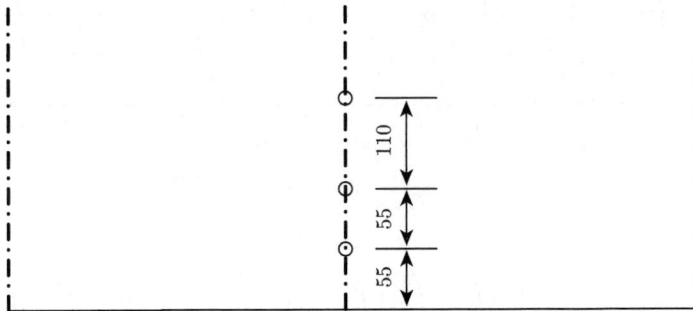

图 4.7　流速测点布置图 (单位: mm)

4. 实验工况

本次实验主要考虑了不同激励方向、不同激励幅值、不同激励频率,及不同悬跨高度及不同水深等因素下的实验工况。地震激励为正弦波,详细的实验工况见表 4.1。

表 4.1　　实验参数及工况表

编号	影响因素	实验工况
1	悬跨长度 L/m	2.4
2	支撑情况	固定支撑
3	激励方向	水平, 竖向
4	幅值 a_m/g	0.05, 0.1, 0.2, 0.4, 0.8
5	频率 f/Hz	1, 1.2, 1.5, 2, 3, 4, 6, 8, 10
6	水深 d/cm	40, 50, 60
7	悬跨高度 e/cm	5.5, 11, 22

4.2.3　地震作用下管道周围流场特性

1. 地震输入方向影响

利用三向超声测速仪 ADV 分别测量了振动台水平和竖向运动下水体的水平速度和竖向速度。图 4.8~ 图 4.10 给出了几种典型工况分别在水平和竖向输入下台面速度、水体水平速度和竖向速度的时程曲线。

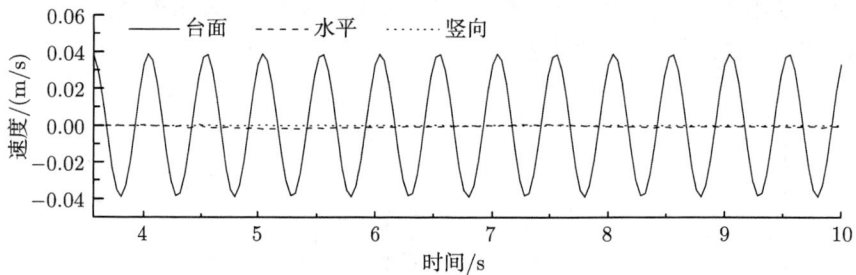

(a) 水平输入

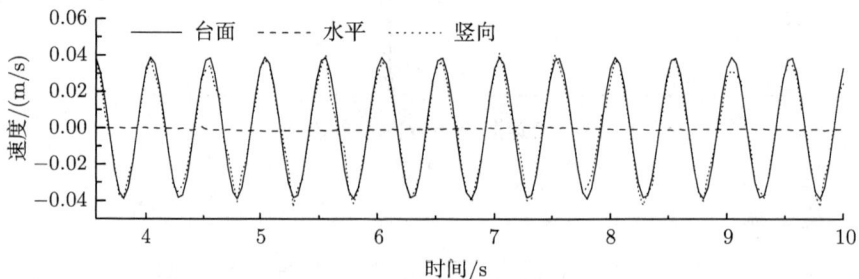

(b) 竖向输入

图 4.8　速度时程曲线对比 ($a_m = 0.05g$, $f = 2\mathrm{Hz}$)

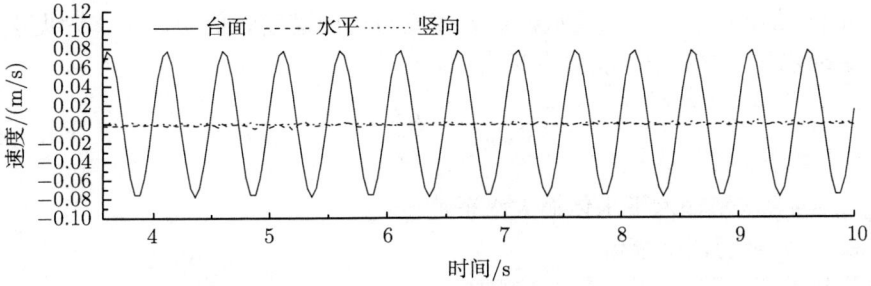

(a) 水平输入

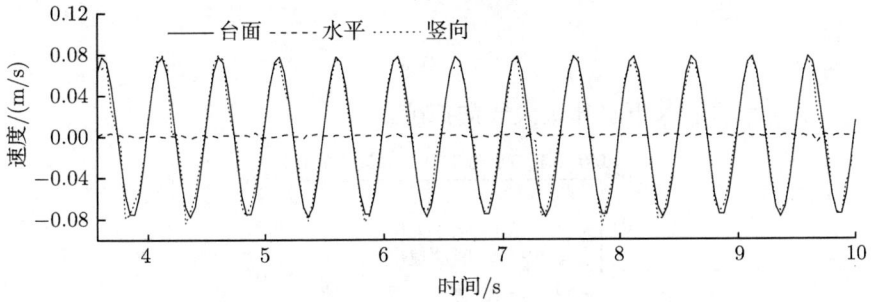

(b) 竖向输入

图 4.9 速度时程曲线对比 ($a_m = 0.1g$, $f = 2\mathrm{Hz}$)

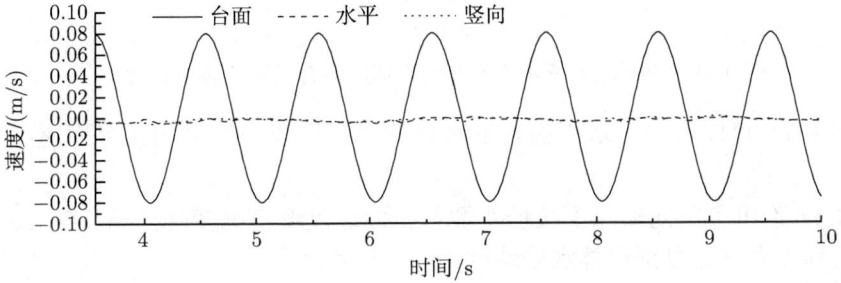

(a) 水平输入

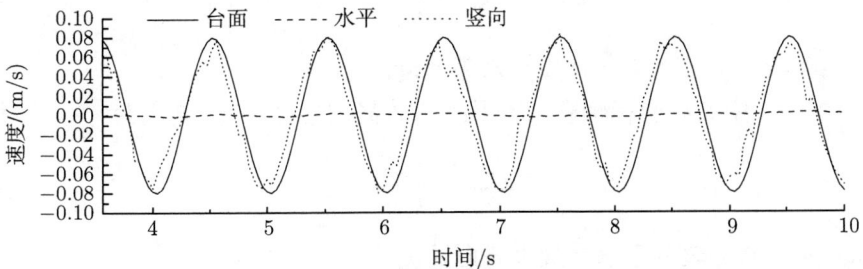

(b) 竖向输入

图 4.10 速度时程曲线对比 ($a_m = 0.05g$, $f = 1\ \mathrm{Hz}$)

图 4.11 给出了水平输入下水体最大速度与台面速度幅值的关系。左纵坐标轴表示无量纲水体水平速度 U_{hh}，定义为

$$U_{hh} = \frac{u_{hh}}{u_m} \tag{4.12}$$

式中：u_{hh}—— 水平输入下水体最大水平速度；

　　　u_m—— 台面速度幅值。

右纵坐标轴表示无量纲水体竖向速度 U_{vh}，定义为

$$U_{vh} = \frac{u_{vh}}{u_m} \tag{4.13}$$

式中：u_{vh}—— 水平输入下水体最大竖向速度。

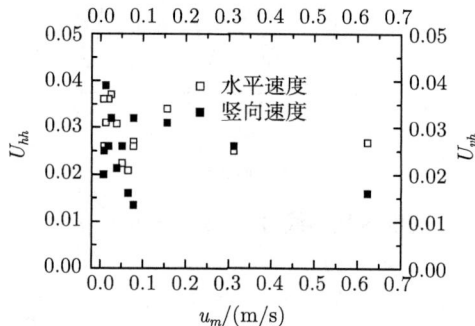

图 4.11　水平输入下实测水体最大速度与台面速度幅值比较

由图 4.11 可以看出，水平输入下水体的水平和竖向速度相比台面速度都非常小。

图 4.12 给出了竖向输入下流场特性与台面速度幅值的变化关系。图 4.12 (a) 中左纵坐标轴表示无量纲水体水平速度 U_{hv}，定义为

$$U_{hv} = \frac{u_{hv}}{u_m} \tag{4.14}$$

式中：u_{hv}—— 竖向输入下水体最大水平速度。

图 4.12 (a) 中右纵坐标轴表示无量纲水体竖向速度 U_{vv}，定义为

$$U_{vv} = \frac{u_{vv}}{u_m} \tag{4.15}$$

式中：u_{vv}—— 竖向输入下水体最大竖向速度。

图 4.12 (b) 中的纵坐标表示竖向输入下水体水平最大速度 u_{hv} 与竖向最大速度 u_{vv} 之比。由图 4.12 (a) 和 (b) 可以看出，在竖向地震动输入下，水体水平速度

与台面速度相比很小，水体竖向速度与台面速度大小非常接近。水体水平速度远小于竖向速度，可以忽略。由图 4.12 (c) 可以看出，竖向速度与台面速度相位几乎一致。竖向速度与台面速度平均相位差为 0.23°，标准差为 2.56°。

根据图 4.11 和图 4.12 的结果可以得到：① 地震动输入方向对流场特性影响明显；② 水平输入下水体水平和竖向速度可以认为等于零；③ 竖向输入下水体水平速度可以忽略；水体竖向速度在大小和相位上都与台面速度吻合。

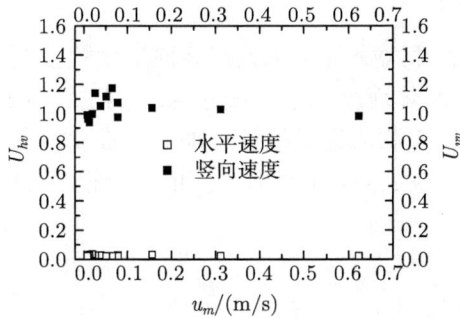

(a) 水平速度与台面速度之比和竖向速度与台面速度之比的比较

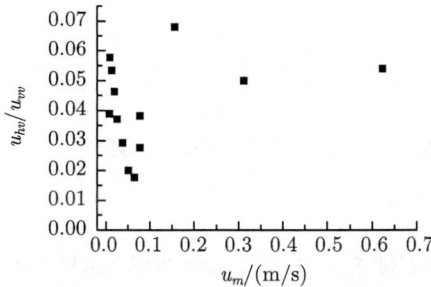

(b) 水平速度与竖向速度之比和台面速度的关系

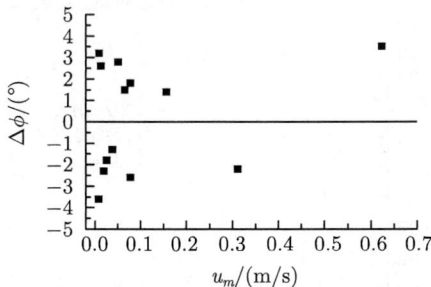

(c) 实测流速与台面速度之间的相位角

图 4.12 竖向输入下流场特性

由以上流场结果分析可知，在地震动竖向输入下水体竖向速度和台面速度几乎一致，水体竖向速度可表示为

$$U = U_m \cos \omega t = \frac{a_m}{\omega} \cos \omega t = \frac{a_m}{2\pi f} \cos \omega t \qquad (4.16)$$

式中：U—— 水体竖向速度；

　　　U_m—— 水体竖向速度幅值。

2. 地震输入幅值影响

图 4.13 给出了竖向地震输入下，水质点竖向速度随台面输入加速度幅值的变化。随着加速度的增加，水体速度几乎呈线性增加。如式 (4.16) 所示，保持频率 f 不变，a_m 线性增加，所以实测流速呈线性增加。从图 4.13 还可以看出，水深与管径之比 d/D 在 3.64 至 5.45 之间，水深对速度的影响很小，可以忽略不计。

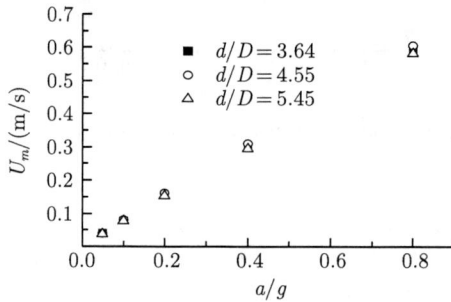

图 4.13　速度幅值随加速度的变化

3. 地震输入频率影响

图 4.14 给出了竖向地震输入下，水质点竖向速度随台面输入频率的变化。随着加速度频率的增加，水体速度呈双曲函数形式迅速减小。从图 4.14 还可以看出，测点高度与管径之比在 0.5 至 2.0 之间，测点高度对速度的影响也很小，可以忽略不计。

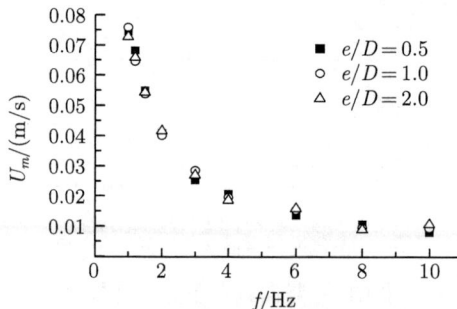

图 4.14　速度幅值随频率的变化

4. 竖向地震作用下水体加速度变化

分别对图 4.9 (b) 和图 4.10(b) 所示的水体竖向速度在时域内微分得到水体竖向加速度，如图 4.15 所示。从图中可以看出，水体的竖向加速度和台面的竖向加速度在幅值、频率和相位方面均吻合得很好。

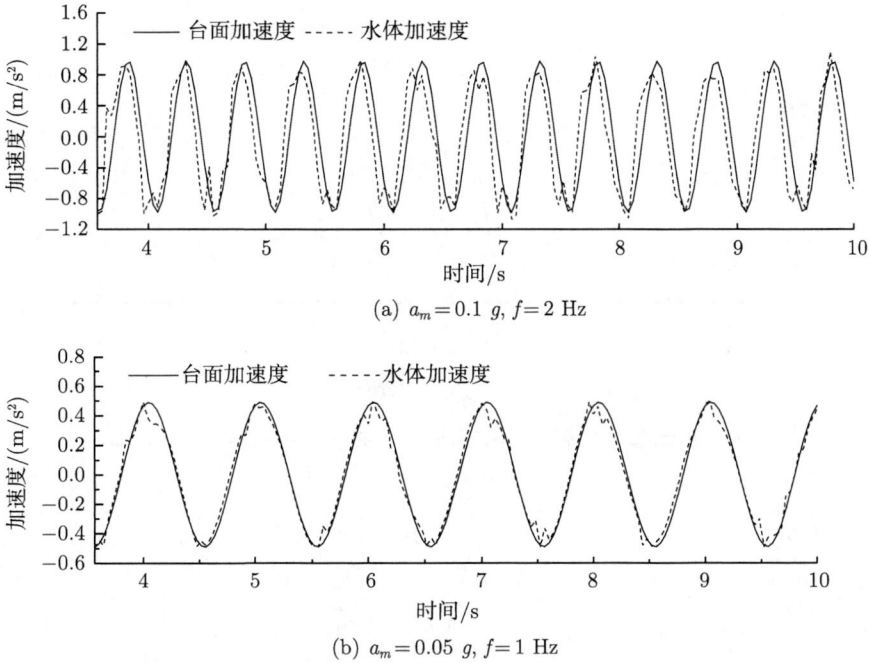

(a) $a_m = 0.1\ g,\ f = 2$ Hz

(b) $a_m = 0.05\ g,\ f = 1$ Hz

图 4.15　加速度时程曲线对比

4.2.4　地震作用下管道受到的水动力特性

1. 动水压力分析

正弦波水平输入下管道 1 号和 3 号测点的动水压力时程见图 4.16 和图 4.17。竖向输入下管道 1 号和 3 号测点的动水压力时程见图 4.18 和图 4.19。从图中可以看出，不同激励方向下的动水压力时程曲线均具有良好的对称性，其频率也与地震动输入频率保持一致。竖向输入下的动水压力大于水平输入下的动水压力，这是由于竖向输入下，管道表面的动水压力是由管道的相对运动和台面竖向运动两个因素引起的，而水平输入下的台面运动对管道周围流场运动特性的影响很小，动水压力仅由管道的相对运动产生。

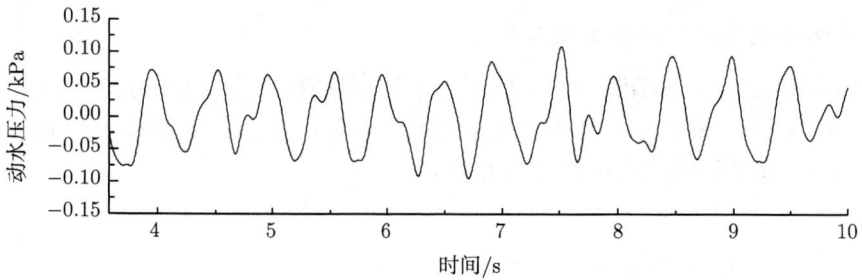

(a) 1 号测点

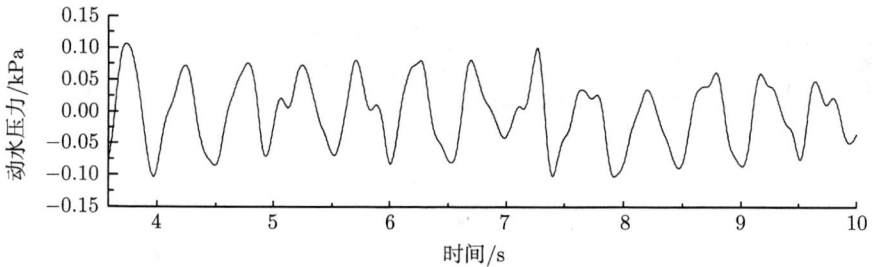

(b) 3 号测点

图 4.16　正弦波水平输入下动水压力时程 ($a_m = 0.1g$, $f = 2$ Hz)

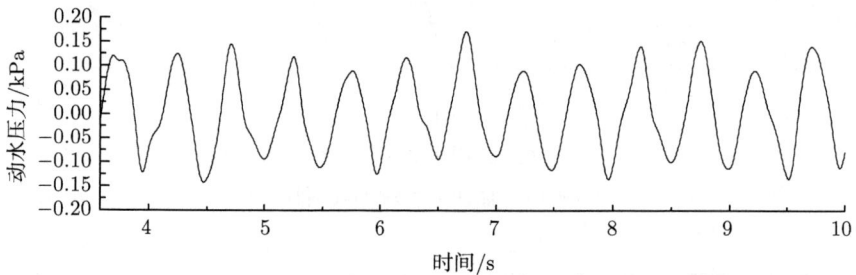

(a) 1 号测点

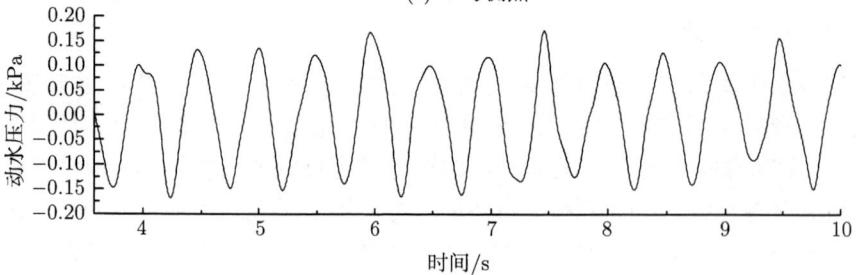

(b) 3 号测点

图 4.17　正弦波水平输入下动水压力时程 ($a_m = 0.2g$, $f = 2$ Hz)

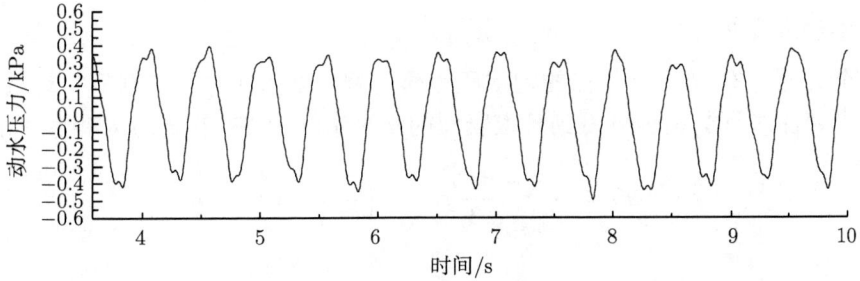

(a) 1 号测点

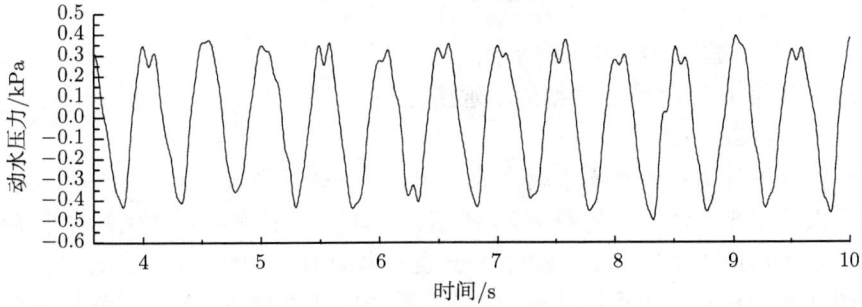

(b) 3 号测点

图 4.18 竖向输入下动水压力时程 $(a_m = 0.1g,\ f = 2\ \text{Hz})$

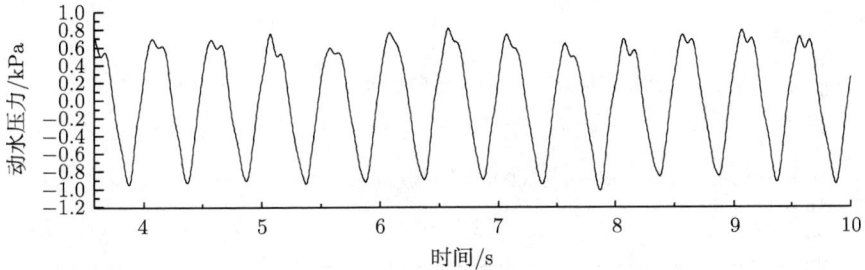

(a) 1 号测点

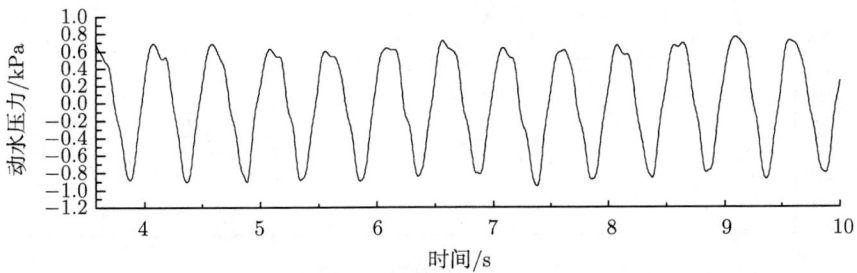

(b) 3 号测点

图 4.19 竖向输入下动水压力时程 $(a_m = 0.2g,\ f = 2\ \text{Hz})$

2. 水动力分析

每个截面上布置 8 个测点的动水压力传感器，见图 4.4 (b)。测得的动水压力值在圆管表面进行数值积分得到管道表面的水平水动力 F_h 和竖向水动力 F_v:

$$F_h = -\sum_{n=1}^{8} \frac{\pi D}{8} p_n \cos\left(\frac{3-n}{4}\pi\right) \tag{4.17}$$

$$F_v = -\sum_{n=1}^{8} \frac{\pi D}{8} p_n \sin\left(\frac{3-n}{4}\pi\right) \tag{4.18}$$

式中: n—— 测点编号，如图 4.4 所示;

$\quad\quad p_n$—— 第 n 个测点上测得的动水压力值;

$\quad\quad D$—— 管道外径。

水平输入下管道受到水平水动力的作用，同时也受到竖向水动力作用，并且竖向水动力大于水平水动力，如图 4.20 所示。竖向输入下管道同时受到水平水动力和竖向水动力作用，并且水平水动力大于竖向水动力，如图 4.21 所示。

从图 4.20、图 4.21 中可以看出，管道的受力出现了耦合，即在一个方向输入下管道不仅受到该方向上的水动力作用，而且在另一垂直方向上也存在水动力的作用。单一方向输入下，顺输入方向的水动力小于垂直输入方向上的水动力。因此，在分析管道的水动力效应时，应该考虑不同输入方向的影响，研究各输入方向下管道的受力。

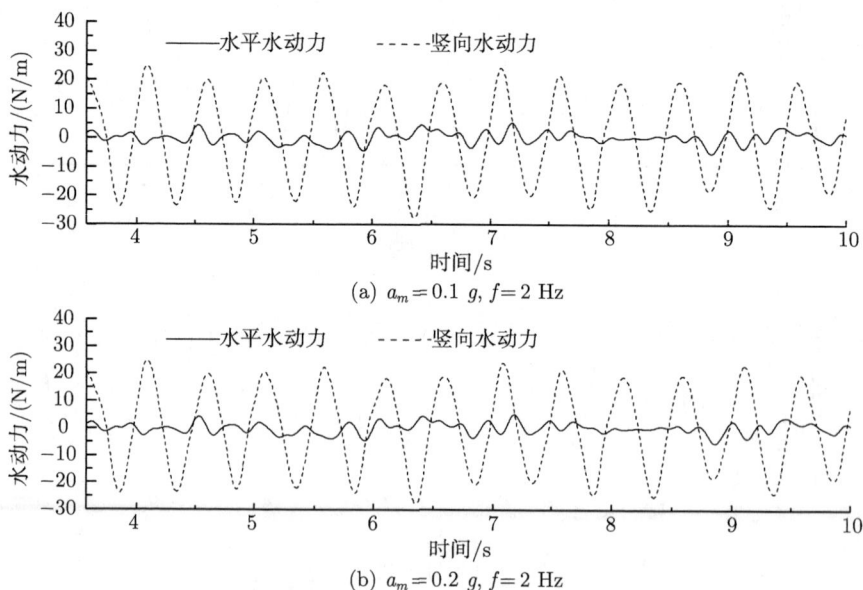

(a) $a_m = 0.1\ g,\ f = 2\ \mathrm{Hz}$

(b) $a_m = 0.2\ g,\ f = 2\ \mathrm{Hz}$

图 4.20　水平输入下管道的水动力时程

(a) $a_m = 0.1$ g, $f = 2$ Hz

(b) $a_m = 0.2$ g, $f = 2$ Hz

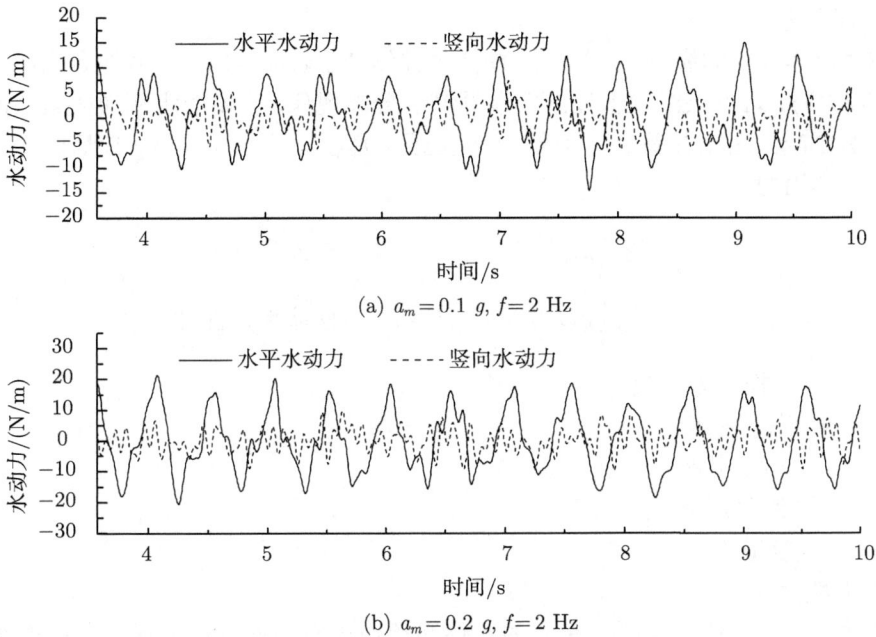

图 4.21　竖向输入下管道的水动力时程

4.3　地震作用下水动力计算模型

4.3.1　传统的 Morison 方程

1. Morison 方程

波浪水流在运动过程中如遇到结构物将改变流动形式，水流将绕过结构物产生绕流现象。由于流体黏性的影响，在结构物表面会产生流体的边界层，边界层内的水流受固体界面影响而导致流速减小，反过来水流对固体有一剪切力作用，称之为表面摩阻力。在结构物后面出现尾流区，尾流区可能释放不对称涡流，导致结构物受到顺水流方向的水动力和垂直于水流方向的横向水动力。

莫里森 (Morison) 方程最初是用来求解刚性柱体所受的波浪力，针对弹性体则可采用其修正形式。一般有两种修正方法，一是以流体和管道之间的相对速度代替流体的速度；另一种是将弹性体受波浪作用时的流场看成是波浪作用于刚性柱体的流场和柱体在静水中运动的流场的叠加。Morison 方程的基本假定是柱体的存在不影响波浪的运动，即波浪速度和加速度仍可按原来的波浪尺度并由拟采用的波浪理论来加以计算，这一假定对于小直径桩柱而言是可以接受的。

按照 Morison 方程，小直径柱体受到的波浪力由两部分组成。

1) 拖曳力 f_d

由于流体黏性的影响,流体绕过柱体对柱体产生表面摩阻力。另外当流体运动的 Re 较大时,边界层沿柱壁逐渐发展并产生分离现象,分离的水流形成紊动而在圆柱体后方产生尾流及涡旋,形成一个负压区,而前方为一正压区,前后的压力差形成一个作用力。

$$f_d = \begin{cases} C_D \dfrac{1}{2} \rho D U \left| U \right|, & \text{柱体为刚体} \\ C_D \dfrac{1}{2} \rho D (U - \dot{v}) \left| U - \dot{v} \right|, & \text{柱体为弹性体} \end{cases} \tag{4.19}$$

式中:C_D—— 拖曳力系数;

ρ—— 海水密度;

D—— 管道外径;

U—— 水体速度;

v—— 管道位移。

2) 惯性力 f_i

柱体的存在,使柱体所占空间的水体必须由原来的处于波浪运动之中变为静止不动,因而对柱体产生一个惯性力,它等于这部分水体质量乘以它的加速度。由于这部分体积中各点的加速度并不相同,为此可取柱体中轴线处的加速度以代表该范围的平均加速度。另外,除了柱体本身所占据的水体外,其附近一部分水体也将随之变速,这部分水体的质量成为附加水质量,则真正作用于柱体上的质量应乘上一质量系数,该质量系数即等于惯性力系数 C_M。

$$f_i = \begin{cases} C_M \dfrac{\pi}{4} \rho D^2 \dot{U}, & \text{柱体为刚体} \\ C_M \dfrac{\pi}{4} \rho D^2 \dot{U} - C_A \dfrac{\pi}{4} \rho D^2 \ddot{v}, & \text{柱体为弹性体} \end{cases} \tag{4.20}$$

式中:C_M—— 惯性力系数;

$C_A = C_M - 1$ 为附加水质量系数。

作用在单位长度管道上总的水动力为

$$f = f_i + f_d = \begin{cases} C_M \dfrac{\pi}{4} \rho D^2 \dot{U} + C_D \dfrac{1}{2} \rho D U \left| U \right|, & \text{柱体为刚体} \\ C_M \dfrac{\pi}{4} \rho D^2 \dot{U} - C_A \dfrac{\pi}{4} \rho D^2 \ddot{v} + C_D \dfrac{1}{2} \rho D (U - \dot{v}) \left| U - \dot{v} \right|, & \text{柱体为弹性体} \end{cases} \tag{4.21}$$

2. 水动力系数的确定

拖曳力系数 C_D 和惯性力系数 C_M 是经验系数,取自模型实验及原型观测。在波动水流中速度和加速度均随时间而变,因而就产生了不同的分析计算方法,目前大体有三种计算方法[82]：①利用瞬时值计算 C_D 及 C_M；②利用傅里叶分析法计算 C_D 及 C_M；③利用最小二乘法计算 C_D 及 C_M。影响 C_D 及 C_M 的因素一般包括 Re，K_c、管道粗糙度 k、波流速度比 α、间隙比 e/D、沟槽深度 Δ/D 等。

对于流态为稳定流，C_D 及 C_M 的计算比较成熟。当流态为振荡流时，水流系往复振荡，有别于稳定流态。在实验室条件下要产生高 Re 的波流场是困难的，因而发展了振动流的实验设备 ——U 形水槽。Sarpkaya 利用 U 形水槽对振荡流进行了系统的研究，得到了 C_D 及 C_M 与 Re 及 K_c 的相关图，包括粗糙度 k 对 C_D 及 C_M 的影响。

另外，国外也做了许多原型观测。原型观测的优点是：观测条件符合实际使用情况，流态的 Re 很高。其缺点是：①波流很不规则，数据的离散性大；②天然情况往往同时存在水流和波流，由于波动流速场的观测比较麻烦，所以造成波流与水流二者分离的困难；③环境条件难以控制，不易进行因素分离的系统研究；④迄今的设计计算还多以规则波考虑，在国外也是如此，与现场的观测条件也不符。所以，尽管原型观测是研究 C_D 及 C_M 值十分重要的手段，但至今还未取得足够良好的结果。

因此，正确合理地确定海底管道所受的水动力，其关键之一在于合理选择作用力系数，而该系数的确定有赖于正确地了解和分析水流现象。由于地震作用下管道周围流场的变化和波流作用下流场的变化存在较大的差别，所以迄今实验研究仍是一种有效的手段。同时，随着计算机和电脑技术的发展，高速、高效的数值模拟也是一个重要的发展趋向。基于海底悬跨刚性管道和柔性管道的模型实验，下文将利用传统 Morison 方程提出一种适合地震作用的改进的管道水动力计算模型。

4.3.2 地震作用下水动力计算方程

1. 水平输入

水平输入下管道周围水体的流速很小，可以忽略不计。因此，当管线在水平方向垂直于管轴振动时，作用在单位长度管线上的水平水动力 F_{Hh} 采用 Morison 方程静水中的运动形式：

$$F_{Hh} = -\rho C_A A a_{hp} - \frac{1}{2}\rho C_d D v_{hp}|v_{hp}| \tag{4.22}$$

式中：a_{hp} —— 管道的水平加速度；

　　　v_{hp} —— 管道的水平速度；

　　　C_A —— 附加质量系数；

　　　C_d —— 动水阻尼系数；

　　　A —— 管道的横截面积；

　　　ρ —— 水体密度；

D—— 管道外径。

水平输入下作用在单位长度管线上的竖向水动力 F_{Hv} 用下式表示为

$$F_{Hv} = \frac{1}{2}\rho D C_{Hv} |U_h|^2 \tag{4.23}$$

$$C_{Hv\,max} = F_{Hv\,max} \Big/ \left(\frac{1}{2}\rho \cdot U_{h\,max}^2 \cdot D\right) \tag{4.24}$$

$$C_{Hv\,min} = F_{Hv\,min} \Big/ \left(\frac{1}{2}\rho \cdot U_{h\,max}^2 \cdot D\right) \tag{4.25}$$

式中：$F_{Hv\,max}$—— 单位长度管道所受的竖向最大水动力；

$F_{Hv\,min}$—— 单位长度管道所受的竖向最小水动力；

C_{Hv}—— 管道的竖向力系数；

$C_{Hv\,max}$—— 最大竖向力系数；

$C_{Hv\,min}$—— 最小竖向力系数；

U_h—— 台面的水平速度；

$U_{h\,max}$—— 台面的最大水平速度。

动水阻尼系数 C_d 和附加质量系数 C_A 可由最小二乘法计算得到。三种水深条件下 C_d，C_A，$C_{Hv\,max}$ 和 $C_{Hv\,min}$ 随 Re 的变化过程如图 4.22 所示。从图 4.22 中可以看出，随着 Re 的增大，即 a_m(保持 $f = 2\,Hz$ 不变) 的增大，C_d 值减小。当 Re 增大到一定程度时 (约为 30000)，C_d 接近水平渐进线，其值趋于 0.05。

由图 4.23 可知，C_A 随 Re 的变化趋势类似于 C_d 随 Re 的变化，C_A 随着 Re 的增加而减小。

从图 4.24 可以看出，水平输入下管道的竖向力系数 $C_{Hv\,max}$ 和 $C_{Hv\,min}$ 的绝对值随 Re 的增加而减小。随着加速度幅值 a_m 的增加，即 Re 增加，管道的竖向受力增加，同时管道的速度也增加。由于管道受力的增加速度比管道的速度平方的增加速度慢，所以竖向力系数随 Re 的增大而呈下降趋势。

从图 4.22~ 图 4.24 中还可以看出，随着水深的增加，水动力系数略微增加，可见本次实验条件下水深对管道的水动力系数影响不明显。

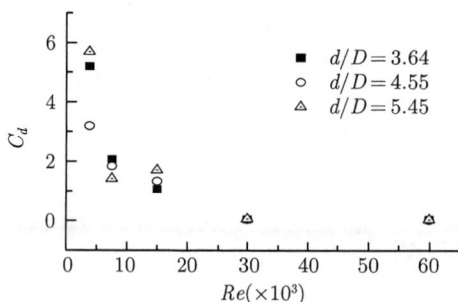

图 4.22 C_d 随 Re 的变化

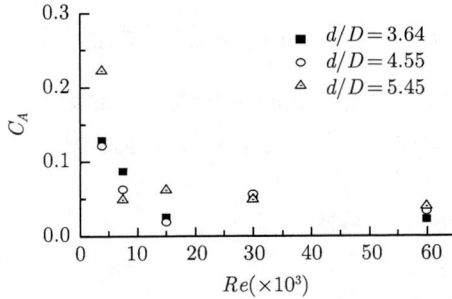

图 4.23 C_A 随 Re 的变化

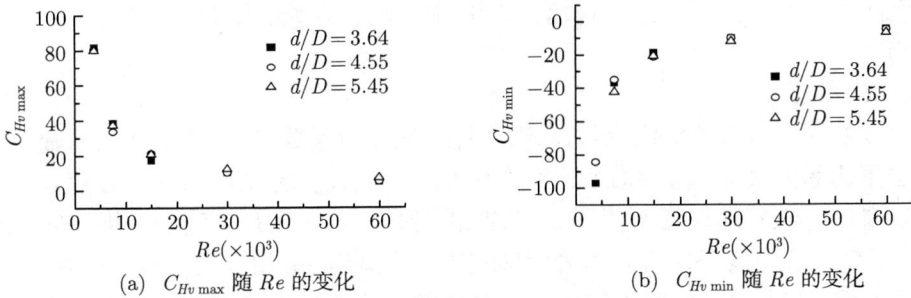

(a) $C_{Hv\,max}$ 随 Re 的变化   (b) $C_{Hv\,min}$ 随 Re 的变化

图 4.24 C_{Hv} 随 Re 的变化

2. 竖向输入

竖向输入下管道周围流体的竖向流速较大,水平流速较小,可以忽略不计。因此,当管线在竖直方向垂直于管轴振动时,作用在单位长度管线上的竖向水动力 F_{Vv} 采用 Morison 方程波流中运动结构的相对速度形式 [83]:

$$F_{Vv} = \rho A\dot{v} + \rho C_A A(\dot{v} - a_{vp}) + \frac{1}{2}\rho C_D D(v - v_{vp})\,|v - v_{vp}| \qquad (4.26)$$

式中: a_{vp}—— 管道的竖向加速度;

$\quad\quad v_{vp}$—— 管道的竖向速度;

$\quad\quad \dot{v}$—— 水体的竖向加速度;

$\quad\quad v$—— 水体的竖向速度;

$\quad\quad C_D$—— 管道的拖曳力系数;

$\quad\quad C_A$—— 管道的附加质量系数。

竖向输入下作用在单位长度管线上的水平水动力 F_{Vh} 用下式表示为

$$F_{Vh} = \frac{1}{2}\rho DC_{Vh}\,|U_v|^2 \qquad (4.27)$$

$$C_{Vh\,max} = F_{Vh\,max}\left/\left(\frac{1}{2}\rho \cdot U_{v\,max}^2 \cdot D\right)\right. \qquad (4.28)$$

$$C_{Vh\min} = F_{Vh\min} \bigg/ \left(\frac{1}{2}\rho \cdot U_{v\max}^2 \cdot D \right) \tag{4.29}$$

式中：$F_{Vh\max}$——单位长度管道所受的水平最大水动力；

　　　$F_{Vh\min}$——单位长度管道所受的水平最小水动力；

　　　C_{Vh}——管道的水平力系数；

　　　$C_{Vh\max}$——最大水平力系数；

　　　$C_{Vh\min}$——最小水平力系数；

　　　U_v——台面的竖向速度；

　　　$U_{v\max}$——台面的最大竖向速度。

竖向输入下，考虑了地震动幅值和频率对水动力系数的影响，即考虑 Re 和 K_c 的影响。

1) Re 的影响

图 4.25～ 图 4.27 给出了不同水深条件下拖曳力系数 C_D、附加质量系数 C_A、最大水平力系数 $C_{Vh\max}$ 和最小水平力系数 $C_{Vh\min}$ 随 Re 的变化过程。从图中可以看出，随着加速度幅值 a_m 的增加 (保持 $f = 2$ Hz 不变)，即 Re 的增加，$C_D, C_A, C_{Vh\max}$ 和 $C_{Vh\min}$ 的绝对值均降低。当 Re 增大到 60000 左右时，变化趋于平缓，可见 Re 对管道的水动力系数的影响非常显著。从图中还可以看出，水深对管道的水动力系数影响很小。

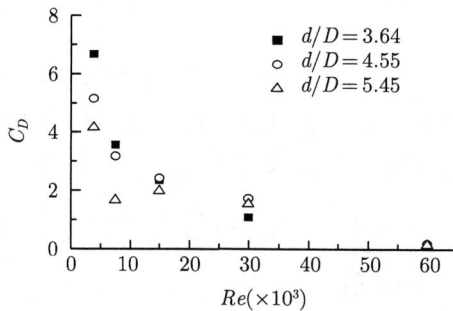

图 4.25　C_D 随 Re 的变化

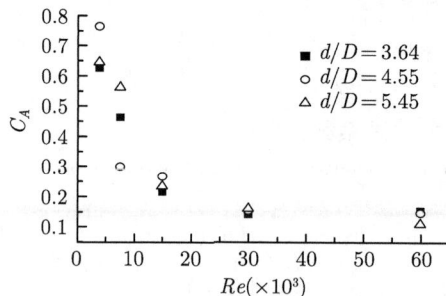

图 4.26　C_A 随 Re 的变化

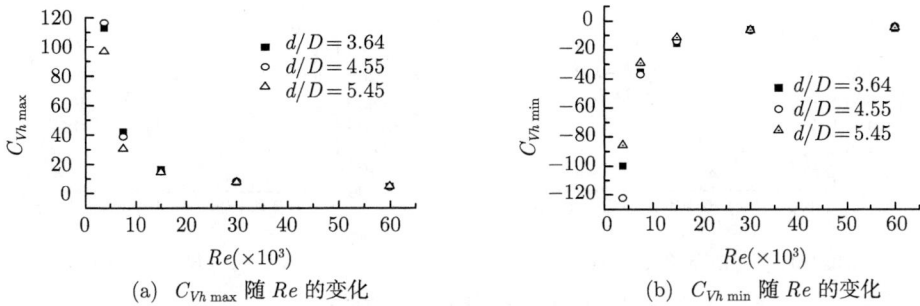

(a) $C_{Vh\,max}$ 随 Re 的变化

(b) $C_{Vh\,min}$ 随 Re 的变化

图 4.27 C_{Vh} 随 Re 的变化

2) K_c 的影响

图 4.28～ 图 4.30 给出了三种悬跨高度下拖曳力系数 C_D、附加质量系数 C_A、最大水平力系数 $C_{Vh\,max}$ 和最小水平力系数 $C_{Vh\,min}$ 随 K_c 的变化过程。

由图 4.28 可知，随着 K_c 的增大，即频率 f(保持 $a_m = 0.1g$) 的减小，C_D 减小。当 $K_c > 1.0$ 时，变化趋于平缓。可见 K_c 对拖曳力系数 C_D 的影响是显著的。与实际的波浪和海流相比，实际地震波包含的频率相对较高，引起流体流动的 K_c 较小，从而引起管道较高的 C_D，说明研究地震频率对管道水动力的影响是非常必要的。

从图 4.29 可以看出，随着 K_c 的增大，即频率 f 的减小，C_A 增大。由图 4.30 可知，水平力系数 $C_{Vh\,max}$ 和 $C_{Vh\,min}$ 的绝对值随着 K_c 的增加而减小。当 K_c 较小时，$C_{Vh\,max}$ 和 $C_{Vh\,min}$ 的值较大，这是由于此时的流体速度较小。

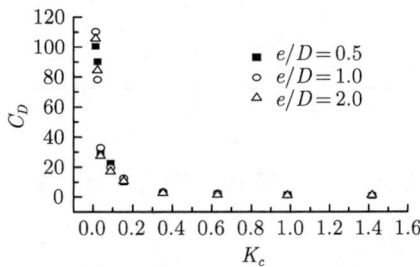

图 4.28 C_D 随 K_c 的变化

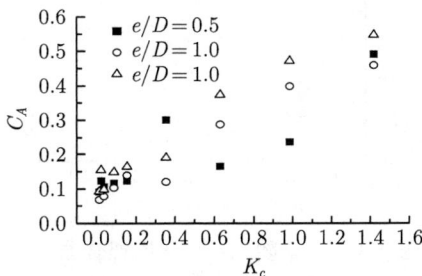

图 4.29 C_A 随 K_c 的变化

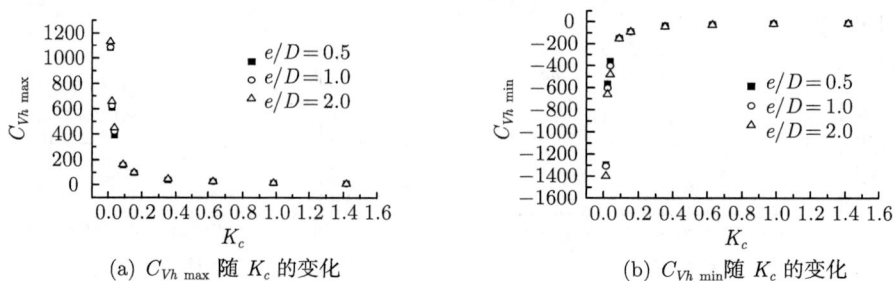

(a) $C_{Vh\,\max}$ 随 K_c 的变化　　　　　　(b) $C_{Vh\,\min}$ 随 K_c 的变化

图 4.30　C_{Vh} 随 K_c 的变化

4.3.3　地震作用下水动力系数的确定

海底悬跨柔性管道所受的水动力与地震动输入方向有密切的关系。本节分别研究水平输入和竖向输入下海底悬跨管道的水动力系数随 Re 和 K_c 的变化趋势。

1. 水平地震的水动力系数

分别对图 4.22～ 图 4.24 中 C_d, C_A, $C_{Hv\,\max}$ 和 $C_{Hv\,\min}$ 的实验值进行拟合，见图 4.31～ 图 4.33，得到了相应的拟合曲线和拟合参数，见表 4.2。

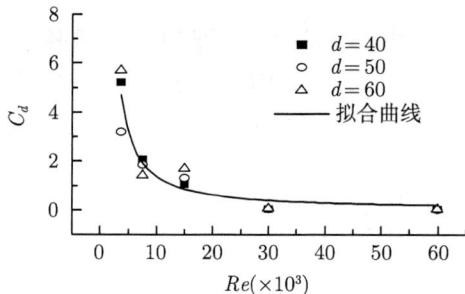

图 4.31　C_d 随 Re 变化的拟合曲线

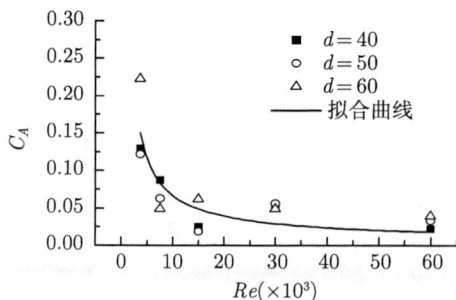

图 4.32　C_A 随 Re 变化的拟合曲线

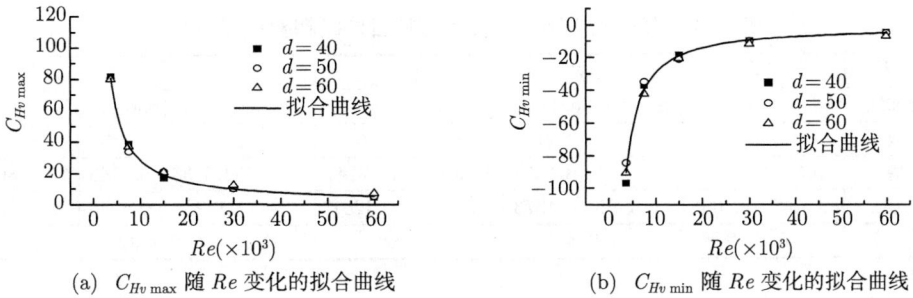

(a) $C_{Hv\,\max}$ 随 Re 变化的拟合曲线

(b) $C_{Hv\,\min}$ 随 Re 变化的拟合曲线

图 4.33 C_{Hv} 随 Re 变化的拟合曲线

表 4.2 水平输入下水动力系数拟合曲线和参数

水动力系数	C_d		C_A		$C_{Hv\,\max}$		$C_{Hv\,\min}$		
拟合曲线	$y = (\alpha/\log(Re))^{\beta}$						$y = \alpha/(\beta\log Re)^{\gamma}$		
参数	α	β	α	β	α	β	α	β	γ
数值	9.488	10.8757	6.3294	7.2296	13.2043	9.2749	−4614.48	0.18	9.98
标准差	0.190	1.7592	0.4680	1.7848	0.1452	0.2282	254.63	0.012	0.42
相关系数	0.9851		0.9420		0.9995		0.9926		

2. 竖向地震的水动力系数

1) Re 的影响

分别对图 4.25～图 4.27 中 C_D，C_A，$C_{Vh\,\max}$ 和 $C_{Vh\,\min}$ 的实验值进行拟合，见图 4.34。相应的拟合曲线和拟合参数，见表 4.3。

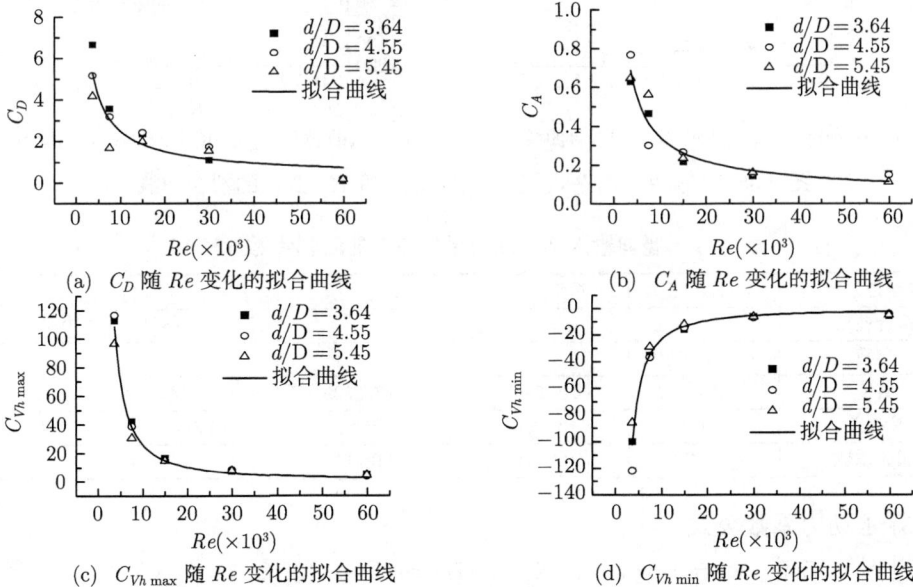

(a) C_D 随 Re 变化的拟合曲线

(b) C_A 随 Re 变化的拟合曲线

(c) $C_{Vh\,\max}$ 随 Re 变化的拟合曲线

(d) $C_{Vh\,\min}$ 随 Re 变化的拟合曲线

图 4.34 C_D，C_A，$C_{Vh\,\max}$ 和 $C_{Vh\,\min}$ 随 Re 变化的拟合曲线

表 4.3　竖向输入下水动力系数拟合曲线和参数 (Re)

水动力系数	C_D^{Re}		C_A^{Re}		$C_{Vh\,\max}^{Re}$		$C_{Vh\,\min}^{Re}$		
拟合曲线	$y = (\alpha/\log(Re))^{\beta}$						$y = \alpha/(\beta\log Re)^{\gamma}$		
参数	α	β	α	β	α	β	α	β	γ
数值	10.5254	6.7730	7.7407	6.1654	11.8951	12.7141	$-11\,754.8738$	0.1746	13.1086
标准差	0.3627	1.0937	0.0695	0.4373	0.1401	0.4261	987.5422	0.0123	0.6734
相关系数	0.9769		0.9949		0.9988		0.9892		

2) K_c 的影响

分别对图 4.28~ 图 4.30 中 C_D, C_A, $C_{Vh\,\max}$ 和 $C_{Vh\,\min}$ 的实验值进行拟合，见图 4.35。相应的拟合曲线和拟合参数，见表 4.4。

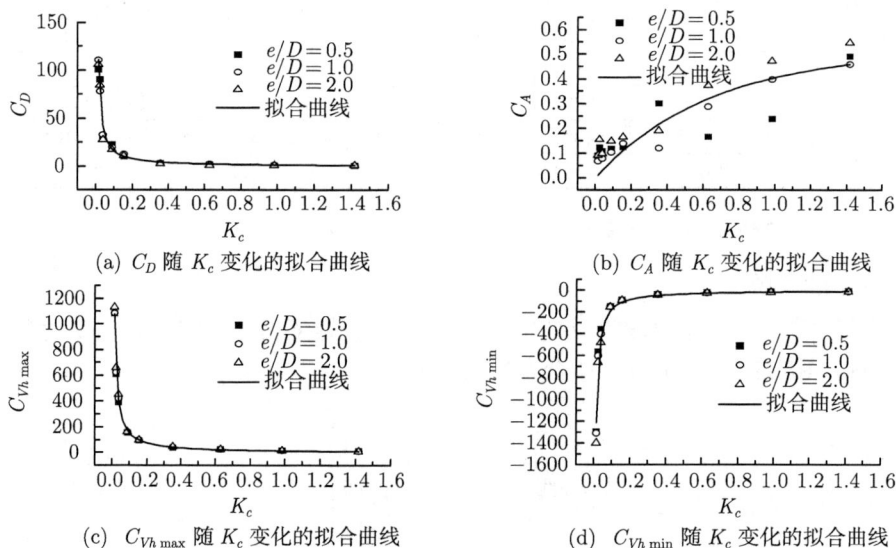

(a) C_D 随 K_c 变化的拟合曲线
(b) C_A 随 K_c 变化的拟合曲线
(c) $C_{Vh\,\max}$ 随 K_c 变化的拟合曲线
(d) $C_{Vh\,\min}$ 随 K_c 变化的拟合曲线

图 4.35　C_D, C_A, $C_{Vh\,\max}$ 和 $C_{Vh\,\min}$ 随 K_c 变化的拟合曲线

表 4.4　竖向输入下水动力系数拟合曲线和参数 (K_c)

水动力系数	$C_D^{K_c}$	$C_{Vh\,\max}^{K_c}$	$C_{Vh\,\min}^{K_c}$	$C_A^{K_c}$	
拟合曲线	$y = \alpha/K_c$			$y = \alpha(1 - \mathrm{e}^{-\beta K_c})$	
参数	α	α	α	α	β
数值	1.5711	15.2304	-17.1729	0.5177	1.5227
标准差	0.071	0.2904	0.8542	0.1274	0.7829
相关系数	0.9872	0.9976	0.9852	0.9026	

3) 水动力系数公式

以图 4.35 中 $a_m = 0.1g$, $f = 2\,\mathrm{Hz}$ 对应的 C_D, C_A, $C_{Vh\,\max}$, $C_{Vh\,\min}$ 的值分别进行归一化处理，再进行数据拟合得到表示 K_c 对 C_D, C_A, $C_{Vh\,\max}$, $C_{Vh\,\min}$ 影

响的修正系数 $\psi_{K_c}^{C_D}$, $\psi_{K_c}^{C_A}$, $\psi_{K_c}^{CVh\,\max}$, $\psi_{K_c}^{CVh\,\min}$，它们的拟合曲线和回归系数分别见图 4.36 和表 4.5。

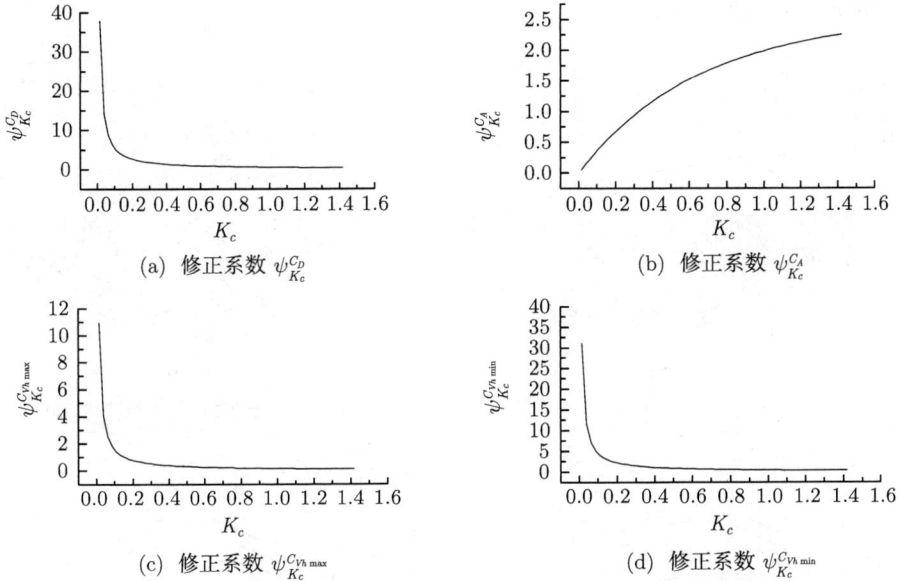

(a) 修正系数 $\psi_{K_c}^{C_D}$

(b) 修正系数 $\psi_{K_c}^{C_A}$

(c) 修正系数 $\psi_{K_c}^{CVh\,\max}$

(d) 修正系数 $\psi_{K_c}^{CVh\,\min}$

图 4.36 修正系数 $\psi_{K_c}^{C_D}$, $\psi_{K_c}^{C_A}$, $\psi_{K_c}^{CVh\,\max}$, $\psi_{K_c}^{CVh\,\min}$

表 4.5 $\psi_{K_c}^{C_D}$, $\psi_{K_c}^{C_A}$, $\psi_{K_c}^{CVh\,\max}$, $\psi_{K_c}^{CVh\,\min}$ 的回归系数

水动力系数	$\psi_{K_c}^{C_D}$	$\psi_{K_c}^{CVh\,\max}$	$\psi_{K_c}^{CVh\,\min}$	$\psi_{K_c}^{C_A}$	
拟合曲线	$y = \alpha/K_c$			$y = \alpha(1 - e^{-\beta K_c})$	
参数	α	α	α	α	β
数值	0.5371	0.1553	0.4415	2.5449	0.6259
标准差	0.0241	0.0030	0.0220	1.5241	0.7833
相关系数	0.9872	0.9976	0.9852	0.9026	

C_D, C_A, $C_{Vh\,\max}$, $C_{Vh\,\min}$ 均为 Re, K_c, 水深 d 和悬跨高度 e 的函数，可以表示为

$$C_D = C_D^{Re} \cdot \psi_{K_c}^{C_D} \cdot \psi_{d/D}^{C_D} \cdot \psi_{e/D}^{C_D} \tag{4.30}$$

$$C_A = C_A^{Re} \cdot \psi_{K_c}^{C_A} \cdot \psi_{d/D}^{C_A} \cdot \psi_{e/D}^{C_A} \tag{4.31}$$

$$C_{Vh\,\max} = C_{Vh\,\max}^{Re} \cdot \psi_{K_c}^{CVh\,\max} \cdot \psi_{d/D}^{CVh\,\max} \cdot \psi_{e/D}^{CVh\,\max} \tag{4.32}$$

$$C_{Vh\,\min} = C_{Vh\,\min}^{Re} \cdot \psi_{K_c}^{CVh\,\min} \cdot \psi_{d/D}^{CVh\,\min} \cdot \psi_{e/D}^{CVh\,\min} \tag{4.33}$$

式 (4.30)~ 式 (4.33) 右边各项系数中，基本系数 C_D^{Re}, C_A^{Re}, $C_{Vh\,\max}^{Re}$ 和 $C_{Vh\,\min}^{Re}$ 的取值，见表 4.3；修正系数 $\psi_{K_c}^{C_D}$, $\psi_{K_c}^{C_A}$, $\psi_{K_c}^{CVh\,\max}$ 和 $\psi_{K_c}^{CVh\,\min}$ 的取值，见表 4.5；其余

各项系数可取 1。

如图 4.37 所示，利用式 (4.30)~ 式 (4.33) 给出了 C_D，C_A，$C_{Vh\,max}$，$C_{Vh\,min}$ 随 Re 和 K_c 变化的三维图。

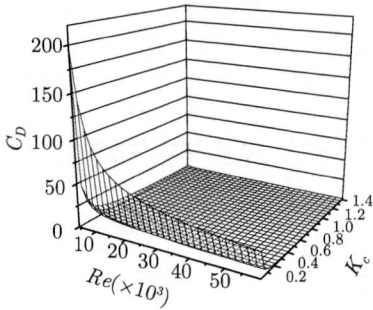

(a) Re 和 K_c 对 C_D 的影响

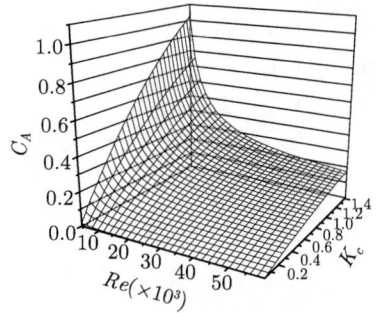

(b) Re 和 K_c 对 C_A 的影响

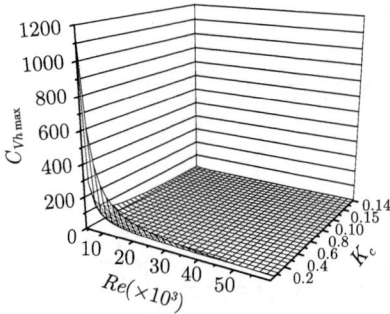

(c) Re 和 K_c 对 $C_{Vh\,max}$ 的影响

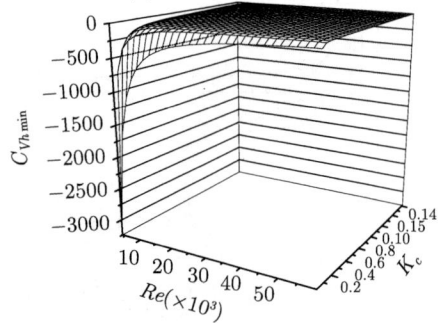

(d) Re 和 K_c 对 $C_{Vh\,min}$ 的影响

图 4.37　Re 和 K_c 对 C_D，C_A，$C_{Vh\,max}$，$C_{Vh\,min}$ 的影响

第 5 章 地震波作用下海底悬跨管道分析方法

5.1 引 言

随着计算机技术的发展与应用，出现了一门建立在经典流体动力学与数值计算方法基础上的新型独立学科——计算流体动力学 (computational fluid dynamics, CFD)。CFD 方法通过数值方法迭代求解流体运动控制方程和结构运动控制方程，从流场模拟中求解结构表面的流体作用力，从而得到结构的动态响应。流场数值模拟法能够获得具体的流场结果，便于研究绕流流体的流动分离、涡旋产生以及尾流流态，并且能够描述流体与结构之间的相互作用，因此可以较好地再现系统的运动特性。

经过四十多年的发展，CFD 出现了多种数值解法，大体上包括：有限差分法 (finite difference method, FDM)，有限元法 (finite element method, FEM)，有限体积法 (finite volume method, FVM)。早期有大量的研究工作致力于低、中等 Re 圆柱绕流的不稳定分析，包括 Son 和 Hanratty[84]，Jain 和 Rao[85]，Jordan 和 Fromm[86]，Lin 等 [87] 和 Minh 等 [88]。他们大多采用有限差分法求解低 Re 数 (40∼500) 的 N-S 方程，研究二维圆柱绕流的流动分离及尾流的涡结构。张洪泉 [89] 用空间、时间三阶精度的有限差分格式求解二维不可压缩 N-S 方程和连续方程，对 Re 数为 1000 的混合层绕流的圆柱旋涡脱落进行了研究。叶春明等 [90,91] 应用有限差分法求解涡量–流函数形式的 N-S 方程，数值模拟了圆柱瞬时起动后流动分离、旋涡生成、脱落以及随时间推进涡街产生和长期非定常演化过程，并探讨了工程上对尾流的控制方法。凌国平等 [92] 用区域分解法、有限差分法及涡方法杂交的二维数值计算方法系统地研究了在 Re 数为 1000、圆柱体旋转速度比 (旋转圆柱体表面的线速度与来流流速的比值) 为 0.5∼3.25 的情况下，尾流涡旋结构以及升力、阻力系数的变化规律。Lei 等 [93] 用有限差分法求解二维 N-S 方程和压力 Possion 方程，研究了 Re 数在 80∼1000 范围内近底圆柱绕流的涡旋脱落以及剪切层相互作用的机理。陈兵和李玉成 [94] 应用三步有限元法结合大涡模拟 (large eddy simulation, LES) 湍流模型研究近底水平圆柱受力及其周围流场的数值模拟；Chen 等 [95] 利用分布有限元模拟管道周围的三维流场，分别讨论了管道周围的涡旋产生以及海床的剪切应力。吕林 [96] 在 N-S 方程的基础上，利用有限元法对固定和旋转圆柱绕流进行了数值研究。采用数值模拟方法计算海底管线的动力响应需要考虑流体–管道的耦合作用，即流体与管道的相互作用使得流体的计算域不断发生变化，因此需要有效地控制流体网格的运动和变形。为了更好地描述两相介质的运动并解决界面协调的问题，Hirt 等[97] 提出了用于流场计算的任意拉格朗日–欧拉法 (arbitrary Lagrangian-Eulerian, ALE)，并与求解方程的隐式积分格式结合，解决了具有任意流速的二维流动问题。Nomura 和 Hughes[98]、Nomura[99]、Wei 等[100] 采用 ALE 法处理耦合的边界条件，研究了弹性支承结构在黏性不可压缩流体中的耦合振动。Newman 和 Karniadakis[101] 引进贴体坐标，直接数值模拟低 Re 下二维及三维弹性电缆的涡激振动问题。Schulz 和 Kallinderis[102] 利用有限体积法和变形网格技术研究了绕流圆柱体的流固耦合，该方法可以模拟频率 "锁定" 现象，并预测有限振幅下的绕流特征。蒋莉和沈孟育[103] 将 ALE 描述方法与有限体积法结合对流体的控制方程进行空间离散，并计算了圆筒内一同轴圆柱的自由振动问题。曹丰产和项海帆[104] 采用动态坐标系下的 N-S 方程，将参照系固定在和圆柱一起做刚性运动的计算区域上，数值模拟了弹性支撑圆柱的涡致振动。王国兴[105] 基于动态块网格方法，结合标准 $k\text{-}\varepsilon$ 湍流模型流体控制方程开展了近壁管线涡致振动的准三维研究。

5.2　海底悬跨管道–水体耦合计算模型

5.2.1　悬跨管道–水体流固耦合系统的基本理论及动力学模型

1. 流体力学的几个基本概念

流体是气体和液体的总称。在人们的生活和生产活动中随时随地都可遇到流体，大气和水是最常见的两种流体。

1) 理想流体和黏性流体

流体在静止时虽不能承受切向力，但在运动时，任意相邻两层流体之间却是有相互抵抗作用力的，这种相互抵抗的作用力称为剪切力，流体所具有的这种抵抗两层流体相对滑动速度的性质称为流体的黏性。黏性是流体的固有属性之一，不论流体处于静止还是流动，都具有黏性。

自然界中存在的流体都具有黏性，具有黏性的流体统称为黏性流体。完全没有黏性的流体称为理想流体。自然界中并不存在真正的理想流体，它只是为便于处理某些流动问题所做的假设而已。

2) 牛顿流体和非牛顿流体

牛顿内摩擦定律：

$$\tau = \mu \lim_{\Delta n \to 0} \frac{\Delta u}{\Delta n} = \mu \frac{\partial u}{\partial n} \tag{5.1}$$

式中：τ——流体内摩擦应力；

Δn——法线方向的距离增量；

Δu——对应于 Δn 的流体速度增量；

遵循牛顿内摩擦定律的流体称为牛顿流体，不符合上述条件的均称为非牛顿流体。

3) 可压缩流体和不可压缩流体

根据密度 ρ 是否为常数，流体分为可压缩流体 (compressible) 与不可压缩流体 (incompressible) 两大类。在温度不变的情况下，当密度 ρ 为常数时，流体为不可压缩流体，否则为可压缩流体。一般情况下，空气为可压缩流体，水为不可压缩流体。

4) 定常与非定常流动

根据流体的物理量 (如速度、压力、温度等) 是否随时间变化，将流动分为定常流 (steady) 与非定常流 (unsteady) 两大类。当流动的物理量不随时间变化，即 $\partial(\ )/\partial t = 0$ 时，为定常流动，又称稳态流动；当流动的物理量随时间变化，即 $\partial(\ )/\partial t \neq 0$ 时，为非定常流动，又称非稳态流动或瞬态流动。

5) 层流和湍流

自然界中的流体流动状态主要分为两种形式——层流和湍流。在平行管的流动实验中，从流动质点的运动状态看，当仅发生层流时，流体质点互不干扰，流体流动呈线性或层状，且平行于管道轴线；当湍流 (又称紊流) 发生后，质点运动杂乱无章，除了平行于管道轴线的运动，还存在着剧烈的横向运动。

层流和湍流是两种不同性质的流态。当流动状态为层流时，流体流速较低，质点受黏性制约，不能随意运动，黏性力起主导作用；当流动状态为湍流时，流体流速较高，黏性的制约作用减弱，惯性力起主导作用。流体流动时，究竟是层流还是湍流，通常要用 Re 来判定。

2. 流体流动的三个基本方程

1) 质量守恒方程

质量守恒方程反映的是物质不生不灭这一最自然的物理定律。它用以描述流体密度 ρ 的变化规律。它不需要补充任何其他关系式，也就是说，质量守恒方程是物质不生不灭的最直观的体现，方程的形式十分简单。质量守恒方程也称连续性方程。

2) 动量守恒方程

动量守恒方程反映的是牛顿定律，即物体在力的作用下做加速运动。具体说，物体所受的合力等于其质量与加速度的积，也可以理解为流体微团所受的力等于其动量变化率。因此，只要能求出合力，便可以得到动量守恒方程。合力包括体积力 P_f 和面积力 P_n。体积力可以是多相物质的相互作用力、远程力 (如重力与电磁力) 和惯性力；面积力主要是压力和黏性应力。

3) 能量守恒方程

能量守恒属于经典的热力学定律。流体微团单位质量的能量 E 包括内能 e 与动能 $1/2V^2$。合力所做的功、热传导、(由化学反应等引起的) 生成热都能引起总能的变化。

3. 海底管道–水体流固耦合系统

根据海底管道–水体流固耦合系统的特点，假设流体为无黏性的理想流体，流动是在稳定状态附近的小扰动，且假定流体自由液面为小波动。同时假设管道为线弹性材料，不考虑管道内部流体与管道之间的相互作用。图 5.1 为海底管道–水体流固耦合系统模型的示意图。图中，V_s 和 V_f 分别代表固体域和流体域，S_0 代表流固交界面，S_b 代表流体刚性固定面边界，S_f 代表流体自由表面边界，ξ 为流体自由表面波高，S_u 代表固体位移边界，S_σ 代表固体力边界，n_f 为流体边界单位外法线向量，n_s 为固体边界单位外法线向量。在流固交界面上任一点处，n_f 和 n_s 的方向相反。

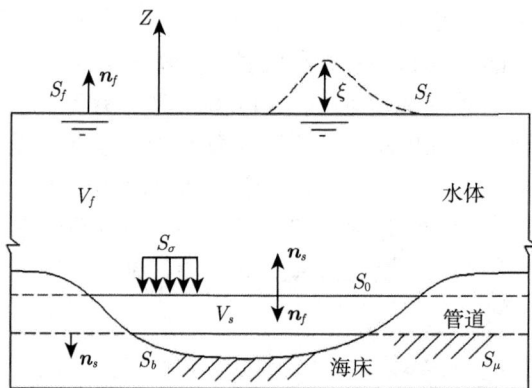

图 5.1　海底管道–水体流固耦合系统模型的示意图

1) 流体域 (V_f 域)

(1) 理想流体基本方程。

质量守恒方程 (连续方程):

$$\frac{\partial \rho}{\partial t} + \operatorname{div}(\rho \boldsymbol{u}_f) = 0 \tag{5.2}$$

式中：$\boldsymbol{u}_f = (\boldsymbol{u}_{f1}, \boldsymbol{u}_{f2}, \boldsymbol{u}_{f3})$，$\boldsymbol{u}_{f1}, \boldsymbol{u}_{f2}, \boldsymbol{u}_{f3}$ 分别表示流体 x, y, z 方向上的速度分量；

　　ρ——密度；

div——散度，$\mathrm{div}\boldsymbol{u}_f = \dfrac{\partial u_{f_1}}{\partial x} + \dfrac{\partial u_{f_2}}{\partial y} + \dfrac{\partial u_{f_3}}{\partial z}$。

动量守恒方程：

$$\frac{\mathrm{d}\boldsymbol{u}}{\mathrm{d}t} + \frac{1}{\rho}\mathrm{grad}\,(p) = \boldsymbol{F} \tag{5.3}$$

式中：p——流体压力；

　　　$\mathrm{grad}\,(p)$——压力梯度；

$\boldsymbol{F} = (F_1,\ F_2,\ F_3)$ 为作用在流体域边界上的表面力和作用在区域上的体积力。

能量守恒方程：

$$\frac{\mathrm{d}e}{\mathrm{d}t} + \frac{p}{\rho^2}\frac{\mathrm{d}\rho}{\mathrm{d}t} = 0 \tag{5.4}$$

(2) 流体边界条件。

刚性固定边界 (S_b 边界)

$$\frac{\partial p}{\partial n_f} = 0 \tag{5.5}$$

自由液面 (S_f 边界)

$$\frac{\partial p}{\partial z} + \frac{1}{g}\ddot{p} = 0 \tag{5.6}$$

2) 固体域 (V_s 域)

(1) 固体的基本方程。

平衡方程：

$$\sigma_{ij,j} + f_i = \rho_s \ddot{u}_{si} \tag{5.7}$$

式中：σ_{ij}——固体应力分量；

　　　u_{si}——固体位移分量；

　　　f_i——固体体积力分量；

　　　ρ_s——固体质量密度。

几何方程：

$$\varepsilon_{ij} = \frac{1}{2}\left(u_{si,j} + u_{sj,i}\right) \tag{5.8}$$

式中：ε_{ij}——固体应变分量。

物理方程：

$$\sigma_{ij} = \boldsymbol{D}_{ijkl}\varepsilon_{kl} \tag{5.9}$$

式中：$\boldsymbol{D}_{ijkl}$——弹性矩阵。

(2) 固体边界条件。

力边界条件 (S_σ 边界)

$$\sigma_{ij}n_{sj} = \bar{T}_i \tag{5.10}$$

位移边界条件 (S_u 边界)

$$u_{si} = \bar{u}_{si} \tag{5.11}$$

式中：$\bar{T}_i$——固体上的已知面力分量；

$\bar{u}_{si}$——固体上的已知位移分量。

3) 流固交界面的边界条件

管线和管外流体在流固耦合交界面上应该满足运动学和动力学边界条件, 运动学条件又叫位移协调条件, 动力学条件又叫力平衡条件, 即

运动学条件：

$$\underline{\boldsymbol{d}}_f = \underline{\boldsymbol{d}}_s \tag{5.12}$$

动力学条件：

$$\boldsymbol{n}_f \cdot \underline{\boldsymbol{\tau}}_f = \boldsymbol{n}_s \cdot \boldsymbol{\tau}_s \tag{5.13}$$

式中：$\underline{\boldsymbol{d}}_f$——流体的位移；

$\underline{\boldsymbol{d}}_s$——结构的位移；

$\underline{\boldsymbol{\tau}}_f$——流体的应力；

$\underline{\boldsymbol{\tau}}_s$——结构的应力。

4) 流固耦合计算方法

通过有限元程序进行管线和管外流体的单元离散。流固交界面采用可移动网格。

流体离散方程：

$$F_f \left[\boldsymbol{X}_f^k, \lambda_d \boldsymbol{d}_s^{k-1} + (1 - \lambda_d) \boldsymbol{d}_s^{k-2} \right] = 0 \tag{5.14}$$

固体离散方程：

$$F_s \left[\boldsymbol{X}_s^k, \lambda_\tau \boldsymbol{\tau}_f^k + (1 - \lambda_\tau) \boldsymbol{\tau}_s^{k-1} \right] = 0 \tag{5.15}$$

式中：λ_d——位移松弛因子；

λ_τ——应力松弛因子；

k——迭代步；

$\boldsymbol{X}_f^k$——流体解向量；

$\boldsymbol{X}_s^k$——管线解向量。

收敛条件：

$$\max_f \left\{ \frac{\|\Delta \boldsymbol{X}_f\|}{\|\boldsymbol{X}_f\|} \right\} \leqslant \varepsilon_e \tag{5.16}$$

式中：$\boldsymbol{X}_f$——流体解向量、管线解向量；

ε_e——求解精度。

通过对方程 (5.14)、式 (5.15) 反复迭代, 最终求得满足位移和应力收敛值的解。

5.2.2 悬跨管道–水体流固耦合控制方程和边界条件

1. 控制方程

符合以下假定的流体可以用基于势流体的单元模拟：无黏、没有旋涡、没有热传递；不可压或几乎不可压；流体边界有相对很小的位移或没有位移；实际的流体流速小于声速或没有流体流动。由于流体的黏性对管道所受的作用力的影响不大，可以把水体假定为无黏的理想流体，所以模型中的水体采用了三维势流体单元近似考虑水体对管道的作用，并进行流固耦合的瞬态分析。

1) 连续性方程

$$\dot{\rho} + \nabla \cdot (\rho \nabla \phi) \approx \dot{\rho} + \rho_0 \nabla^2 \phi \approx \frac{\rho_0 \dot{p}}{\kappa} + \rho_0 \nabla^2 \phi = 0 \tag{5.17}$$

式中：ρ_0——水体名义密度；

κ——水体的体积弹性模量；

$\dot{p}$——压力；

ϕ——速度势。

2) 动量方程

$$h \approx \frac{p}{\rho} \approx \boldsymbol{\Omega}(x) - \dot{\phi} \tag{5.18}$$

式中：$h = \int \mathrm{d}p/\rho$——特殊热函；

ρ——水体密度；

$\Omega(x)$——位置 x 处体积力加速度的势，当体积力为重力时 $\nabla \boldsymbol{\Omega} = g$，$g$ 为重力加速度。

由式 (5.18) 可得

$$p \approx \rho(\boldsymbol{\Omega}(x) - \dot{\phi}) \approx \rho_0 \left(\boldsymbol{\Omega}(x) - \dot{\phi} \right) \tag{5.19}$$

把式 (5.19) 代入式 (5.17) 中，得到

$$-\rho_0 \ddot{\phi} + \kappa \nabla^2 \phi = -\rho_0 \dot{\boldsymbol{\Omega}} \tag{5.20}$$

式 (5.20) 为一种特殊的波动方程，在求解变量 ϕ 时是线性的。式 (5.20) 可写成变分的形式：

$$-\int_V \rho_0 \ddot{\phi} \delta\phi \mathrm{d}V - \int_V \kappa \nabla\phi \cdot \delta\nabla\phi \mathrm{d}V - \int_S \kappa \dot{\boldsymbol{u}} \cdot \boldsymbol{n} \delta\phi \mathrm{d}S = -\int_V \rho_0 \dot{\boldsymbol{\Omega}} \delta\phi \mathrm{d}V \tag{5.21}$$

式中：$\boldsymbol{u}$——流体边界上的位移；

$\boldsymbol{n}$——流体边界的内法向；

S——流体边界；

V——流体域。

作用在管线上的流体压力为

$$\delta F_u = \int_{S_l} p\boldsymbol{n} \cdot \delta \boldsymbol{u} \mathrm{d}S_l \approx \int_{S_l} \left(\rho_0 \boldsymbol{\Omega} + \rho_0 \frac{\partial \boldsymbol{\Omega}}{\partial x} \cdot \boldsymbol{u} - \rho_0 \dot{\phi} \right) \boldsymbol{n} \cdot \delta \boldsymbol{u} \mathrm{d}S_l \tag{5.22}$$

式中：δF_u——施加在管线上力向量的变分；

S_l——流固交界面。

式 (5.21)、式 (5.22) 的有限元格式表达式为

$$\begin{bmatrix} 0 & 0 \\ 0 & -\boldsymbol{M}_{FF} \end{bmatrix} \begin{bmatrix} \ddot{\boldsymbol{U}} \\ \ddot{\boldsymbol{\varphi}} \end{bmatrix} + \begin{bmatrix} 0 & \boldsymbol{C}_{FU}^{\mathrm{T}} \\ \boldsymbol{C}_{FU} & 0 \end{bmatrix} \begin{bmatrix} \dot{\boldsymbol{U}} \\ \dot{\boldsymbol{\phi}} \end{bmatrix}$$
$$+ \begin{bmatrix} (\boldsymbol{K}_{UU})_S & 0 \\ 0 & -\boldsymbol{K}_{FF} \end{bmatrix} \begin{bmatrix} \boldsymbol{U} \\ \boldsymbol{\varphi} \end{bmatrix} = \begin{bmatrix} (\boldsymbol{R}_{UB})_S \\ 0 \end{bmatrix} + \begin{bmatrix} 0 \\ -\dot{\boldsymbol{R}}_{FB} \end{bmatrix} \tag{5.23}$$

式中：矩阵 $\boldsymbol{M}_{FF}$——来自式 (5.19) 中的 $\ddot{\phi}\delta\phi$；

矩阵 $\boldsymbol{K}_{FF}$——来自式 (5.19) 中的 $\nabla\phi \cdot \delta\nabla\phi$；

矩阵 $\boldsymbol{C}_{FU}$——来自式 (5.21) 中的 $\dot{\boldsymbol{u}} \cdot \boldsymbol{n}\delta\phi$；

矩阵 $(\boldsymbol{K}_{UU})_S$——来自式 (5.22) 中的 $\left(\rho_0 \frac{\partial \boldsymbol{\Omega}}{\partial x} \cdot \boldsymbol{u} \right) \boldsymbol{n} \cdot \delta\boldsymbol{u}$；

矩阵 $(\boldsymbol{R}_{UB})_S$——来自式 (5.19) 中的 $(\rho_0 \boldsymbol{\Omega})\boldsymbol{n} \cdot \delta\boldsymbol{u}$；

向量 $\dot{\boldsymbol{R}}_{FB}$——来自式 (5.22) 中的 $\rho_0 \dot{\boldsymbol{\Omega}}\delta\phi$；

向量 $\boldsymbol{U}$——包含未知的节点位移；

向量 ϕ——包含未知的节点流体势。

2. 边界条件

对应于水下地震模拟系统，水体液面采用流体自由表面边界，水池底部和长边侧壁采用刚性固定边界，水池短边侧壁采用无穷远边界模拟消能网，即允许波浪透射而无反射 [106,107]。有三种方法来模拟无穷远边界条件，分别是平面波法、球面波法和柱面波法。

本书采用第一种方法–平面波法建立无穷远边界单元。考虑无穷远边界为平面边界，平面声波在此边界上传播。假定波动幅值很小，得到

$$\Delta p = \rho c \Delta v \tag{5.24}$$

式中：Δp——边界外流体施加在边界上的压力变化；

Δv——指向边界外的流速变化；

c——水中声速。

因此，边界上的压力：

$$p = p_\infty + \rho c(v - v_\infty) \tag{5.25}$$

式中：v——指向边界外的流速；

p_∞——指向无穷远处的压力；

v_∞——指向无穷远处的速度。

5.2.3 悬跨管道–水体流固耦合三维数值模拟

1. 流固耦合模型建立

采用大型通用有限元分析软件 ADINA[108] 对实验的海底悬跨管道–水体系统进行数值模拟。管道采用壳单元进行模拟，材料采用线弹性材料。水体采用三维势流体单元进行模拟。由于管道支座采用了固定支座，模型中管道两端采用固定支座约束，采用弹簧单元与地面连接。有限元计算模型共包括 11050 个单元和 12592 个节点。模型的有限元网格剖分图如图 5.2 所示，有限元网格剖分信息见 5.1。

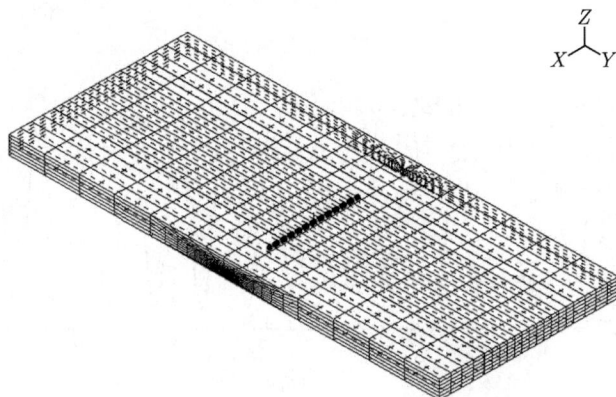

图 5.2 管道–水体的有限元网格剖分图

表 5.1 有限元模型网格剖分信息

模型结构	单元类型	单元数目
管道	壳单元	384
水体	3D 势流体单元	10664
管道支座	弹簧单元	2
管道与水体交界面	流固边界单元	1760

2. 数值模拟结果分析

与实验工况对应，利用海底悬跨管道–水体流固耦合三维有限元模型进行了不同激励方向、幅值、频率下的数值模拟。将临近管道跨中与实验测点相同部位截面的动水压力结果与实验结果进行了比较，并进一步比较了管道受到的水动力及管道的水动力系数。

1) 动水压力时程比较

图 5.3 和图 5.4 分别给出了水平和竖向输入方向下典型工况管道两个测点的动水压力时程。从中可以看出，动水压力的计算值比实验值曲线光滑，两者基本吻合。

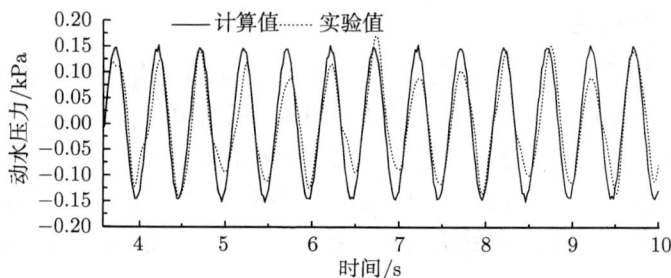

(a) 1 号测点

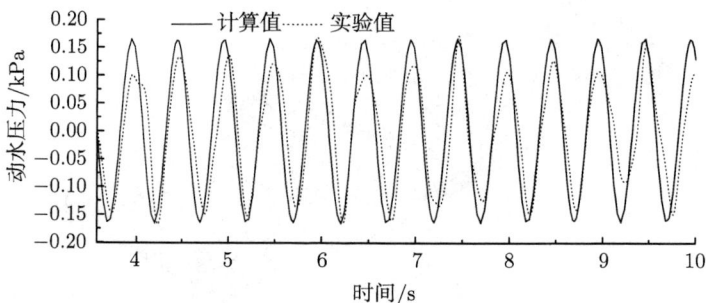

(b) 3 号测点

图 5.3　水平输入下管道动水压力的计算值与实验值比较 $(a_m = 0.2g, f = 2\,\text{Hz})$

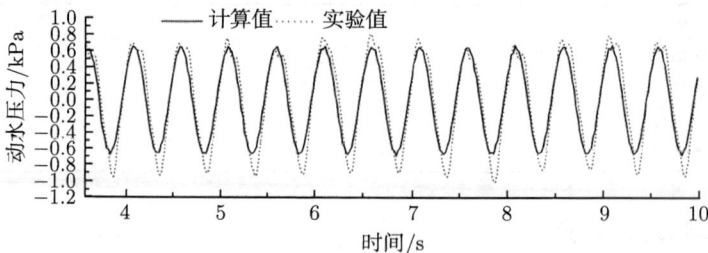

(a) 1 号测点

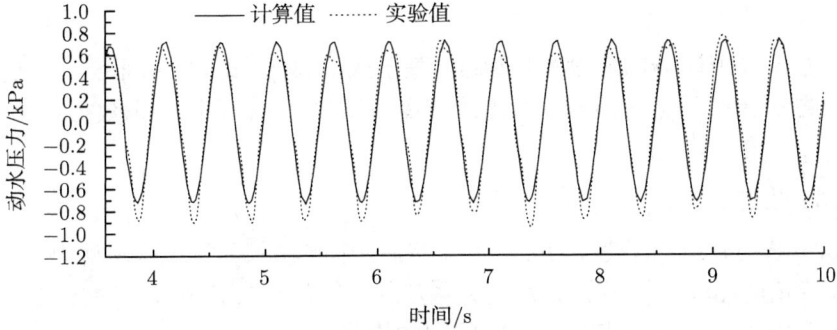

(b) 3 号测点

图 5.4 竖向输入下管道动水压力的计算值与实验值比较 ($a_m = 0.2g, f = 2$ Hz)

2) 水动力时程比较

水平输入下管道所受到的竖向水动力的计算值和实验值的结果见图 5.5。竖向输入下管道所受到的水平水动力的计算值和实验值的结果见图 5.6。由图 5.5 和图 5.6 可以看出,在水平和竖向地震动输入下,管道所受的水动力的计算值和实验值基本吻合。由此可知,数值模拟的管道受力特性基本上反映了管道的实际受力。

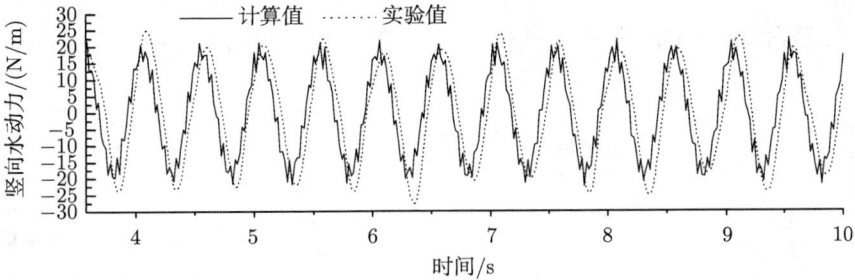

图 5.5 水平输入下管道竖向水动力的计算值与实验值比较 ($a_m = 0.2g, f = 2$ Hz)

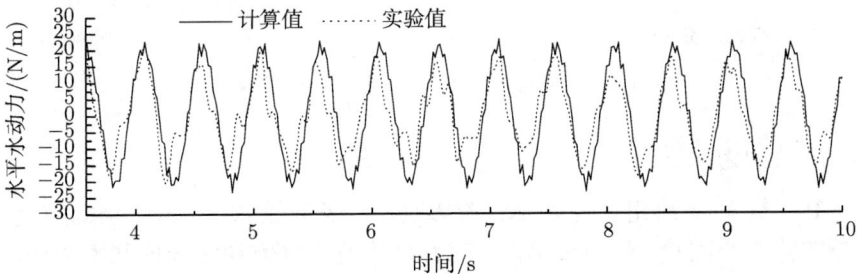

图 5.6 竖向输入下管道水平水动力的计算值与实验值比较 ($a_m = 0.2g, f = 2$ Hz)

3) 水动力系数比较

利用数值模拟流场的速度和加速度, 基于式 (4.26), 式 (4.28) 和式 (4.29) 采用最小二乘方法计算了竖向输入下管道的拖曳力系数 C_D、惯性力系数 C_M、水平力系数 $C_{Vh\max}$ 和 $C_{Vh\min}$。

(1) Re 数的影响。

图 5.7~图 5.9 给出了考虑 Re 数的影响后, 竖向输入下管道的水动力系数的计算值与实验值的比较。从中看出, 水动力系数的计算值和实验值基本吻合。C_D、C_A、$C_{Vh\max}$ 和 $C_{Vh\min}$ 的绝对值随着 Re 的增加均降低。

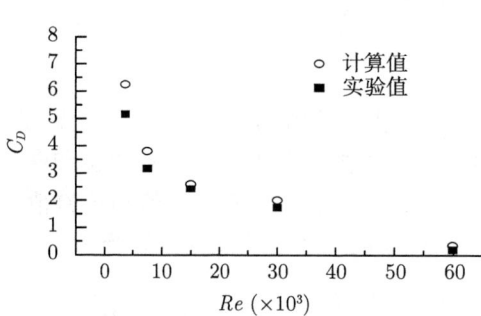

图 5.7　竖向输入下 C_D 随 Re 的变化　　　　图 5.8　竖向输入下 C_A 随 Re 的变化

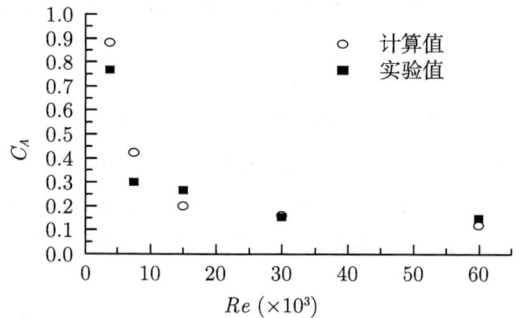

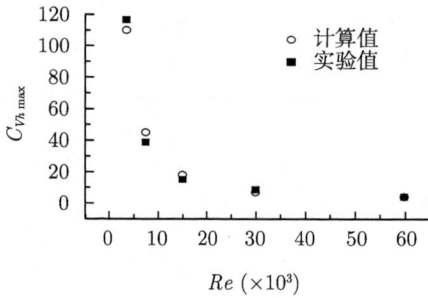

(a)　$C_{Vh\max}$ 随 Re 的变化　　　　　　(b)　$C_{Vh\min}$ 随 Re 的变化

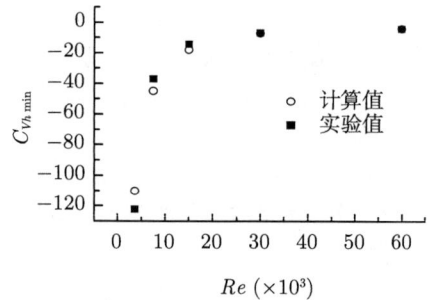

图 5.9　竖向输入下 C_{Vh} 随 Re 的变化

(2) K_c 数的影响。

图 5.10~图 5.12 给出了考虑 K_c 的影响后, 竖向输入下管道的水动力系数的计算值与实验值的比较。从中看出, 水动力系数的计算值和实验值基本吻合。C_D、$C_{Vh\max}$ 和 $C_{Vh\min}$ 的绝对值随着 K_c 的增加而减小, C_A 随着 K_c 的增加而增大。

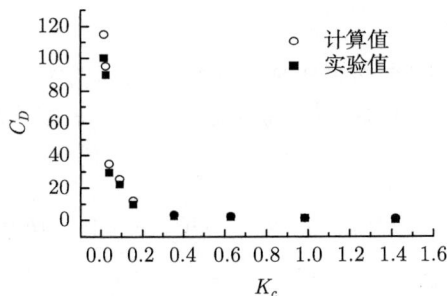

图 5.10 竖向输入下 C_D 随 K_c 的变化

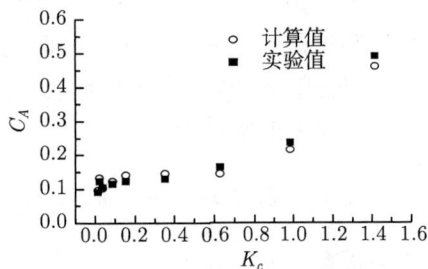

图 5.11 竖向输入下 C_A 随 K_c 的变化

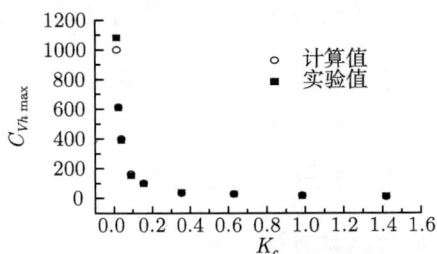

(a) $C_{Vh\,\mathrm{max}}$ 随 K_c 的变化

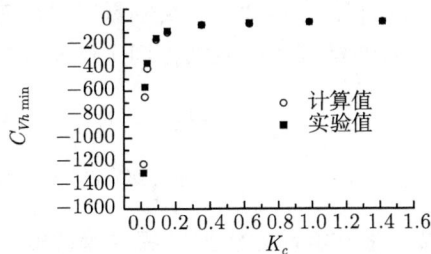

(b) $C_{Vh\,\mathrm{min}}$ 随 K_c 的变化

图 5.12 竖向输入下 C_{Vh} 随 K_c 的变化

5.3 含悬空段的海底长输管道计算模型

海底长输管道在波流的冲蚀作用下，不可避免地出现悬空段。基于管道–水体耦合模型开展长输管道地震反应分析，建模复杂，耗时长，不适合工程应用。因此，有必要采用第 4 章的水动力模型，建立地震作用下含悬空段的海底长输管道动力计算模型。

通常将地震地面运动分解为三个互相垂直的平动分量。当管道随地面在不同方向上运动时，水体的运动方式也不尽相同。基本假定：①地震过程中管道附近海流流速为 0，且管道足够深而不受波浪影响；②地面水平运动时，水体速度为 0，地面竖向运动时，水体速度等于地面运动速度；③管道在一个运动方向上所受的水动力由该运动方向引起的水动力叠加其他运动方向引起的水动力组成。

5.3.1 地震激励下管道所受的水动力

1. 管道沿管轴线方向的水平运动

根据假设，此时管道在运动方向上不受水动力影响，即

$$f_{\mathrm{longitudinal}} = 0 \tag{5.26}$$

2. 管道垂直管轴线方向的水平耦合运动

根据假设, 此时管道在运动方向上所受的水动力包括水平运动引起的水平水动力 F_{Hh}(见式 (4.22)), 及竖向运动引起的水平水动力 F_{Vh}(见式 (4.27)), 则管道在该运动方向上的水动力为

$$f_{\text{transverse}} = F_{Hh} + F_{Vh} = -\rho C_A A a_{hp} - \frac{1}{2}\rho C_d D v_{hp} |v_{hp}| + \frac{1}{2}\rho D C_{Vh} |U_v|^2 \quad (5.27)$$

3. 管道竖向耦合运动

根据假设, 此时管道在运动方向上所受的水动力包括竖向运动引起的竖向水动力 F_{Vv}(见式 (4.26)), 及垂直管轴线方向水平运动引起的竖向水动力 F_{Hv}(见式 (4.23)), 则管道在该运动方向上的水动力为

$$
\begin{aligned}
f_{\text{vertical}} =& F_{Vv} + F_{Hv} = \rho A \dot{v} + \rho C_A A(\dot{v} - a_{vp}) \\
& + \frac{1}{2}\rho C_D D(v - v_{vp}) |v - v_{vp}| + \frac{1}{2}\rho D C_{Hv} |U_h|^2
\end{aligned} \quad (5.28)
$$

5.3.2　基于水动力模型的海底管道多点输入耦合运动方程

离散后 n 个自由度的管道模型在 m 个地面支点运动作用下, 考虑水动力的运动方程以矩阵形式表示为

$$
\begin{aligned}
& \begin{bmatrix} M & M_c \\ M_c^{\mathrm{T}} & M_g \end{bmatrix} \begin{Bmatrix} \ddot{V} \\ \ddot{U}_g \end{Bmatrix} + \begin{bmatrix} C & C_c \\ C_c^{\mathrm{T}} & C_g \end{bmatrix} \begin{Bmatrix} \dot{V} \\ \dot{U}_g \end{Bmatrix} \\
& + \begin{bmatrix} K & K_c \\ K_c^{\mathrm{T}} & K_g \end{bmatrix} \begin{Bmatrix} V \\ U_g \end{Bmatrix} = \begin{Bmatrix} F_s \\ F \end{Bmatrix}
\end{aligned} \quad (5.29)
$$

式中: V——非约束自由度的 n 维位移列向量;

$\dot{V}$——非约束自由度的 n 维速度列向量;

$\ddot{V}$——非约束自由度的 n 维加速度列向量;

U_g——约束自由度的 m 维位移列向量;

$\dot{U}_g$——约束自由度的 m 维速度列向量;

$\ddot{U}_g$——约束自由度的 m 维加速度列向量;

M——$n \times n$ 的质量矩阵;

C——$n \times n$ 的阻尼矩阵;

K——$n \times n$ 的刚度矩阵;

M_g——$m \times m$ 的支座自由度的质量矩阵;

C_g——$m \times m$ 的支座自由度的阻尼矩阵;

K_g——$m \times m$ 的支座自由度的刚度矩阵;

M_c——$n \times m$ 的两种自由度之间的质量矩阵；

C_c——$n \times m$ 的两种自由度之间的阻尼矩阵；

K_c——$n \times m$ 的两种自由度之间的刚度耦合矩阵；

F_s——n 维水动力列向量；

F——m 维支座反力列向量。

由式 (5.29) 的第一式可得

$$M\ddot{V} + C\dot{V} + KV = F_s - M_c\ddot{U}_g - C_c\dot{U}_g - K_cU_g \qquad (5.30)$$

采用集中质量模型，则有 $M_c=0$。同时在一般情况下阻尼矩阵 C_c 很难确定，因此上式右侧的阻尼力常被忽略[109]，则可以得到

$$M\ddot{V} + C\dot{V} + KV = F_s - K_cU_g \qquad (5.31)$$

式 (5.31) 即为考虑水动力的海底管道多点输入运动方程。此处采用 Rayleigh 理论来计算结构的阻尼，式 (5.31) 中的阻尼矩阵可通过下式计算

$$C = \alpha_d M + \beta_d K \qquad (5.32)$$

式中：α_d 和 β_d——Rayleigh 阻尼系数，可由结构的自振频率得到

$$\alpha_d = \frac{2\xi\omega_1\omega_3}{\omega_1 + \omega_3}, \quad \beta_d = \frac{2\xi}{\omega_1 + \omega_3} \qquad (5.33)$$

式中：ω_1——结构的第一阶频率；

ω_3——结构的第三阶频率；

ξ——结构的阻尼比。

这里采用 Wilson-θ 法求解式 (5.32)，θ 取 1.4。

5.3.3 海底悬空管道地震反应影响因素

1. 水动力耦合作用的影响比较

如 5.3.1 节中所述，管道在一个方向运动时不仅受到该方向运动引起的水动力，而且还受到其他运动方向引起的水动力，即管道所受的水动力出现了耦合。传统的水动力模型中没有考虑不同运动方向上水动力的耦合效应。

图 5.13 给出了不同水动力作用方式 (考虑水动力耦合和不考虑水动力耦合) 下管道地震反应随地震动强度的变化曲线。图中，σ_{eq} 和 ε_{eq} 分别为管道等效应力和等效应变峰值；u_v 为管道竖向位移峰值。由图可知，水动力作用方式对管道的反应有一定的影响。考虑水动力耦合时的计算结果大于不考虑水动力耦合时的结果。表 5.2 给出了考虑水动力耦合和不考虑水动力耦合情况下管道地震反应峰值的比

较。由表可知，管道竖向位移的最大相对误差达到 5.10%，管道其他地震反应的相对误差在 5% 以内。因此，如果不考虑水动力耦合将会导致计算结果偏于危险。在以下分析中，均考虑水动力耦合的情况。

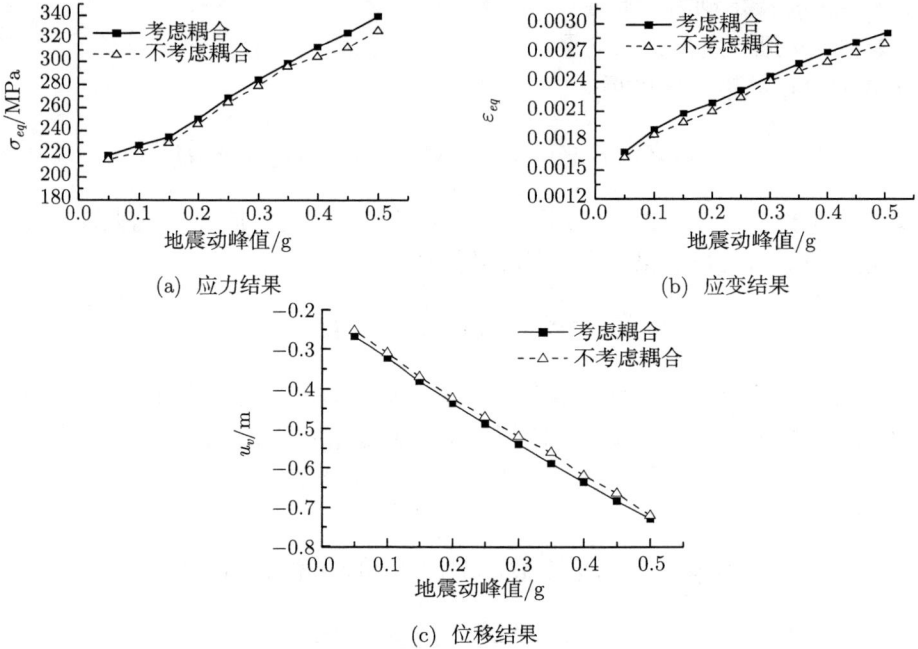

(a) 应力结果

(b) 应变结果

(c) 位移结果

图 5.13　不同水动力作用方式下管道反应随地震强度的变化图

表 5.2　不同水动力作用方式下反应峰值的比较

结果类别	工况	激励波形	不考虑耦合	考虑耦合	相对误差
等效应力/MPa	$a_m = 0.05g$	合成地震动	215.1	219.0	1.78%
	$a_m = 0.2g$		245.6	250.3	1.88%
	$a_m = 0.5g$		326.5	339.5	3.83%
等效应变/ $\times10^{-6}$	$a_m = 0.05g$		1 630	1 680	2.98%
	$a_m = 0.2g$		2 152	2 182	3.67%
	$a_m = 0.5g$		2 813	2 936	3.45%
竖向位移/m	$a_m = 0.05g$		−0.254	−0.267	5.10%
	$a_m = 0.2g$		−0.424	−0.436	2.88%
	$a_m = 0.5g$		−0.720	−0.723	1.15%

注：相对误差 =ABS(不考虑耦合计算值−考虑耦合计算值)/考虑耦合计算值

2. 地震动输入方式比较

结构确定性地震反应分析的关键基础工作之一是确定合理的地震动输入方式。

海底管道作为延伸型结构，进行地震反应分析时应该采用考虑空间变化的多点地震动输入 (以下简称多点输入)，见第 1 章。传统的地震动输入方式为结构各支撑点采用统一地震动的一致输入 (以下简称一致输入)。本节将比较采用两种地震动输入方式对海底悬跨管道地震反应计算结果的影响。对于每一组空间相关多点地震动时程，其相应的一致输入时程采用第一点的时程。

改变地震动输入方式和地震动加速度幅值进行计算。不同地震动输入方式下海底悬跨管道的反应随地震动强度的变化曲线如图 5.14 所示。

由图 5.14 可以看出，地震动输入方式为一致输入时管道的反应明显小于多点输入方式时管道的反应，而且这种差距随着地震强度的增加而增大。可见，考虑地震动的空间变化性之后，海底管道的地震反应将大大增加，这一点在强震的情况下尤为明显。因此，地震动输入方式对海底管道地震反应分析结果具有显著的影响，不考虑地震动空间变化性将会导致计算结果偏于不安全。在以下的分析中，将采用多点输入作为地震动输入方式。

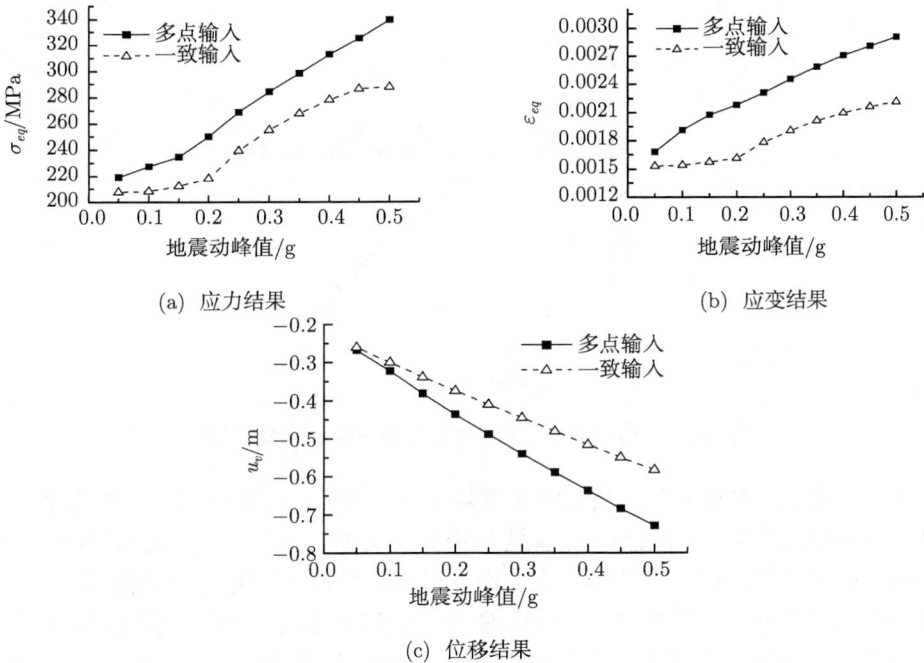

(a) 应力结果

(b) 应变结果

(c) 位移结果

图 5.14 不同地震动输入方式下管道反应随地震强度变化图

3. 管道模型的非线性特性比较

在建立海底悬跨管道的计算模型时，不仅需要考虑管道结构的几何非线性效应，还需要关注管道材料和土体的非线性特性。本节重点研究了以下两个方面：

①管道材料的弹塑性；②土体的塑性滑移。

1) 管材模型的影响

管材选择线弹性本构和 Ramberg-Osgood 本构模型。针对不同材料模型，选取了从 20m 到 70m、以 10m 为级差共计六种悬跨长度进行了比较计算。计算中考虑了几何非线性和土体塑性滑移的影响。输入的地震动幅值为 0.3g，得到的应力和应变结果分别以 von Mises 等效应力 σ_{eq} 和等效应变 ε_{eq} 给出。采用不同管材模型时管道的多点输入反应随悬跨长度的变化见图 5.15。

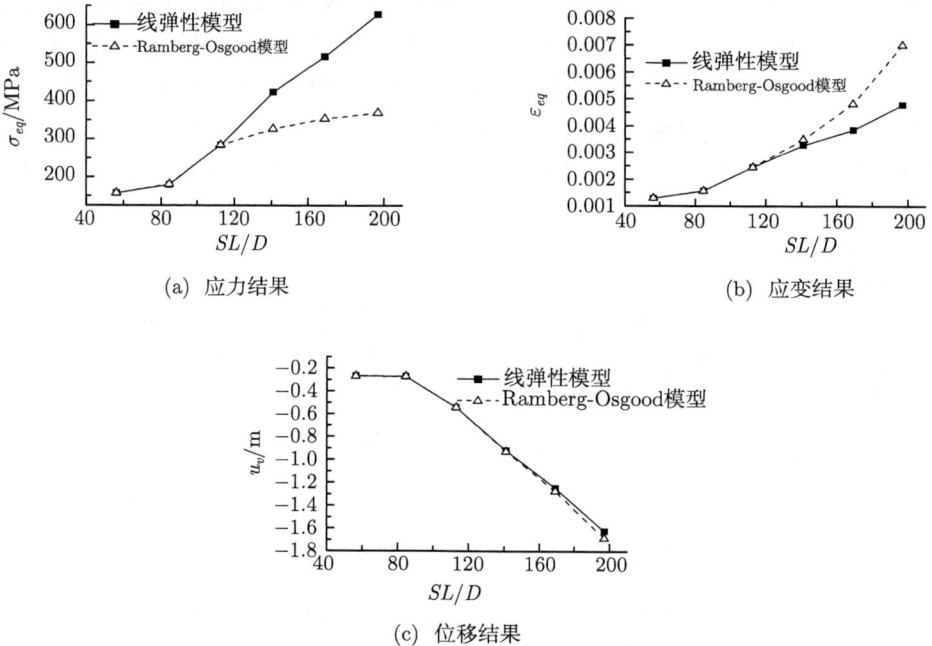

(a) 应力结果　　　　　　　　　　　(b) 应变结果

(c) 位移结果

图 5.15　不同材料模型管道反应随悬跨长度变化图

从图 5.15 (a) 可以看出，当悬跨长度较小时，管道处于弹性阶段，采用不同材料模型时管道的应力差别很小。随着悬跨长度的增加，当考虑管道线弹性时，其应力反应将远超过管道的屈服强度；而考虑管道弹塑性时，管道达到屈服应力后，其应力反应趋于平缓。由图 5.15 (b) 可以看出，当管道应力超过屈服强度时，考虑管道弹塑性的应变反应明显大于不考虑管道弹塑性的应变反应。由图 5.15(c) 可以看出，线弹性模型的位移反应小于弹塑性模型的结果，但相差不大。综上，在进行海底悬跨管道的多点输入反应分析时，应采用弹塑性材料模型以考虑管道的塑性变形。

2) 土体模型的影响

考虑了线弹性模型和 ALA 模型两种土体模型对管道反应的影响。计算时选取了从 20m 到 70m、以 10m 为级差共计六种悬跨长度进行了比较计算。管道材料选取 Ramberg-Osgood 模型，同时考虑几何非线性的影响。输入的地震动幅值为 0.3g。采用不同土体弹簧模型时管道的多点输入反应随悬跨长度的变化见图 5.16。

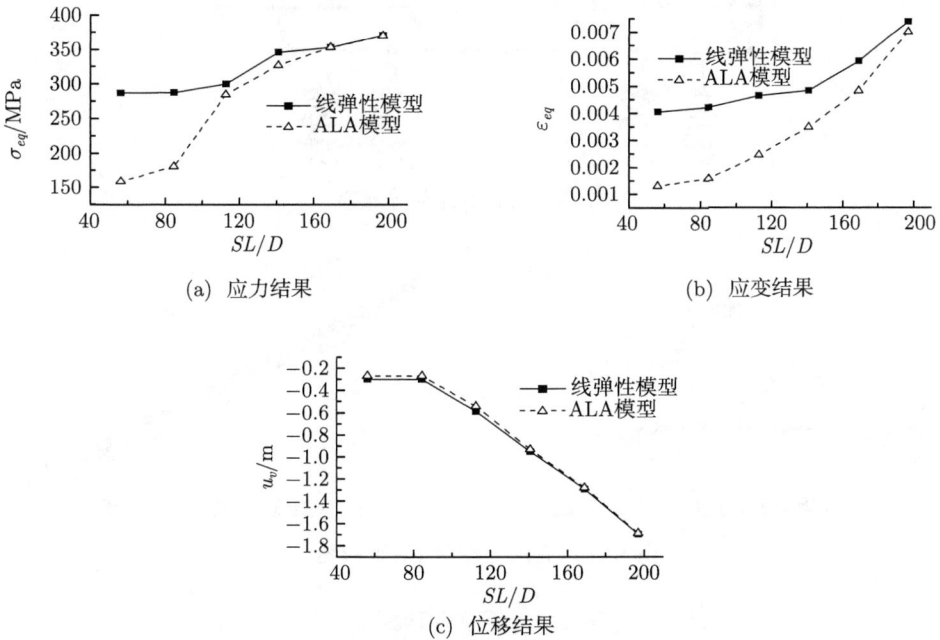

(a) 应力结果

(b) 应变结果

(c) 位移结果

图 5.16   不同土体弹簧模型管道反应随悬跨长度变化图

由图 5.16 可以看出，管道屈服之前，考虑了土体非线性特征后管道的应力、应变和位移反应小于不考虑土体非线性的情况；而在管道屈服之后，其反应趋于一致。这是由于考虑土体塑性滑移时管道受到的土体的作用力比不考虑土体塑性滑移时要小，所以管道的反应也较小。当管道屈服之后，土体模型差异导致管道反应的差异随着管道塑性变形的增大而趋于不明显。

5.4   地震作用下海底管道临界悬跨长度

5.4.1   有限元模型建立

悬跨管道两端埋入海床，中部悬空，埋设部分用土弹簧进行模拟，按照 5.3.1 节地震作用下 Morison 方程将水动力以附加质量和集中力的形式作用于管道悬跨部分。悬跨管道管土模型示意图见图 5.17，有限元模型见图 5.18，管道模型基本参数见表 5.3。此次分析，土质条件选取四种不同性质的土壤，分别为：淤泥夹砂、淤泥、粉砂和海积软黏土，相关参数见表 5.4。

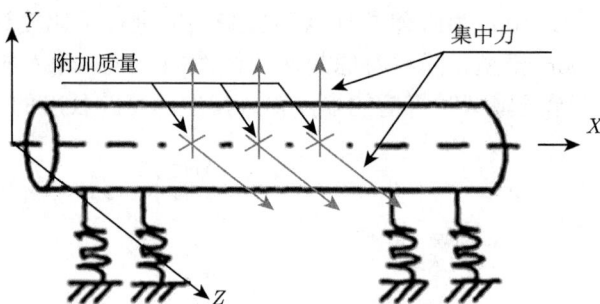

图 5.17　悬跨管道管土模型

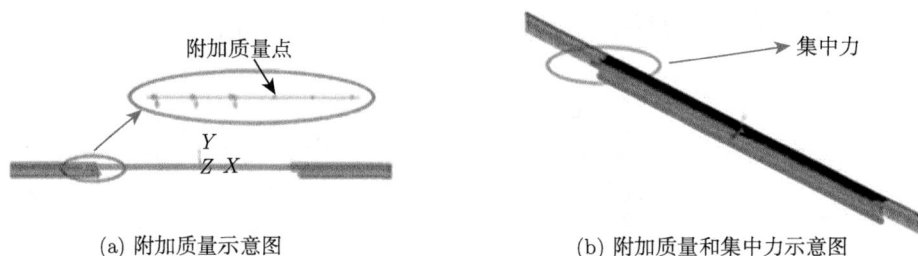

(a) 附加质量示意图　　　　　　　　　(b) 附加质量和集中力示意图

图 5.18　有限元模型 (后附彩图)

表 5.3　管道模型参数

参数	值	参数	值
管道外径	0.800m	管道类型	X70
管道壁厚	0.0254m	管道密度	7 850kg/m³
弹性模量	206GPa	泊松比	0.3
设计压力	14MPa	设计温度	70°
3PE 外涂层密度	950 kg/m³	混凝土配重层密度	3 040 kg/m³
3PE 外涂层厚度	0.0042m		

表 5.4　土体参数

土质	黏聚力/kPa	有效重度/(kN/m³)	内摩擦角/(°)	静止压力系数	总重度/(kN/m³)
淤泥夹砂	10.4	15.4	3.9	0.6	16.4
淤泥	5.6	15	2.15	0.7	16
粉砂	0.4	18	10	0.4	19
海积软黏土	7	16	25	0.55	19

　　为保证海底管道的稳定性，经常在海底管道外表面涂设混凝土配重层。混凝土配重层的存在会对管道整体性能产生一定的影响，其重量和刚度对管道的影响必须在分析时予以考虑。水深不同则管道外混凝土配重层厚度不同，具体见表 5.5。

表 5.5 管道配重层厚度

水深/m	混凝土配重层厚度/mm
0~40	120
40~50	100
50~80	80

本节参考 DNV_RP_F105 规范中的相关规定,对海底管道混凝土配重层刚度进行等效转换。DNV 规范中的相关公式如下:

$$\mathrm{CSF} = k_c \left(\frac{E_c I_c}{E_s I_s} \right)^{0.75} \tag{5.34}$$

$$E_c = 10000 \cdot f_{cn}^{0.3} \tag{5.35}$$

式中:CSF——混凝土刚度增强因子;

k_c——经验系数,防腐层为沥青时取 0.33,为 PP/PE 时取 0.25;

E_c——混凝土弹性模量;

E_s——钢弹性模量;

I_c——配重层的惯性矩;

I_s——管道的惯性矩;

f_{cn}——混凝土强度。

公式 (5.35) 中 f_{cn} 和 E_c 的单位均为 MPa。

需要注意的是此处混凝土杨氏模量 E 为混凝土配重层未破裂时的值。CSF 为混凝土配重层刚度增强因子。现将计算结果列于表 5.6。

表 5.6 增强因子 CSF 计算表

外径/mm	800	800	800
壁厚/mm	25.4	25.4	25.4
3PE 层/mm	8.4	8.4	8.4
配重层/mm	80	100	120
混凝土强度/MPa	41.4	41.4	41.4
混凝土杨氏模量/MPa	26818.6	26818.6	26818.6
钢杨氏模量/MPa	20600	20600	20600
配重层惯性矩	1×10^{10}	1.3×10^{10}	1.62×10^{10}
钢管惯性矩	2.56×10^9	2.56×10^9	2.56×10^9
系数 k_c	0.25	0.25	0.25
增强因子 CSF	0.16	0.20	0.24

5.4.2 失效准则确定

基于应力的失效准则,可保障油气管道的安全运行。但随着科技和工艺的发展，油气管道在抗大变形、高强度、高塑性、极好延展性等方面取得了极大的进步，此时应力失效准则过于保守，而应变失效准则则能充分发挥管道的性能。

按照《油气输送管道线路工程抗震设计规范》(GB50470—2008) 中地震波动下设计失效准则来确定悬跨管道的临界长度。当管道的轴向应变大于等于 1%(X70 钢轴向允许应变) 时，管道的悬跨长度作为临界悬跨长度的判断依据。

5.4.3　人工合成地震波作用下悬跨长度的确定

本节以依据《建筑抗震设计规范》反应谱合成的人工地震波作为输入的地震波加速度时程。地震峰值加速度取 $0.1g$，$0.2g$ 和 $0.3g$，地震持续时间为 30s。以 $0.1g$ 加速度为例，地震加速度时程见图 5.19。

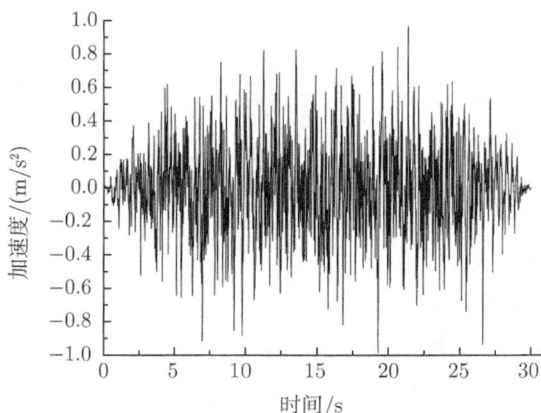

图 5.19　基于规范反应谱合成的地震波

将规范合成地震波作用下四种不同土质条件下临界悬跨长度绘制于图 5.20~图 5.23。临界长度列于表 5.7。

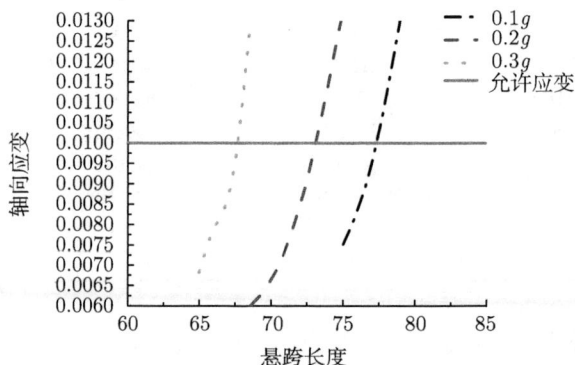

图 5.20　粉砂情况下的管道应变

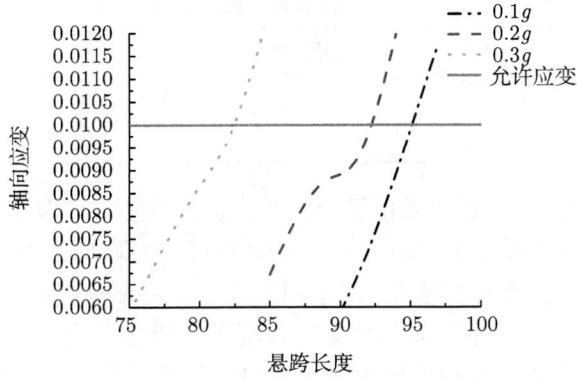

图 5.21 淤泥夹砂情况下的管道应变

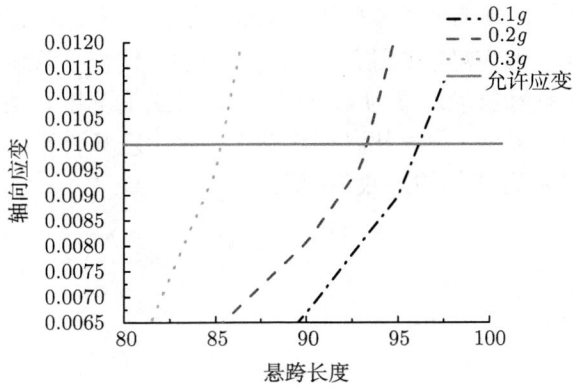

图 5.22 淤泥情况下的管道应变

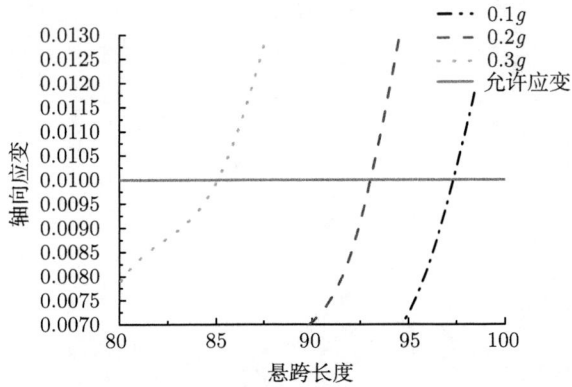

图 5.23 海积软黏土情况下的管道应变

表 5.7　　临界悬跨长度计算表

峰值加速度	粉砂	淤泥夹砂	淤泥	海积软黏土
0.1g	78m	96m	97m	99m
0.2g	73m	92m	93m	94m
0.3g	68m	83m	85m	86m

　　通过图 5.20～图 5.23,可以看出管道的允许悬跨长度与地震强度和土质情况有很大的关系。不同地震强度下管道的轴向应变不同,地震峰值加速度越大,管道轴向应变越大,其允许悬跨长度越短。而不同土质对管道影响也很明显,粉砂土情况下的管道允许悬跨长度远小于海积软黏土情况下的管道允许悬跨长度,也就是说土弹簧刚度越大,土壤对管道的约束越大则悬跨管道反应越小。这是因为土壤对管道的约束越大,相当于加固了悬跨端两侧,使管道在地震时与海水的相对摆动减小,减小了流固耦合效应,所以管道反应减小。

　　通过表 5.7 可知,在规范合成波作用时海底管道在不同地震强度和土质条件下的临界悬跨长度,其中地震峰值加速度为 0.3g、粉砂土情况下管道的允许悬跨长度最小,约为 68m;地震峰值加速度为 0.1g、海积软黏土情况下管道的允许悬跨长度最大,约为 99m。淤泥夹砂、淤泥和海积软黏土三种土质条件下临界悬跨长度较为接近,表明三种土壤对管道的约束较为接近。

第二篇

永久地面变形作用下长输管道反应分析

第6章　永久地面变形危害

地面永久变形主要形式包括：断层、滑坡、震陷和由土壤液化造成的侧移。埋地管道是否失效取决于永久地面变形的数量和变形的空间幅度，本章将主要介绍这部分内容。

本章对永久地面变形进行通用性的概述。6.1 节论述断层相关内容，包括类型及预计断层错动量，其中预测错动量的经验公式与震级有关。6.2 节讨论与滑坡有关的内容，包括滑坡类型、可能导致滑坡和泥石流的因素。6.3 节介绍了由土壤液化导致侧移的相关内容。本章内容引用 Rourke 和 Liu 编写的 *Response of Buried Pipeline Subjected to Earthquake Effects*[110] 一书。

6.1　断　　层

活断层是指地壳两部分间能够发生相对运动的不连续体。运动集中在相对狭窄的断层区域。按运动形式可以将断层分为正断层、逆断层和走滑断层，见图 6.1。走滑断层主要产生水平运动，因此需根据管道与断层间的穿越角来确定管道受压或受拉。正断层和逆断层主要的运动形式是垂直运动。当断层上盘向下运动时该断层为正断层，水平管道主要受拉；当断层上盘向上运动时该断层为逆断层，水平管道主要受压。

埋地管道在断层作用下产生的应变和断层错动量与管道和断层的交角有关。本节只介绍断层错动量的估算。

各国学者已经提出了许多关于震级和断层错动量之间关系的经验公式。这些经验公式均采用相似的对数形式。本节将介绍 Wells 和 Coppersmith 于 1994 年提出的经验公式，该公式基于近期地震数据和古老地震的重新调查，拓展了之前的研究。考虑世界范围内的 421 例历史地震记录，Wells 和 Coppersmith 选择了其中 244 例地震，提出如下的经验公式：

$$\log \delta_f = -6.32 + 0.90M, \quad \text{适用于走滑断层} \tag{6.1}$$

$$\log \delta_f = -4.45 + 0.63M, \quad \text{适用于正断层} \tag{6.2}$$

$$\log \delta_f = -0.74 + 0.08M, \quad \text{适用于逆断层} \tag{6.3}$$

式中：δ_f——平均断层错动量，单位为 m；

M——震级。

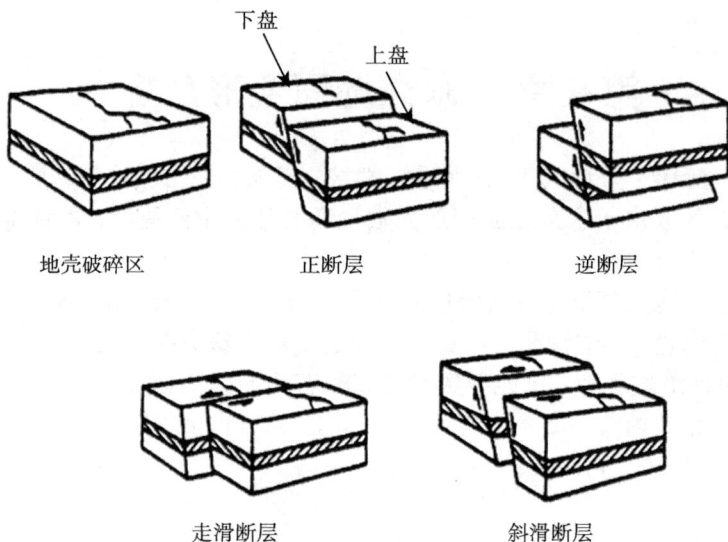

图 6.1   断层类型示意图

如图 6.2 所示，震级变化范围从 5.6 到 8.1。Wells 和 Coppersmith 统计观测到的断层位移如下：对于走滑断层，断层错动量变化范围为 0.05m 到 8m；对于正断层，错动量变化范围为 0.08m 到 2.1m；对于逆断层，错动量变化范围为 0.06m 到 1.5m。断层最大错动量为平均错动量的 2 倍。需注意的是，图 6.2 (a) 中的实线是考虑三种类型断层的组合模型，而图 6.2 (b) 中的三条拟合线分别对应走滑断层、正断层和逆断层。

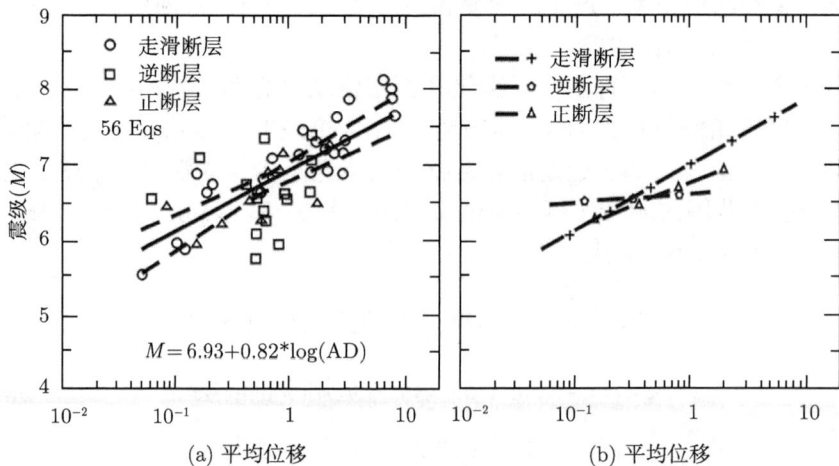

图 6.2   与震级有关的错动量回归线

如果无法确定断层的类型，可以使用 Wells 和 Coppersmith 提出的通用公式来估算断层错动量，公式如下：

$$\log \delta_f = -4.80 + 0.69M \tag{6.4}$$

6.2　滑　　坡

山体滑坡是指由地震震动引起的大体积地表移动。对于滑坡的分类有很多种方式，Varnes 于 1978 年提出的分类方式是使用最为广泛的分类方式。基于土体的运动形式、滑动的几何形状和岩土类型，Varnes 将滑坡分为：坠落、倒塌、滑移、扩散和流动。在此，侧向滑移被认为是由液化导致的现象，将在 6.3 节进行讨论。

根据滑坡对管道不同的影响，Meyersohn 于 1991 年建立了如图 6.3 所示的三种类型的滑坡模式。

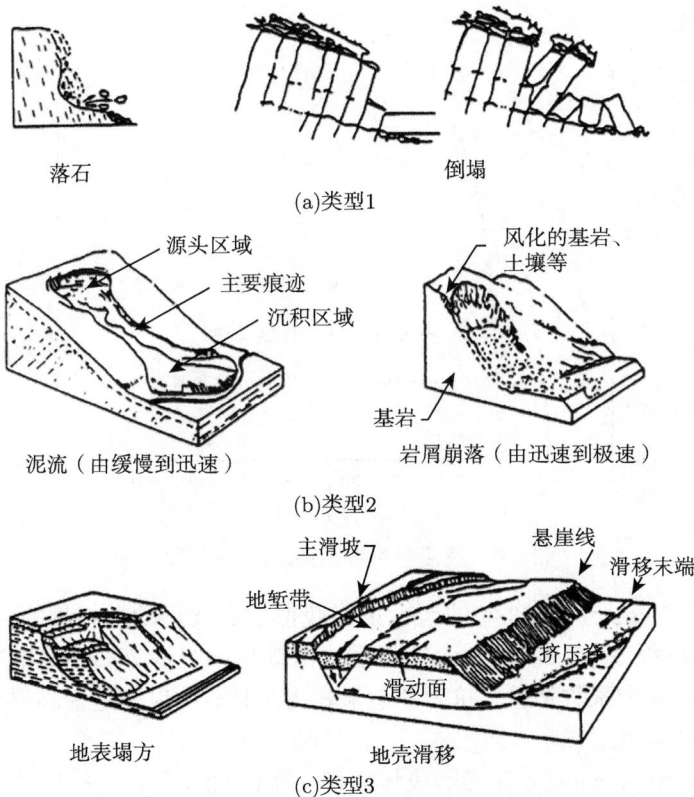

图 6.3　与滑坡有关的地面破坏形式

　　如图 6.3 所示，类型 1 包括岩石坠落和岩石倒塌，直接掉落的岩石会对地面上的管道造成损害。此类型滑坡对埋地管道的影响较小，故本书并未对其进行详细的介绍。类型 2 包括可被视为黏性流体的土石流和泥石流。这种类型的滑坡经常导致大范围的地表运动 (运动距离超过数米或更多)，但其移动量很难被提前预测。类型 3 包括土崩滑移和土滑动，土体运动或多或少以块体形式运动。这些现象通常发生于天然斜坡、河道和堤防处。因为管道经常穿越这些区域，故下文将详细描述该种类型的滑坡。

　　经验方法被用于确定山体滑坡的上边界。图 6.4 显示了可观测到的滑坡距断裂区域最大距离与地震震级之间的关系。

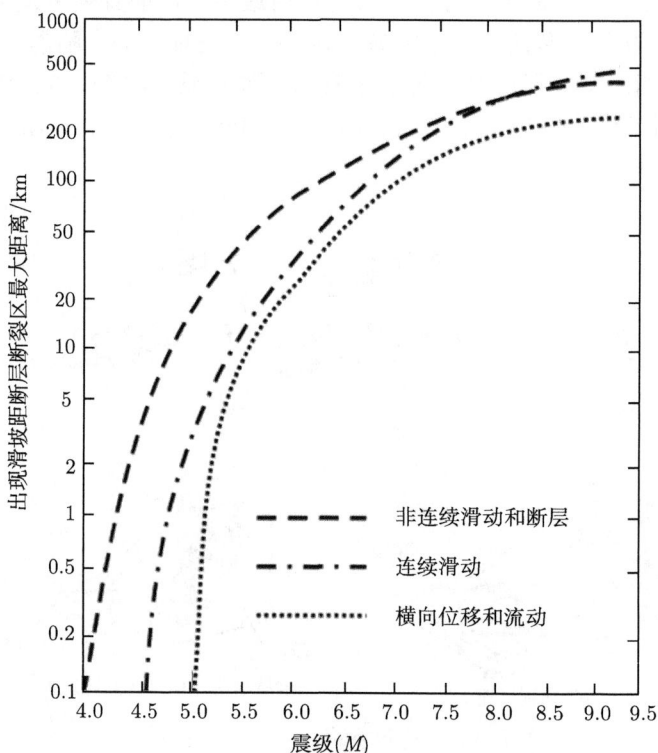

图 6.4　震级与滑坡距离之间的关系

　　Jibson 和 Keefer 于 1993 年的研究工作获得了滑坡运动期望量的解析估计值。他们使用计算机程序 STABL，通过随机生成滑动表面且计算安全系数来搜索滑坡的临界失效面。安全系数是总抵抗力和总倾覆力的比值，也就是说临界失效面是最低安全系数的滑动面。

　　基于 1965 年 Newmark 建立的块体模型，临界加速度 a_c 被定义如下：

$$a_c = g\,(FS - 1)\sin\alpha \tag{6.5}$$

式中：FS——安全系数；

　　　g——重力加速度；

　　　α——滑坡的倾角。

块体的滑动位移通过大于临界加速度 a_c 的地面加速度的二重积分来计算。

　　Jibson 和 Keefer 选择了 11 例强震记录来估算 Newmark 位移。对于每个强震记录，他们计算了临界加速度在 $0.02\sim0.4g$ 范围内的 Newmark 位移，通常认为该范围是地震引起滑坡的实际范围。结果数据见图 6.5，此图的最优回归公式如下：

$$\log D_N = 1.460\log I_a - 6.642a_c + 1.546 \tag{6.6}$$

式中：D_N——Newmark 位移，单位为 cm；

　　　I_a——Arias 烈度，单位为 g·s，定义如下：

$$I_a = \frac{\pi}{2g}\int [a(t)]^2 \mathrm{d}t \tag{6.7}$$

式中：$a(t)$——加速度时程。

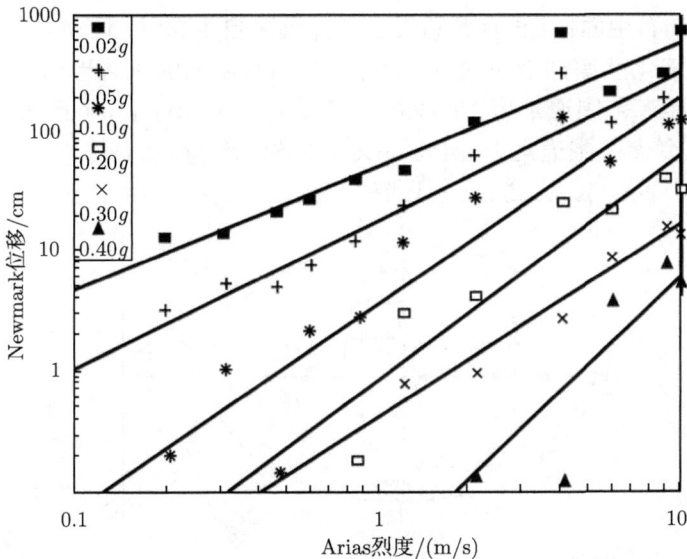

图 6.5　Newmark 位移和 Arias 烈度之间的关系 (震级 $0.02\sim0.4g$)

　　针对此点，Wilson 和 Keefer 于 1983 年提出了一个关于 Arias 烈度、震级 M、震源距离 R(km) 之间的简化关系。

$$\log I_a = M - 2\log R - 4.1 \tag{6.8}$$

　　式 (6.8) 由美国加州地震局提出，在某些地区计算精确度可能较低。

6.3　侧 向 滑 移

6.3.1　侧向滑移的概念

侧向滑移通常是由地震震动导致的松散饱和砂土液化造成的。液化导致土壤失去其抗剪强度，进而导致土体横向移动。虽然侧向滑移多为水平运动，但 1991 年 Towhata 研究发现液化导致的侧向滑移通常也会造成竖向土体的运动，然而竖向运动分量很小，通常将其忽略。

对于埋地管道，侧向滑移会导致两种可能发生的情况。第一种情况是土壤液化部分位于地面表层，也就是管道埋设的土层。对于该种情况，管道会受到由于周围土壤液化引起的水平作用力和向上的浮力。第二种情况是土壤液化部分位于地面下层，也就是管道底部，这种情况下管道位于液化部分之上的非液化土中。对于第二种情况，管道受到因非液化土–管相互作用产生的水平作用力，但并未受到浮力效应。

侧向滑移的运动方向受几何形状控制。当侧向滑移发生于自由表面附近时，运动方向通常朝向自由面。当侧向滑移发生位置远离自由面时，运动方向沿着表面滑坡向下或沿着液化区底部滑坡向下。对于 "朝向自由面的永久地面变形"，观察到其到自由面的距离范围通常为 10~300m，平均距离为 100m。对于 "远离自由面的永久变形"，其斜率范围通常为 0.1%~6%，平均斜率为 0.55%。

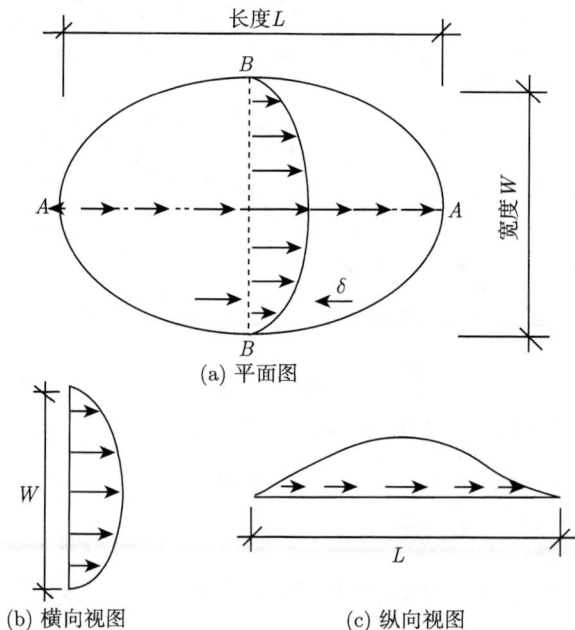

图 6.6　侧移的几何特征

对于侧向滑移，通常有 4 个几何特征会影响水平面管道反应。如图 6.6 所示，分别是永久地面变形运动量 δ，永久地面变形区域的横向宽度 W，永久地面变形区域的纵向长度 L，横穿和纵贯此区域的地面运动形式。

6.3.2 永久地面变形量

通常，导致管道破坏的潜在永久地面变形与地面运动距离、变形区的宽度和长度、变形样式有关。预测由液化导致的地面位移量极具挑战。但是，在该领域已经开展很多基于解析和经验方法的研究。

Work 和 Hamada 认为液化引起的永久地面变形量与液化层的几何形状密切相关。他们提出了如下回归公式来计算水平永久地面变形量 δ，单位为 m。

$$\delta = 0.75\sqrt{h} \cdot \sqrt[3]{\theta_g} \tag{6.9}$$

式中：h——液化区厚度，单位是 m；

θ_g——液化区下边界或地面的斜率两者间的大者，百分制。

上述公式并未区分自由面和倾斜面。此外，某种意义上液化区厚度是要考虑地面震动及场地土特性等参数。当地震为 7.5 级左右，震中距为 20~30km 范围内式 (6.9) 的结果较为合理。

Youd 和 Perkins 在 1987 年引入了液化强度指数 (LSI) 的概念，单位是英寸 [①]，适用于土壤条件较差、坡度较缓的侧向滑移。LSI的最大值为 100，适用于美国西部地区的公式如下：

$$\log \mathrm{LSI} = -3.49 - 1.86 \log R_d + 0.98 M_w \tag{6.10}$$

式中：R_d——震中距，单位 km，

M_w——震级。

1992 年，Bartlett 和 Youd 给出了由液化引起的侧向滑移变形量的两个计算公式。第一个公式适用于在缓坡条件下发生的侧向滑移，第二个公式适用于自由面发生的侧向滑移。

对于缓坡条件下，侧向滑移变形量的计算公式如下：

$$\begin{aligned}
\log(\delta + 0.01) = &-15.787 + 1.178M - 0.927 \log R_d - 0.013 R_d \\
&+ 0.429 \log S + 0.348 \log T_{15} \\
&+ 4.527 \log(100 - F_{15}) - 0.922 D_{50_{15}}
\end{aligned} \tag{6.11}$$

对于自由面条件，计算公式如下：

$$\log(\delta + 0.01) = -15.787 + 1.178M - 0.927 \log R_d - 0.013 R_d$$

---

①1 英寸 =0.025 米。

$$+\,0.429\log Y + 0.348\log T_{15}$$
$$+\,4.527\log(100 - F_{15}) - 0.922 D_{50_{15}} \tag{6.12}$$

式中：δ——永久水平地面位移，单位 m；

　　　M——震级；

　　　R_d——震中距，单位 km；

　　　S——地面坡度 (%)，如图 6.7 所示；

　　　Y——自由面的比率 (%)，如图 6.7 所示；

　　　T_{15}——标准贯入实验值小于 15 时饱和砂土的厚度，单位 m；

　　　F_{15}——在 T_{15} 情况下平均细粒含量 (%)；

　　　$D_{50_{15}}$——在 T_{15} 的情况下场地平均粒径，单位 mm。

　　两个方程都包含场地震动、土壤特性、场地地势的影响。当地面震动一定时，对永久地面变形量影响最大的参数是平均细粒的含量，其次是平均骨料粒径、斜坡/自由面比率。

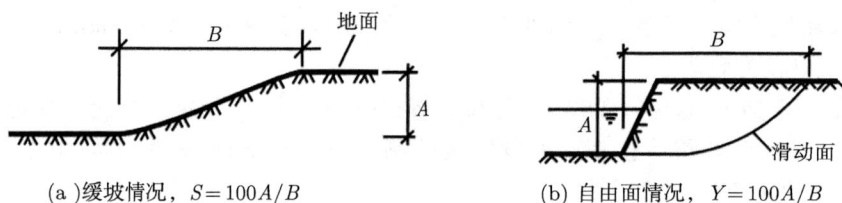

(a) 缓坡情况，$S = 100A/B$　　　　　　(b) 自由面情况，$Y = 100A/B$

图 6.7　斜坡和自由面比率的示意图

第 7 章　断层作用下埋地管道反应的数值方法分析

7.1　引　　言

随着计算机技术的发展，数值模拟分析已经成为埋地钢质管道当前研究的主要方法之一。各国学者也从数值模拟方面对跨断层埋地钢质管道的地震响应开展了相关研究，取得了许多成果。

对于数值模拟研究，模型主要可分为梁单元、壳单元和梁壳混合单元。

1. 梁单元

甘文水和侯忠良等[111]应用非线性有限元方法，将管道简化为弹性地基梁，并考虑了管道和横向土弹簧的非线性，根据虚功原理建立了管道的平衡方程，用迭代法求解管道在断层错动作用下的反应，并探讨了土弹簧刚度、管与土之间的滑移、波速等因素对管道反应的影响。

张进国和吕英民等[112]分析了地震断层错动对埋地管道的作用，根据最小势能原理，推导出在地震断层错动作用下埋地管道的有限元方程，利用该方程可计算埋地管道在地震断层错动作用下的位移、内力及应力，并提供了计算实例。

郭恩栋和冯启民[113]采用有限单元法，将管道模拟成梁单元，将管土相互作用模拟成弹簧单元，并同时考虑土弹簧单元和管道单元的非线性特征，建立在断层错动作用下管道及土弹簧系统的动力平衡方程，并用算例分析证明浅埋、选择松软的回填土等跨断层埋地钢质管道抗震措施的适用性。

Tohidi 和 Shakib 等[114]将管道模拟成梁，周围土体模拟成非线性弹簧，研究了断层三维错动对埋地管道的影响。

2. 壳单元

Takada 和 Liang 等[115]用壳模型分析管道在断层错动时的屈曲效应，结果表明，在断层错动中，管道轴向应变占主要地位；逆断层时最大应变出现在屈曲位置，总应变中塑性应变占 97%；并指出管道在跨越断层时其延性的重要性；正断层穿越角以 60° 为宜，逆断层穿越角以 45° 为宜。

冯启民和赵林[116]考虑埋地管道与土介质的相互作用，管道作为薄壳结构，管土相互作用采用弹塑性弹簧模拟，管材用三折线本构模型模拟，详细地描述了管道节点屈曲乃至失效的整个过程。研究发现，在大断层错动位移下，埋地管道反应具有明显的非线性效应, 而且断层类型、埋深以及管道参数等因素对埋地管道有重要影响, 并指出: 当管道埋深较小时, 存在明显的管土相互作用; 一般埋深情况下, 断层破碎带对管道的屈曲反应无明显影响。

刘爱文和胡聿贤等 [117] 根据跨断层埋地管道抗震实验结果, 将管道分成靠近断层的管土之间大变形段和远离断层、以轴向变形为主的管土之间小变形段, 利用非线性弹簧模拟管土之间小变形段管道的反应, 提出等效边界壳有限元模型, 减小了管道计算长度。

赵海宴和李小军等 [118] 针对活动断层两侧场地相异和两侧场地相同以及中间含有破裂带等情况建立了相应的壳有限元分析模型, 通过对比冀宁高压输气管道穿越苍尼断层和沂沭断层的不同情况, 比较了管道在断层两侧场地相异和两侧场地相同两种情况下的反应。对于断层场地相异的情况, 管道易发生较大的变形, 不宜采用现有管道抗震规范中的方法, 需建立有限元模型进行分析。虽然管道在断层两侧的变形情况不同, 但是管道在两侧的滑动长度却几乎相等。

Kuwata 和 Takada 等 [119] 使用离散单元法对断层错动作用下延性铸铁管道进行了分析, 并提出了一个容许断层错动量的评估方法。结果表明, 较小的穿越角对管道是不安全的。

李小军和侯春林等 [120] 基于壳模型, 探讨了在仅控制轴向拉伸应变值和同时控制轴向拉伸应变值与轴向压缩应变值两种管道失效控制准则下管道的失效问题, 分析了不同失效准则对管道跨断层最佳交角的影响。发现失效准则是确定最佳交角值的关键因素, 而且基于同时考虑拉伸和压缩失效的控制准则, 管道跨断层的最佳交角应在 70° 左右。

Cocchetti 和 di Prisco 等 [121,122] 基于壳模型, 分别利用大位移分析和小位移分析方法研究了管道几何尺寸的影响, 得出结论: 对于大尺寸管道, 除穿越角为接近 90° 外, 采用大位移分析和小位移分析并无明显差别; 但对于小尺寸管道差别极大。从容许断层错动量的角度来看, 小位移分析结果极为保守, 特别是在小尺寸管道时。另外, 研究还发现, 三向管土相互作用实际是耦合的。

Li 和 Hou 等 [123] 基于壳模型有限元方法与索模型解析方法的对比计算分析, 探讨了两类方法的管道轴向拉伸应变计算值差异及引起差异的主要因素, 并在管道跨断层交角较小 (小于 70°) 的情况下, 提出了基于管道埋藏土层波速值和断层错动量两个参数的改进 Newmark 方法。

Jiao 和 Shuai 等 [124] 考虑了埋深、回填土特性和管土相互作用, 使用壳有限元方法对管道进行了分析。结论表明, 在理论分析和工程设计中, 回填土的密实度不可忽略, 应力、应变和位移分布有规律, 沿管道椭圆化现象也需要加以考虑。

Vazouras 和 Karamanos 等 [125] 调查了走滑断层作用下埋地钢质管道的力学行为, 基于壳有限元模型研究了各种土体和管道参数对管壁翘曲或局部屈曲和破裂的影响，也研究了土体剪切强度、土壤刚度、断层横向错动和断层破碎带宽度的影响，得到了致使管道失效的断层错动量。

3. 梁壳混合单元

在以上研究中，所采用的数值模型大致可分为梁式模型和壳式模型。梁模型构造简单，计算时间短；壳模型与梁模型相比，能更好地分析管道局部屈曲等大变形情况。但是壳模型构造复杂，需要的计算时间比梁模型长得多，不适用于大规模工程计算。在保证精度的条件下，一些学者为减少计算时间、优化时间配置，提出了壳梁单元混合模型。

Takada 和 Hassani 等 [126] 用壳梁混合模型分析了在正、逆断层错动作用下埋地钢质管道的变形，并首次考虑了管道断面的变形；研究发现，钢管中最大应变和弯曲角对交叉角敏感。

江闽 [127] 依照对管土相互作用处理方法的不同，将跨断层埋地管道地震反应的研究方法划分为五种：①不考虑管土相互作用；②考虑管土相互作用的拟静力分析；③建立在弹性地基梁理论基础上的动力分析；④考虑管土相互作用下的平面应变动力分析模型；⑤考虑管土作用的薄壳分析模型。

Liu 和 Wang 等 [128] 采用壳梁混合单元，分析了管道最大应变和穿越角之间的关系以及材料特性和管道壁厚对管道完整性的影响。

梁壳混合模型较梁式模型和壳式模型构造更为复杂，需要考虑壳单元和梁单元之间的相容性，而且管道壳单元计算长度的确定也尚有争议，实际计算时需试算得到。刘爱文等提出了壳有限元分析的等效边界方法，减小了管道计算长度，但是在确定等效边界非线性弹簧的本构关系时没有考虑到管道钢屈服之后的强化阶段，限制了等效边界分析模型管道计算长度的进一步减小。因此，有必要建立一种单元构造简单且计算长度短的断层作用下埋地钢质管道非线性有限元模型，使其既满足精度要求，又能极大地降低时间成本，快速为工程实践决策提供依据。

7.2 有限元模型的建立

7.2.1 管壳单元简介

管壳单元是由有限元奠基人之一 Bathe[129] 在前人研究的基础上，于 1980~1983 年改进而成。该单元基于 von Karman 理论，考虑管道横截面椭圆化的影响，并在此基础上进行改进，弥补了原理论中 "横截面椭圆化沿管道轴向为常数" 的缺陷。

管壳单元是基于位移的四节点一维线性单元，如图 7.1 所示，其轴向、扭转、弯曲、椭圆化和翘曲位移沿管轴均为三次多项式，因此具有较好的兼容性。除了管

梁单元 (pipe beam element) 的六个自由度之外 (三个平动自由度和三个转动自由度), 每个节点还有六个横截面椭圆化自由度和六个翘曲自由度, 用以考虑横截面的椭圆化和翘曲。在计算应力应变时, 可以在梁式屈曲的基础上, 考虑壳体局部屈曲的影响, 相关公式详见 Bathe[129] 著作。

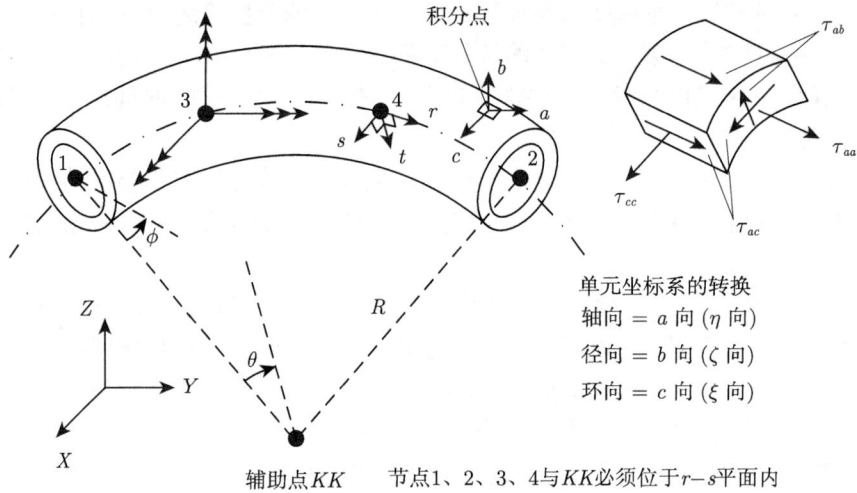

图 7.1　管壳单元示意图

除梁式应变外, 管壳单元还包含了因管道横截面椭圆化而产生的应变和因翘曲产生的应变。若模型没有横截面椭圆化和翘曲发生, 管梁单元和管壳单元的方程具有相同的应力应变计算结果, 所以这里横截面椭圆化和翘曲的影响可以看成是对管梁单元的一种附加模式, 它导致了管道弯曲刚度的下降。

管壳单元分为直管单元和弯管单元, 本节采用直管单元模拟跨断层埋地钢质管道。直管单元采用 Timoshenko 梁理论, 其中的平截面假定/决定直管单元无翘曲自由度。

由虚功原理或最小势能原理可得有限元平衡方程为

$$\boldsymbol{K}\boldsymbol{U} = \boldsymbol{R} \tag{7.1}$$

式中: $\boldsymbol{K}$——对应于各节点自由度的总刚度矩阵, $\boldsymbol{K} = \displaystyle\int_{V} \boldsymbol{B}^{\mathrm{T}}\boldsymbol{C}\boldsymbol{B}\mathrm{d}v$;

　　　$\boldsymbol{B}$——几何矩阵;

　　　$\boldsymbol{C}$——物理矩阵;

　　　$\boldsymbol{U}$——广义节点位移向量;

　　　$\boldsymbol{R}$——广义节点力向量。

直管单元几何方程为

$$
\begin{bmatrix}
\varepsilon_{\eta\eta} \\
\gamma_{\eta\xi} \\
\gamma_{\eta\zeta} \\
\varepsilon_{\xi\xi}
\end{bmatrix}
= \sum_{k=1}^{4}
\begin{bmatrix}
\boldsymbol{B}_L^k & \boldsymbol{B}_{ov1}^k & \boldsymbol{B}_{ov3}^k \\
0 & \boldsymbol{B}_{ov2}^k & \boldsymbol{B}_{ov4}^k
\end{bmatrix}
\boldsymbol{u}^k
\tag{7.2}
$$

式中：ε_{ii}——管壳单元任意一点对应正应变；

    γ_{ij}——管壳单元任意一点对应剪应变，方向见图 7.1；

    k——管壳单元节点编号。

    $\boldsymbol{B}_L^k$——k 节点的几何贡献矩阵，其中 $\boldsymbol{B}_L^k$ 为 3×6 矩阵，用来表示管梁单元

    六个自由度对应的几何贡献矩阵；$\boldsymbol{B}_{ov1}^k, \boldsymbol{B}_{ov2}^k, \boldsymbol{B}_{ov3}^k, \boldsymbol{B}_{ov4}^k$ 用来表示六

    个椭圆化自由度对应的几何贡献矩阵，$\boldsymbol{B}_{ov1}^k, \boldsymbol{B}_{ov3}^k$ 为 3×3 矩阵，$\boldsymbol{B}_{ov2}^k$,

    $\boldsymbol{B}_{ov4}^k$ 为 1×3 矩阵。

$$
\boldsymbol{u}^{k\mathrm{T}} =
\begin{bmatrix}
u_1^k & u_2^k & u_3^k & \theta_1^k & \theta_2^k & \theta_3^k & | & c_1^k & c_2^k & c_3^k & | & d_1^k & d_2^k & d_3^k
\end{bmatrix}
\tag{7.3}
$$

式中：u_i^k——k 节点的三个平动位移自由度；

    θ_i^k——k 节点的三个转动位移自由度；

    c_i^k, d_i^k——k 节点的六个椭圆化自由度。

直管单元的物理方程为

$$
\begin{bmatrix}
\sigma_{\eta\eta} \\
\tau_{\eta\xi} \\
\tau_{\eta\zeta} \\
\sigma_{\xi\xi}
\end{bmatrix}
= \frac{E}{1-\nu^2}
\begin{bmatrix}
1 & 0 & 0 & \nu \\
0 & \dfrac{1-\nu}{2} & 0 & 0 \\
0 & 0 & \dfrac{1-\nu}{2} & 0 \\
\nu & 0 & 0 & 1
\end{bmatrix}
\begin{bmatrix}
\varepsilon_{\eta\eta} \\
\gamma_{\eta\xi} \\
\gamma_{\eta\zeta} \\
\varepsilon_{\xi\xi}
\end{bmatrix}
\tag{7.4}
$$

式中：σ_{ii}——管壳单元任意一点对应的正应力；

    τ_{ij}——管壳单元任意一点对应的剪应力，方向见图 7.1；

    E——管道钢弹性模量；

    ν——泊松比。

考虑非线性时，采用增量法，基本方程详见 Bathe 原著。在非线性分析中，考虑增量步及初始位移的影响，直管单元的几何矩阵为

$$
{}_0^t \boldsymbol{B}^k |_{\mathrm{pipe}} = {}_0^t \boldsymbol{B}_L^k |_{\mathrm{pipe}} + {}_0^t \boldsymbol{B}_{NL}^k |_{\mathrm{pipe}}
$$

$$
=
\begin{bmatrix}
{}_0^t \boldsymbol{B}_L^k & \boldsymbol{B}_{ov1}^k & \boldsymbol{B}_{ov3}^k \\
0 & \boldsymbol{B}_{ov2}^k & \boldsymbol{B}_{ov4}^k
\end{bmatrix}
+
\begin{bmatrix}
{}_0^t \boldsymbol{B}_{NL}^k & 0 & 0 \\
0 & 0 & 0
\end{bmatrix}
$$

$$= \begin{bmatrix} {}_0^t\boldsymbol{B}_L^k + {}_0^t\boldsymbol{B}_{NL}^k & \boldsymbol{B}_{ov1}^k & \boldsymbol{B}_{ov3}^k \\ 0 & \boldsymbol{B}_{ov2}^k & \boldsymbol{B}_{ov4}^k \end{bmatrix} \tag{7.5}$$

式中：${}_0^t\boldsymbol{B}^k|_{\text{pipe}}$——非线性分析时，$t$ 时刻 k 节点的几何矩阵；

　　　${}_0^t\boldsymbol{B}_L^k|_{\text{pipe}}$——线性分析时，$t$ 时刻 k 节点的几何矩阵；

　　　${}_0^t\boldsymbol{B}_{NL}^k|_{\text{pipe}}$——非线性分析时，$t$ 时刻 k 节点的附加几何矩阵；

　　　${}_0^t\boldsymbol{B}_L^k$——线性分析时，k 节点管梁单元六个自由度对应的几何贡献矩阵；

　　　${}_0^t\boldsymbol{B}_{NL}^k$——非线性分析时，$k$ 节点管梁单元六个自由度对应的附加几何贡献

　　　　　矩阵。

由式 (7.5) 可见，几何非线性特性只在计算梁式应力应变时起作用。同时，管壳单元在塑性分析中采用 von Mises 屈服准则、随动强化准则和关联流动准则。

另外，由有限元基本理论可知，对于很薄的低阶单元，必须使用减缩积分，否则单元会显现过刚。但是在使用减缩积分计算低阶单元刚度矩阵时，会产生多余零能模式或极小特征值，使得求解困难，在一般分析 (尤其是非线性分析) 中，很难估计求解结果的可靠性，而管壳单元是高阶单元，不需要使用减缩积分，高阶积分可得可靠有效解。

7.2.2　非线性管壳单元有限元模型的建立

如图 7.2、图 7.3 所示，跨断层埋地钢质管道采用管壳单元模拟，单元长度为 1m。每个单元有 4 个节点，每个节点有 3 个平动自由度、3 个转动自由度和 6 个椭圆化自由度。数值积分采用 Newton-Cotes 积分，每个单元轴向 5 个积分点，径向 3 个积分点，环向 24 个积分点。

周围土体与管道之间的相互作用采用理想弹塑性土弹簧模拟，在每个单元的两端都有轴向、水平横向和垂直向的土弹簧相连，见图 7.2。

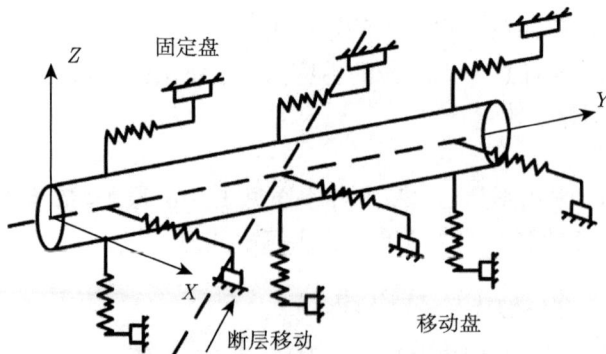

图 7.2　跨断层埋地管道非线性管壳单元有限元模型示意图

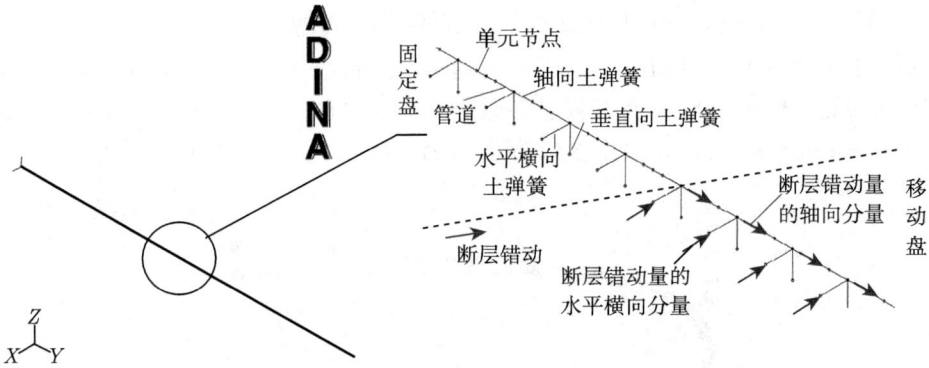

图 7.3 ADINA 有限元模型中断层位移的施加方式

固定盘一侧管道端点完全固定，移动盘一侧管道端点除需施加断层位移的自由度方向外，其余全部固定。断层错动位移施加于移动盘土弹簧端点，见图 7.3。

1. **管材本构模型**

管道的极限状态分析必须考虑管材的非线性塑性特性。本节选取了 SY/T 0450—2004《输油（气）钢质管道抗震设计规范》中规定的管道钢三折线模型和 IITK-GSDMA *Guidelines for seismic design of buried pipelines: provisions with commentary and explanatory examples* 中规定的管道钢 Ramberg-Osgood 模型两种非线性应力–应变关系。

1)管道钢三折线模型

管道钢三折线模型如图 7.4 所示，σ_1, ε_1 分别为管道钢材料塑性变形开始点的应力和应变；σ_2, ε_2 分别为管道钢材料应力–应变简化折线中弹塑性区与塑性区交点处的应力和应变值；E_1, E_2 分别为管道钢材料应力–应变简化折线中线弹性区和弹塑性区的切线模量。

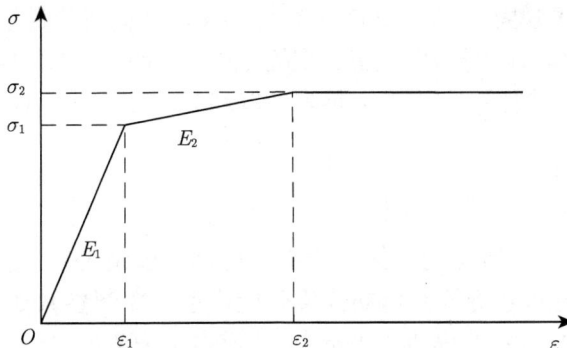

图 7.4 管道钢的三折线模型示意图

2)管道钢 Ramberg-Osgood 模型与三折线模型比较

管道钢 Ramberg-Osgood 模型的应力–应变关系参考 2.4.1 节。

图 7.5 中展示了 API SPEC 5L X60 管道钢的三折线模型和 Ramberg-Osgood 模型的应力–应变关系曲线,三折线模型参数为 $\sigma_1=465\text{MPa}$,$\varepsilon_1=0.0024$,$\sigma_2=516\text{MPa}$,$\varepsilon_2=0.04$;Ramberg-Osgood 模型参数为 $E_0=210\text{GPa}$,$\sigma_y=413\text{MPa}$,$n=10$,$r=12$。

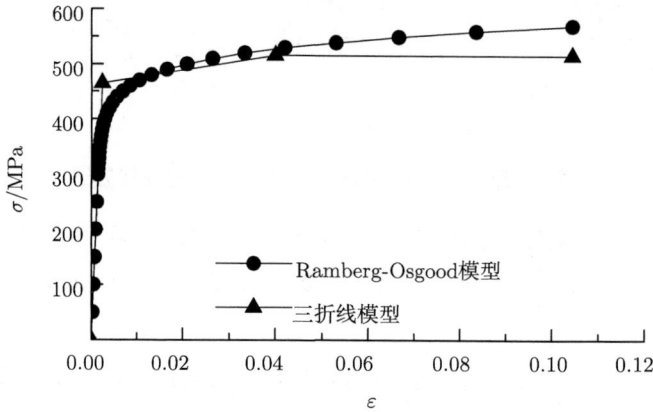

图 7.5 API SPEC 5L X60 管道钢本构曲线

2. 管土相互作用模型选取

本节采用美国生命线联盟 (ALA-ASCE) 编订的《埋地钢质管道设计手册》中推荐的理想弹塑性土弹簧模型模拟非线性管土相互作用,参考 2.3.1 节。

7.2.3 有限元模型的验证

为了验证利用管壳单元非线性有限元模型进行断层作用下埋地钢质管道数值分析的准确性,本节分别建立了与亚伯达大学 Nader 博士论文第四章的数值模型 [130]、美国生命线联盟 (ALA-ASCE) 编订的《埋地钢质管道设计手册》中 8.3 的实例 [131] 以及中国地震局地球物理研究所侯春林硕士论文中第二章的数值模型 [132] 相同的有限元模型,并将本书模型计算结果与上述三个模型计算结果分别进行比较。

1. 亚伯达大学 Nader 博士论文

亚伯达大学 Nader 博士论文第四章中采用埋地管道分析 (analysis of buried pipeline, ABP) 有限元分析软件建立数值分析模型,算例参数如下:管道长度为 167.6m;外径为 324mm;壁厚为 6.27mm;管道内压为 6.895MPa;管道中心 50m 范围内发生沉降,沉降量为 1.016m;管道钢选用 API SPEC 5L X52;土弹簧的参数见表 7.1。对比计算结果见图 7.6、图 7.7，可见两种模型的计算结果基本一致。

表 7.1 亚伯达大学 Nader 博士论文土弹簧参数

土弹簧参数	屈服力/(N·m^{-1})	屈服位移/m
轴向土弹簧	4.3799×10^4	6.35×10^{-3}
垂直隆起土弹簧	8.7598×10^4	3×10^{-1}
垂直支撑土弹簧	1.7520×10^5	3×10^{-2}

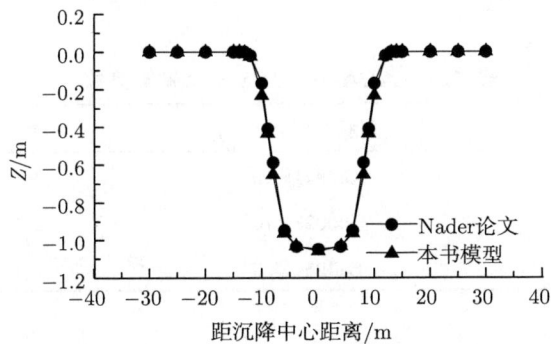

图 7.6 管道沉降位移沿管轴的分布

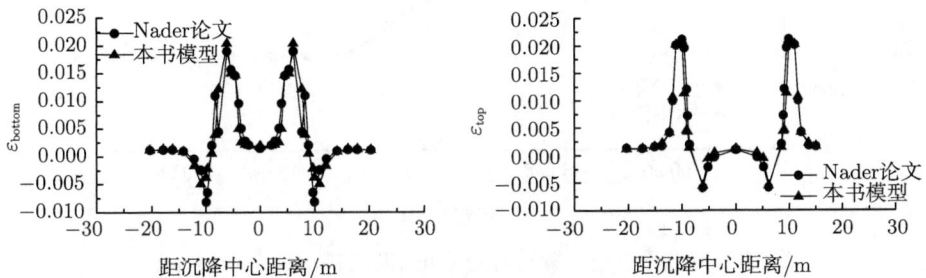

图 7.7 管道底部和顶部轴向应变

需要指出的是，亚伯达大学 Nader 博士论文中的数值模拟是针对不均匀沉降的，其与断层错动在力学本质上非常相似，区别仅在于沉降是有限长段错动，而断层错动是半无限长段错动，这点区别不影响验证本书模型的准确性。

2. ALA-ASCE 8.3

美国生命线联盟 (ALA-ASCE) 编订的《埋地钢质管道设计手册》8.3 中采用 PIPLIN 有限元分析软件建立数值分析模型，算例参数见表 7.2；土弹簧参数见表 7.3。对比计算结果见图 7.8～图 7.11，可见两种模型的计算结果吻合非常好。

表 7.2　ALA-ASCE8.3 模型基本参数

参数	值	参数	值
管道外径	1.2192 m	管内温度	57.2222 ℃
管道壁厚	11.9126 mm	管道材料	API SEPC 5L X65
管道计算长度	274.32 m	钢材密度	7762.5366 kg/m³
埋深 (地面至管道中轴线的距离)	0.9144 m	油密度	900 kg/m³
土体密度	1601.8733 kg/m³	断层错动量	0.762 m
土体内摩擦角	35°	断层错动量步长	0.0254 m
管道内压	6.895 MPa	穿越角	90°

表 7.3　ALA-ASCE8.3 土弹簧参数

土弹簧参数	屈服力/(N·m^{-1})	屈服位移/m
轴向土弹簧	5.2941×10^4	2.54×10^{-3}
垂直隆起土弹簧	2.9023×10^4	2.286×10^{-2}
垂直支撑土弹簧	1.4934×10^6	1.524×10^{-1}

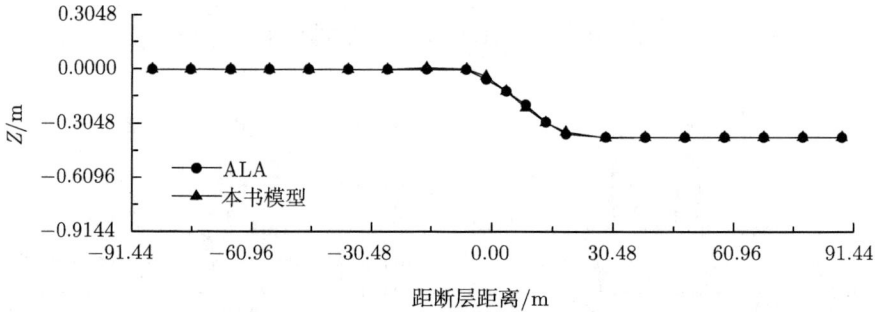

图 7.8　管道垂直向位置沿管轴分布 (断层错动量为 0.381m)

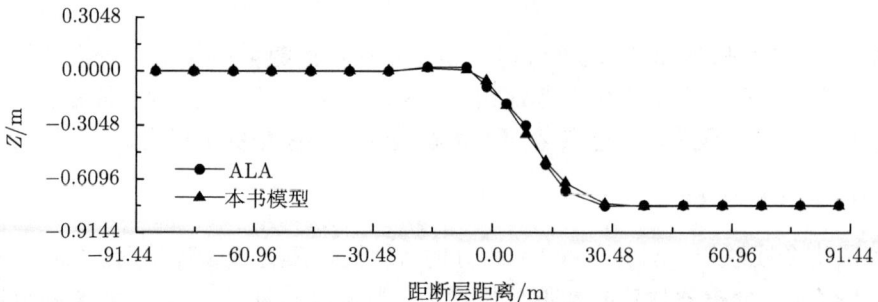

图 7.9　管道垂直向位置沿管轴分布 (断层错动量为 0.762m)

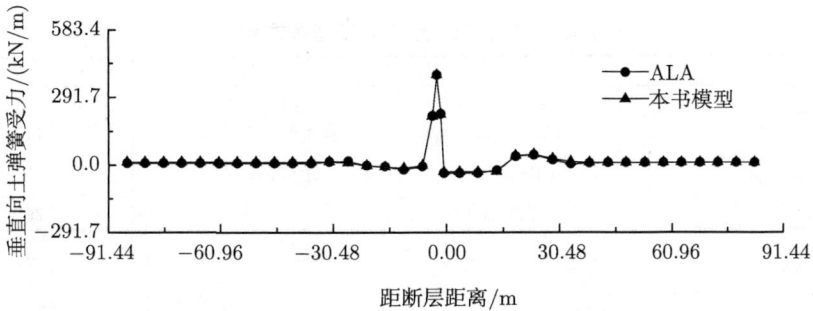

图 7.10 垂直向土弹簧受力沿管轴分布 (断层错动量为 0.381m)

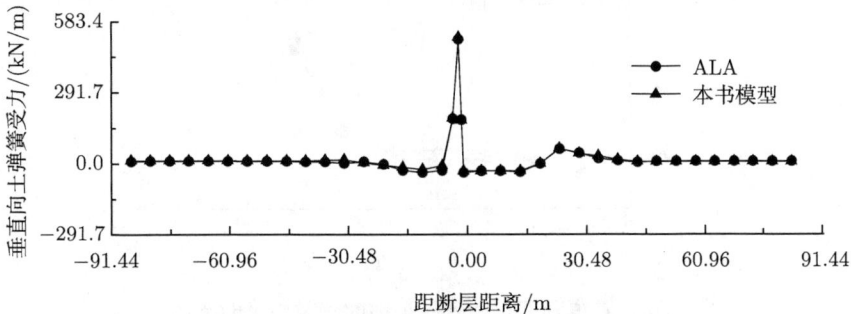

图 7.11 垂直向土弹簧受力沿管轴分布 (断层错动量为 0.762m)

3. 中国地震局地球物理研究所侯春林硕士论文

侯春林硕士论文第二章基于 ANSYS 有限元分析软件,采用刘爱文等提出的等效边界壳有限元模型建立数值分析模型,见图 7.12。管道钢选用 API SPEC5LX60,其他参数见表 7.4。对比计算结果见表 7.4,可见两种模型的计算结果基本一致。

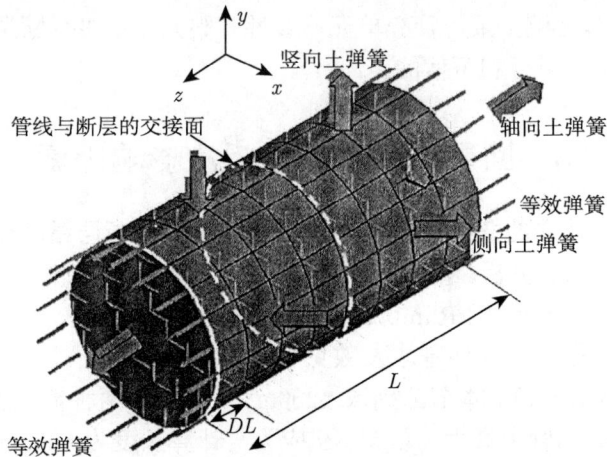

图 7.12 侯春林硕士论文中的有限元模型

表 7.4   侯春林硕士论文模型基本参数

参数	值	参数	值
管道外径	0.6 m	土体内摩擦角	33°
管道壁厚	11.5mm	管土间摩擦系数	0.65
管道埋深(地面至管道中轴线的距离)	1.08 m	断层错动量	4 m
土体容重	16.7 kN/m³	穿越角	70°

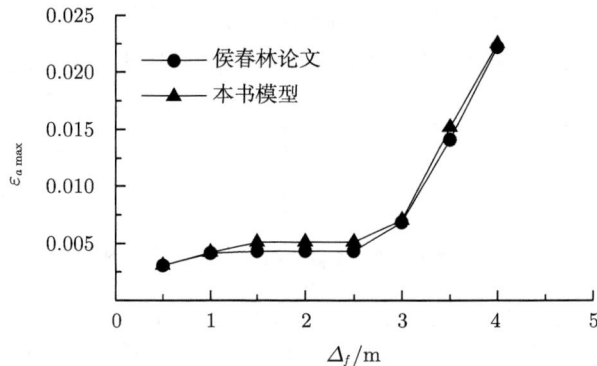

图 7.13   管道轴向拉应变峰值随断层错动量的变化

4. 小结

由图 7.13 可见，本章采用的管壳单元有限元计算结果与壳单元计算结果吻合较好，这表明了管壳单元具有"机时短、精度高"的优越性。

由图 7.6～图 7.13 可以看出，本节基于 ADINA 采用管壳单元非线性有限元模型进行数值分析的结果与上述国内外学者和机构基于 ABP、PIPLIN 和 ANSYS 的研究结果吻合较好。因此，采用管壳单元非线性有限元模型进行断层作用下埋地钢质管道的数值模拟是可行和可信的。

7.3   断层作用下管道反应影响因素

本节采用上述建立的非线性管壳单元有限元模型对断层错动作用下埋地钢质管道响应进行影响因素分析。基本算例参数中，断层类别为走滑断层；管材模型选用 API SPEC 5L X60 管道钢 Ramberg-Osgood 模型，参数见表 7.5；场地土采用均一松砂土，参数见表 7.6；其他基本参数见表 7.7。

关于管道的计算长度，本节分别取 1200m 和 6000m 两种情况进行试算，发现计算长度为 1200m 的管道最大 von Mises 应力与计算长度为 6000m 时的结果相差仅有 0.91%，考虑计算效率，取管道计算长度为 1200m。

表 7.5 API SPEC 5L X60 管道钢 Ramberg-Osgood 模型参数

参数	值	参数	值
初始弹性模量 E_0	210GPa	模型参数 n	10
屈服应力 σ_y	413MPa	模型参数 r	12

表 7.6 松砂土参数

参数	值	参数	值
容重 γ	16.7kN/m³	内聚力 c	0Pa
内摩擦角 ϕ	33°	摩擦系数 μ	0.65

表 7.7 模型基本参数

参数	值	参数	值
管道外径 D	0.4m	钢材密度 ρ	7850 kg/m³
管道壁厚 t	0.01m	断层错动量 Δ_f	3m
管道计算长度 L_{cal}	1200m	断层错动量步长	0.1m
管道埋深 H (地面至管道中轴线的距离)	1m	穿越角 β	70°

7.3.1 断层错动量的影响

针对断层错动量的影响,分别选取了 0.3m, 0.6m, 0.9m, 1.2m, 1.5m, 1.8m, 2.1m, 2.4m, 2.7m 和 3.0m 十种断层错动量进行比较计算。计算结果见图 7.14～图 7.16。

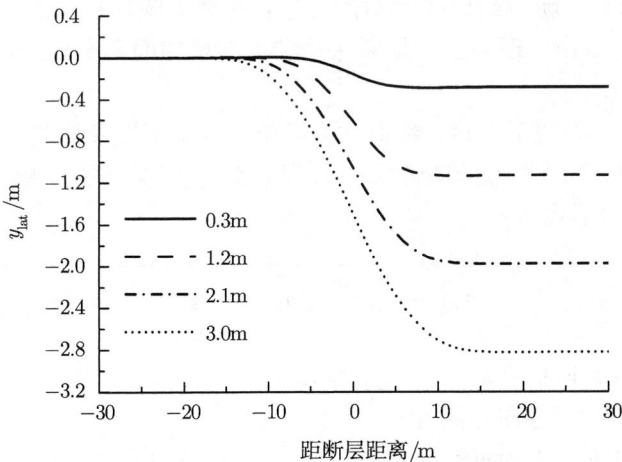

图 7.14 管道水平横向位移随断层错动量的变化

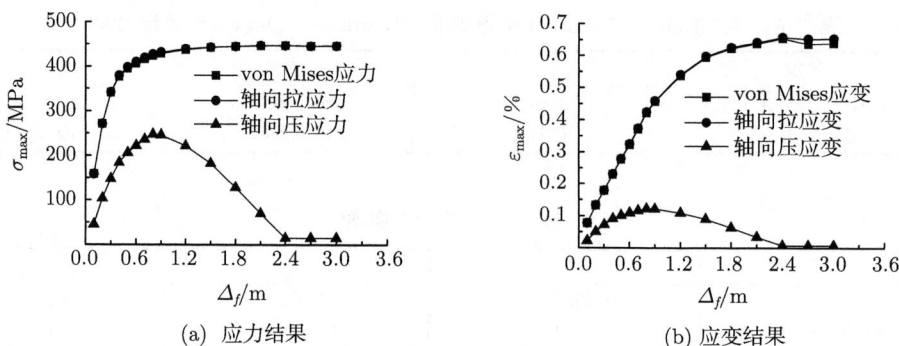

(a) 应力结果　　　　　　　　　　　　(b) 应变结果

图 7.15　管道应力应变峰值随断层错动量的变化

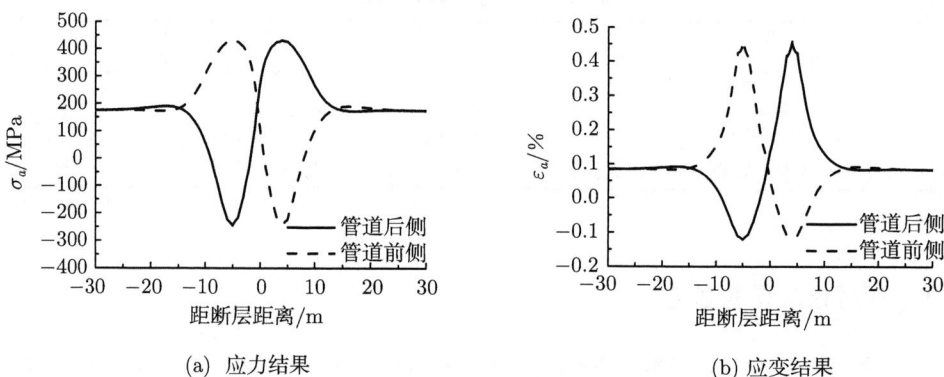

(a) 应力结果　　　　　　　　　　　　(b) 应变结果

图 7.16　管道轴向应力应变沿管轴分布

如图 7.14 所示，随着断层错动量的增加，管道的横向位移逐渐增加，管道的变形也逐渐增大；且由于横向土体随断层错动量的增加而逐渐屈服，管道的变形区域沿轴向逐渐扩大。

在图 7.15 中，为便于表达，将原本为负值、位于第四象限的管道轴向压应力最大值和轴向压应变最大值的图像绕 x 轴翻转到第一象限中。图中 von Mises 应力按直角坐标系如下式所示：

$$\sigma_{eq} = \sqrt{\frac{1}{2}\left((\sigma_{xx}-\sigma_{yy})^2 + (\sigma_{xx}-\sigma_{zz})^2 + (\sigma_{yy}-\sigma_{zz})^2 + 6\left(\tau_{xy}^2 + \tau_{xz}^2 + \tau_{yz}^2\right)\right)} \quad (7.6)$$

式中：σ_{eq}——von Mises 应力；

　　　σ_{ii}——正应力，方向见图 7.1；

　　　τ_{ij}——剪应力，方向见图 7.1。

von Mises 应变通过将 von Mises 应力代入管道钢 Ramberg-Osgood 本构模型得到。

由图 7.15 可见，管道 von Mises 应力 (变) 最大值与轴向拉应力 (变) 最大值非常接近，故在后面的影响因素分析中只采用轴向拉应力 (变) 最大值进行分析。管道的轴向压应力 (变) 最大值随断层错动量的增加，先增加后减小，且在管道发生屈服 (断层错动量在 0.75m 附近) 时达到最大值；在断层错动量达到 2.4m 之后，管道的轴向压应力 (变) 最大值保持不变且相对较小。经查发现，该值出现在管道轴向末端固定边界处，如排除约束边界的影响，全管轴向均为拉应变。综上，本书认为穿越角为 70° 时，走滑断层作用下埋地管道破坏的主要方式是受拉破坏，故在以下的分析中选取轴向拉应力 (变) 进行分析。

图 7.16 为断层错动量 0.9m 时，管道前侧、后侧轴向应力应变沿管长的分布情况。管道前侧、后侧的定义如图 7.17 所示，图中方向的定义与图 7.2 一致。

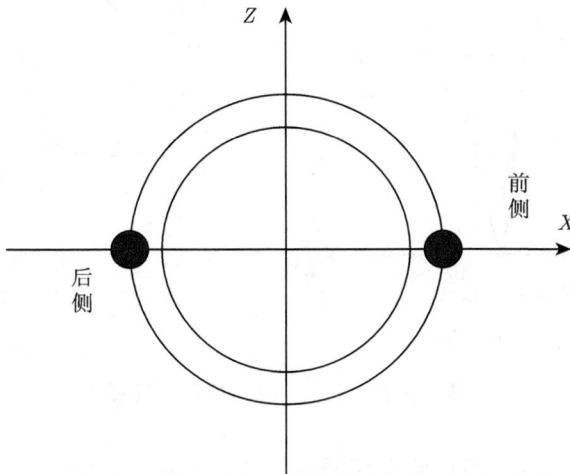

图 7.17 管道横截面

由图 7.16 可以看出，走滑断层作用下埋地管道前后侧的应力应变呈对称形式，且在忽略断层破碎带宽度的情况下，管道的轴向应力和应变最大值发生在断层附近 10m 之内，而不是在管道与断层的交叉点处。

7.3.2 几何非线性特征的影响

埋地管道作为一种细长型结构，在走滑断层作用下，将会在管道与断层交叉点附近产生较大的位移和形变，这时必须考虑变形对平衡的影响，即平衡条件应建立在变形之后的结构上，同时应变表达式也应包括位移的二次项。此时，平衡方程和几何关系将都是非线性的。这种由于大位移引起的非线性问题属于几何非线性问题。以下将考虑几何非线性和不考虑几何非线性的结果进行了比较，见图 7.18 和图 7.19。

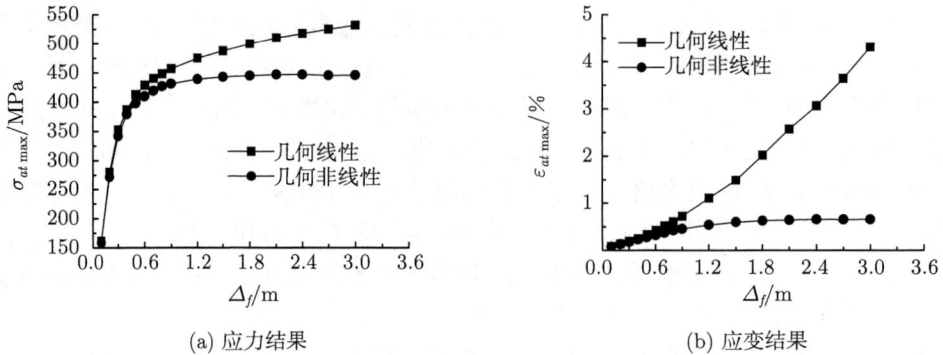

(a) 应力结果　　　　　　　　　　　　(b) 应变结果

图 7.18　管道轴向拉应力应变峰值随断层错动量的变化

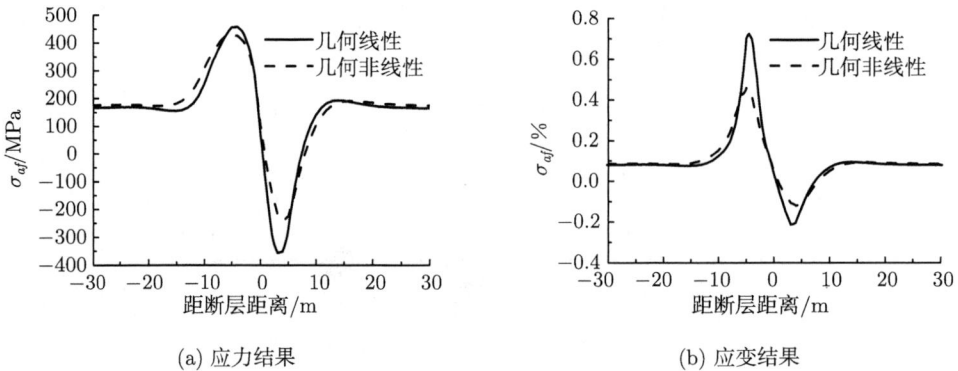

(a) 应力结果　　　　　　　　　　　　(b) 应变结果

图 7.19　管道前侧轴向应力应变 (断层错动量为 0.9m)

　　由图 7.18 可以看出，断层错动量较小，管道的应力反应没有超过屈服应力时，几何非线性对管道应力反应的影响不大；但随着断层错动量的增加，不考虑几何非线性时管道的应力反应在超过屈服应力后增加较为迅速，而考虑几何非线性时的管道应力在达到屈服应力后增长趋于平缓。相似的，在断层错动量较小时，几何非线性对管道的应变反应影响相对较小，而随着断层错动量的增加，不考虑几何非线性时管道的应变远大于考虑几何非线性的情况。

　　在考虑几何非线性的条件下，管道的受力分析以管道变形后的几何状态为基础，管道和上覆土体的自重将在管道中引起轴向拉力，同时断层两盘之间的错动也会产生轴向力，由于几何刚度效应主要与管道受到的轴向力有关，轴向拉力越大，几何刚度也越大。断层错动量较小时，在管道屈服之前，几何刚度效应不明显，考虑几何非线性与不考虑几何非线性相差不大；断层错动量较大时，在管道屈服之后，几何刚度效应明显，相对于不考虑几何非线性而言，考虑几何非线性时管道变形较为平缓，这一点也被图 7.19 所证实。由图 7.19 可以看出，在断层错动量为

0.9m 时，管道已屈服，相对于不考虑几何非线性而言，考虑几何非线性时，管道的轴向应力 (变) 最大值距断层与管道的交叉点远，反应也趋于平缓。

　　但是需要指出的是，当断层错动量足够大时，即使考虑几何非线性，管道也会产生较大的塑性变形。综上所述，在进行走滑断层作用下埋地管道的数值模拟时，不考虑几何非线性就不能正确描述此类问题。

7.3.3　管材本构模型的影响

　　针对不同的材料模型，分别选取了 0.1m，0.2m，0.3m，0.4m，0.5m，0.6m，0.7m，0.8m，0.9m，1.2m，1.5m，1.8m，2.1m，2.4m，2.7m 和 3.0m 十六种断层错动量进行了比较计算。计算中考虑几何非线性的影响，得到的结果以轴向拉应力和拉应变的形式给出。采用不同管材模型时管道轴向拉应力和拉应变峰值随断层错动量的变化见图 7.20；断层错动量为 0.9m 时，管道前侧轴向应力应变结果见图 7.21。

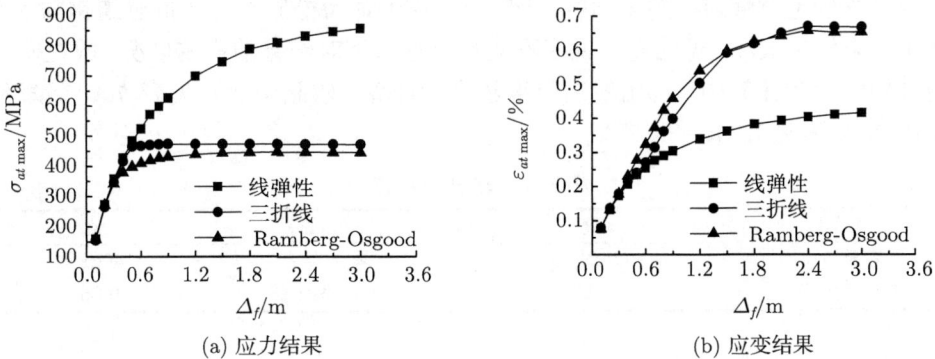

图 7.20　管道轴向拉应力应变峰值随断层错动量的变化

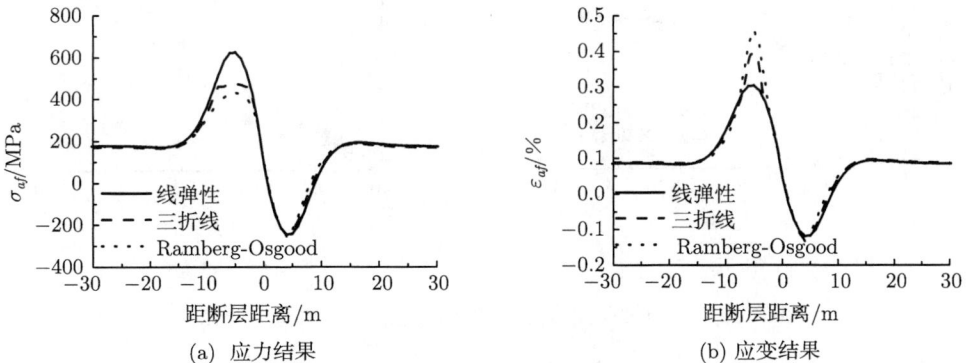

图 7.21　管道前侧轴向应力应变 (断层错动量为 0.9m)

　　由图 7.20(a) 可以看出，当管道考虑为线弹性材料时，随着断层错动量的增加，其应力反应将远超过管道的屈服强度；而考虑管道为非线性材料的情况下，管道达到屈服应力后，其应力反应均趋于平缓。图中造成三折线模型和 Ramberg-Osgood 模型平缓区域有一定偏差的原因是采用的规范不同，各自规定的 X60 管道钢本构曲线参数不同所致。三折线模型参数来自中国规范；Ramberg-Osgood 模型参数来自印度规范。

由图 7.20(b) 可以看出，当管道考虑为线弹性材料时，随着断层错动量的增加，其应变反应增长较为缓慢；而考虑管道为非线性材料的情况下，管道达到屈服应力后，其应变反应迅速增大。

由图 7.21 可知，不同的管材模型对轴向应力和应变最大值的位置无明显影响。

综上所述，管道模型的非线性特性对应力应变结果有较大的影响，应基于管道的非线性本构模型开展断层作用下的管道反应计算。

7.3.4　管材类别的影响

由于松砂土对管道的约束强度不够，所以在土体为松砂土时 X60 管道钢与 X70 管道钢均未发生破坏，无法充分说明不同种类管道钢对结果的影响情况，故在研究管材类别的比较计算中，选用软黏土重新进行计算。软黏土参数见表 7.8，计算结果见图 7.22 和图 7.23。

表 7.8　软黏土参数

参数	值	参数	值
容重 γ	19.5kN/m^3	内聚力 c	40kPa
内摩擦角 ϕ	20°	摩擦系数 μ	0.364

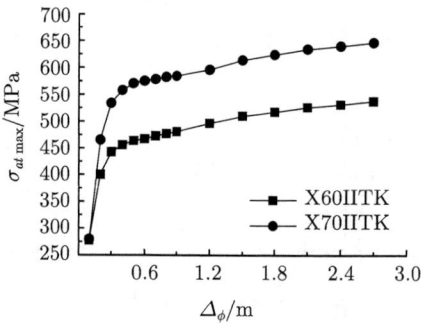

(a) 应力结果

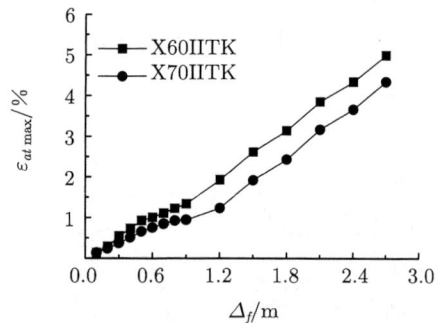

(b) 应变结果

图 7.22　管道轴向拉应力应变峰值随断层错动量的变化

由我国《输油 (气) 钢质管道抗震设计规范》(SY/T0450—2004) 可知，X60 管道钢的极限拉应变为 0.04；X70 管道钢的极限拉应变为 0.03。从图 7.22 (b) 可以看出，随着断层错动量的增加，X70 管道钢率先达到极限拉应变，管道发生破坏，这是因为较之 X60 管道钢，X70 管道钢更加硬脆，延性更差。在实际施工中，为保证管道钢具有良好的延性, 应选用较低钢号的管道钢。但是需要指出的是, 低钢号管道钢的屈服强度也较低 (图 7.22(a)), 为防止走滑断层作用下埋地管道的受压破坏, 管道钢的钢号也不宜过低。因此, 在选用管道钢时, 需综合考虑屈服强度和延性。

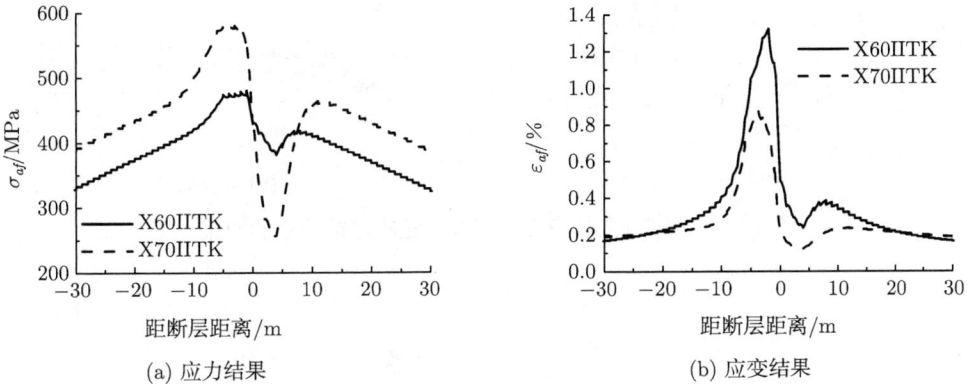

(a) 应力结果

(b) 应变结果

图 7.23　管道前侧轴向应力应变 (断层错动量为 0.9m)

7.3.5　场地土均一程度的影响

在场地土均一的情况下, 走滑断层作用下的埋地管道在水平方向上是对称的, 因此采用单盘错动或两盘对称错动来模拟场地土均一走滑断层作用下埋地管道的反应, 其结果是相同的。但是, 在实际情况中, 沿埋地管道轴向的走滑断层两侧的场地土多数情况下是非均一的, 因此有必要研究场地土非均一性对走滑断层作用下埋地管道响应的影响。在场地土非均一的情况下, 水平方向上的对称性便不再满足。

本节以左旋走滑断层为例, 采用如下四种工况进行比较计算: 工况一, 表示场地土均一为松砂土; 工况二, 表示移动盘一侧为松砂土, 固定盘一侧为软黏土; 工况三, 表示移动盘一侧为软黏土, 固定盘一侧为松砂土; 工况四, 表示场地土均一为软黏土。结果见图 7.24 和图 7.25。

如图 7.24 所示, 当场地土非均一时, 管道的轴向拉应力和轴向拉应变峰值介于场地土为松砂土和场地土为软黏土之间; 且移动盘一侧是松砂土还是软黏土对应力应变结果影响不大。

如图 7.25 所示, 当场地土非均一时, 管道首次发生破坏的位置到断层与管道交叉点的距离介于场地土为松砂土和场地土为软黏土之间, 且均发生在软黏土一侧, 与移动盘一侧是松砂土还是软黏土关系不大。这是因为软黏土对管道的约束强度要明显大于松砂土对管道的约束强度, 与上述分析一致。

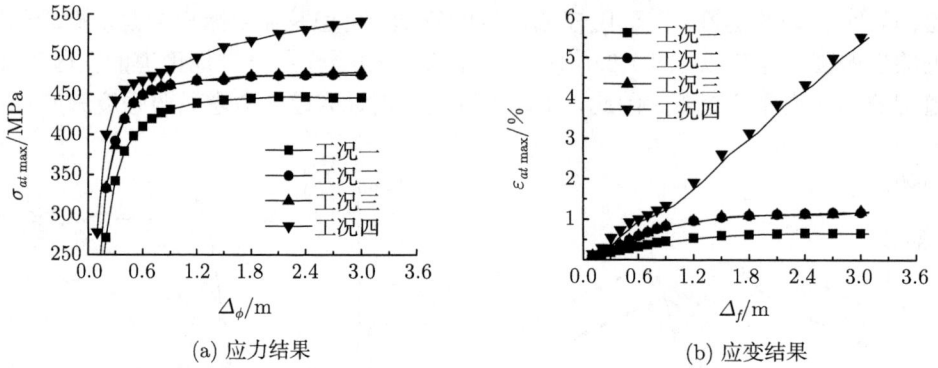

(a) 应力结果　　　　　　　　　　　　(b) 应变结果

图 7.24　管道轴向拉应力应变峰值随断层错动量的变化

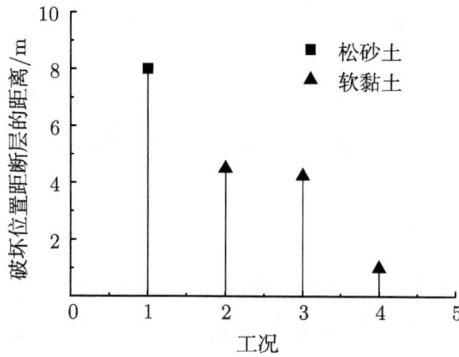

图 7.25　管道破坏位置

7.3.6　管道外径的影响

本节分别选取了 0.4m, 0.6m, 0.8m 和 1.0m 四个管道外径进行反应分析, 结果见图 7.26~图 7.28。

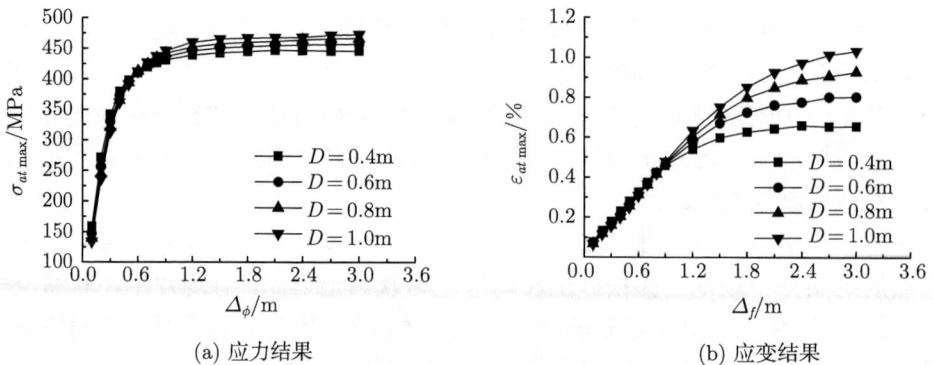

(a) 应力结果　　　　　　　　　　　　(b) 应变结果

图 7.26　管道轴向拉应力应变峰值随断层错动量的变化

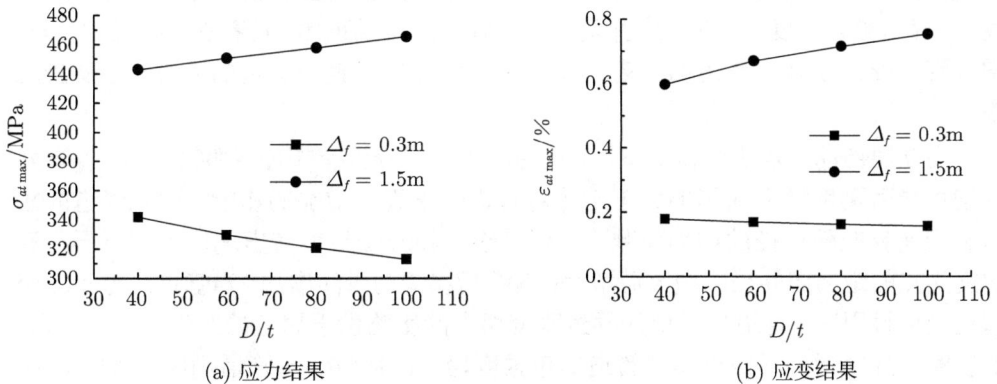

(a) 应力结果   (b) 应变结果

图 7.27 管道轴向拉应力应变峰值随外径的变化

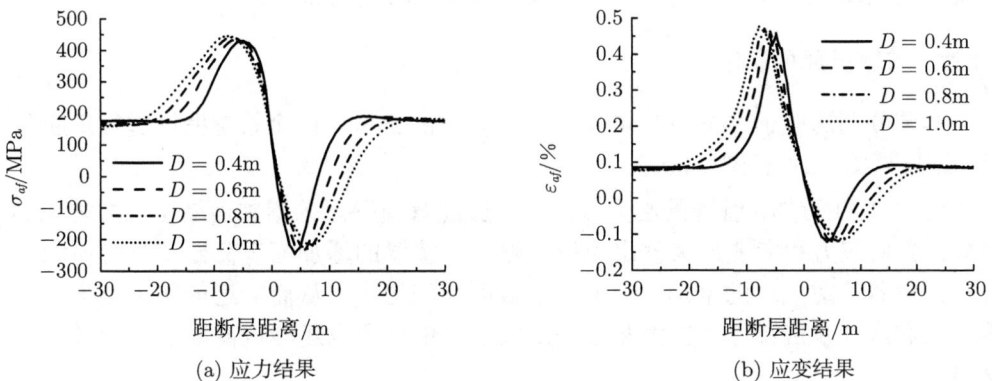

(a) 应力结果   (b) 应变结果

图 7.28 管道前侧轴向应力应变

由图 7.26 (a) 和图 7.27 (a) 可以看出，在断层错动量较小的情况下，管道的应力反应没有超过屈服应力时，其应力反应随外径的增大而减小；随着断层错动量的增加，在应力反应超过屈服应力后，管道的应力反应随外径的增大而增大。

由图 7.26 (b) 和图 7.27 (b) 可以看出，在断层错动量较小的情况下，管道的应变反应没有超过屈服应变时，其应变反应随外径的增大而减小，但相对而言减小得较为缓慢；随着断层错动量的增加，在应变反应超过屈服应变后，管道的应变反应随外径的增大而增大，且相对而言增大得较为迅速。

由图 7.28 可以看出，在断层错动量为 0.9m 时，管道应力和应变最大值出现位置到断层与管道交叉点的距离随外径的增大而增大。

一方面，管道外径的增加，增大了管道横截面的惯性矩，从而使管道的刚度增大，管道的应力和应变反应减小，管道应力和应变最大值出现位置到断层与管道交叉点的距离增大；另一方面，管道外径的增加也增强了土体对管道的约束强度 (当管道单元长度一定时，土弹簧刚度与管道外径成正比，随着管道外径由 0.4m 增大到 1.0m，土体对管道的约束强度增加了 57.9%)，使得管道的应力和应变反应增大。

在断层错动量较小的情况下，管道的应力和应变没有超过屈服极限时，管道外径增加导致刚度增大的影响大于土体对管道约束强度增加的影响，因此管道的应力和应变反应随外径的增加而减小，管道应力和应变最大值出现位置到断层与管道交叉点的距离随外径的增大而增大；随着断层错动量的增加，当管道应力和应变超过屈服极限时，管道外径增加导致刚度增大的影响由于屈服的发生而大大削弱，所以管道外径增加导致土体对管道约束强度增大的影响大于管道刚度增大的影响，因此管道的应力和应变反应随外径的增加而增大，由于管道应力和应变最大值出现位置始终是首先发生屈服的位置，所以与管道屈服前相同，管道应力应变最大值出现位置到断层与管道交叉点的距离依然随外径的增大而增大。

7.3.7　管道壁厚的影响

本节分别选取了 7.5mm，10mm，12.5mm 和 15mm 四个管道壁厚进行反应分析，结果见图 7.29 和图 7.30。

由图 7.29 可知，管道的应力和应变反应随管道壁厚的增加而减小。由图 7.30 可知，管道应力和应变最大值出现位置随管道壁厚的增加而远离断层与管道的交叉点。随着管道壁厚的增加，管道的横截面面积增大，从而管道的刚度增大，使得应力和应变反应减小，应力和应变最大值出现位置也逐渐远离断层与管道的交叉点。

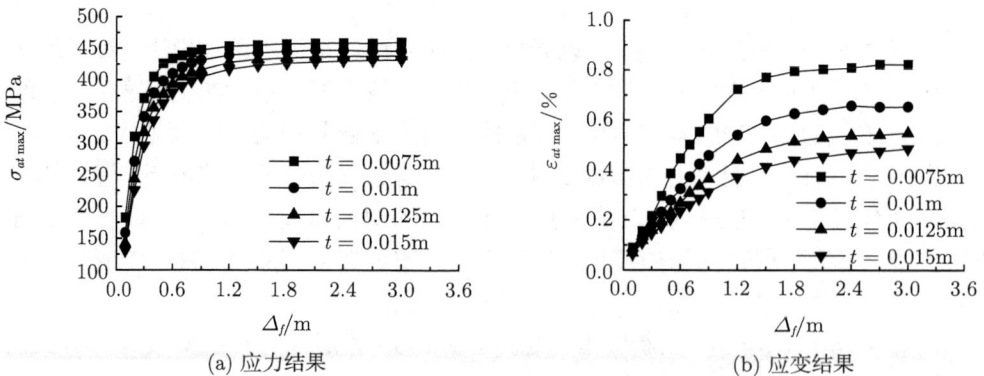

(a) 应力结果　　　　　　　　　　　　(b) 应变结果

图 7.29　管道轴向拉应力应变峰值随壁厚的变化

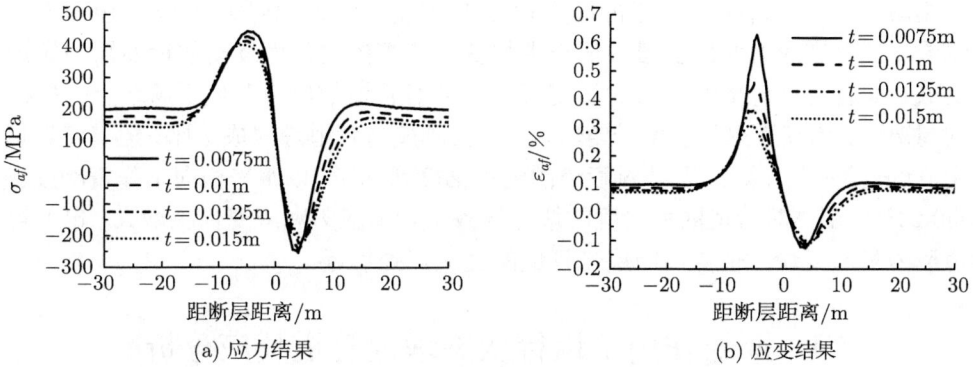

(a) 应力结果　　　　　　　　　　(b) 应变结果

图 7.30　管道前侧轴向应力应变

7.3.8　管道埋深的影响

本节分别选取了 0.6m，0.8m，1.0m 和 1.2m 四个埋深 (这里的埋深是指地面至管道中轴线的距离) 进行反应分析，结果见图 7.31 和图 7.32。

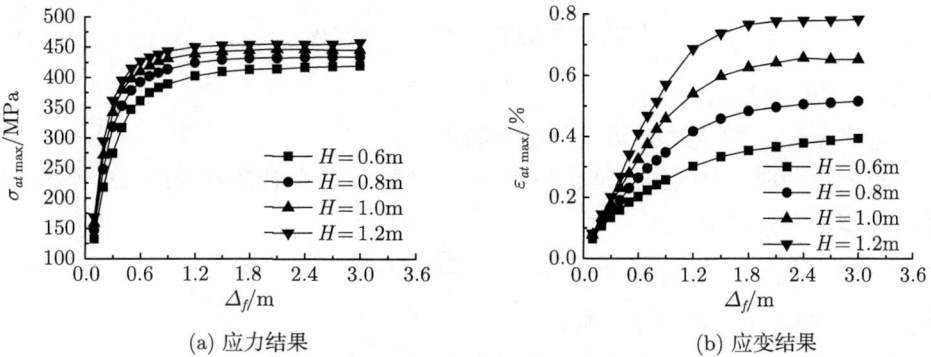

(a) 应力结果　　　　　　　　　　(b) 应变结果

图 7.31　管道轴向拉应力应变峰值随埋深的变化

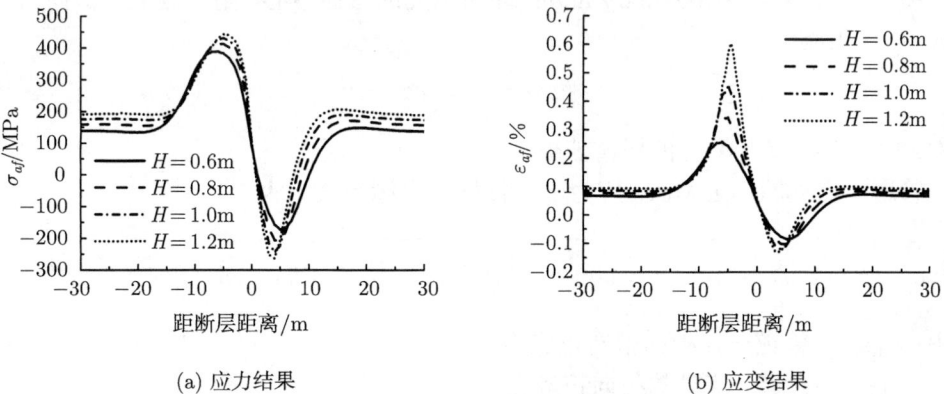

(a) 应力结果　　　　　　　　　　(b) 应变结果

图 7.32　管道前侧轴向应力应变

　　由图 7.31 可以看出，管道的应力和应变反应随埋深的增加而增大；由图 7.32 可以看出，管道应力和应变最大值出现位置随埋深的增加而逐渐靠近断层与管道的交叉点。管道埋深的增加极大地增强了土体对管道的约束强度。场地土为松砂土的情况下，当管道单元长度一定时，土弹簧刚度与管道埋深成正比。随着管道埋深由 0.6m 增加到 1.2m，土体对管道的约束强度增加了 (以水平横向土弹簧刚度计算)40.22%。土体对管道约束强度的增加导致了管道应力和应变反应增大，也使得管道应力和应变最大值点向断层与管道的交叉点处靠近。

7.4　断层作用下运行状态埋地管道反应分析

7.4.1　管壳单元对内压和温差的考虑

　　内压对管壳单元的作用主要通过在单元节点上施加轴向力和横向力实现。管壳单元在承受内压作用时，将会在单元两端的节点上产生轴向力 $F_{a1}^{(p)}$ 和 $F_{a2}^{(p)}$ (图 7.33)，其方向沿单元轴线方向，大小按式 (7.7) 计算：

$$F_{a1}^{(p)} = \pi a_i^2 p_1, \quad F_{a2}^{(p)} = \pi a_i^2 p_2 \tag{7.7}$$

式中：a_i——管壳单元内半径；

　　　p_1 和 p_2——管壳单元两端节点处的内压。

　　当单元弯曲时，内压会在单元截面上产生横向力，单位轴线长度 $\mathrm{d}L$ 上的横向力 $\mathrm{d}F_T$ 按式 (7.8) 计算：

$$\mathrm{d}F_T = -\frac{\pi a_i^2}{R} ps\mathrm{d}L \tag{7.8}$$

式中：R——管壳单元的曲率半径；

　　　s——指向管壳单元弯曲中心的单位向量。

　　图 7.33 中辅助点 (auxiliary node) 即为单元的弯曲中心，则节点上的横向力可由式 (7.9) 得到

$$F_k = \int_L h_k \mathrm{d}F_T \tag{7.9}$$

式中：h_k——在节点 k 上的插值函数。

　　管道一点处的 von Mises 应力 σ_{eq} 按柱状坐标系表示为

$$\sigma_{eq} = \sqrt{\frac{1}{2}\left[(\sigma_{aa} - \sigma_{bb})^2 + (\sigma_{aa} - \sigma_{cc})^2 + (\sigma_{bb} - \sigma_{cc})^2 + 6\left(\tau_{ab}^2 + \tau_{ac}^2 + \tau_{bc}^2\right)\right]} \tag{7.10}$$

式中：σ_{aa}——管道一点处的轴向正应力；

　　　σ_{bb}——管道一点处的径向正应力；

　　　σ_{cc}——管道一点处的环向正应力；

$\tau_{ab}, \tau_{ac}, \tau_{bc}$——相应剪应力，方向如图 7.1 所示。

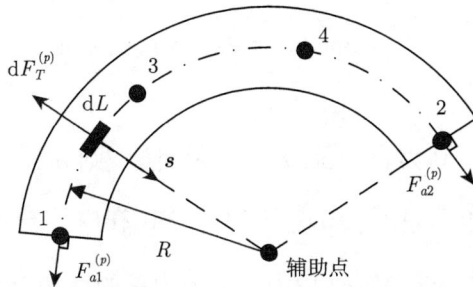

图 7.33 内压在管壳单元中引起的轴向和横向力

由管壳单元基本理论可知：

$$\sigma_{bb} = 0, \quad \tau_{bc} = 0 \tag{7.11}$$

$$\sigma_{cc} = \sigma_{cc}^{(p)} + \sigma_{cc}^{(\text{ovalization,warping})} + \sigma_{cc}^{(\nu)} \tag{7.12}$$

$$\sigma_{cc}^{(p)} = \frac{pa}{t} \tag{7.13}$$

$$\sigma_{aa} = E(\varepsilon_{aa} - \varepsilon_{aa}^{IN} - \varepsilon^{TH}) + \nu\sigma_{cc} \tag{7.14}$$

$$\varepsilon^{TH} = \alpha T \tag{7.15}$$

式中：$\sigma_{cc}^{(p)}$——内压引起的环向应力；

$\sigma_{cc}^{(\text{ovalization,warping})}$——椭圆化和翘曲而得到的环向应力；

$\sigma_{cc}^{(\nu)}$——泊松效应引起的环向应力；

p——内压；

a——管道横截面平均半径；

t——管道壁厚；

E——材料的弹性模量；

ν——材料的泊松比；

ε_{aa}——总轴向应变；

ε_{aa}^{IN}——非弹性应变；

ε^{TH}——温度应变；

α——管材的线膨胀系数；

T——温差 (规定温差为最终温度减去初始温度，以下同)。

由 Bathe 理论和 von Karman 理论可知，与 $\sigma_{cc}^{(p)}$ 相比，$\sigma_{cc}^{(\text{ovalization,warping})}$ 和 $\sigma_{cc}^{(\nu)}$ 可忽略不计，故 $\sigma_{cc} \approx \sigma_{cc}^{(p)}$。

将式 (7.11) 代入式 (7.10) 并化简可得

$$\sigma_{eq}^2 = \sigma_{cc}^2 - \sigma_{aa}\sigma_{cc} + \sigma_{aa}^2 + 3\left(\tau_{ab}^2 + \tau_{ac}^2\right) \tag{7.16}$$

1) 内压的影响

式 (7.16) 中，把 σ_{cc} 作为自变量，σ_{eq}^2 为因变量，则 $\sigma_{eq}^2 \sim \sigma_{cc}$ 为凹抛物线，对称轴为 $\sigma_{cc} = \frac{1}{2}\sigma_{aa}$，见图 7.34(a)。由式 (7.13) 可知，在内压 p 增加时，环向应力 σ_{cc} 增大，在 $\sigma_{cc} < \frac{1}{2}\sigma_{aa}$ 时，von Mises 应力 σ_{eq} 随内压的增加而减小；在 $\sigma_{cc} > \frac{1}{2}\sigma_{aa}$ 时，von Mises 应力 σ_{eq} 随内压的增加而增大，故 von Mises 应力 σ_{eq} 随内压的增加先减小后增加。

随着断层错动量的增大，总的轴向应变 ε_{aa} 增加，由式 (7.14) 可知，轴向应力 σ_{aa} 增加，所以凹抛物线的对称轴向右移动，von Mises 应力 σ_{eq} 随内压增大的拐点也向右移动。

另外，当断层错动量较小时，轴向应力 σ_{aa} 较小，环向应力 σ_{cc} 的变动对 von Mises 应力 σ_{eq} 的影响较大，内压作用明显；当断层错动量较大时，轴向应力 σ_{aa} 较大，环向应力 σ_{cc} 的变动对 von Mises 应力 σ_{eq} 的影响较小，内压作用不明显。

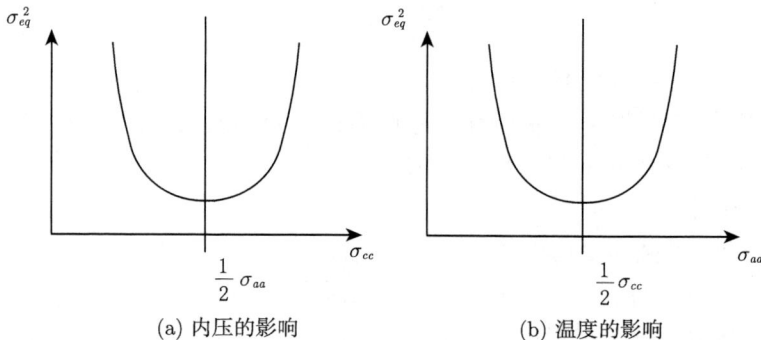

(a) 内压的影响　　　　　　(b) 温度的影响

图 7.34　内压和温度影响示意图

2) 温差的影响

式 (7.16) 中，把 σ_{aa} 作为自变量，σ_{eq}^2 为因变量，则 σ_{eq}^2-σ_{aa} 为凹抛物线，对称轴为 $\sigma_{aa} = \frac{1}{2}\sigma_{cc}$，见图 7.34 (b)。当温差 T 为零时，随着断层错动量的增加，轴向应力 σ_{aa} 增大，且 $\sigma_{aa} > \sigma_{cc}$。当断层错动量一定时，随着温差 T 的增加，温度应变 ε^{TH} 增加 (式 (7.15))，轴向应力 σ_{aa} 下降 (式 (7.14))，使得 von Mises 应力 σ_{eq} 先减小后增大。

随着断层错动量的增加，轴向应力 σ_{aa} 增加，由于泊松效应，环向应力 σ_{cc} 也增大，所以凹抛物线的对称轴向右移动，von Mises 应力 σ_{eq} 随温差增大的拐点也向右移动。

另外，当断层错动量较小时，总的轴向应变 ε_{aa} 较小，温差 T 的变动 (即温度应变 ε^{TH} 的变动) 对 von Mises 应力 σ_{eq} 的影响较大，温差作用明显；当断层错动量较大时，总的轴向应变 ε_{aa} 较大，温差 T 的变动 (即温度应变 ε^{TH} 的变动) 对 von Mises 应力 σ_{eq} 的影响较小，温差作用不明显。

7.4.2 数值模型的建立

本节建立的数值模型，假定断层破碎带宽度为零，管道采用非线性管壳单元模拟。管道钢选用 Ramberg-Osgood 本构模型，参数参照 API SPEC 5L X60 级管道钢选取，具体见表 7.5。管土相互作用采用非线性土弹簧近似模拟，三个方向上土弹簧的位移–抗力关系 (图 7.35) 采用美国生命线联盟 (ALA) 编订的《埋地钢质管道设计手册》中提供的一种理想弹塑性模型。计算时考虑几何非线性的影响，有限元模型如图 7.2 所示，土体选用松砂土，具体参数见表 7.6，其他模型参数见表 7.9。

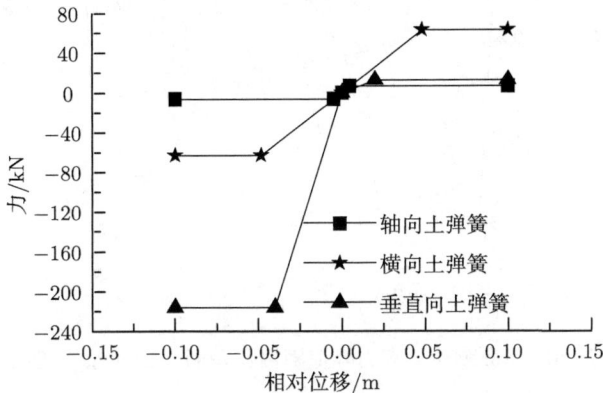

图 7.35 土弹簧位移–抗力关系

表 7.9 其他模型参数

参数	值	参数	值
管道外径	0.4m	钢材的线膨胀系数	1.15×10^{-5}
管道壁厚	0.01m	原油密度	880 kg/m^3
管道两端轴向约束	固定	等效密度	15996kg/m^3
埋深 (地面至管道中轴线的距离)	1m	环境温度	4℃
场地土类型	天然松砂土	断层错动量	0.9m
钢材密度	7850kg/m^3	断层错动量步长	0.1m
钢材泊松比	0.3	穿越角	70°

国外输油管道内压一般为 6MPa 以上 (阿拉斯加输油管道的操作压力为 8.2MPa)，国内一般为 4.5MPa 左右。输油管道的温度一般为 60℃，沿程降低 10~20℃。因此基本计算工况取内压为 6MPa，温差为 60℃。

7.4.3 　内压的影响

施加于埋地钢质管道中的内压受多方面因素影响，虽随时间而变化，但变化得十分缓慢。相对于内压随时间的变化情况而言，地震断层作用可以说是 "瞬时发生"，因此在进行内压荷载和断层错动共同作用下的埋地钢质管道非线性分析时，对每一个工况均假定内压在整个断层作用过程中为不变量，同时假定内压在断层附近沿管轴方向无损失，为恒定值。内压是埋地管道的工作荷载，所以在分析中，首先对模型施加内压，再施加断层位移荷载，并在整个分析过程中保持内压不变。本节共选取 0~12MPa，以 2MPa 为级差的七级内压荷载，得到的应力结果以 von Mises 应力的形式给出，结果见图 7.36~图 7.38。

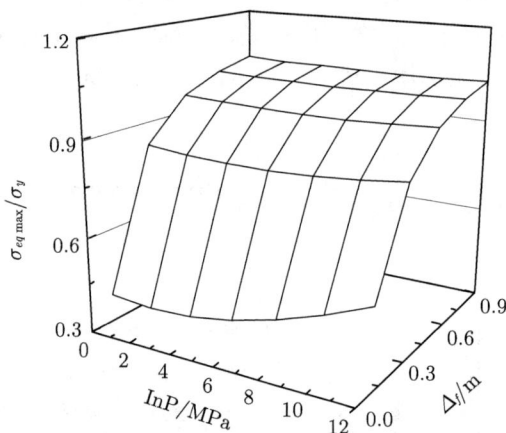

图 7.36　von Mises 应力峰值随内压及断层错动量的变化

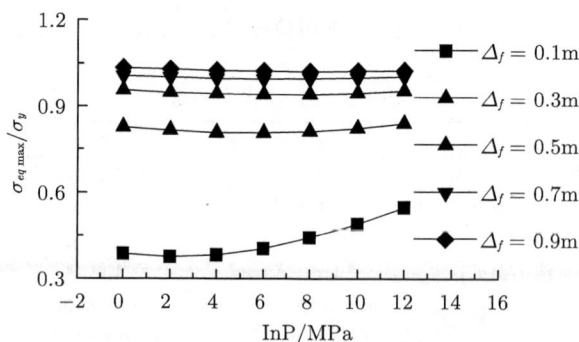

图 7.37　von Mises 应力峰值随内压的变化

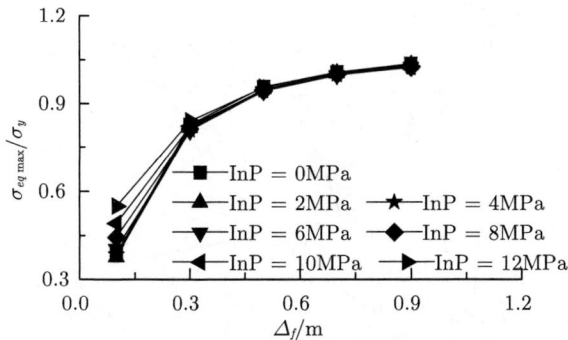

图 7.38   von Mises 应力峰值随错动量变化

由图 7.36 和图 7.37 可知，管道的 von Mises 应力峰值随内压的增加先减小后增大；且随着断层错动量的增加，von Mises 应力峰值的拐点向右移动。断层错动量较小时，von Mises 应力峰值随内压的增加变动较大，内压作用明显；断层错动量较大时，von Mises 应力峰值随内压的增加变动较小，内压作用不明显。由图 7.38 也可以看出，随着断层错动量的增大，内压作用逐渐减小，管道 von Mises 应力峰值趋于一致。以上结果验证了 7.4.1 节的分析。

7.4.4   温度的影响

埋地输油管道均在一定的温度下运行，以确保石油不会凝固，该工作温度与管道安装时的初始温度以及运行时的环境温度存在一定的温差，从而导致出现温度应力。本节假定温度沿管道轴线方向均匀分布，且为同一值，计算中不考虑温度对管道钢材质的影响。与内压荷载类似，温度荷载也属于管道的工作荷载，同样在计算时应首先施加温度荷载，再施加断层位移荷载，并在整个分析过程中保持温度荷载不变。本节认为环境温度为 4℃ 时管道无温度应变，选取了从 0~120℃，以 20℃ 为级差的共计七个温差进行走滑断层作用下埋地管道的响应分析，得到的应力结果也以 von Mises 应力的形式给出，见图 7.39~图 7.41。

由图 7.39 和图 7.40 可见，von Mises 应力峰值随温差的增加先减小后增大；且随断层错动量的增加，von Mises 应力峰值的拐点向右移动，在温差较大时，von Mises 应力峰值逐渐趋向一致，管道逐渐达到极限抗拉强度。断层错动量较小时，von Mises 应力峰值随温差的增加变动较大，温差作用明显；断层错动量较大时，von Mises 应力峰值随温差的增加变动较小，温差作用不明显。由图 7.41 也可以看出，随着断层错动量的增大，温差作用逐渐减小，管道 von Mises 应力峰值趋于一致。以上结果验证了 7.4.4 节的分析。

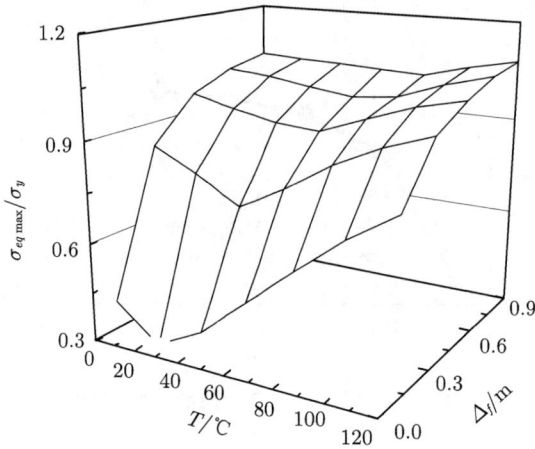

图 7.39   von Mises 应力峰值随温差及断层错动量的变化

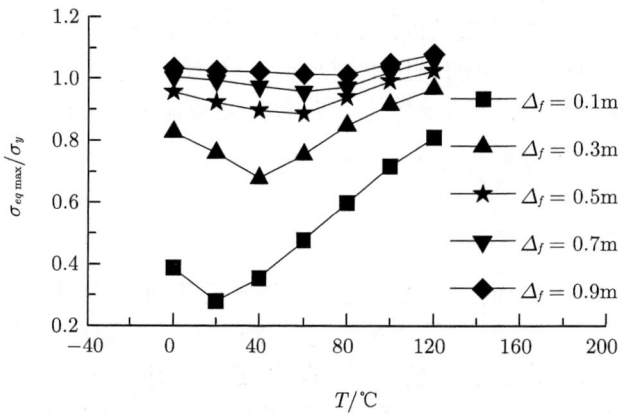

图 7.40   von Mises 应力峰值随温差的变化

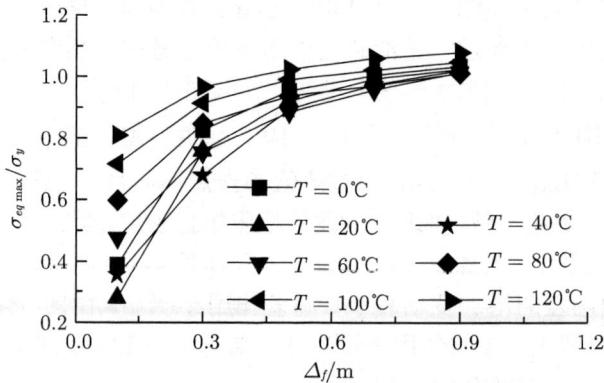

图 7.41   von Mises 应力峰值随错动量变化

7.4.5 内压荷载与温度荷载共同作用分析

本节共选取 0~12MPa 以 2MPa 为级差的七级内压荷载和 0~120°C以 20°C为级差的七级温差荷载进行比较计算，结果见图 7.42。

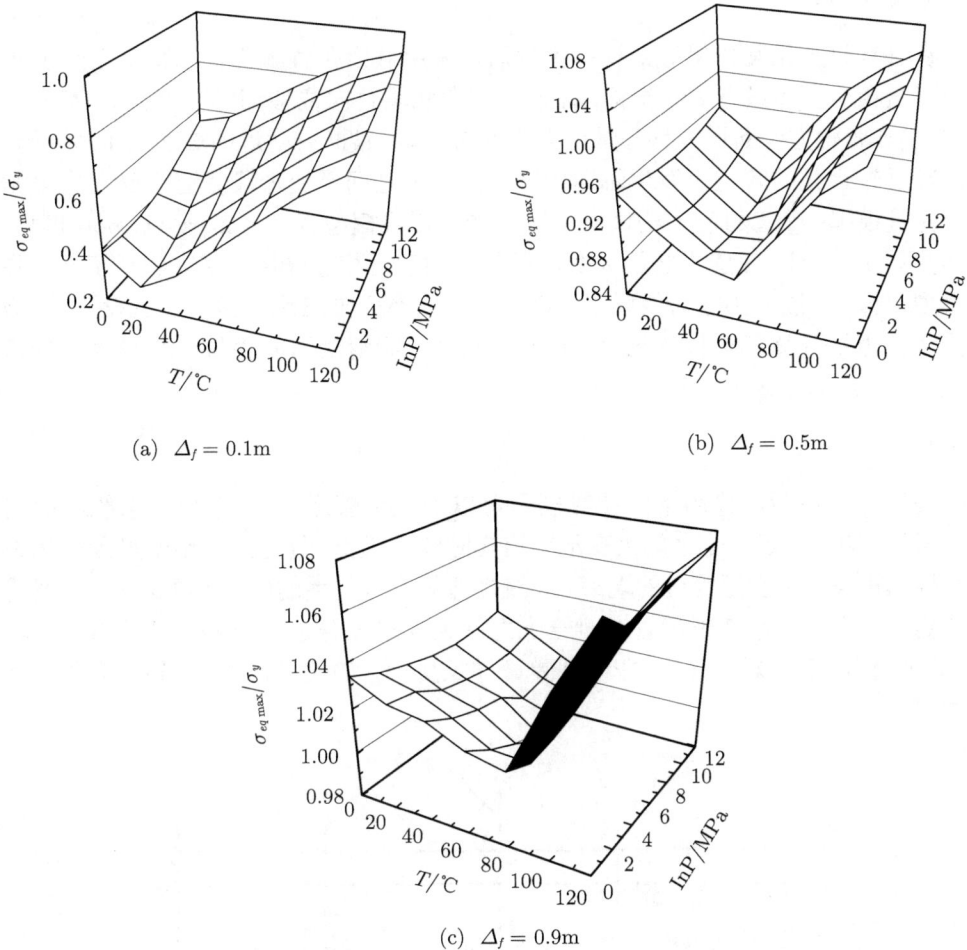

(a) $\Delta_f = 0.1\text{m}$

(b) $\Delta_f = 0.5\text{m}$

(c) $\Delta_f = 0.9\text{m}$

图 7.42 von Mises 应力峰值随温差及内压的变化

由图 7.42 可知，管道的 von Mises 应力峰值随内压和温差的增加均呈现先减小后增加的趋势。随着断层错动量的增加，内压作用和温差作用对 von Mises 应力峰值的影响明显减小。可推断若埋设管道受到较大的断层错动作用，埋地管道工作荷载的影响可忽略不计。

7.5　断层作用下埋地管道等效边界分析模型

7.5.1　等效分析模型的建立

1. 假定条件

在进行管土相互作用等效模型推导时,采用假定条件如下:①管土之间小变形段管道相对土体只有轴向位移,而没有横向和垂直向位移 (以下简称为 "基本假定"),由非管轴方向断层位移分量造成的管内弯矩,被断层附近的被动土压力平衡,而离断层较远处的管道仅发生轴向应变;②管土之间小变形段管道的反应采用非线性弹簧模拟;③管材的本构模型为管道钢三折线模型或 Ramberg-Osgood 模型,具体参见 7.2.2 节;④管土之间大变形段管道的管土相互作用采用理想弹塑性土弹簧模型模拟,按照美国生命线联盟 (ALA-ASCE) 编订的《埋地钢质管道设计手册》中推荐的方法计算,具体参见 2.3.1 节;⑤管土间滑动摩擦力等于静摩擦力的最大值。

2. 模型简化

埋地管道在断层作用下的计算模型可以简化为管道–非线性弹簧系统,如图 7.43 所示。断层附近管土之间大变形段用实际管道模拟,管土之间小变形段简化为非线性弹簧作用于实际管道的端部。非线性弹簧本构关系的确定方法如下:根据基本假定,管土之间小变形段管道对管土之间大变形段管道的影响可以只用一个轴力 N 来表示。建立轴力 N 与非线性弹簧伸长量 Δ_L 的关系,即为非线性弹簧的本构关系。

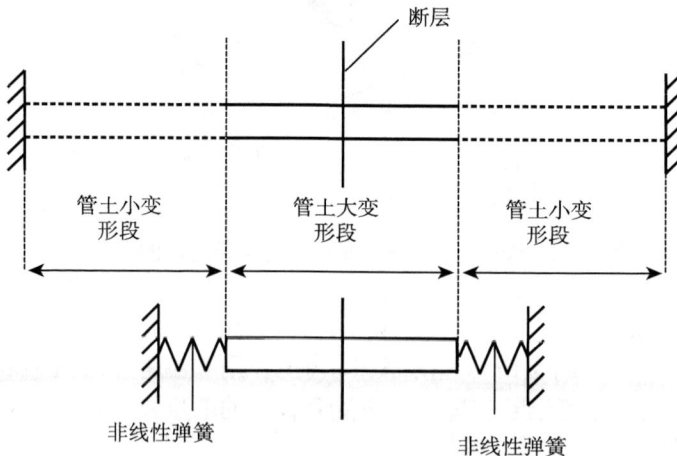

图 7.43　埋地管道–非线性弹簧系统示意图

3. 边界非线性弹簧的推导

1) 基于管道钢三折线模型

如图 7.44 所示, 将埋地管道分为 OC、CB 和 BA 三段。O 点相当于固定端, 管道应变为零; C 点对应土体屈服的临界点, 此时位于管土之间小变形段的管道处于弹性变形阶段; B 点是管道钢屈服的临界点, 此时管道周围的土体已屈服, 管土间产生滑动摩擦力; A 点是管道钢破坏的临界点 (由管道钢的极限应力决定), 为简化推导, 管道钢在极限应力之后的应力下降段不予考虑。若在 OC 段引入非线性弹簧, 即在 OC 段作用一个沿着管轴方向的外力, 由于土体尚未屈服, 管土间将产生静摩擦力与之平衡; 若在 CB 或 BA 段引入非线性弹簧, 即在 CB 或 BA 段作用一个沿着管轴方向的外力, 由于土体已屈服, 管土间将产生滑动摩擦力与之平衡。

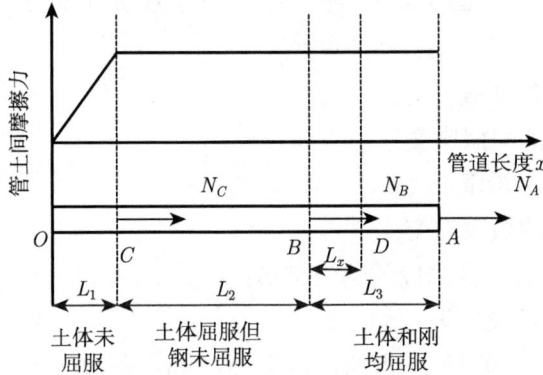

图 7.44 埋地管道轴向管土相互作用示意图 (管道钢三折线模型)

基于管道钢的三折线模型, 在 OC、CB 段内引入的等效边界非线性弹簧的本构关系已由刘爱文等研究得到, 以下着重研究在 BA 段内引入的等效边界非线性弹簧的本构关系。

在 BA 段内任意一点 D 处 (图 7.44) 引入等效边界非线性弹簧, 此时管道周围的土体已屈服, 管道的应力–应变处于三折线模型的强化阶段。

BD 段的长度为

$$L_x = \frac{N - N_B}{f_s} = \frac{N - \sigma_1 A}{f_s} \tag{7.17}$$

B 点的轴向应变为

$$\varepsilon_B = \varepsilon_1 = \frac{\sigma_1}{E_1} \tag{7.18}$$

D 点的轴向应变为

$$\varepsilon_x = \varepsilon_B + \frac{f_s (x - L_1 - L_2)}{AE_2} \tag{7.19}$$

式中：f_s——单位长度上管土间滑动摩擦力 (轴向土弹簧屈服力)；

$\quad\quad A$——管道的横截面面积，$A = \dfrac{1}{4}\pi\left(D^2 - d^2\right) = \pi t\left(D - t\right)$；

$\quad\quad t$——管道壁厚；

$\quad\quad D$——管道的外径；

$\quad\quad d$——管道的内径；

$\quad\quad L_1$——OC 段长度，由 OC 段管道伸长量为 u_0 求得，即 $L_1 = \sqrt{\dfrac{6AE_1 u_0}{f_s}}$；$u_0$ 为轴向土体屈服位移 (轴向土弹簧屈服位移)；

$\quad\quad L_2$——CB 段长度，$L_2 = \dfrac{N_B - N_C}{f_s} = \dfrac{\sigma_1 A - N_C}{f_s}$；

$\quad\quad N_A, N_B, N_C, N$——图 7.44 中截面 A, B, C, D 处的轴力，$N_A = \sigma_2 A$，$N_B = \sigma_1 A$，$N_C = \dfrac{f_s L_1}{2}$；

$\quad\quad \sigma_1$——管道钢的屈服应力；

$\quad\quad \varepsilon_1$——管道钢的屈服应变；

$\quad\quad \sigma_2$——管道钢的极限应力；

$\quad\quad \varepsilon_2$——管道钢的极限应变；

$\quad\quad E_1$——管道钢线弹性阶段的切线模量；

$\quad\quad E_2$——管道钢强化阶段的切线模量。

在外力 N 作用下，假设 D 点的位移为 Δ_L，Δ_L 是 OD 段管道的伸长：

$$\Delta_L = \int_0^{L_1} \frac{N_C\left(x\right)}{AE_1}\mathrm{d}x + \int_{L_1}^{L_1+L_2}\left[\varepsilon_C + \frac{f_s\left(x - L_1\right)}{AE_1}\right]\mathrm{d}x + \int_{L_1+L_2}^{L_1+L_2+L_x}\varepsilon_x\mathrm{d}x \quad (7.20)$$

式中：$\displaystyle\int_0^{L_1}\frac{N_C\left(x\right)}{AE_1}\mathrm{d}x = u_0$，即 OC 段伸长量为 u_0；

$\quad\quad N_C\left(x\right)$——$OC$ 段内任意一点的轴力；

$\quad\quad \varepsilon_C$——C 点的轴向应变，$\varepsilon_C = \dfrac{N_C}{AE_1}$；

$\quad\quad \varepsilon_x$——BD 段任意一点的轴向应变。

将上式整理可得

$$\Delta_L = 0.25u_0 + \frac{N_2}{2AmE_1 f_s} + \frac{(m-1)\sigma_1 N}{mE_1 f_s} + \frac{(1-m)\sigma_1^2 A}{2mE_1 f_s} \quad (N_B < N \leqslant N_A) \quad (7.21)$$

式中：$m = \dfrac{E_2}{E_1}$。

综合上述各式得到基于管道钢三折线本构模型的等效边界非线性弹簧的本构方程为

$$
\Delta_L =
\begin{cases}
u_0^{0.25}\left(\dfrac{2}{3AE_1f_s}\right)^{0.75} N_{1.5}, & 0 \leqslant N \leqslant N_C \\[3mm]
0.25u_0 + \dfrac{N^2}{2AE_1f_s}, & N_C < N \leqslant N_B \\[3mm]
0.25u_0 + \dfrac{N_2}{2AmE_1f_s} + \dfrac{(m-1)\left(2N-\sigma_1 A\right)\sigma_1}{2mE_1f_s}, & N_B < N \leqslant N_A
\end{cases}
\tag{7.22}
$$

可以看出，若上式中的 $m = 1$，则可退化为刘爱文提出的等效边界非线性弹簧。

2) 基于管道钢 Ramberg-Osgood 模型

管道钢的 Ramberg-Osgood 本构模型在达到屈服强度后，材料应变随应力的增加而呈非线性增加，比三折线模型更加接近实际情况，可以较好地模拟材料达到极限抗拉强度之前的塑性变形情况。另外，与三折线模型不同，使用 Ramberg-Osgood 本构模型不需要判断管道钢是否发生屈服，这使得等效边界非线性弹簧的本构关系表达式更为简洁。因此，以下基于管道钢 Ramberg-Osgood 本构模型对等效边界非线性弹簧的本构关系重新进行了推导。

如图 7.45 所示，将埋地管道分为 OC 和 CB 两段。O 点相当于固定端，管道应变为零；C 点对应轴向土体屈服的临界点，OC 段的管道伸长量为轴向土体屈服位移 u_0，B 点是管道钢破坏的临界点 (由管道钢的极限应力决定)，为简化推导，管道钢在极限应力之后的应力下降段不予考虑。若在 OC 段引入等效边界非线性弹簧，即在 OC 段作用一个沿着管轴方向的外力，由于土体尚未屈服，管土间将产生静摩擦力与之平衡；若在 CB 段引入等效边界非线性弹簧，即在 CB 段作用一个沿着管轴方向的外力，由于土体已屈服，管土间将产生滑动摩擦力与之平衡。

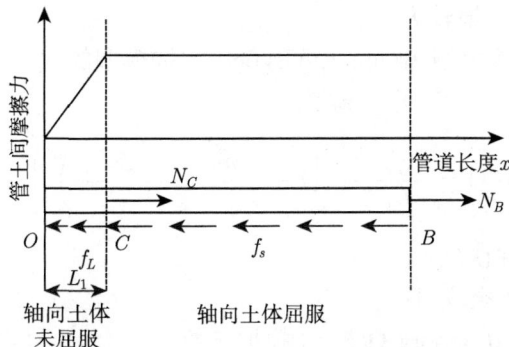

图 7.45　埋地管道轴向管土相互作用示意图 (管道钢 Ramberg-Osgood 模型)

　　假设 OC 段 (图 7.45) 单位长度上管土间摩擦力呈线性分布, 则沿管道单位长度上管土间摩擦力可表示为

$$f_L = \begin{cases} f_s \dfrac{x}{L_1}, & 0 \leqslant x \leqslant L_1 \\ f_s, & x > L_1 \end{cases} \tag{7.23}$$

式中: f_L——OC 段任意一点单位长度管土之间摩擦力;

　　　　f_s——单位长度上管土间滑动摩擦力 (轴向土弹簧屈服力);

　　　　L_1——OC 段长度, 由 OC 段管道伸长量轴向土体屈服位移 u_0 求得。

　　当 $0 \leqslant x \leqslant L_1$ 时, 由力的平衡方程可得

$$N(x) = \int_0^x f_L \mathrm{d}x = \frac{f_s x^2}{2L_1} \tag{7.24}$$

$$x = \sqrt{\frac{2L_1 N(x)}{f_s}} \tag{7.25}$$

$$N_C = \frac{f_s L_1}{2} \tag{7.26}$$

$$\sigma(x) = \frac{N(x)}{A} = \frac{f_s x^2}{2L_1 A} \tag{7.27}$$

式中: $N(x)$——$0 \leqslant x \leqslant L_1$ 段管道任意一点的轴力;

　　　　$\sigma(x)$——$0 \leqslant x \leqslant L_1$ 段管道任意一点的轴力和轴向应力;

　　　　A——管道的横截面面积, $A = \dfrac{1}{4}\pi(D^2 - d^2) = \pi t(D - t)$;

　　　　t——管道壁厚;

　　　　D——管道的外径;

　　　　d——管道的内径;

　　　　N_C——C 点的管道轴力。

　　将式 (7.27) 代入管道钢 Ramberg-Osgood 本构模型的式 (2.21), 可得 $0 \leqslant x \leqslant L_1$ 段管道任意一点的轴向应变 $\varepsilon(x)$ 为

$$\varepsilon(x) = \frac{f_s x^2}{2L_1 A E_0}\left[1 + \frac{n}{1+r}\left(\frac{f_s x^2}{2L_1 A \sigma_y}\right)^r\right] \tag{7.28}$$

式中: E_0——初始弹性模量;

　　　　σ_y——管道钢屈服应力;

　　　　n, r——管道钢 Ramberg-Osgood 模型参数。

　　$0 \leqslant x \leqslant L_1$ 段内, 任意一点至 O 点的管道伸长量 $\Delta(x)$ 为

$$\Delta\left(x\right) = \int_0^x \varepsilon\left(x\right)\mathrm{d}x = \frac{f_s x^3}{6L_1 A E_0} + \left(\frac{f_s}{2L_1 A}\right)^{r+1} \frac{n x^{2r+3}}{E_0\left(r+1\right)\left(2r+3\right)\sigma_y^r} \tag{7.29}$$

式中：$\Delta\left(x\right)$——$0 \leqslant x \leqslant L_1$ 段内管道任意一点相对于土体的轴向位移。

由此，以 OC 段的管道伸长量为 u_0 求解 L_1，如式 (7.30) 所示。

$$\Delta_C = \int_0^{L_1} \varepsilon\left(x\right)\mathrm{d}x = \frac{f_s L_1^2}{6A E_0} + \left(\frac{f_s}{2A}\right)^{r+1} \frac{n L_1^{r+2}}{E_0\left(r+1\right)\left(2r+3\right)\sigma_y^r} = u_0 \tag{7.30}$$

将式 (7.25) 代入式 (7.29) 可得在 OC 段引入等效边界非线性弹簧的本构关系：

$$\Delta\left(x\right) = \frac{1}{3A E_0}\sqrt{\frac{2L_1}{f_s}}\left[N\left(x\right)\right]^{\frac{3}{2}} + \frac{n}{\left(r+1\right)\left(2r+3\right)E_0\sigma_y^r A^{r+1}}$$

$$\sqrt{\frac{2L_1}{f_s}}\left[N\left(x\right)\right]^{r+\frac{3}{2}} \quad \left(0 \leqslant N\left(x\right) \leqslant N_C\right) \tag{7.31}$$

同理，当 $x > L_1$ 时，由力的平衡方程可得

$$N\left(x\right) = N_C + f_s\left(x - L_1\right) = f_s\left(x - \frac{L_1}{2}\right) \tag{7.32}$$

$$\sigma\left(x\right) = \frac{f_s}{A}\left(x - \frac{L_1}{2}\right) \tag{7.33}$$

式中：$N\left(x\right)$——$x > L_1$ 段管道任意一点的轴力；

$\sigma\left(x\right)$——$x > L_1$ 段管道任意一点的轴向应力。

将式 (7.33) 代入管道钢 Ramberg-Osgood 本构模型的式 (2.21)，可得 $x > L_1$ 段管道任意一点的轴向应变 $\varepsilon\left(x\right)$ 为

$$\varepsilon\left(x\right) = \frac{f_s}{A E_0}\left(x - \frac{L_1}{2}\right)\left\{1 + \frac{n}{r+1}\left[\frac{f_s}{A\sigma_y}\left(x - \frac{L_1}{2}\right)\right]^r\right\} \tag{7.34}$$

$x > L_1$ 段内，任意一点至 O 点的管道伸长量 $\Delta\left(x\right)$ 为

$$\Delta\left(x\right) = \int_0^x \varepsilon\left(x\right)\mathrm{d}x = u_0 + \int_{L_1}^x \varepsilon\left(x\right)\mathrm{d}x = \frac{f_s}{2A E_0}\left(x - \frac{L_1}{2}\right)^2$$

$$+ \frac{n}{\left(r+1\right)\left(r+2\right)E_0\sigma_y^r}\left(\frac{f_s}{A}\right)^{r+1}\left(x - \frac{L_1}{2}\right)^{r+2} + u_0 - \frac{f_s L_1^2}{8A E_0}$$

$$- \frac{n}{\left(r+1\right)\left(r+2\right)E_0\sigma_y^r}\left(\frac{f_s}{A}\right)^{r+1}\left(\frac{L_1}{2}\right)^{r+2} \tag{7.35}$$

　　将式 (7.32) 代入式 (7.35)，可得在 CB 段引入等效边界非线性弹簧的本构关系：

$$\Delta\left(x\right)=\frac{\left[N\left(x\right)\right]^{2}}{2AE_{0}f_{s}}+\frac{n\left[N\left(x\right)\right]^{r+2}}{\left(r+1\right)\left(r+2\right)E_{0}f_{s}\sigma_{y}^{r}A^{r+1}}+u_{0}-\frac{f_{s}L_{1}^{2}}{8AE_{0}}$$

$$-\frac{n}{\left(r+1\right)\left(r+2\right)E_{0}\sigma_{y}^{r}}\left(\frac{f_{s}}{A}\right)^{r+1}\left(\frac{L_{1}}{2}\right)^{r+2}\quad\left(N_{C}<N\left(x\right)\leqslant N_{B}\right)\quad(7.36)$$

式中：N_{B}——B 点的管道轴力，$N_{B}=\sigma_{u}A$；

　　　　σ_{u}——管道钢极限应力。

　　综上所述，基于管道钢 Ramberg-Osgood 本构模型的等效边界非线性弹簧的本构关系为

$$\Delta\left(x\right)=\begin{cases}\dfrac{1}{3AE_{0}}\sqrt{\dfrac{2L_{1}}{f_{s}}}\left[N\left(x\right)\right]^{\frac{3}{2}}\\[2mm]+\dfrac{n}{\left(r+1\right)\left(2r+3\right)E_{0}\sigma_{y}^{r}A^{r+1}}\sqrt{\dfrac{2L_{1}}{f_{s}}}\left[N\left(x\right)\right]^{r+\frac{3}{2}},&0\leqslant N\left(x\right)\leqslant N_{C}\\[3mm]\dfrac{\left[N\left(x\right)\right]^{2}}{2AE_{0}f_{s}}+\dfrac{n\left[N\left(x\right)\right]^{r+2}}{\left(r+1\right)\left(r+2\right)E_{0}f_{s}\sigma_{y}^{r}A^{r+1}}+u_{0}-\dfrac{f_{s}L_{1}^{2}}{8AE_{0}}\\[2mm]-\dfrac{n}{\left(r+1\right)\left(r+2\right)E_{0}\sigma_{y}^{r}}\left(\dfrac{f_{s}}{A}\right)^{r+1}\left(\dfrac{L_{1}}{2}\right)^{r+2},&N_{C}<N\left(x\right)\leqslant N_{B}\end{cases}$$

$$(7.37)$$

4. 管道分析长度的确定

　　等效边界非线性有限元模型管道计算长度应按照基本假定，通过理论方法 (如 Kennedy 方法、王汝梁方法等) 计算得到。本章以走滑断层为例，采用 Kennedy 方法确定管道计算长度，如图 7.46 所示，计算方法如下：

$$R_{CL}=\frac{F_{M}}{q_{u}}\left(1-\frac{p\pi D_{i}^{2}}{4F_{M}}\right)\tag{7.38}$$

$$\cos\theta_{L}=1-\frac{\Delta Y}{2R_{CL}}\tag{7.39}$$

$$L_{CL}=R_{CL}\sin\theta_{L}\tag{7.40}$$

式中：R_{CL}——管土之间大变形段曲率半径；

　　　　θ_{L}——管土之间大变形段圆心角；

　　　　L_{CL}——断层一侧管土之间大变形段范围；

F_M——忽略弯曲影响时, 断层与管道交叉点的轴力, 由 Kennedy 方法迭代得到;

q_u——管道单位长度上所受横向土抗力最大值 (即水平横向土弹簧屈服力, 按 ALA 计算, 参见 2.3.1 节);

p——管道内压;

D_i——管道内径;

ΔY——断层错动量的横向分量。

最终等效边界非线性有限元模型管道计算长度为 $2L_{CL}$。

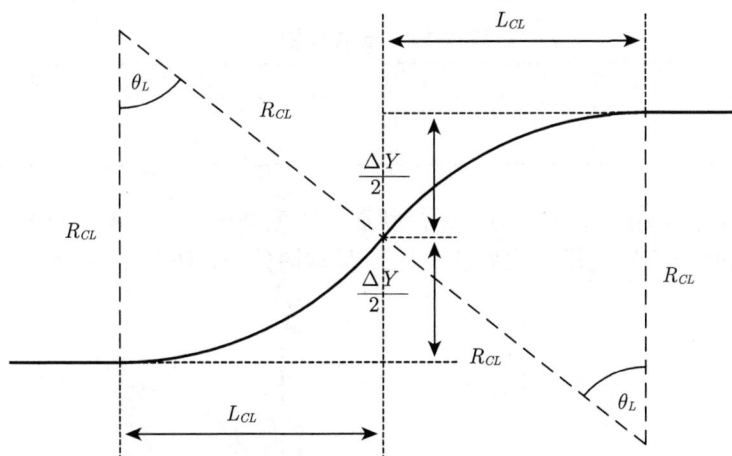

图 7.46　Kennedy 常曲率模型横向位移示意图

当场地土非均一或者断层发生三维空间错动时, 管道响应不再对称, 应分别计算水平面内断层两侧管土之间的大变形段范围 L_{CL1}, L_{CL2} 和竖直面内断层两侧管土之间的大变形段范围 L_{CV1}, L_{CV2}, 则等效边界非线性有限元模型管道计算长度为

$$L = \max\{L_{CL1}, L_{CV1}\} + \max\{L_{CL2}, L_{CV2}\} \tag{7.41}$$

7.5.2　等效分析模型的验证

1. 算例参数

本节分别针对管道钢的三折线模型和 Ramberg-Osgood 模型, 采用大型商业有限元分析软件 ADINA 对上述提出的等效边界非线性有限元模型进行数值验证, 管道及断层参数见表 7.10, API SPEC 5L X60 管道钢三折线模型和 Ramberg-Osgood 本构模型参数参见 7.2.2 节。管道采用管壳单元模拟, 管道长度为 1200m, 单元长度为 1m。每个单元两端的节点处各有三个方向 (管轴方向、水平横向和垂直方向) 的

土弹簧相连, 用以模拟管土相互作用, 土弹簧参数采用 ALA 推荐的方法计算 (2.3.1 节), 基本参数见表 7.11。

表 7.10　模型基本参数

参数	值	参数	值
管道型号	API SPEC 5L X60	管道埋深 (地面到管道中轴线)	1.04m
管道外径	0.4m	断层类型	走滑断层
管道壁厚	9.5mm	断层错动量	4m
穿越角	70°	断层错动量步长	0.5m

表 7.11　土体参数

土体类型	容重/(N/m³)	内聚力/kPa	内摩擦角/(°)	摩擦系数
砂土	16.7	0	33	0.65
黏土	19.5	40	20	0.364

由式 (7.22) 和式 (7.23) 分别计算得到基于管道钢三折线本构模型和 Ramberg-Osgood 模型的等效分析模型边界非线性弹簧本构关系, 如图 7.47 所示。

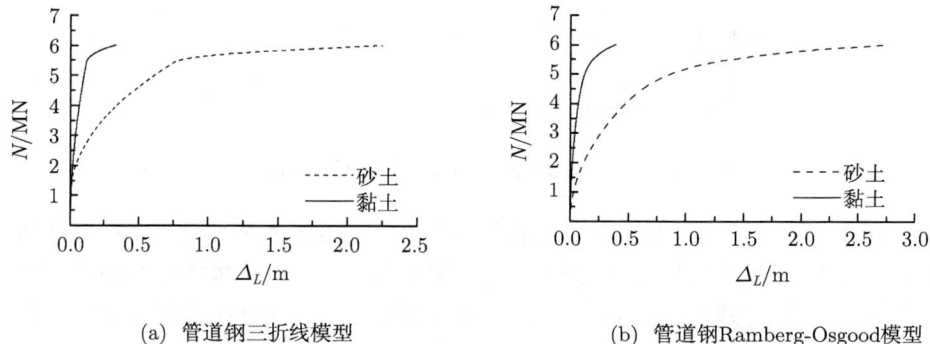

(a) 管道钢三折线模型　　　　　　　　(b) 管道钢Ramberg-Osgood模型

图 7.47　等效分析模型边界非线性弹簧

为了验证本书提出方法的有效性, 分别考虑以下四种计算模型: ①常规有限元模型; ②刘爱文方法模型; ③本书方法模型, 但 f_s 的计算采用刘爱文中的公式 (简称方法一); ④本书方法模型 (简称方法二)。

严格来讲, 由于刘爱文方法是基于管道钢的三折线模型得到的等效边界非线性弹簧力–位移关系, 所以只能用于比较管道材料本构为三折线模型的有限元分析。本节为了在同一平台上进行比较验证, 故将刘爱文方法得到的等效边界非线性弹簧力–位移关系应用到管道材料为 Ramberg-Osgood 模型的有限元分析中, 也称之为刘爱文方法模型, 特此说明。

2. 管道计算长度的确定

由于场地土均一走滑断层作用下埋地管道变形呈反对称形式,故取结构的一半进行建模分析。基于三折线模型和 Ramberg-Osgood 模型分别建立埋地钢管的等效边界有限元模型,管道计算长度采用 Kennedy 方法计算得到,见表 7.12 和表 7.13。通过常规有限元模型,得到沿轴向的管道 von Mises 应力分布,见图 7.48 (a)、图 7.48 (b) 和图 7.49 (a)、图 7.49 (b)。根据管材的屈服强度,得到管道发生屈服的距断层最远距离,即屈服位置;根据管材的极限强度,得到管道发生破坏的距断层最远距离,即破坏位置。

表 7.12 等效分析模型管道计算长度(管道钢三折线模型)

土体类型	Kennedy 法确定管土之间大变形段长度 L_{CL}/m	满足基本假定的最小计算长度/m	刘爱文方法的最小计算长度/m	等效分析模型计算长度 $\approx 2L_{CL}$/m
砂土	17	32	36.2	34
黏土	14.5	28	66.2	30

表 7.13 等效分析模型管道计算长度(管道钢 Ramberg-Osgood 模型)

土体类型	Kennedy 法确定管土之间大变形段长度 L_{CL}/m	满足基本假定的最小计算长度/m	刘爱文方法的最小计算长度/m	等效分析模型计算长度 $\approx 2L_{CL}$/m
砂土	16.1	30	33	32
黏土	15.5	29	75.8	31

当本算例管道材料本构为三折线模型时,对于砂土和黏土来说,屈服位置距断层的距离分别为 18.1m 和 33.1m,考虑到对称性,此段管道长度分别是 36.2m 和 66.2m,这既是刘爱文方法的最短管道计算长度,也是本书方法在 BA 段 (图 7.44) 施加非线性弹簧要求的等效边界有限元模型管道最大计算长度。对于砂土和黏土来说,采用 Kennedy 法得到的管土之间大变形段长度 L_{CL} 分别是 17m 和 14.5m,此长度的管段处于强化阶段,满足本书在 BA 段 (图 7.44) 施加等效边界非线性弹簧的要求。

当本算例管道材料本构为 Ramberg-Osgood 模型时,对于砂土和黏土来说,屈服位置距断层的距离分别为 16.5m 和 37.9m,考虑到对称性,此段管道长度分别是 33m 和 75.8m,这是刘爱文方法的最短管道计算长度。对于砂土和黏土来说,采用 Kennedy 法得到的管土之间大变形段长度 L_{CL} 分别为 16m 和 15.5m,此长度的管段处于强化阶段,本书推导得到的基于管道钢 Ramberg-Osgood 模型的等效边界非线性弹簧力–位移关系满足此阶段的要求。

图 7.48 (c)、图 7.48 (d) 和图 7.49 (c)、图 7.49 (d) 为根据常规有限元模型计算得到的管道相对于土体的沿管轴方向分布的水平横向、轴向和垂直向位移。可

(a)von Mises应力沿管道分布(砂土)

(b)von Mises应力沿管道分布(黏土)

(c) 管土相对位移沿管道分布(砂土)

(d)管土相对位移沿管道分布(黏土)

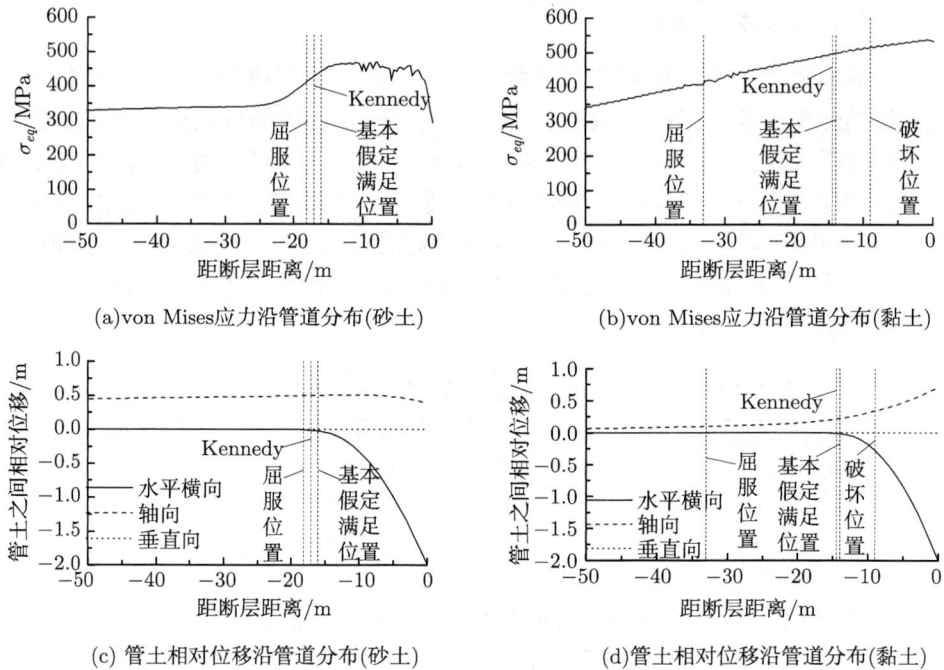

图 7.48　管道钢三折线模型计算结果

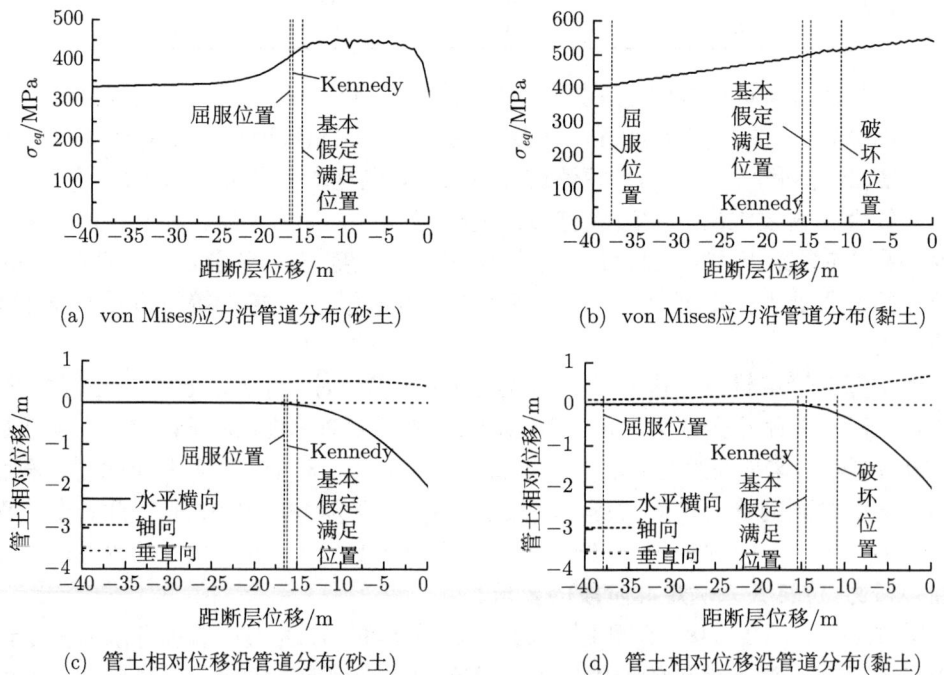

(a) von Mises应力沿管道分布(砂土)

(b) von Mises应力沿管道分布(黏土)

(c) 管土相对位移沿管道分布(砂土)

(d) 管土相对位移沿管道分布(黏土)

图 7.49　管道钢 Ramberg-Osgood 模型计算结果

以看出，随着管道位置与断层之间距离的增大，管道水平横向和垂直向位移逐渐减少，直至趋近于零。当管道相对土体的水平横向位移和垂直向位移与轴向位移之比均小于 1% 时，则认为满足基本假定，由此得到满足基本假定的管道距断层最近距离，即基本假定满足位置。处于强化阶段的管道仍有一部分满足基本假定，且与砂土相比，周围土体为黏土时，在强化阶段满足基本假定的管道长度较大，故等效边界有限元模型管道计算长度可在刘爱文方法的基础上进一步减小。考虑对称性，当管道材料本构为三折线模型时，得到砂土和黏土对应的满足基本假定的最小管道计算长度为 32m 和 28m；当管道材料本构为 Ramberg-Osgood 模型时，得到砂土和黏土对应的满足基本假定的最小管道计算长度为 30m 和 29m。此即本书方法的最短管道计算长度。

由图 7.48 和图 7.49 可见，采用 Kennedy 方法得到的管土之间大变形段长度对应位置处的管道变形满足基本假定，且距基本假定满足位置较近，可较大限度地减小管道计算长度。因此，采用 Kennedy 法确定场地土均一走滑断层作用下埋地钢质管道等效边界有限元模型的管道计算长度较为合理。

3. 计算结果

分别基于管道钢三折线模型和 Ramberg-Osgood 模型开展计算，当土体类型为砂土时，结果如图 7.50 (a) 和图 7.51 (a) 所示。在断层错动量为 3m 之前，各种计算方法与常规有限元模型的计算结果吻合较好，本书方法比常规有限元模型所得的结果稍大，偏于保守；当断层错动量超过 3m 时，管土之间小变形段管道屈服，本书方法与常规有限元模型的结果较为吻合。

当土体类型为黏土时，如图 7.50 (b) 和图 7.51 (b) 所示，本书方法在求解管土间滑动摩擦力时考虑了土体的内聚力，因此与常规有限元模型的结果极为吻合。

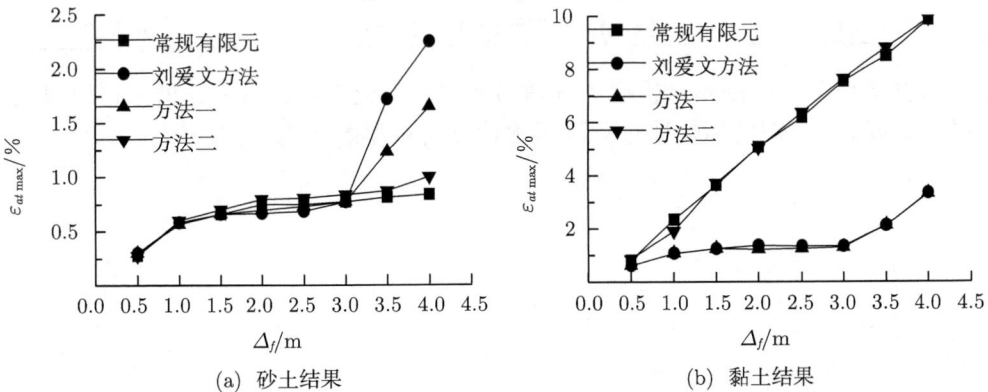

(a) 砂土结果　　　　　　　(b) 黏土结果

图 7.50　轴向拉应变峰值随断层错动量的变化 (管道钢三折线模型)

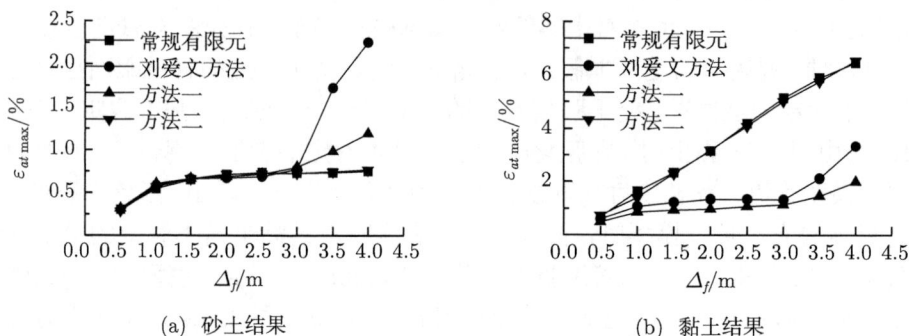

(a) 砂土结果　　　　　　　　　　　　(b) 黏土结果

图 7.51　轴向拉应变峰值随断层错动量的变化 (管道钢 Ramberg-Osgood 模型)

本书在数值模拟时所采用的是 API SPEC 5L X60 管道钢, 其极限拉应变为 0.04。由图 7.50 (b) 和图 7.51 (b) 可知, 在管土之间大变形段到达破坏阶段时, 本书方法依然与常规有限元模型结果吻合良好, 所以此方法可以用于管道的破坏分析。

在确保精度的情况下, 为进一步直观说明本章提出的断层作用下埋地钢质管道等效边界管壳单元非线性有限元模型在减小计算时间成本上的优越性, 基于管道钢三折线模型, 使用同一台计算设备, 对几类有限元模型进行了分析, 结果见表 7.14。

表 7.14　元分析计算时间(管道钢三折线模型)

有限元模型	端部轴向约束	计算时间
壳单元	常规	38h
管壳单元	常规	7.5h
管壳单元	刘爱文提出的等效边界非线性弹簧 (按刘爱文方法最小计算长度计算)	20min
管壳单元	本书提出的等效边界非线性弹簧	8min

由表 7.14 可知, 用本章提出的等效边界管壳单元非线性有限元模型可以极大地提高计算效率, 对震后快速进行管道评估具有重要的实用价值。

第 8 章   断层作用下埋地管道反应的解析方法分析

8.1   引   言

1972 年以前，埋地钢质管道的设计和建造无需特殊考虑抗震的要求 [133]。1971 年，圣费尔南多地震促使了生命线地震工程的诞生 [134,135]，此后为深入了解跨断层埋地管道的地震反应机理，国内外许多学者在断层作用下埋地管道反应的理论解析方法研究方面做了大量工作，取得了很多研究成果。

Newmark 和 Hall[136] 于 1975 年首次提出应用静态土压力和静态摩擦力的小位移模型分析断层错动对地下管道影响的理论方法。通过研究分析得出结论：管道的大部分位移和变形发生在断层两侧很短的范围内；管土之间摩擦角越小，抗震能力越高；管壁较厚的管道具有较好的抗震性能；管道的埋置深度应较浅。同时，该方法认为，管道横截面以轴向拉应变为主，管道与断层交角在 0° 至 90° 范围内越大越好，考虑到断层的不确定性，应以 80° 为最佳。该方法已经被我国及美国输油 (气) 抗震规范 [137–139] 所采用。但该方法认为断层位移完全由管道的纵向变形吸收，忽略管道的弯曲变形和管土之间的相互作用，使得其只适用于断层与管道交角较小或断层位错较大的情况。

Kennedy 和 Chow 等 [140] 考虑横向管土相互作用，改进了 Newmark 和 Hall 的方法。基于单一曲率模型，将管道看成是只有拉伸刚度而无弯曲刚度的悬索，应用大位移理论计算管道的弯曲应变，结果较前者更为合理。然而，该方法忽略了管道的弯曲刚度以及弯曲变形对轴向刚度的影响，过高地估计了土体侧向阻抗对弯曲应变产生的效应，在弯曲变形与轴向变形之比较小时可给出满意的结果，但在弯曲变形较大时则过于保守。Newmark 法和 Kennedy 法均认为在管道和断层的交叉点处最先发生破坏。

Wang 和 Yeh[141] 把变形后的管道简化为给定变形的单一曲率弯曲大变形梁和弹性地基梁，考虑了管道的抗弯刚度和管土相互作用，采用管道钢三折线模型，得到了管道的应力分布、伸长量以及弯矩与曲率半径的关系，并进一步分析了断层位移、穿越角、管土摩擦作用、管道埋深以及管径对管道轴力与弯矩的影响，最后建议采用大穿越角、小埋深、小直径以及小管土摩擦角为好。该方法虽改进了 Kennedy 等的研究，但仍存在下列不足：忽略了轴力对管道弯曲刚度的不良影响和单一曲率大变形梁与弹性地基梁之间的剪应力连续条件；管道潜在破坏的位置也不是位于断层两侧大变形段的两端，而应该位于大变形段内、靠近断层与管道的交叉点处；依据断层位移来计算管道弯矩抗力，而断层位移与管道的变形存在一定差距，应直接采用管道应变或变形计算管道弯矩抗力。Kennedy 和 Wang 模型都采用了单一曲率模型，过高地估计了土体阻抗对弯曲应变产生的效应。

陈冠卿[142] 用管材本构弹塑性区和完全塑性区的交点所对应的最大应变作为控制量来进行抗震校核，用实际伸长量与理论允许伸长量相比较，来判断埋地管道是否满足抗震要求，给出了较好的防范措施。

陶勇寅和柳广乐[143] 以五次 B 样条基函数的组合为横向位移的试函数，以三次 B 样条基函数的组合为轴向位移的试函数，由荷载与位移的关系及配点法给出了求解待定系数向量的消残方程，引入边界条件后得到一组系数矩阵为稀疏矩阵的线性方程组，求解后可得横向位移和轴向位移，进而由基本力学公式得到内力、应变。

Chiou 和 Chi[144] 将管道模拟成一个局部大挠度梁，并将穿越走滑断层区的大挠度管道模拟成一个弹性体，以克服 Wang 方法中常曲率计算模型的不足，对小挠度部分管道仍模拟成弹性基础上的半无限长梁，分别建立了管道的弹性和非弹性模型，以检验断层运动对埋地管道的影响。

Wang 等 [145-147] 在管土大变形段采用了均布荷载弹性梁，替代 1985 年文献 [141] 中提出的单一曲率大变形梁。结论表明，最大应力和应变点不一定在断层上，而可能是在断层附近的某个点上；管道以 30°∼60° 范围内的角度通过断层最佳。但该方法依然没有考虑弹性梁和弹性地基梁之间的剪应力连续条件。

王元、汤林 [148] 按照我国现行规范，分析了管道穿越角、壁厚、埋深、土壤密度、管土摩擦角等参数对管道抗震性能的影响。对于给定的管道，通过改变其参数，利用计算机程序绘制的图形，可给出管道穿越断层区时满足抗震要求的各主要参数的限定值。

张素灵和许建东等 [135] 系统地回顾和分析了 1975 年至 2000 年国内外关于地震断层作用下埋地管道反应的研究。研究结果表明，随着埋深的增加，管道中的总应变在迅速增大，而管道的未锚固长度却在减少。未锚固长度的减少，意味着管道吸收断层位移的能力在降低，而此时管道却承受了更大的应变，极大地加剧了管道的破坏。

刘爱文和张素灵等 [149] 在 Wang 模型 [141] 的基础之上，把管土大变形段管道简化为均布荷载弹性梁，提出一种基于管土大变形段整体分析的计算方法，得到了管道弹性梁段任意一点的内力与变形解析式。但该方法在管土大变形段分析时，认为弹性梁与弹性地基梁连接点处的转角 (θ_A) 为零，从而增大了管道的弯曲应变，使得应力应变结果偏于保守。

Karamitros 和 Bouckovalas 等 [150] 仍将管道分为四段，采用弹性梁模型模拟断层两侧大变形段，替代了 Wang 方法 [141] 中的圆弧模型，考虑了弹性梁和弹性地基梁连接点处的剪应力连续条件和管道横截面的实际应力分布，对 Wang 方法进行了一些改进。由于忽略了大变形段管土之间的摩擦力，该方法认为管道潜在破坏位置位于最大弯矩截面处。

上述所有理论解析方法都是针对场地土均一走滑断层，未见场地土非均一以及倾滑断层、斜滑断层的相关研究；针对场地土均一走滑断层，也仅是将管土相互作用作为不变量加以考虑，没有考虑管土相互作用的非线性变化，也没有给出沿管道应变和变形的分布，对提出的管道潜在破坏位置也没有验证。

从实际震害情况来看，除了走滑断层，倾滑断层和斜滑断层也常出现，例如，1995 年的日本神户地震 [151]，2002 年的美国加拿大德纳利地震 [152] 和 2008 年的中国汶川地震 [153]。场地土往往也不是均一的，例如，1999 年的土耳其伊兹米特地震 [154] 和 1999 年的台湾集集地震。再者，通过数值模拟和物理模型实验研究的开展，国内外学者均指出为更加精确地研究断层作用下埋地管道的破坏机理，在理论解析方法中必须考虑管土相互作用非线性的影响。同时，管道潜在破坏位置的预估、沿管道应变和变形的分布也对震后修理和更换管道非常重要。

8.2 改进解析方法的推导

在推导断层作用下埋地钢质管道反应分析的解析方法时，采用如下基本假定：①认为断层是一个倾斜平面，断层破碎带的宽度为零，断层与管道相交于一点；②管道钢本构模型为 Ramberg-Osgood 模型；③非线性管土相互作用采用美国生命线联盟 (ALA-ASCE) 推荐的理想弹塑性土弹簧模拟，具体参见 2.3.1 节；④忽略由土体自重引起的管道初始应力和由管道铺设引起的残余应力；⑤忽略管道、土体的惯性和断层错动速率的影响，认为断层错动速率足够缓慢；⑥忽略管道的局部屈曲和截面变形，故本方法不适用于计算使得埋地钢质管道发生压缩破坏的断层错动形式；⑦在进行弯曲反应分析时认为水平面与垂直面相互独立；⑧只考虑管道的轴向应力，忽略径向应力和环向应力。

本章方法适用于非均一场地土及使得管道发生拉伸破坏的任意断层错动形式，故关于断层与管道交叉点的对称性便不再满足。特殊物理量的定义如下：①管道几何伸长量，指根据断层错动量，按照几何方法得到的管道伸长量；②管道物理伸长量，指沿未锚固段管道轴向应变积分得到的管道伸长量；③管道未锚固长度，指管土之间发生相对滑动的管道长度，当然管道未锚固长度随断层错动量的增加而增加；④管道轴向应力，指仅由断层错动位移的轴向分量引起的管道横截面上的轴向应力；⑤管道轴向总应力，为管道横截面轴向应力与弯曲应力最大值之和。

8.2.1 弹性梁分析

为保证后续推导过程的连续性和表述简洁, 本节对如图 8.1 所示的弹性梁结构 AB 进行力学分析, 其中, q 为土体反力, δ 为 B 支座垂直位移, α 为 B 支座转角。图 8.1 中, 由于变形不一定反对称 (只有场地土均一水平面内弯曲分析, 变形才反对称), 故交叉点处的弯矩不一定为零; A 点为线弹性旋转弹簧, 同时对地连杆连接, 线弹性旋转弹簧刚度为 C_r, 下面详述求解 A 点的弯矩 M_A、剪应力 V_A 和 B 点的弯矩 M_B、剪应力 V_B。

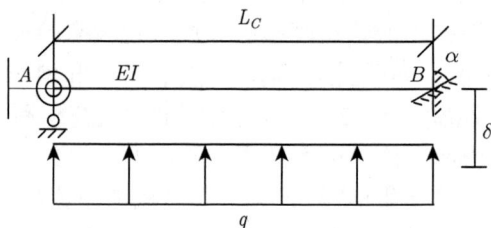

图 8.1　弹性梁示意图

如图 8.2 所示, 力法方程为

$$\begin{cases} \delta_{11}X_1 + \delta_{12}X_2 + \Delta_{1P} + \Delta_{1C} = -\dfrac{X_1}{C_r} \\[2mm] \delta_{21}X_1 + \delta_{22}X_2 + \Delta_{2P} + \Delta_{2C} = \alpha \end{cases} \tag{8.1}$$

式中: $\delta_{11} = \dfrac{1}{EI} \times \dfrac{1}{2} \times 1 \times L_C \times \dfrac{2}{3} = \dfrac{L_C}{3EI}$;

$$\delta_{12} = \delta_{21} = -\dfrac{1}{EI} \times \dfrac{1}{2} \times 1 \times L_C \times \dfrac{1}{3} = -\dfrac{L_C}{6EI};$$

$$\delta_{22} = \dfrac{1}{EI} \times \dfrac{1}{2} \times 1 \times L_C \times \dfrac{2}{3} = \dfrac{L_C}{3EI};$$

$$\Delta_{1P} = -\dfrac{1}{EI} \times \dfrac{2}{3} \times L_C \times \dfrac{1}{8}qL_C^2 \times \dfrac{1}{2} = -\dfrac{qL_C^3}{24EI};$$

$$\Delta_{2P} = \dfrac{1}{EI} \times \dfrac{2}{3} \times L_C \times \dfrac{1}{8}qL_C^2 \times \dfrac{1}{2} = \dfrac{qL_C^3}{24EI};$$

$$\Delta_{1C} = \dfrac{\delta}{L_C};$$

$$\Delta_{2C} = \dfrac{\delta}{L_C}.$$

将系数代入式 (8.1) 可解得

$$\begin{cases} X_1 = \dfrac{qC_{\mathrm{r}}L_C^4 - 72EI\delta C_{\mathrm{r}} + 24EIL_C\alpha C_{\mathrm{r}}}{12C_{\mathrm{r}}L_C^2 + 48EIL_C} \\[4mm] X_2 = \dfrac{-qC_{\mathrm{r}}L_C^5 - 72EI\delta C_{\mathrm{r}}L_C - 6EIqL_C^4 - 144E^2I^2\delta + 48EI\alpha C_{\mathrm{r}}L_C^2 + 144E^2I^2\alpha L_C}{12C_{\mathrm{r}}L_C^3 + 48EIL_C^2} \end{cases} \tag{8.2}$$

$$\begin{cases} M_A = X_1 = \dfrac{qC_{\mathrm{r}}L_C^4 - 72EI\delta C_{\mathrm{r}} + 24EIL_C\alpha C_{\mathrm{r}}}{12C_{\mathrm{r}}L_C^2 + 48EIL_C} \\[4mm] M_B = X_2 = \dfrac{-qC_{\mathrm{r}}L_C^5 - 72EI\delta C_{\mathrm{r}}L_C - 6EIqL_C^4 - 144E^2I^2\delta}{12C_{\mathrm{r}}L_C^3 + 48EIL_C^2} \\[4mm] \qquad\qquad\quad + \dfrac{48EI\alpha C_{\mathrm{r}}L_C^2 + 144E^2I^2\alpha L_C}{12C_{\mathrm{r}}L_C^3 + 48EIL_C^2} \end{cases} \tag{8.3}$$

如果场地土均一, 对于水平面内弯曲分析, 那么 $M_B = 0$ 恒成立, 则

$$\alpha = \frac{qC_{\mathrm{r}}L_C^5 + 72EI\delta C_{\mathrm{r}}L_C + 6EIqL_C^4 + 144E^2I^2\delta}{48EIC_{\mathrm{r}}L_C^2 + 144E^2I^2L_C} \tag{8.4}$$

由力的平衡方程可得

$$R_B L_C + M_A + M_B = qL_C \times \frac{1}{2}L_C \tag{8.5}$$

$$R_B = \frac{qC_{\mathrm{r}}L_C^5 + 5EIqL_C^4 + 24EI\delta C_{\mathrm{r}}L_C + 24E^2I^2\delta - 12EI\alpha C_{\mathrm{r}}L_C^2 - 24E^2I^2\alpha L_C}{2C_{\mathrm{r}}L_C^4 + 8EIL_C^3} \tag{8.6}$$

$$V_B = R_B \tag{8.7}$$

$$R_A + qL_C = R_B \tag{8.8}$$

$$R_A = \frac{-qC_{\mathrm{r}}L_C^5 - 3EIqL_C^4 + 24EI\delta C_{\mathrm{r}}L_C + 24E^2I^2\delta - 12EI\alpha C_{\mathrm{r}}L_C^2 - 24E^2I^2\alpha L_C}{2C_{\mathrm{r}}L_C^4 + 8EIL_C^3} \tag{8.9}$$

$$V_A = R_A \tag{8.10}$$

M_A, V_A, M_B, V_B 的方向见图 8.2(g)。

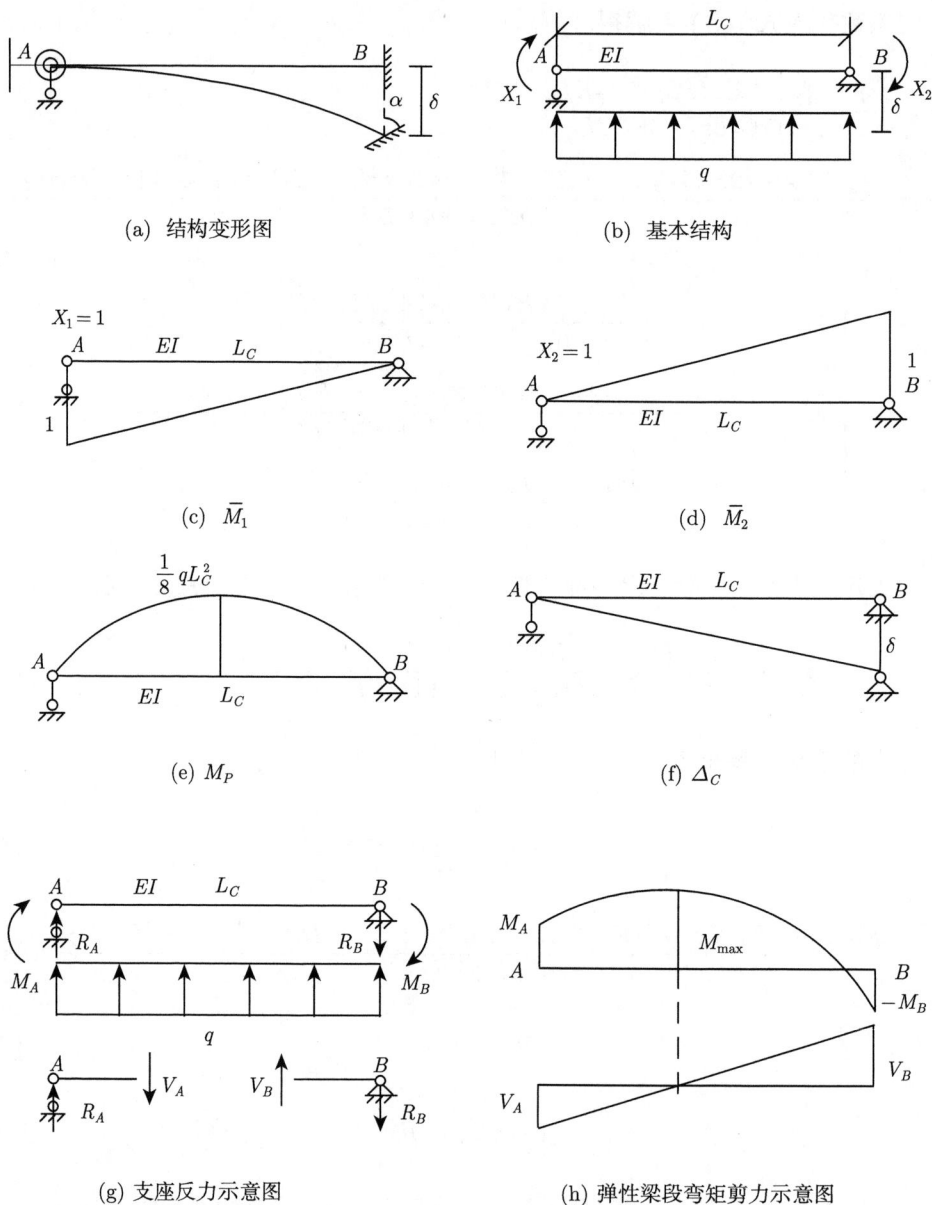

(a) 结构变形图

(b) 基本结构

(c) $\bar{M}_1$

(d) $\bar{M}_2$

(e) M_P

(f) Δ_C

(g) 支座反力示意图

(h) 弹性梁段弯矩剪力示意图

图 8.2   弹性梁力学分析示意图

8.2.2   变量说明

在推导过程中,下标 Ⅰ、Ⅱ 分别表示断层上盘和下盘,下标 H、V 分别表示水平面和垂直面;下标 $i=$ Ⅰ,Ⅱ,$j=$H,V。例如,W_{IH} 表示水平面内断层上盘的某一物理量。

为便于后续推导的描述，本小节从切线弹性模量–应力关系的角度，重新对管道钢 Ramberg-Osgood 本构模型进行表述如下：

$$\varepsilon_x = \frac{\sigma_x}{E_0}\left[1 + \frac{n}{1+r}\left(\frac{\sigma_x}{\sigma_y}\right)^r\right] \tag{8.11}$$

$$E_{\text{tan},x} = \frac{\mathrm{d}\sigma_x}{\mathrm{d}\varepsilon_x} = \frac{E_0\sigma_y^r}{\sigma_y^r + n\sigma_x^r} \tag{8.12}$$

式中：$E_{\text{tan},x}$—— 管道钢 Ramberg-Osgood 模型切线弹性模量。

本书后续的算例验证采用的是 API SPEC 5L X60 管道钢，其切线弹性模量和应力的关系曲线见图 8.3，相关参数见 7.2.2 节。由图 8.3 可见，切线弹性模量随工程应力的增加单调递减，故使用该模型在后续的非线性迭代过程中，每一个迭代步弹性模量均不同，保证迭代过程理论上绝对收敛。

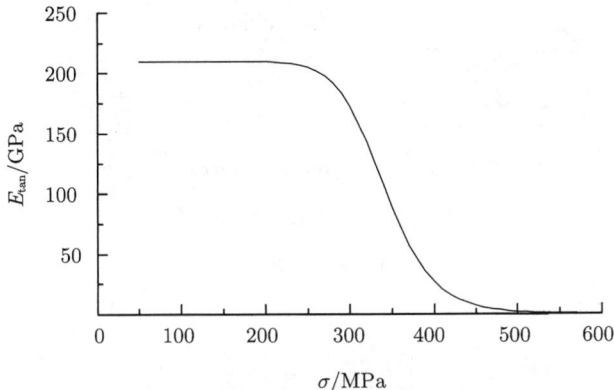

图 8.3 API SPEC 5L X60 管道钢 Ramberg-Osgood 模型切线弹性模量–应力关系

8.2.3 基于应力的解析方法

图 8.4 为断层及分解示意图。图中，α 为断层错动前水平面内管道与断层运动方向之间的夹角，β 为断层错动前垂直面内管道与断层运动方向之间的夹角，Δ_f 为断层错动位移，Δ_H 和 ΔY_V 分别为断层错动位移的水平向和垂直向分量，ΔX 和 ΔY_H 分别为水平面内沿管道轴向和水平横向的断层错动位移分量。为确保管道穿过断层发生拉伸破坏，应满足 $0 < \alpha, \beta < 90°$ 和 $\{\alpha = 0\} \cap \{\beta = 0\} = \varnothing$。

图 8.5、图 8.6 分别是断层作用下埋地管道水平面和垂直面分段示意图。如图所示，本章方法在水平面和垂直面均采用 Wang 和 Yeh 提出的特征点，将管道分为 4 段：特征点 B 是断层与管道的交叉点，特征点 A 为变形后管轴上距 B 点最

近且水平横向或垂直向管土相对位移为零的点。特征点 A' 位于距 A 点较远处，且水平横向或垂直向管土相对位移已充分衰减。L_A 为断层一侧水平面或垂直面内管土大变形段长度，$q(x)$ 为水平面或垂直面内管土大变形段管道单位长度水平横向或垂直向土弹簧受力。

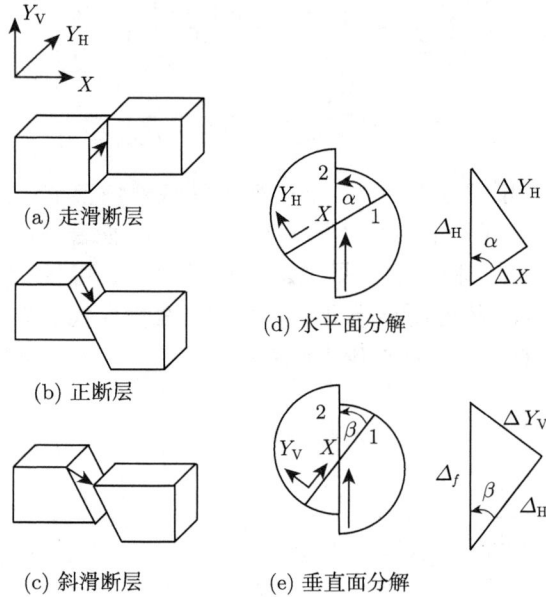

图 8.4   断层类型及分解

1-管线; 2-断层

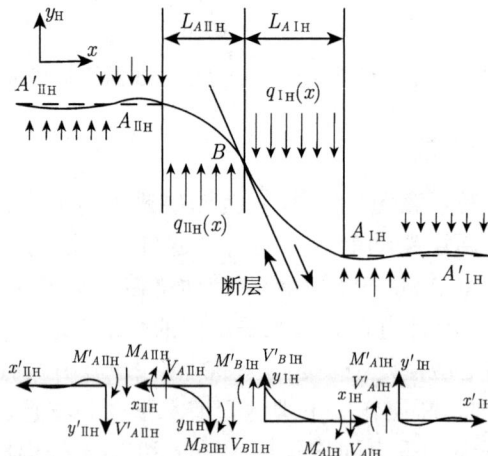

图 8.5   埋地管道水平面分段示意图

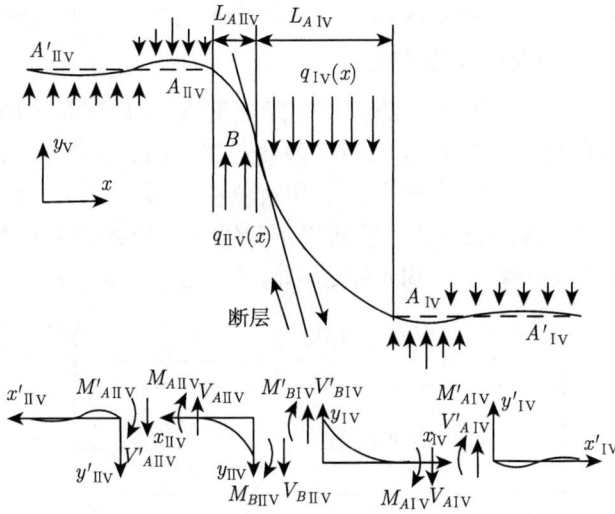

图 8.6 埋地管道垂直面分段示意图

1. 断层错动位移的分解

断层错动位移按照管轴方向 (X 向)、水平横向 (Y_H 向) 和竖向 (Y_V 向) 分解为

$$
\begin{cases}
\Delta X = \Delta_f \cos\beta \cos\alpha \\
\Delta Y_H = \Delta_f \cos\beta \sin\alpha \\
\Delta Y_V = \Delta_f \sin\beta
\end{cases}
\tag{8.13}
$$

2. 管道轴向反应分析

由我国《输油 (气) 钢质管道抗震设计规范》(SY/T0450—2004) 可知，管道几何伸长量为

$$
\Delta L_{\text{geo}} = \Delta X + \frac{\Delta Y_H^2 + \Delta Y_V^2}{2\sum\limits_{i=\text{I}}^{\text{II}} L_i} \approx \Delta X
\tag{8.14}
$$

式中：L_i—— 断层 i 侧管道未锚固长度。

由于 ΔY_H, ΔY_V 对管道几何伸长量的影响与 ΔX 相比很小，故为简化计算起见，忽略不计。

管道物理伸长量为 ΔL_{phy}：

$$
\Delta L_{\text{phy}} = \sum_{i=\text{I}}^{\text{II}} \int_0^{L_i} \varepsilon_i(L)\mathrm{d}L
\tag{8.15}
$$

式中：$\varepsilon_i(L)$—— 断层 i 侧管道未锚固长度上任意一点的轴向应变。

　　根据断层两侧管道未锚固段内轴向土弹簧状态又分为以下三种情况。

1) 假定断层两侧轴向土弹簧均未屈服

　　如图 8.7 所示，O_i 点为断层 i 侧管轴上距交叉点 B 最近且轴向管土相对位移为零的点；P_i 点为假想点，P_i 点处轴向土弹簧恰好屈服，O_iP_i 段管道伸长量为轴向土弹簧屈服位移 u_{0i}，即 P_i 点轴向管土相对位移为 u_{0i}；L_{0i} 为断层 i 侧轴向土弹簧未屈服段管道最大极限长度。由于断层两侧轴向土弹簧均未屈服，所以断层任意一侧 L_i 段管道的伸长量 ΔL_i 均不超过 u_{0i}，即 $\Delta L_i \leqslant u_{0i}$，$L_i \leqslant L_{0i}$。

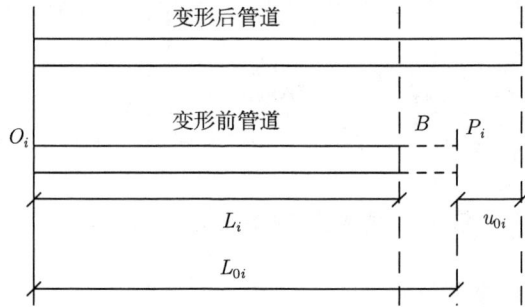

图 8.7　断层 i 侧管道未锚固段轴向伸长示意图 (断层两侧轴向土弹簧均未屈服)

　　假定 L_{0i} 段管道管土之间单位长度轴向土弹簧受力 (单位 N/m) 线性变化，用公式表示为

$$f_{Li} = \begin{cases} f_{si}\dfrac{x_i}{L_{0i}}, & (0 \leqslant x_i \leqslant L_{0i}) \\[3mm] f_{si}, & (x_i > L_{0i}) \end{cases} \tag{8.16}$$

式中：f_{Li}—— 断层 i 侧管道未锚固长度上任意一点管土之间单位长度轴向土弹簧受力；

　　　　f_{si}—— 断层 i 侧管道未锚固长度上任意一点管土之间单位长度轴向土弹簧屈服力。

　　由力的平衡方程可知：

$$\sigma_{aB} = \frac{f_{si}L_i^2}{2A_sL_{0i}} \tag{8.17}$$

式中：σ_{aB}—— 断层与管道交叉点的轴向应力；

　　　　A_s—— 管道横截面面积；

　　根据管道物理伸长量等于几何伸长量，式 (8.17) 中 L_{0i} 由 L_{0i} 段管道物理伸

长量 u_{0i} 求得，L_i 由 $\sum\limits_{i=\mathrm{I}}^{\mathrm{II}} L_i$ 段管道物理伸长量 ΔX 求得

$$u_{0i} = \frac{f_{si}L_{0i}^2}{2A_sE_0}\left[\frac{1}{3} + \frac{n}{(2r+3)(r+1)}\left(\frac{f_{si}L_{0i}}{2A_s\sigma_y}\right)^r\right] \tag{8.18}$$

$$\sum\limits_{i=\mathrm{I}}^{\mathrm{II}} \Delta L_i = \sum\limits_{i=\mathrm{I}}^{\mathrm{II}} \frac{f_{si}L_i^3}{2A_sL_{0i}E_0}\left[\frac{1}{3} + \frac{n}{(2r+3)(r+1)}\left(\frac{f_{si}L_i^2}{2A_sL_{0i}\sigma_y}\right)^r\right] = \Delta X \tag{8.19}$$

求解式 (8.17)~ 式 (8.19) 可得 L_{0i}，L_i，σ_{aB}，代入式 (8.19) 可得 $\Delta L_i(i = \mathrm{I}$，$\mathrm{II}$。如果 $\Delta L_i \leqslant u_{0i}$，则表明断层两侧轴向土弹簧均未屈服，管道轴向反应分析计算结束；否则，需继续计算下面过程。

2) 假定断层两侧轴向土弹簧均已部分发生屈服

由于轴向土弹簧已部分发生屈服，所以断层 i 侧 L_i 段管道的伸长量 ΔL_i 大于轴向土弹簧屈服位移 u_{0i}，即 $\Delta L_i > u_{0i}$，$L_i > L_{0i}$。如图 8.8 所示，为考虑轴向管土相互作用的非线性，把断层 i 侧未锚固段管道分为两部分，L_{0i} 和 L_{1i}，断层 i 侧管道的物理伸长量应该由这两部分的物理伸长量相加得到。L_{0i} 段轴向土弹簧未发生屈服，该段伸长量为轴向土弹簧屈服位移 u_{0i}；L_{1i} 段轴向土弹簧完全屈服。

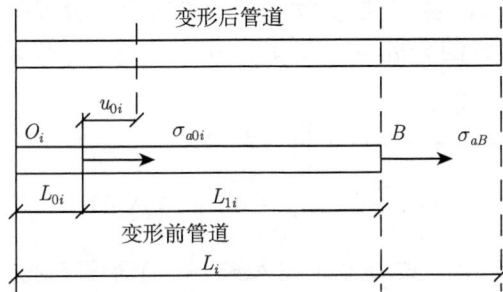

图 8.8 断层 i 侧管道未锚固段轴向伸长示意图 (断层两侧轴向土弹簧均已部分发生屈服)

由力的平衡方程可得 L_{0i}，L_{1i} 段分界点处的轴向应力 σ_{a0i}：

$$\sigma_{a0i} = \frac{f_{si}L_{0i}}{2A_s} \tag{8.20}$$

式中：L_{0i}—— 由式 (8.18) 求得。

由于 $L_{0i} \leqslant x_i \leqslant L_i$ 段轴向土弹簧完全屈服，所以有

$$L_i = L_{0i} + \frac{A_s}{f_{si}}\left(\sigma_{aB} - \sigma_{a0i}\right) \tag{8.21}$$

$L_{0i} \leqslant x_i \leqslant L_i$ 段管道物理伸长量 ΔL_{1i} 为

$$\Delta L_{1i} = \frac{A_s \sigma_y^2}{f_{si} E_0} \left\{ \frac{1}{2} \left[\left(\frac{\sigma_{aB}}{\sigma_y} \right)^2 - \left(\frac{\sigma_{a0i}}{\sigma_y} \right)^2 \right] \right.$$
$$\left. + \frac{n}{(r+1)(r+2)} \left[\left(\frac{\sigma_{aB}}{\sigma_y} \right)^{r+2} - \left(\frac{\sigma_{a0i}}{\sigma_y} \right)^{r+2} \right] \right\} \tag{8.22}$$

由管道物理伸长量与几何伸长量相等可得

$$\sum_{i=\mathrm{I}}^{\mathrm{II}} u_{0i} + \sum_{i=\mathrm{I}}^{\mathrm{II}} \Delta L_{1i} = \Delta X \tag{8.23}$$

联立式 (8.22) 和式 (8.23) 可得断层与管道交叉点处的轴向应力 σ_{aB},回代式 (8.21)、式 (8.22) 得到断层 i 侧管道未锚固段长度 L_i 和 $L_{0i} \leqslant x_i \leqslant L_i$ 段管道物理伸长量 ΔL_{1i}。如果 $\Delta L_{1i} > 0$,则断层两侧轴向土弹簧均已部分发生屈服,管道轴向反应分析计算结束;否则,应按下面过程继续计算。

3) 断层一侧轴向土弹簧已部分发生屈服而另一侧未屈服

由于本章方法考虑了非均一场地土,若上述情形均不满足,则必定断层一侧轴向土弹簧已部分发生屈服而另一侧未屈服。在实际问题中,可依据断层两侧轴向土弹簧的特性具体确定,此处以断层上盘轴向土弹簧已部分发生屈服而下盘未屈服为例进行分析。断层上盘的分析与本小节 2) 相同,$i = \mathrm{I}$;断层下盘的分析与本小节 1) 相同,$i = \mathrm{II}$。

由管道物理伸长量与几何伸长量相等可得

$$u_{0\,\mathrm{I}} + \Delta L_{1\,\mathrm{I}} + \Delta L_{\mathrm{II}} = \Delta X \tag{8.24}$$

将式 (8.17)、式 (8.19)、式 (8.22) 代入式 (8.24) 求解可得 σ_{aB},进而得到 L_i。检验 $\Delta L_{1\,\mathrm{I}} > 0$、$\Delta L_{\mathrm{II}} \leqslant u_{0i}$ 是否成立。

3. 管道弯曲反应分析

1) AA' 段弹性地基梁分析

利用弹性地基梁理论对图 8.5 和图 8.6 中 AA' 段进行弯曲分析时,因管道变形较小,假定该段弹性模量为管道钢的初始弹性模量。平衡微分方程为

$$E_0 I y_{ij}^{(4)} + k_{ij} y_{ij} = 0 \tag{8.25}$$

式中:y_{ij}——断层 i 侧管道相对于土体 j 向位移;

k_{ij}——受力弹性地基的弹簧常数;

I—— 管道横截面惯性矩，$I = \dfrac{\pi}{64}\left(D^4 - d^4\right)$。

根据边界条件：当 $x_{ij} \to \infty$ 时，$y_{ij} \to 0$；当 $x_{ij} = 0$ 时，$y_{ij} = 0$；求解式 (8.25) 可得

$$y_{ij} = C_{4ij}\mathrm{e}^{-\lambda_{ij}x_{ij}}\sin\left(\lambda_{ij}x_{ij}\right) \tag{8.26}$$

式中：C_{4ij}—— 任意常数；

$$\lambda_{ij} = \sqrt[4]{\dfrac{k_{ij}}{4E_0 I}}\,。$$

由 $V_{Aij} = -E_0 I y_{Aij}'''$，$M_{Aij} = -E_0 I y_{Aij}''$，$\phi_{Aij} = y_{Aij}'$ 可知：

$$M_{Aij} = (2\lambda_{ij}E_0 I)\,\phi_{Aij} \tag{8.27}$$

$$V_{Aij} = -\lambda_{ij}M_{Aij} \tag{8.28}$$

式中：ϕ_{Aij}—— 断层 i 侧 j 平面内 A 点的转角；

M_{Aij}—— 断层 i 侧 j 平面内 A 点的弯矩；

V_{Aij}—— 断层 i 侧 j 平面内 A 点的剪应力。

2) AB 段弹性梁分析

如图 8.9 所示，由于断层与管道交叉点的对称性已不存在，故 B 点的弯矩不恒为零。A 点是一个线弹性旋转弹簧，由式 (8.27) 可知，线弹性旋转弹簧的刚度为 $C_{ij} = 2\lambda_{ij}E_0 I$，假定受力土弹簧对弹性梁施加均布荷载 q_{ij}，荷载大小与断层 i 侧错动位移的相应分量 δ_{ij} 成正比，且不超过管土之间单位长度上受力土弹簧的屈服力 q_{uij}，用下式表示：

$$q_{ij} = \begin{cases} k_{ij}\delta_{ij}, & \delta_{ij} \leqslant \Delta_{Pij} \\ q_{uij}, & \delta_{ij} > \Delta_{Pij} \end{cases} \tag{8.29}$$

式中：Δ_{Pij}—— 断层 i 侧 j 向土弹簧屈服位移；

δ_{ij}—— 等于断层 i 侧交叉点 B 的 j 向管土相对位移，即断层 i 侧 j 向最大管土相对位移。

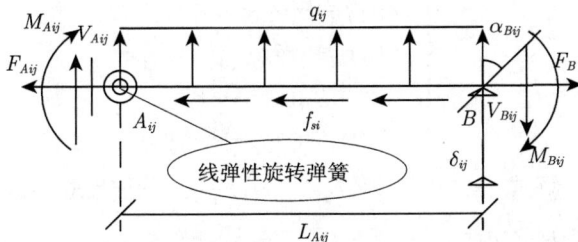

图 8.9　AB 段弹性梁理论受力示意图

采用弹性梁理论求解可得

$$M_{Aij} = \frac{q_{ij}C_{ij}L_{Aij}^4 - 72E_{ij}I\delta_{ij}C_{ij} + 24E_{ij}IL_{Aij}\alpha_{Bj}C_{ij}}{12C_{ij}L_{Aij}^2 + 48E_{ij}IL_{Aij}} \tag{8.30}$$

$$M_{Bij} = \frac{-q_{ij}C_{ij}L_{Aij}^5 - 6E_{ij}Iq_{ij}L_{Aij}^4 - 72E_{ij}I\delta_{ij}C_{ij}L_{Aij} - 144E_{ij}^2I^2\delta_{ij}}{12C_{ij}L_{Aij}^3 + 48E_{ij}IL_{Aij}^2}$$

$$+ \frac{48E_{ij}I\alpha_{Bj}C_{ij}L_{Aij}^2 + 144E_{ij}^2I^2\alpha_{Bj}L_{Aij}}{12C_{ij}L_{Aij}^3 + 48E_{ij}IL_{Aij}^2} \tag{8.31}$$

$$V_{Aij} = \frac{-q_{ij}C_{ij}L_{Aij}^5 - 3E_{ij}Iq_{ij}L_{Aij}^4 + 24E_{ij}I\delta_{ij}C_{ij}L_{Aij}}{2C_{ij}L_{Aij}^4 + 8E_{ij}IL_{Aij}^3}$$

$$+ \frac{24E_{ij}^2I^2\delta_{ij} - 12E_{ij}I\alpha_{Bj}C_{ij}L_{Aij}^2 - 24E_{ij}^2I^2\alpha_{Bj}L_{Aij}}{2C_{ij}L_{Aij}^4 + 8E_{ij}IL_{Aij}^3} \tag{8.32}$$

$$V_{Bij} = \frac{q_{ij}C_{ij}L_{Aij}^5 + 5E_{ij}Iq_{ij}L_{Aij}^4 + 24E_{ij}I\delta_{ij}C_{ij}L_{Aij}}{2C_{ij}L_{Aij}^4 + 8E_{ij}IL_{Aij}^3}$$

$$+ \frac{24E_{ij}^2I^2\delta_{ij} - 12E_{ij}I\alpha_{Bj}C_{ij}L_{Aij}^2 - 24E_{ij}^2I^2\alpha_{Bj}L_{Aij}}{2C_{ij}L_{Aij}^4 + 8E_{ij}IL_{Aij}^3} \tag{8.33}$$

式中：E_{ij}—— 弹性梁段的弹性模量，取断层 i 侧 j 向最大轴向总应力对应的切线弹性模量；

M_{Bij}—— 断层 i 侧 j 向上 B 点的弯矩；

V_{Bij}—— 断层 i 侧 j 向上 B 点的剪应力；

α_{Bj}——B 点在 j 平面内的转角。

根据 B 点的连续性条件并联立式 (8.28) 可得

$$\begin{cases} V_{Aij} = -\lambda_{ij}M_{Aij} \\ V_{B\mathrm{I}j} = V_{B\mathrm{II}j} \\ M_{B\mathrm{I}j} = M_{B\mathrm{II}j} \\ \delta_{\mathrm{I}\mathrm{H}} + \delta_{\mathrm{II}\mathrm{H}} = \Delta Y_{\mathrm{H}} \\ \delta_{\mathrm{I}\mathrm{V}} + \delta_{\mathrm{II}\mathrm{V}} = \Delta Y_{\mathrm{V}} \end{cases} \tag{8.34}$$

E_{ij} 确定后，求解式 (8.34) 可得 L_{Aij}，δ_{ij}，α_{Bj}，回代式 (8.30)~ 式 (8.33) 可得 M_{Aij}，V_{Aij}，M_{Bij}，V_{Bij}。

需要指出的是，在场地土均一水平面内弯曲分析 (比如场地土均一走滑断层) 时，由于水平面内管道变形呈反对称状，故 $M_{B\mathrm{H}} = 0$，此时管道与断层交叉点在水

平面内的转角 α_{BH} 为

$$\alpha_{BH} = \frac{q_{i\mathrm{H}}C_{i\mathrm{H}}L_{Ai\mathrm{H}}^5 + 6E_{i\mathrm{H}}Iq_{i\mathrm{H}}L_{Ai\mathrm{H}}^4 + 72E_{i\mathrm{H}}I\delta_{i\mathrm{H}}C_{i\mathrm{H}}L_{Ai\mathrm{H}} + 144E_{i\mathrm{H}}^2I^2\delta_{i\mathrm{H}}}{48E_{i\mathrm{H}}IC_{i\mathrm{H}}L_{Ai\mathrm{H}}^2 + 144E_{i\mathrm{H}}^2I^2L_{Ai\mathrm{H}}} \quad (8.35)$$

此即场地土均一走滑断层作用下埋地管道与断层交叉点处的转角。

4. 管道轴向总应力最大值的确定

根据以往地震破坏的调查情况可知，管道发生破坏的位置一般位于管土大变形段，Wang 等的结论也与此一致。因此，本书在求解管道轴向总应力最大值及其位置时，着重考虑弹性梁段，即 $x_{ij} \in [0, L_{Aij}]$。

1) 弯曲应力分析

如图 8.10 所示，由管道的弯矩平衡方程可得 $0 \leqslant x_{ij} \leqslant L_{Aij}$ 段任意一点管道外表面弯曲应力 σ_{x1ij} 为

$$\sigma_{x1ij} = \frac{M_{xij}D}{2I} = \frac{D}{2I}\left[-M_{Aij} - V_{Aij}\left(L_{Aij} - x_{ij}\right) - \frac{1}{2}q_{ij}\left(L_{Aij} - x_{ij}\right)^2\right] \quad (8.36)$$

式中：M_{xij}——$0 \leqslant x_{ij} \leqslant L_{Aij}$ 段任意一点的弯矩。

由 $\sigma'_{x1ij} = 0$，$\sigma''_{x1ij} = -\dfrac{Dq_{ij}}{2I} < 0$ 可知，断层 i 侧 j 平面上管道的弯曲应力最大值位置为

$$x_{1ij\,\mathrm{max}} = L_{Aij} + \frac{V_{Aij}}{q_{ij}} \quad (8.37)$$

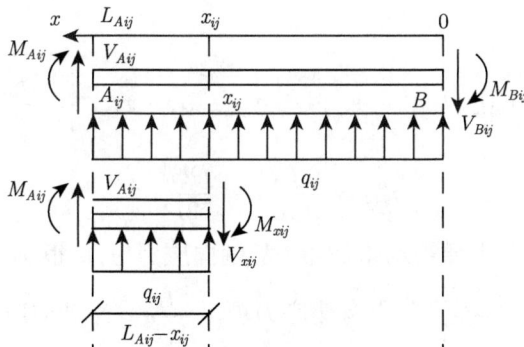

图 8.10　弹性梁段弯曲分析受力示意图

将式 (8.37) 代入式 (8.36) 得到断层 i 侧 j 平面上管道弯曲应力最大值为

$$\sigma_{x1ij\,\mathrm{max}} = \frac{D}{2I}\left(-M_{Aij} + \frac{V_{Aij}^2}{2q_{ij}}\right) \quad (8.38)$$

由式 (8.32) 及图 8.9 可知, $V_{Aij} \leqslant 0$。因此由式 (8.37) 得 $0 \leqslant x_{1ij\,\max} \leqslant L_{Aij}$ 必然成立, 即弯曲应力最大值点必定位于管土大变形段, 上述弯曲分析的表达合理。

2) 轴向总应力

同以往工作一致, 本书亦认为轴向应力最大值位于断层与管道交叉点。在进行轴向总应力分析时, 根据断层错动模式和轴向土弹簧屈服情况, 分为以下六种情况:

(1) 正断层 $(j = V)$ 和走滑断层 $(j = H)$。

当断层两侧轴向土弹簧均未屈服时, L_{Aij} 段轴向土弹簧未屈服, 见图 8.11, 重写式 (8.16) 如下:

$$f_{Li} = \frac{f_{si}(L_i - x_{ij})}{L_{0i}} \quad (0 \leqslant x_{ij} \leqslant L_i) \tag{8.39}$$

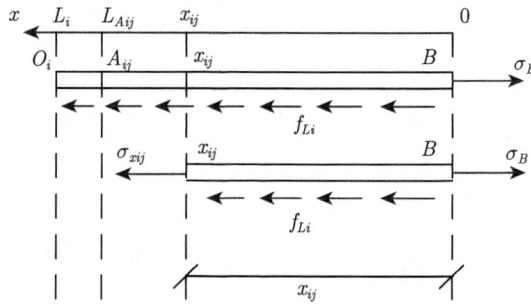

图 8.11　管道未锚固段轴向分析受力示意图 (断层两侧轴向土弹簧均未屈服)

将轴向应力和弯曲应力相加, 得到 $0 \leqslant x_{ij} \leqslant L_{Aij}$ 段任意一点的轴向总应力 σ_{tij} 为

$$\sigma_{tij} = \frac{D}{2I}\left[-M_{Aij} - V_{Aij}(L_{Aij} - x_{ij}) - \frac{1}{2}q_{ij}(L_{Aij} - x_{ij})^2\right] + \frac{f_{si}(L_i - x_{ij})^2}{2A_sL_{0i}} \tag{8.40}$$

$$\sigma''_{tij} = \frac{f_{si}}{A_sL_{0i}} - \frac{Dq_{ij}}{2I} \tag{8.41}$$

由于断层两侧轴向土弹簧均未屈服, 故轴向应力 σ_{xij} 很小, 弯曲应力 σ_{x1ij} 占支配地位, 式 (8.41) 中 $-\dfrac{Dq_{ij}}{2I}$ 为弯曲应力项, $\dfrac{f_{si}}{A_sL_{0i}}$ 为轴向应力项, 所以 $\sigma''_{tij} = \dfrac{f_{si}}{A_sL_{0i}} - \dfrac{Dq_{ij}}{2I} < 0$。由 $\sigma'_{tij} = 0$, $\sigma''_{tij} < 0$, 可得 $0 \leqslant x_{ij} \leqslant L_{Aij}$ 段管道轴向总应力最大值位置为

$$x_{ij\,\max} = \frac{\dfrac{DV_{Aij}}{2I} + \dfrac{Dq_{ij}L_{Aij}}{2I} - \dfrac{f_{si}L_i}{A_sL_{0i}}}{\dfrac{Dq_{ij}}{2I} - \dfrac{f_{si}}{A_sL_{0i}}} \tag{8.42}$$

将式 (8.42) 代入式 (8.40) 得到管道轴向总应力最大值为

$$\sigma_{tij\,\mathrm{max}} = \frac{D}{2I}\left[-M_{Aij} - V_{Aij}\left(L_{Aij} - x_{ij\,\mathrm{max}}\right) - \frac{1}{2}q_{ij}\left(L_{Aij} - x_{ij\,\mathrm{max}}\right)^2 \right]$$
$$+ \frac{f_{si}\left(L_i - x_{ij\,\mathrm{max}}\right)^2}{2A_s L_{0i}} \tag{8.43}$$

当断层两侧轴向土弹簧均已部分发生屈服，由于 L_{Aij} 段距断层与管道的交叉点最近且较短，故认为 L_{Aij} 段轴向土弹簧完全屈服，如图 8.12 所示。

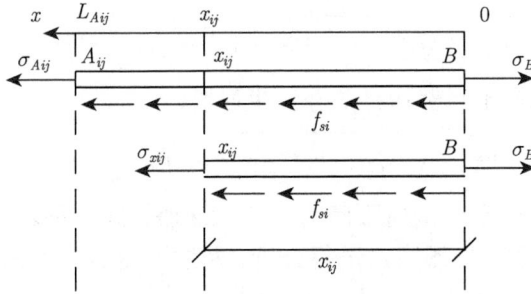

图 8.12　弹性梁段轴向分析受力示意图 (断层两侧轴向土弹簧均未屈服)

将轴向应力和弯曲应力相加得到 $0 \leqslant x_{ij} \leqslant L_{Aij}$ 段管道轴向总应力 σ_{tij} 为

$$\sigma_{tij} = \frac{D}{2I}\left[-M_{Aij} - V_{Aij}\left(L_{Aij} - x_{ij}\right) - \frac{1}{2}q_{ij}\left(L_{Aij} - x_{ij}\right)^2 \right] + \sigma_{aB} - \frac{f_{si}}{A_s}x_{ij} \tag{8.44}$$

由 $\sigma'_{tij} = 0$, $\sigma''_{tij} = -\dfrac{Dq_{ij}}{2I} < 0$, 可知 $0 \leqslant x_{ij} \leqslant L_{Aij}$ 段管道轴向总应力最大值位置为

$$x_{ij\,\mathrm{max}} = \frac{V_{Aij}}{q_{ij}} + L_{Aij} - \frac{2f_{si}I}{A_s D q_{ij}} \tag{8.45}$$

将式 (8.45) 代入式 (8.44) 得到 $0 \leqslant x_{ij} \leqslant L_{Aij}$ 段管道轴向总应力最大值为

$$\sigma_{tij\,\mathrm{max}} = \frac{D}{2I}\left[-M_{Aij} - V_{Aij}\left(L_{Aij} - x_{ij\,\mathrm{max}}\right) - \frac{1}{2}q_{ij}\left(L_{Aij} - x_{ij\,\mathrm{max}}\right)^2 \right]$$
$$+ \sigma_{aB} - \frac{f_{si}}{A_s}x_{ij\,\mathrm{max}} \tag{8.46}$$

当断层一侧轴向土弹簧屈服而另一侧未屈服时，同 8.2.3 节 2，仍然以断层上盘轴向土弹簧已屈服、断层下盘未屈服为例进行分析。断层上盘的分析见式 (8.44)~ 式 (8.46)，$i = $ Ⅰ；断层下盘的分析见式 (8.39)~ 式 (8.43)，$i = $ Ⅱ。

(2) 斜滑断层。

将水平面和垂直面弯曲应力合成可得 $0 \leqslant x_i \leqslant L_{Ai} = \min\{L_{Aij}\}(j = \mathrm{H}, \mathrm{V})$ 段任意一点管道弯曲总应力 σ_{x1i} 为

$$\sigma_{x1i} = \sqrt{\sigma_{x1i\mathrm{H}}^2 + \sigma_{x1i\mathrm{V}}^2} \tag{8.47}$$

式中：$\sigma_{x1i\mathrm{H}}$，$\sigma_{x1i\mathrm{V}}$—— 由式 (8.36) 可得。

将轴向应力和弯曲总应力叠加得到 $0 \leqslant x_i \leqslant L_{Ai}$ 段任意一点的管道轴向总应力 σ_{ti}。同上，根据轴向土弹簧屈服情况分为三类：

对于断层两侧轴向土弹簧均未屈服，

$$\sigma_{ti} = \sqrt{\sigma_{x1i\mathrm{H}}^2 + \sigma_{x1i\mathrm{V}}^2} + \frac{f_{si}(L_i - x_i)^2}{2A_s L_{0i}} \tag{8.48}$$

对于断层两侧轴向土弹簧均已部分发生屈服，

$$\sigma_{ti} = \sqrt{\sigma_{x1i\mathrm{H}}^2 + \sigma_{x1i\mathrm{V}}^2} + \sigma_{aB} - \frac{f_{si}}{A_s} x_i \tag{8.49}$$

对于断层一侧轴向土弹簧屈服而另一侧未屈服，同上仍然以断层上盘轴向土弹簧已屈服，断层下盘未屈服为例进行分析。断层上盘的分析见式 (8.49)，$i = \mathrm{I}$；断层下盘的分析见式 (8.48)，$i = \mathrm{II}$。

由 $\sigma_{ti}' = 0$，$\sigma_{ti}'' < 0$，可得断层 i 侧管道轴向总应力最大值 $\sigma_{ti\,\mathrm{max}}$ 及其在管轴上的位置 $x_{i\,\mathrm{max}}$。

3) 轴向总应力最大值点的位置

(1) 正断层 $(j = \mathrm{V})$ 和走滑断层 $(j = \mathrm{H})$。

如前所述，管道弯曲应力最大值点为 $x_{1ij\,\mathrm{max}} = L_{Aij} + \dfrac{V_{Aij}}{q_{ij}} \leqslant L_{Aij}$；轴向应力最大值点在断层与管道的交叉点处，即 $x = 0$。由式 (8.45) 可知，对于轴向土弹簧已部分发生屈服一侧，$0 \leqslant x_{ij\,\mathrm{max}} \leqslant x_{1ij\,\mathrm{max}} \leqslant L_{Aij}$ 显然成立；对于轴向土弹簧未屈服一侧，轴向总应力最大值点如式 (8.42) 所示，分母中的两项 $\dfrac{Dq_{ij}}{2I}$ 和 $-\dfrac{f_{si}}{A_s L_{0i}}$ 分别与弯曲应力和轴向应力相关。由于此时轴向应力 σ_{xij} 很小，弯曲应力 σ_{x1ij} 占支配地位，所以忽略轴向应力项式，(8.42) 可简化为

$$x_{ij\,\mathrm{max}} = \frac{V_{Aij}}{q_{ij}} + L_{Aij} - \frac{2f_{si}IL_i}{A_s L_{0i} D q_{ij}} \tag{8.50}$$

故 $0 \leqslant x_{ij\,\mathrm{max}} \leqslant x_{1ij\,\mathrm{max}} \leqslant L_{Aij}$ 也成立，管道轴向总应力最大值点位于弯曲应力最大值点和轴向应力最大值点之间。

(2) 斜滑断层。

在沿管轴方向，管道轴向总应力最大值点位于水平面内轴向总应力最大值点和垂直面内轴向总应力最大值点之间。如前所述，管道轴向总应力最大值点必位于弯曲应力最大值点和轴向应力最大值点之间。

图 8.13 为断层 i 侧管道轴向总应力最大值点所处截面, 图中的 $M_{iH}(x_{i\,max})$、$M_{iV}(x_{i\,max})$ 分别为水平面和垂直面弯矩。因此, 管道轴向总应力最大值点在管道截面上的位置可由 θ 确定。

$$\tan\theta = \frac{M_{iV}(x_{i\,max})}{M_{iH}(x_{i\,max})} = \frac{\sigma_{1iV}(x_{i\,max})}{\sigma_{1iH}(x_{i\,max})} \tag{8.51}$$

式中: $\sigma_{1iH}(x_{i\,max})$——断层 i 侧管道轴向总应力最大值点所处截面水平面弯曲应力, 将 $x_{i\,max}$ 代入式 (8.36) 可得;

$\sigma_{1iV}(x_{i\,max})$——断层 i 侧管道轴向总应力最大值点所处截面垂直面弯曲应力, 将 $x_{i\,max}$ 代入式 (8.36) 可得。

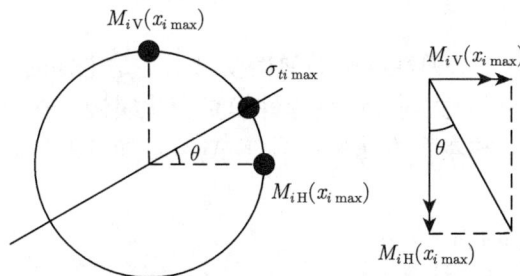

图 8.13 断层 i 侧管道轴向总应力最大值点所处截面

对于正断层、走滑断层和斜滑断层, 分别比较 $\sigma_{tiV\,max}$, $\sigma_{tiH\,max}$, $\sigma_{ti\,max}(i = I, II)$ 可得管道轴向总应力最大值 $\sigma_{t\,max}$ 及其位置。由上述分析可知, 本书认为断层错动作用下管道潜在破坏位置位于轴向总应力最大点处, 而不是 Wang 和 Yeh 方法中提出的弹性地基梁和弹性梁的连接点或断层与管道的交叉点, 也不是 Karamitros 方法所提出的弯矩最大截面处。

5. 计算步骤

场地土非均一断层错动作用下埋地钢质管道应力分析方法的计算过程如下:

(1) 断层错动位移分解, 得到断层错动位移沿管道轴向、水平横向及垂直向分量, 见式 (8.13);

(2) 根据管道几何伸长量等于物理伸长量并考虑轴向管土相互作用的非线性和管道钢的 Ramberg-Osgood 本构模型, 确定断层两侧管道未锚固段长度和 B 点的轴向应力;

(3) 分别在水平面和垂直面运用弹性地基梁理论求解 AA' 段, 得到相应平面 A 点的弯矩、剪应力和转角之间的关系, 如式 (8.27)、式 (8.28) 所示;

(4) 以 A 点的弯矩、剪应力和转角之间的关系作为边界条件, 对水平面和垂直

面内的 AB 段应用弹性梁理论进行分析, 得到相应平面 A 点和 B 点的弯矩、剪应力, 见式 (8.30)~ 式 (8.33);

(5) 利用平衡方程分别求解断层两侧水平面和垂直面内的管道轴向总应力最大值和最大值位置, 见式 (8.46)、式 (8.45);

(6) 根据所得断层两侧水平面和垂直面内的轴向总应力最大值修正各自平面内弹性梁段的弹性模量, 重复计算步骤 (4)、(5) 直到收敛完成;

(7) 对于正断层、走滑断层和斜滑断层, 分别比较 $\sigma_{ti\mathrm{V\,max}}$, $\sigma_{ti\mathrm{H\,max}}$, $\sigma_{ti\,\mathrm{max}}(i = \mathrm{I}, \mathrm{II})$, 得到管道轴向总应力最大值和最大值位置;

(8) 将轴向总应力最大值回代管道钢的 Ramberg-Osgood 模型得到轴向总应变最大值, 轴向总应变最大值点即管道潜在破坏点。

6. 非线性方程迭代方法

计算步骤 (4)、(5) 中, 弹性梁段的弹性模量 E_{ij} 是未知的, 需迭代求解。如图 8.3 所示, 在应力较小或较大时, 切线弹性模量变化缓慢。若迭代进入此段, 采用简单迭代法收敛缓慢, 故本章方法采用具有 Aitken 加速的 Steffensen 迭代法。现简述如下:

(1) 取初始值 $\sigma_{tij\,\mathrm{max},0} = \sigma_{aB}$;

(2) 取 $k = 0, 1, 2, \cdots$, 计算:

$$\begin{cases} \sigma_{k1ij} = \varphi\left(\sigma_{tij\,\mathrm{max},k}\right) \\ \sigma_{k2ij} = \varphi\left(\sigma_{k1ij}\right) \end{cases} \tag{8.52}$$

$$\sigma_{tij\,\mathrm{max},k+1} = \sigma_{k2ij} - \frac{\left(\sigma_{k2ij} - \sigma_{k1ij}\right)^2}{\sigma_{k2ij} - 2\sigma_{k1ij} + \sigma_{tij\,\mathrm{max},k}} \tag{8.53}$$

式中: σ_{k1ij}, σ_{k2ij}——第 k 个迭代步中的中间变量;

$\sigma_{tij\,\mathrm{max},k}$, $\sigma_{tij\,\mathrm{max},k+1}$——第 k 个迭代步中的起始和终止变量;

φ——迭代过程, 即上述的计算步骤 (4)、(5)。如此迭代, 直到收敛完成为止。

本章方法以相对误差来定义收敛完成, 即 $\left| \dfrac{\sigma_{tij\,\mathrm{max},k+1} - \sigma_{tij\,\mathrm{max},k}}{\sigma_{tij\,\mathrm{max},k}} \right| \leqslant \varepsilon$, ε 为容许极限。

8.2.4　基于应变的解析方法

8.2.3 节基于管道钢 Ramberg-Osgood 本构模型给出了断层作用下埋地钢质管道应力分析方法, 引入了水平横向和垂直向土弹簧受力为均布荷载这一假定, 本小节将放弃上述假定, 提出断层作用下埋地钢质管道应变分析方法。

图 8.14、图 8.15 分别是断层作用下埋地管道水平面和垂直面分段示意图。图中各物理量的含义与图 8.5、图 8.6 相同，区别仅在于管土大变形段管道水平横向和垂直向土弹簧受力依据其变形给出，较为严密地考虑了管土相互作用的非线性。

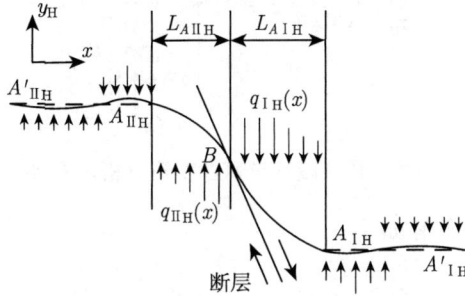

图 8.14　埋地管道水平面分段示意图

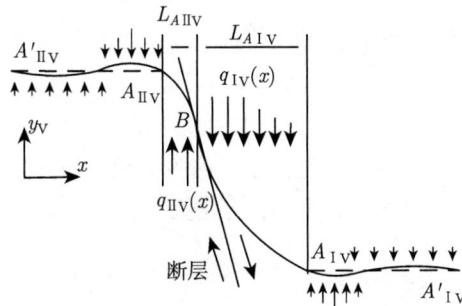

图 8.15　埋地管道垂直面分段示意图

1. 断层错动位移的分解和管道轴向反应分析

此处的分析过程与 8.2.3 节 1. 和 2. 完全一致，得到断层两侧管道未锚固段长度 L_i 和断层与管道交叉点处的轴向应力 σ_{aB}。

2. 管道的弯曲变形分析

1) AA' 段弹性地基梁分析

利用弹性地基梁理论对图 8.14 和图 8.15 中 AA' 段进行弯曲分析时，因管道变形较小，假定管道弹性模量为管道钢的初始弹性模量。在图 8.16 $x_{ij}A_{ij}y'_{ij}$ 坐标系下，平衡微分方程为

$$E_0 I y_{ij}^{(4)} + k_{ij} y_{ij} = 0 \tag{8.54}$$

式中：y_{ij}——断层 i 侧管道相对于土体 j 向位移；

k_{ij}——断层 i 侧 j 向弹性地基的弹簧常数；

I——管道横截面的惯性矩，$I = \dfrac{\pi}{64}\left(D^4 - d^4\right)$。

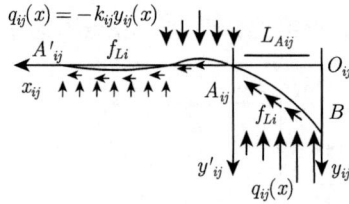

图 8.16 $A'B$ 段管道弯曲变形分析示意图

求解式 (8.54) 得到通解如下：

$$
\begin{aligned}
y_{ij} =& \mathrm{e}^{\lambda_{0ij}x_{ij}}\left[C_{1ij}\cos\left(\lambda_{0ij}x_{ij}\right) + C_{2ij}\sin\left(\lambda_{0ij}x_{ij}\right)\right] \\
&+ \mathrm{e}^{-\lambda_{0ij}x_{ij}}\left[C_{3ij}\cos\left(\lambda_{0ij}x_{ij}\right) + C_{4ij}\sin\left(\lambda_{0ij}x_{ij}\right)\right]
\end{aligned} \tag{8.55}
$$

式中：C_{1ij}，C_{2ij}，C_{3ij}，C_{4ij}——未知常数；

$$
\lambda_{0ij} = \sqrt[4]{\frac{k_{ij}}{4E_0 I}}。
$$

根据边界条件：当 $x_{ij} \to \infty$ 时，$y_{ij} \to 0$；当 $x_{ij} = 0$ 时，$y_{ij} = 0$；可得 $C_{1ij} = C_{2ij} = 0$，$C_{3ij} = 0$。由此式 (8.55) 转化为

$$
y_{ij} = C_{4ij}\mathrm{e}^{-\lambda_{0ij}x_{ij}}\sin\left(\lambda_{0ij}x_{ij}\right) \tag{8.56}
$$

如图 8.16 所示，$x_{ij}O_{ij}y_{ij}$ 坐标系下，式 (8.56) 转化为

$$
y_{ij} = C_{4ij}\mathrm{e}^{-\lambda_{0ij}(x_{ij}-L_{Aij})}\sin\left[\lambda_{0ij}\left(x_{ij} - L_{Aij}\right)\right] \quad (x_{ij} \geqslant L_{Aij}) \tag{8.57}
$$

2) AB 段水平横向和垂直向弯曲分析

根据水平横向和垂直向土弹簧状态分为下述两种情况。

当水平横向或垂直向土弹簧未屈服时，$\delta_{ij} \leqslant \Delta_{Pij}$，$\Delta_{Pij}$ 为断层 i 侧 j 向土弹簧屈服位移，如图 8.17 所示。与 8.2.3 节相同，采用弹性地基梁理论，在 $x_{ij}O_{ij}y_{ij}$ 坐标系下得通解为

$$
\begin{aligned}
y_{ij} =& \mathrm{e}^{\lambda_{ABij}x_{ij}}\left[D_{1ij}\cos\left(\lambda_{ABij}x_{ij}\right) + D_{2ij}\sin\left(\lambda_{ABij}x_{ij}\right)\right] \\
&+ \mathrm{e}^{-\lambda_{ABij}x_{ij}}\left[D_{3ij}\cos\left(\lambda_{ABij}x_{ij}\right) + D_{4ij}\sin\left(\lambda_{ABij}x_{ij}\right)\right]
\end{aligned} \tag{8.58}
$$

式中：$D_{1ij} \sim D_{4ij}$——未知常数；

$$
\lambda_{ABij} = \sqrt[4]{\frac{k_{ij}}{4E_{ABij}I}}。
$$

E_{ABij}——断层 i 侧 j 平面内 AB 段弹性模量，取断层 i 侧 j 平面上 AB 段轴向总应变最大值所对应的管道钢 Ramberg-Osgood 模型切线弹性模量。

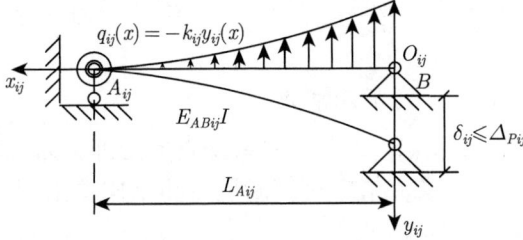

图 8.17 管土大变形段示意图 (水平横向或垂直向土弹簧未屈服)

因此，断层 i 侧 j 向管土相对位移为

$$
y_{ij} = \begin{cases}
\mathrm{e}^{\lambda_{ABij}x_{ij}}[D_{1ij}\cos(\lambda_{ABij}x_{ij}) + D_{2ij}\sin(\lambda_{ABij}x_{ij})] \\
+\mathrm{e}^{-\lambda_{ABij}x_{ij}}[D_{3ij}\cos(\lambda_{ABij}x_{ij}) + D_{4ij}\sin(\lambda_{ABij}x_{ij})], & 0 \leqslant x_{ij} < L_{Aij} \\
C_{4ij}\mathrm{e}^{-\lambda_{0ij}(x_{ij}-L_{Aij})}\sin[\lambda_{0ij}(x_{ij} - L_{Aij})], & x_{ij} \geqslant L_{Aij}
\end{cases}
\tag{8.59}
$$

式中：未知数共八个，分别为 D_{1ij}，D_{2ij}，D_{3ij}，D_{4ij}，C_{4ij}，L_{Aij}，E_{ABij}，λ_{ABij}。

当水平横向或垂直向土弹簧已部分发生屈服时，$\delta_{ij} > \Delta_{Pij}$，$D$ 点水平横向或垂直向土弹簧恰好屈服，如图 8.18 所示。DB 段 $(0 \leqslant x_{ij} < L_{Dij})$ 水平横向或垂直向土弹簧完全屈服，采用弹性梁理论分析，在 $x_{ij}O_{ij}y_{ij}$ 坐标系下的平衡微分方程为

$$
E_{DBij}Iy_{ij}^{(4)} + q_{uij} = 0
\tag{8.60}
$$

式中：E_{DBij}——断层 i 侧 j 平面内 DB 段弹性模量，取断层 i 侧 j 平面上 DB 段轴向总应变最大值所对应的管道钢 Ramberg-Osgood 模型切线弹性模量；

q_{uij}——断层 i 侧 j 平面管土之间单位长度水平横向或垂直向土弹簧屈服力。

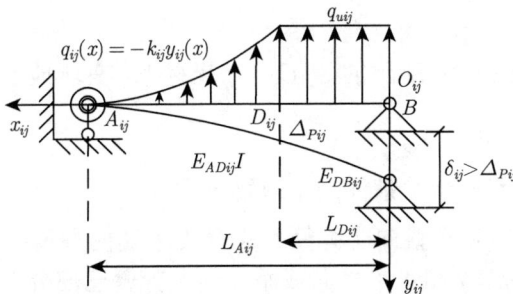

图 8.18 管土大变形段示意图 (水平横向或垂直向土弹簧已部分发生屈服)

求解式 (8.60) 得到通解如下：

$$y_{ij} = -\frac{q_{uij}}{24E_{DBij}I}x_{ij}^4 + \frac{1}{6}G_{1ij}x_{ij}^3 + \frac{1}{2}G_{2ij}x_{ij}^2 + G_{3ij}x_{ij} + G_{4ij} \tag{8.61}$$

式中：G_{1ij}，G_{2ij}，G_{3ij}，G_{4ij} 为未知常数。

AD 段 ($L_{Dij} \leqslant x_{ij} < L_{Aij}$) 水平横向或垂直向土弹簧未屈服，同上采用弹性地基梁理论进行分析。结合式 (8.57) 可得断层 i 侧 j 向管土相对位移为

$$y_{ij} = \begin{cases} -\dfrac{q_{uij}}{24E_{DBij}I}x_{ij}^4 + \dfrac{1}{6}G_{1ij}x_{ij}^3 + \dfrac{1}{2}G_{2ij}x_{ij}^2 + G_{3ij}x_{ij} + G_{4ij}, & 0 \leqslant x_{ij} < L_{Dij} \\[2mm] e^{\lambda_{ADij}x_{ij}}[H_{1ij}\cos(\lambda_{ADij}x_{ij}) + H_{2ij}\sin(\lambda_{ADij}x_{ij})] & \\ +e^{-\lambda_{ADij}x_{ij}}[H_{3ij}\cos(\lambda_{ADij}x_{ij}) + H_{4ij}\sin(\lambda_{ADij}x_{ij})], & L_{Dij} \leqslant x_{ij} < L_{Aij} \\[2mm] C_{4ij}e^{-\lambda_{0ij}(x_{ij}-L_{Aij})}\sin[\lambda_{0ij}(x_{ij}-L_{Aij})], & x_{ij} \geqslant L_{Aij} \end{cases} \tag{8.62}$$

式中：$\lambda_{ADij} = \sqrt[4]{\dfrac{k_{ij}}{4E_{ADij}I}}$；

　　　E_{ADij}——断层 i 侧 j 平面内 AD 段弹性模量，取断层 i 侧 j 平面上 AD 段轴向总应变最大值所对应的管道钢 Ramberg-Osgood 模型切线弹性模量。

式 (8.62) 中未知数共十四个，分别为 G_{1ij}，G_{2ij}，G_{3ij}，G_{4ij}，H_{1ij}，H_{2ij}，H_{3ij}，H_{4ij}，L_{Aij}，L_{Dij}，C_{4ij}，E_{DBij}，E_{ADij}，λ_{ADij}。

由此可得管道在断层 i 侧 j 平面上的实际 j 向位移 $\Delta_{\text{pipeline}ij}$ 为

$$\Delta_{\text{pipeline}ij} = y_{ij} + \Delta_{\text{soil}ij} \tag{8.63}$$

式中：$\Delta_{\text{soil}ij}$ 为断层 i 侧 j 平面上的土体 j 向位移，由所定义的坐标系和断层错动方式决定。

如果坐标系为如图 8.16 所示的 $x_{ij}O_{ij}y_{ij}$ 坐标系，在场地土均一走滑断层双盘对称错动作用下，$\Delta_{\text{soil}iH} = -\dfrac{1}{2}\Delta Y_{\text{H}}$。

3) 根据边界条件和连续性条件确定求解方程

依然根据水平横向和垂直向土弹簧状态分为下述两种情况：水平横向或垂直向土弹簧未屈服 (图 8.17) 和水平横向或垂直向土弹簧已部分发生屈服 (图 8.18)。

(1) 一侧水平横向或垂直向土弹簧未屈服。

根据 A 点的边界条件和连续性条件可得如下方程：

$$\begin{cases} y_{ij}\Big|_{A-} = 0 \\ y'_{ij}\Big|_{A+} = y'_{ij}\Big|_{A-} \\ -E_0 I y''_{ij}\Big|_{A+} = -E_{ABij} I y''_{ij}\Big|_{A-} \\ -E_0 I y'''_{ij}\Big|_{A+} = -E_{ABij} I y'''_{ij}\Big|_{A-} \end{cases} \tag{8.64}$$

B 点的相关条件：由于 B 点是断层两侧的分界点，因此根据断层另一侧水平横向或垂直向土弹簧状态又可分为如下两种情况：

①另一侧水平横向或垂直向土弹簧也未屈服 (检验条件 $\delta_{ij} \leqslant \Delta_{Pij}$)。

$$\begin{cases} \delta_{Ij} + \delta_{IIj} = \Delta YZ \\ y'_{Ij}\Big|_B = y'_{IIj}\Big|_B \\ -E_{ABIj} I y''_{Ij}\Big|_B = -E_{ABIIj} I y''_{IIj}\Big|_B \\ -E_{ABIj} I y'''_{Ij}\Big|_B = -E_{ABIIj} I y'''_{IIj}\Big|_B \end{cases} \tag{8.65}$$

式中：在水平横向分析时，$\Delta YZ = \Delta Y$；在垂直向分析时，$\Delta YZ = \Delta Z$。

②另一侧水平横向或垂直向土弹簧已部分发生屈服 (检验条件 $\delta_{Ij} \leqslant \Delta_{PIj}$，$\delta_{IIj} > \Delta_{PIIj}$)

$$\begin{cases} \delta_{Ij} + \delta_{IIj} = \Delta YZ \\ y'_{Ij}\Big|_B = y'_{Ij}\Big|_B \\ -E_{ABIj} I y''_{Ij}\Big|_B = -E_{DBIIj} I y''_{IIj}\Big|_B \\ -E_{ABIj} I y''''_{Ij}\Big|_B = -E_{DBIIj} I y'''_{IIj}\Big|_B \end{cases} \tag{8.66}$$

(2) 一侧水平横向或垂直向土弹簧已部分发生屈服。

根据 A 点的边界条件和连续性条件可得如下方程：

$$\begin{cases} y_{ij}\Big|_{A-} = 0 \\ y'_{ij}\Big|_{A+} = y'_{ij}\Big|_{A-} \\ -E_0 I y''_{ij}\Big|_{A+} = -E_{ADij} I y''_{ij}\Big|_{A-} \\ -E_0 I y'''_{ij}\Big|_{A+} = -E_{ADij} I y'''_{ij}\Big|_{A-} \end{cases} \tag{8.67}$$

根据 D 点的边界条件和连续性条件可得如下方程:

$$
\begin{cases}
y_{ij}\big|_{D+} = \Delta_{Pij} \\
y_{ij}\big|_{D-} = \Delta_{Pij} \\
y'_{ij}\big|_{D+} = y'_{ij}\big|_{D-} \\
-E_{ADij}Iy''_{ij}\big|_{D+} = -E_{DBij}Iy''_{ij}\big|_{D-} \\
-E_{ADij}Iy'''_{ij}\big|_{D+} = -E_{DBij}Iy'''_{ij}\big|_{D-}
\end{cases}
\tag{8.68}
$$

B 点的相关条件: 同上, 根据断层另一侧水平横向或垂直向土弹簧状态又分为如下两种情况:

①另一侧水平横向或垂直向土弹簧未屈服 (检验条件 $\delta_{\mathrm{I}j} > \Delta_{P\mathrm{I}j}$, $\delta_{\mathrm{II}j} \leqslant \Delta_{P\mathrm{II}j}$)。

$$
\begin{cases}
\delta_{\mathrm{I}j} + \delta_{\mathrm{II}j} = \Delta YZ \\
y'_{\mathrm{II}j}\big|_{B} = y'_{\mathrm{II}j}\big|_{B} \\
-E_{DB\,\mathrm{I}j}Iy''_{\mathrm{I}j}\big|_{B} = -E_{AB\,\mathrm{II}j}Iy''_{\mathrm{II}j}\big|_{B} \\
-E_{DB\,\mathrm{I}j}Iy'''_{\mathrm{I}j}\big|_{B} = -E_{AB\,\mathrm{II}j}Iy'''_{\mathrm{II}j}\big|_{B}
\end{cases}
\tag{8.69}
$$

②另一侧水平横向或垂直向土弹簧也已部分发生屈服 (检验条件 $\delta_{ij} > \Delta_{Pij}$)

$$
\begin{cases}
\delta_{\mathrm{I}j} + \delta_{\mathrm{I}j} = \Delta YZ \\
y'_{\mathrm{I}j}\big|_{B} = y'_{\mathrm{I}j}\big|_{B} \\
-E_{DB\,\mathrm{I}j}Iy''_{\mathrm{II}j}\big|_{B} = -E_{DB\mathrm{II}j}Iy''_{\mathrm{II}j}\big|_{B} \\
-E_{DB\,\mathrm{I}j}Iy'''_{\mathrm{II}j}\big|_{B} = -E_{DB\mathrm{II}j}Iy'''_{\mathrm{II}j}\big|_{B}
\end{cases}
\tag{8.70}
$$

3. 轴向总应变的确定

如前所述, 沿未锚固管道各点的轴向应力经式 (8.11) 得到各点的轴向应变; 各点的弯曲应变由各点的曲率求得, 即 $\varepsilon_{bxij} = y''_{ij}(x)\dfrac{D}{2}$。因此, 水平面或垂直面管道某一截面的最大轴向总应变由这一截面的轴向应变和弯曲应变相加得到

$$
\varepsilon_{txij} = \frac{\sigma_{axij}}{E_0}\left[1 + \frac{n}{1+r}\left(\frac{\sigma_{axij}}{\sigma_y}\right)^r\right] + y''_{ij}(x)\frac{D}{2}
\tag{8.71}
$$

式中：ε_{txij}—— 断层 i 侧 j 平面管道任意截面的最大轴向总应变。

1) 轴向土弹簧未屈服

如图 8.19 所示，沿未锚固段管道轴向土弹簧未屈服，重写式 (8.16) 如下：

$$f_{Li} = \frac{f_{si}(L_i - x_{ij})}{L_{0i}} \quad (0 \leqslant x_{ij} \leqslant L_i) \tag{8.72}$$

因此式 (8.71) 中，

$$\sigma_{axij} = \frac{1}{A_s} \int_{x_{ij}}^{L_i} f_{Li} \mathrm{d}x_{ij} = \frac{f_{si}(x_{ij} - L_i)^2}{2A_s L_{0i}} \quad (0 \leqslant x_{ij} \leqslant L_i) \tag{8.73}$$

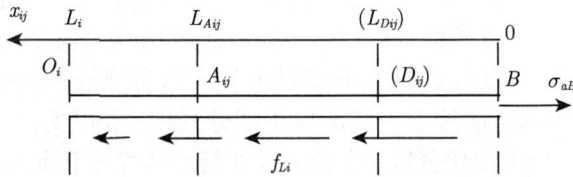

图 8.19 管土大变形段轴向分析受力示意图 (轴向土弹簧未屈服)

2) 轴向土弹簧已部分发生屈服

如图 8.20 所示，E 点为轴向土弹簧屈服临界点，$L_{Ei} = L_i - L_{0i}$。根据以往地震破坏的调查情况和有限元分析可知，无论水平横向或垂直向土弹簧是否屈服，管土大变形段轴向土弹簧均屈服，即 $L_{Ei} > L_{Aij}$ 始终成立。此时式 (8.71) 中，

$$\sigma_{axij} = \begin{cases} \sigma_{aB} - \dfrac{f_{si}x_{ij}}{A_s}, & 0 \leqslant x_{ij} \leqslant L_{Ei} \\[3mm] \dfrac{f_{si}(x_{ij} - L_i)^2}{2A_s L_{0i}}, & L_{Ei} \leqslant x_{ij} \leqslant L_i \end{cases} \tag{8.74}$$

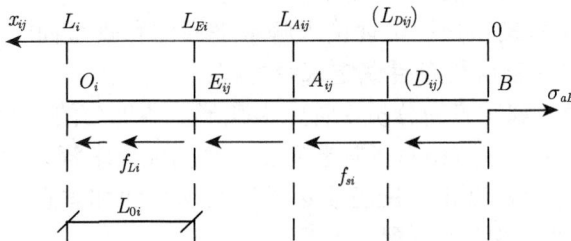

图 8.20 管土大变形段轴向分析受力示意图 (轴向土弹簧已部分发生屈服)

按照高等数学极值理论分析式 (8.71)，可得

$$\varepsilon'_{txij} = \frac{\sigma'_{axij}}{E_0} \left[1 + n \left(\frac{\sigma_{axij}}{\sigma_y} \right)^r \right] + y'''_{ij}(x) \frac{D}{2} = 0 \qquad (8.75)$$

求解式 (8.75) 得到断层 i 侧 j 平面内管土大变形段各部分管道轴向总应变最大值点 $x_{\max ij}$，回代式 (8.71)、式 (8.11)、式 (8.12) 可得相应管土大变形段各部分管道的轴向总应变最大值和弹性模量。

综上所述，根据轴向、水平横向和垂直向土弹簧是否屈服，在式 (8.11)、式 (8.12)、式 (8.64)~ 式 (8.71)、式 (8.73)~ 式 (8.75) 中选取相应的方程构成求解方程组，求解后回代式 (8.59)、式 (8.62)、式 (8.71) 可得水平面和垂直面管道任意一点的变形及内力解析式，也可得断层上下盘水平面和垂直面管道轴向总应变最大值及其位置。比较水平面和垂直面内断层上下盘管道轴向总应变最大值，得到管道轴向总应变最大值和最大值点，轴向总应变最大值点即为管道潜在破坏点。

上述在水平面和垂直面管土大变形段各部分采用求解方法相同的不同弹性模量的思想，适用于进一步细化分段，不但可以在管土大变形段细化，还可以在管土小变形段细化，增加分段可进一步提高解析解的精度。在符合精度要求的情况下，为简便起见，本书仅以水平横向或垂直向土弹簧是否屈服为依据，对管土大变形段进行分段，最多在相应平面上将管土大变形段分为两段。除此之外，在水平横向或垂直向上每增加一个分段，即增加五个独立非线性方程 (因为增加段的位置和长度已知)，分别用于表示增加段的弹性模量、分界点的位移、转角、弯矩、剪应力连续。因此，分段数越多，非线性方程组越复杂，求解越困难，但结果的精度越高。

4. 分析步骤

场地土非均一断层错动作用下埋地钢质管道应变分析方法的计算过程如下：

(1) 断层错动位移分解，得到断层错动位移的轴向、水平横向及垂直向分量；

(2) 根据管道几何伸长量等于物理伸长量并考虑轴向管土相互作用的非线性，确定断层两侧管道未锚固长度和 B 点的轴向应力；

(3) 运用弹性地基梁和弹性梁理论求解水平横向和垂直向管土相对位移表达式，并依据边界条件和连续性条件确定求解方程；

(4) 确定水平横向和垂直向分析中管土大变形段各部分的弹性模量；

(5) 根据轴向、水平横向和垂直向土弹簧的情况选择求解方程，确定管道水平横向和垂直向任意一点的变形与应变表达式以及水平面和垂直面内断层上下盘管道轴向总应变最大值和最大值位置；

(6) 比较水平面和垂直面内断层上下盘管道轴向总应变最大值，得到管道轴向总应变最大值和最大值点，轴向总应变最大值点即管道潜在破坏点。

8.3 改进解析方法的验证与分析

本节采用 Karamitros 方法和基于大型有限元分析软件 ADINA 的三维非线性有限元分析，对 8.2 节提出的改进解析方法进行验证。采用管壳单元建立管道有限元模型，其允许产生横截面椭圆化和翘曲。为模拟管土非线性相互作用，采用理想弹塑性弹簧单元，在每个管壳单元的两端连接轴向、水平横向和垂直向土弹簧。

8.3.1 基于应力解析方法的比较

1. 与 Karamitros 方法的比较

对于场地土均一走滑断层，采用 Karamitros 论文中的参数建立断层作用下埋地钢质管道分析模型，计算结果见图 8.21。Karamitros 方法和本章方法的计算结果与有限元分析结果均吻合较好。但随着断层错动量的增加，Karamitros 方法的计算结果偏于不安全，而本章方法的计算结果偏于保守。

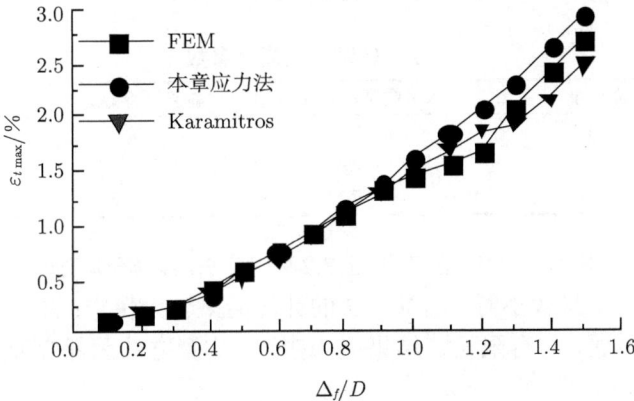

图 8.21 管道最大轴向总应变随断层错动量的变化

2. 与有限元法结果的比较

设置基本参数如下：管道外径 $D = 0.4$m；壁厚 $t = 9.5$mm；管道计算长度取 1200m；管道埋深 (地面到管道中轴线的距离) $H = 1.04$m；管壳单元长度为 1m，每个单元有 4 个节点，轴向有 5 个积分点，径向有 3 个积分点，环向有 24 个积分点。

土弹簧参数按照 ALA 规范计算 (详见 2.3.1 节)。松砂土：容重 16.7kN/m³，土体的内摩擦角 33°，内聚力 0 kPa；软黏土：容重 19.5kN/m³，土体的内摩擦角 0°，内聚力 40kPa；管道外表面涂层依赖因子取 0.7。土弹簧参数分别见表 8.1、表 8.2。

表 8.1　松砂土土弹簧参数

土弹簧参数	屈服力/(N/m)	屈服位移/m
轴向土弹簧	$6.982×10^3$	$5×10^{-3}$
水平横向土弹簧	$6.683×10^4$	$4.96×10^{-2}$
垂直隆起土弹簧	$1.355×10^4$	$2.08×10^{-2}$
垂直支撑土弹簧	$2.229×10^5$	$4×10^{-2}$

表 8.2　软黏土土弹簧参数

土弹簧参数	屈服力/(N/m)	屈服位移/m
轴向土弹簧	$4.905×10^4$	$1×10^{-2}$
水平横向土弹簧	$9.952×10^4$	$4.96×10^{-2}$
垂直隆起土弹簧	$8.32×10^4$	$8×10^{-2}$
垂直支撑土弹簧	$9.051×10^4$	$8×10^{-2}$

管道钢型号为 API SPEC 5L X60，Ramberg-Osgood 模型参数参见 7.2.2 节。相对误差界限 $\varepsilon = 1 \times 10^{-6}$。

断层作用下埋地钢质管道的各种工况参数见表 8.3。

表 8.3　各种工况断层参数

断层类别	断层错动量 Δ_f/m	水平面穿越角 α/(°)	垂直面穿越角 β/(°)	备注
走滑断层	10	70	0	上盘松砂土
正断层	5	0	30	下盘软黏土
斜滑断层	5	70	30	

本章方法和有限元法计算结果见图 8.22～ 图 8.24。整体来说，与有限元法结果相比，在断层错动量较小时，本章方法的计算结果较为保守；随着断层错动量的增加，保守现象减弱，与有限元法结果更为接近。本章方法因保守而较为精确的结果适于工程应用。

图 8.22 为场地土非均一走滑断层错动作用下管道轴向总应力应变峰值随断层错动量的变化情况。由图可见，随着断层错动量的增加，在 $\Delta_f < 1$m 时，管道轴向总应力和应变峰值迅速增大；在 $1\ \text{m} \leqslant \Delta_f \leqslant 3$m 时，增加极为缓慢；$\Delta_f > 3$m 后，应力稳步增加，应变快速增加。这是由于断层两侧水平横向土弹簧参数相差不大，在断层错动量达到一定范围时，出现应力释放和应力重新分配的结果。

图 8.23 为场地土非均一正断层错动作用下管道轴向总应力和应变峰值随断层错动量的变化情况。由表 8.1 和表 8.2 可见，与上述走滑断层两侧水平横向土弹簧相比，正断层两侧垂直向受力土弹簧 (即松砂土垂直隆起土弹簧和软黏土垂直支撑土弹簧) 参数相差更大，故随着断层错动量的增加，管道轴向总应力峰值稳步增大，总应变峰值基本是线性增加的。

图 8.24 为场地土非均一斜滑断层错动作用下管道轴向总应力和应变峰值随断层错动量的变化情况。由图可见，斜滑断层错动作用下管道轴向总应力和应变峰值呈现出走滑断层和正断层结果的组合形式。

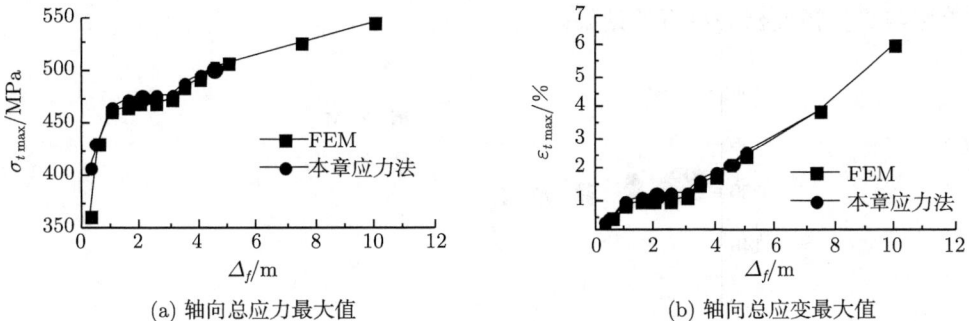

(a) 轴向总应力最大值   (b) 轴向总应变最大值

图 8.22 场地土非均一走滑断层 (应力方法)

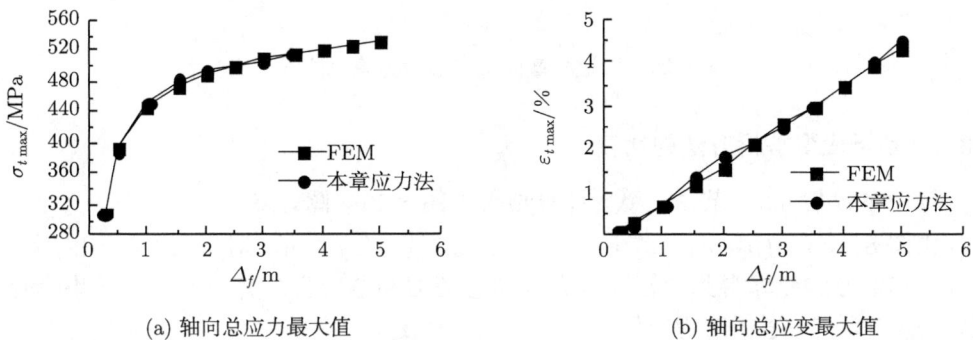

(a) 轴向总应力最大值   (b) 轴向总应变最大值

图 8.23 场地土非均一正断层 (应力方法)

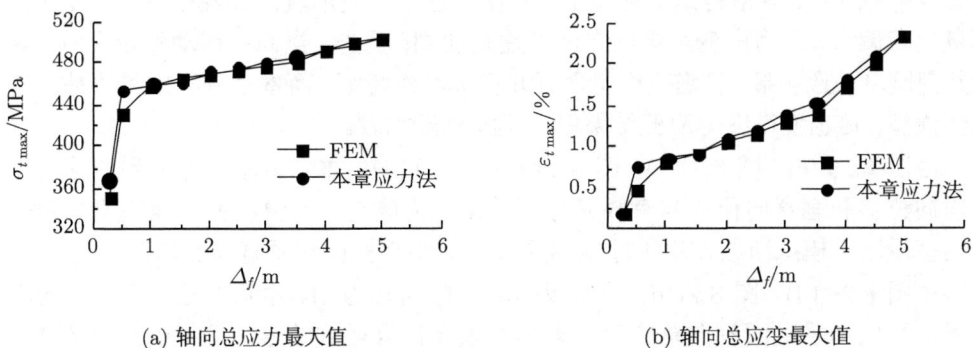

(a) 轴向总应力最大值   (b) 轴向总应变最大值

图 8.24 场地土非均一斜滑断层 (应力方法)

　　图 8.25 为场地土非均一斜滑断层错动作用下管道横截面轴向总应力峰值位置。在管道的横截面上，以 y_H 轴负向 (图 8.5) 为 $\theta = 0°$，且沿 x 轴 (图 8.5) 正向观察逆时针旋转为正。由图可见，本章方法计算结果与有限元分析结果较为吻合，这说明本章方法采用的水平面与垂直面 "解耦" 计算应力、"组合" 计算位置的形式可以给出与真实情况极为相近的结果。

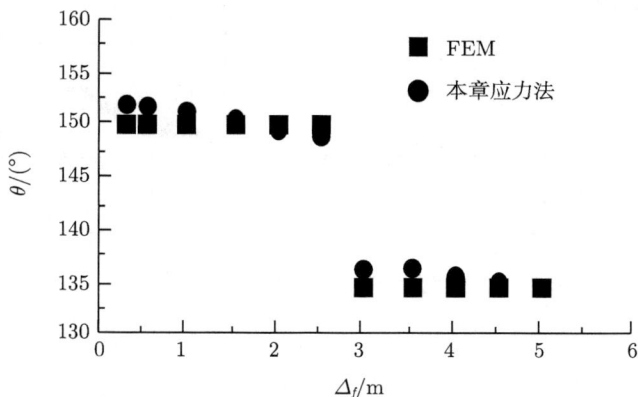

图 8.25　管道横截面轴向总应力峰值位置

8.3.2　基于应变解析方法的比较

　　算例参数与 8.3.1 节 2 一致，计算结果见图 8.26～ 图 8.28。

　　由图 8.26(a)、(b)，图 8.27(a)、(b)，图 8.28(a)、(b) 可见，对于表 8.3 中的所有工况，本章方法计算得到的管道最大轴向总应力和总应变与有限元计算结果吻合较好，偏于保守，适于工程应用。

　　随着断层错动量的增加，本章方法得到的管道最大轴向总应力和总应变逐渐偏大，且这种保守现象逐渐显著，这是由于在断层错动量较大时，依然取管道钢 Ramberg-Osgood 模型初始弹性模量 E_0 作为管土小变形段的弹性模量，该段弹性模量逐渐偏大，应力应变结果保守现象逐渐加剧；另外，当断层错动量较大时，管道几何刚度效应明显，管道变形呈现强几何非线性特征，而本章方法采用的是几何线性模型，这也使得应力应变结果保守现象逐渐加剧。

　　由图 8.26 (c)，图 8.27(c)，图 8.28 (c)、(d) 可见，本章方法计算得到的管道水平横向位移和垂直向位移与有限元分析结果极为吻合，这说明弹性地基梁和弹性梁模型适用于模拟断层作用下埋地钢质管道的水平横向和垂直向变形。

　　由图 8.26 (d)，图 8.27(d)，图 8.28 (e)、(f) 可以看出，本章方法计算得到的沿管道水平面和垂直面轴向总应变结果与有限元计算得到的管道受拉侧结果趋势一致，峰值出现位置极为吻合，均处于断层与管道交叉点附近的管土相互作用强的一侧，靠近断层与管道的交叉点。因此，本章方法可以预测使管道发生拉伸破坏的各种断层错动作用下埋地钢质管道的潜在破坏位置。

由图 8.28 (c)、(d)、(e)、(f) 可知，在斜滑断层错动作用下，本章方法计算得到的管道水平横向位移和垂直向位移以及水平面和垂直面轴向总应变峰值位置与有限元分析结果极为吻合，这说明本章方法假定的水平横向和垂直向独立分析具有一定的可行性。

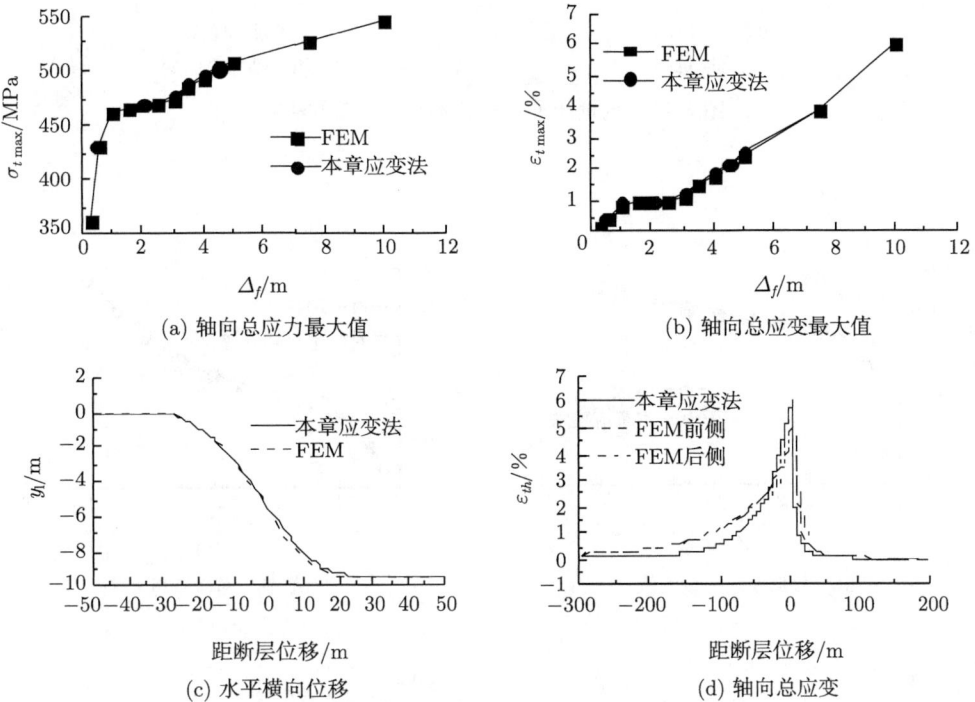

(a) 轴向总应力最大值

(b) 轴向总应变最大值

(c) 水平横向位移

(d) 轴向总应变

图 8.26　场地土非均一走滑断层 (应变方法)

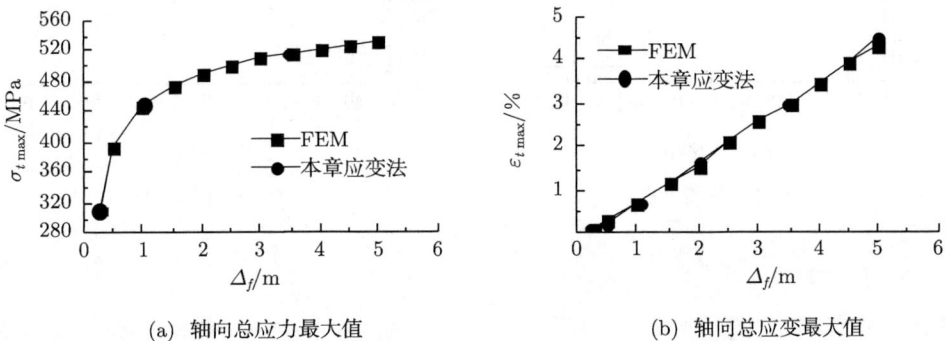

(a) 轴向总应力最大值

(b) 轴向总应变最大值

(c) 垂直向位移

(d) 轴向总应变

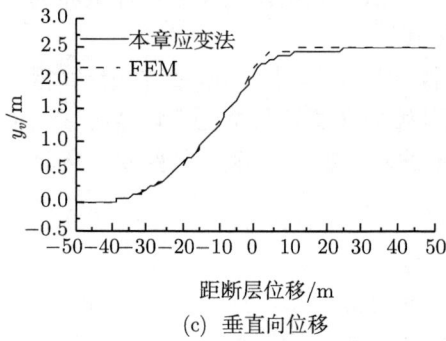

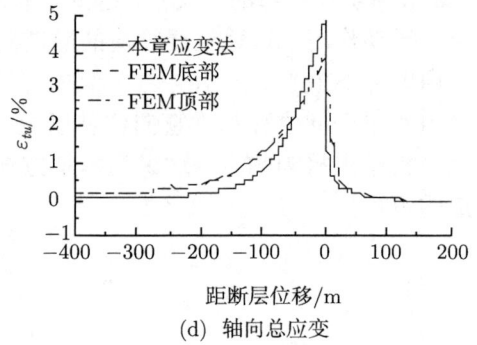

图 8.27　场地土非均一正断层 (应变方法)

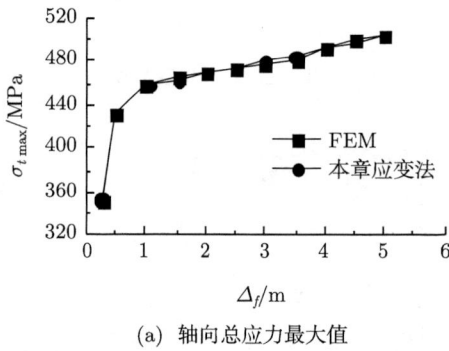

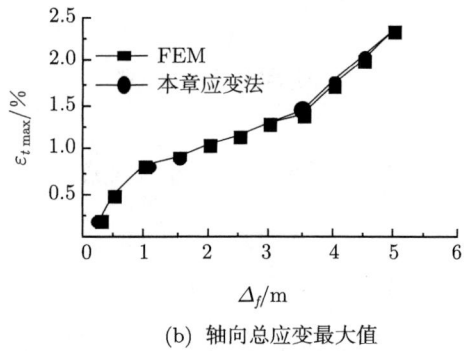

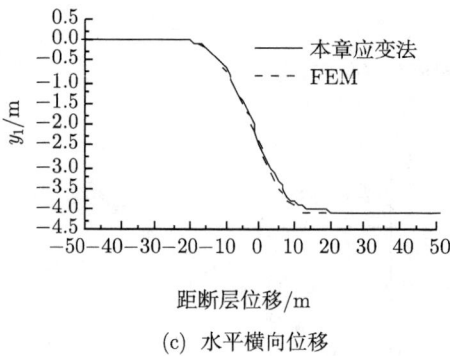

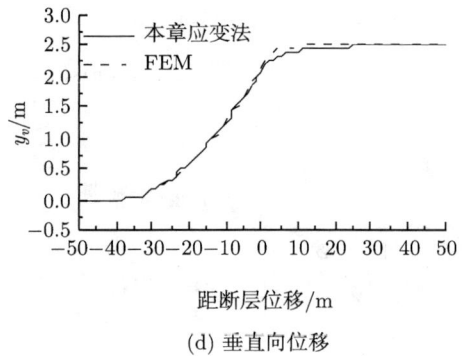

(a) 轴向总应力最大值

(b) 轴向总应变最大值

(c) 水平横向位移

(d) 垂直向位移

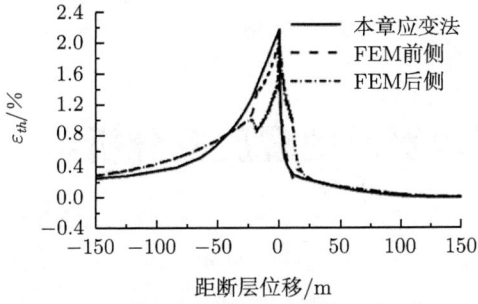

(e) 水平面轴向总应变

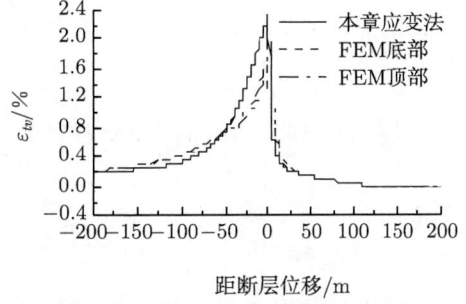

(f) 垂直面轴向总应变

图 8.28 场地土非均一斜滑断层 (应变方法)

第9章　滑坡作用下埋地管道地震反应分析

9.1　引　　言

地震滑坡的发生是地震和震区的地质、地貌、降雨、地下水等各种环境因素总体综合作用的结果。滑坡是指在边坡上的大量土体或岩体的边界产生剪切破坏。比如在重力或者其他力的作用下土体或岩体沿软弱面整体下滑，同所有的物理地质现象一样，滑坡是发生在一定的地貌、地形、地质、水文和气候条件下的。滑坡有很多不同的规模，其涉及的范围从几立方米的岩土物质小的下滑 (例如，在许多公路端面能观察到的) 到几平方公里和上百立方米地层的巨大滑动。

由于影响滑坡类型的因素很多，因而准确地确定滑坡的类型是相当复杂的。滑坡形式包括深层滑动和浅层滑动，滑坡与管轴线的相对位置包括纵向滑动、横向滑动和斜向滑动，同时滑动面各点的滑动位移也有不同，所以滑坡形式的合理简化是必要的，是提出理论模型的基础。

按滑坡和管线轴线相对位置分类，滑坡有三种理想化形式：①轴向滑坡：土体运动方向平行于管线轴向；②横向滑坡：土体运动方向与管线轴向垂直；③深层圆弧滑坡：土体滑动面类似于圆弧，管线沿土坡倾角方向铺设，土体运动对管线有轴向和横向的作用力。本章将分别探讨浅层轴向滑坡、浅层横向滑坡、深层圆弧滑坡，如图 9.1 所示。

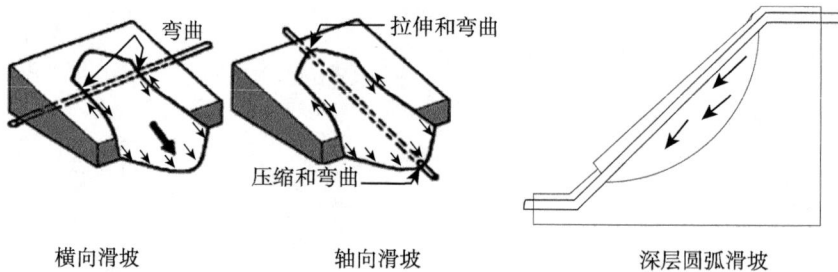

图 9.1　理想滑坡形式

埋地管线在地震作用下破坏形式可分为两大类，一类是管线破坏失效，其失效模式主要有以下三种：拉伸失效、局部屈曲失效和梁式弯曲失效 [155]。第二类是管线连接部位破坏失效，其破坏形式随连接方式的不同而不同，例如，承插接口较易发生脱离，焊接接口间易出现滑移，丝扣接口处则可能发生断裂。易发生滑坡的位置可根据地质方面的研究成果来确定, 而在实际工程中, 管线的连接部位都尽量避开此处。本章研究的是第一类破坏形式。地震引发的滑坡产生的土体运动, 使管道产生纵向应变和横向变形。管线周围土质软, 管道受拉超过极限, 管道会被拉坏; 土质很硬时, 则会剪切破坏; 压缩荷载下, 管道容易屈曲破坏。

第一类问题中, 管线拉伸失效的主要特征是在埋地管线的失效位置处, 管壁被拉长变薄, 有较明显的颈缩现象, 最严重者是管线被拉断。

屈曲是指结构在受压过程中, 当荷载达到某一值时结构由稳定状态突然进入不稳定状态。管线局部屈曲失效是指管壁的一些部位在承受压应力时出现失稳现象, 表现在管壁出现皱褶起纹。如果荷载进一步加大, 较大的几何扭曲将集中发生在这些失稳的部位, 最终产生环管壁的裂缝。

管线的梁式弯曲失效与欧拉 (Euler) 柱屈曲相似, 发生梁式屈曲时, 管线产生屈曲变形的长度较大, 影响范围也大。梁式屈曲也是因管线受压造成的, 它与局部屈曲失效最大的不同是虽然相当长的管线离开原来的埋置位置, 甚至拱出地表, 但管子没有破裂, 管线的输送功能没被破坏。正因为如此, 其失效准则较难以确定。研究发现, 此种情况的发生与管道抗弯刚度、埋置深度和管线布设方案的某些缺陷有关。当管线埋置深度较浅, 且回填土较疏松时, 梁式屈曲往往发生。避免其发生则必须保证管子有一定的埋置深度, 但此深度也不能过大, 否则, 将出现局部屈曲失效。

断层运动、滑坡等整体地面运动是可能导致屈曲的大压应变的最大可能因素, 这是准静态现象。在接近震中的地区, 地震的动应变也可能导致屈曲。但 Lee, Ariman 和 Chen[156] 证明这一问题用静力分析即可。

本章研究的管线没有初始缺陷, 不考虑梁式屈曲 (整体屈曲) 这一变形模式, 主要研究轴心受拉变形和轴心受压下的局部屈曲。本章的理论主要参考文献 [157]。

9.2 轴向滑坡作用下埋地管道反应分析

钢管的韧性极好, 能够承受较大的应变。通常极限拉应变取 4%[158,159], 大于该值即认为管道已发生拉裂破坏。管道的抗震设计一般只需验算沿管轴向的应变, 即轴力应变与弯曲应变的组合。

9.2.1 轴向滑坡下埋地管线受力分析

1. 力学模型和基本假设

受轴向滑坡作用的管线计算模型如图 9.2 所示, 滑坡段的管线上部受拉伸作用, 下部受压缩作用, 这种情况下管线容易发生拉伸失效, 当管内的轴向拉伸应变超过管材的屈服值，管道易发生应力集中现象，导致管子发生瓶颈式大变形拉伸直至断裂。在滑坡端部管线易在土体集中压力作用下发生局部屈曲。

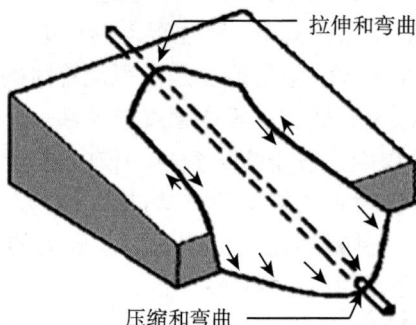

图 9.2   轴向滑坡下管线计算模型图

1) 基本假设

① 管线处于弹性阶段，不发生屈服；

② 土体沿管线下滑量相同；

③ 除周围土壤之外，管道没有任何其他外部支撑。

2) 力学模型

在研究埋地管线的大变形时，应当采用土的非线性计算模型，能使管线大变形的计算结果精度有很大提高，更符合实际工程应用要求[160]。

当埋地管线发生纵向位移时，管道与土体之间可能形成弹性结合、弹性-塑性结合以及由土体边界层形成极限状态的结合，即在管道发生大变形 (大的纵向位移) 的整个过程中，管道纵向位移与土体对管周的剪切力的关系可分为三段。第一段，阻力和位移之间存在着几乎是线性的关系，这是土应力状态的第一阶段 —— 压实阶段，土体具有弹性体的性质；第二段，阻力与位移之间的正比关系被破坏，此时弹性变形部分减少，残余变形增大，即开始出现塑性变形，在曲线中体现为滞后环；第三段，纵向位移增大而阻力保持不变，即土处于极限平衡阶段，管土之间建立起了塑性联系。

因此，纵向位移时管道与土之间相互作用的定性性质可描述为：在出现极限平衡状态之前，土体发生变形，且剪应力是位移的函数；当位移继续增长时，剪应力保持不变，其最大值受土的剪应力限制，最小值是结构的摩擦力。

为了分析计算方便，实际应用中常需对由实验数据拟合的非线性模型进行线性化处理，这样才能满足工程的需要。本章土体采用理想弹塑性模型。

图 9.3 为管体所受单位长度轴向力 t 与管土间相对位移 Δ 之间的关系，此双线性关系代表土弹簧的理想弹塑性模型，由管土交界面处单位长度最大摩擦力 t_u，

初始刚度即轴向弹性地基模数 K_L 和最大弹性管土相对位移 D_L 确定。土反力 t 由下式给出：

$$t = K_L \left(u_L - \delta_L \right) \pi d \tag{9.1}$$

式中：u_L—— 管线轴向位移；

$\quad\quad \delta_L$—— 管线轴向土体位移；

$\quad\quad d$—— 管道外直径。

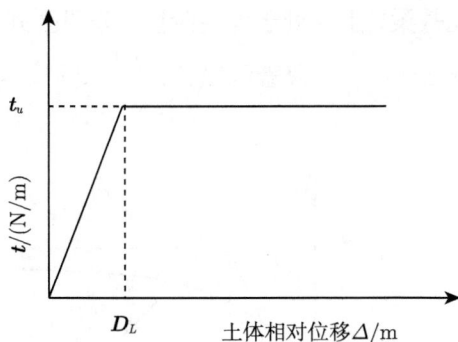

图 9.3 管土相互作用关系

当管线发生大位移，即管道处于极限平衡段 (塑性工作段) 时，轴向土体极限反力 t_u 与管土轴向位移的关系为

$$t_u = K_L D_L \pi d \tag{9.2}$$

2. 轴向滑坡下管线变形广义解

管线变形方程可由二阶平衡微分方程解得

弹性土中： $\quad EA\dfrac{\mathrm{d}^2(u_L - \delta_L)}{\mathrm{d}x^2} = t \tag{9.3}$

塑性土中： $\quad EA\dfrac{\mathrm{d}^2(u_L - \delta_L)}{\mathrm{d}x^2} = t_u \tag{9.4}$

式中：E—— 钢管弹性模量，N/m^2；

$\quad\quad A$—— 钢管横截面积；

$\quad\quad x$—— 沿管线的距离。

土体为弹性时解得管线轴向位移方程：

$$u_L = c_1 \mathrm{e}^{\lambda_L x} + c_2 \mathrm{e}^{-\lambda_L x} + \delta_L \tag{9.5}$$

式中：$\lambda_L = \left(\dfrac{K_L \pi d}{EA} \right)^{\frac{1}{2}}$。

土体为塑性阶段时，广义解为

$$u_L = \frac{1}{2}\lambda^2 D_L x^2 + k_1 x + k_2 \tag{9.6}$$

式中：c_1，c_2，k_1，k_2——待定系数。

1) $|u_L - \delta_L| < D_L$ 时的管道反应

管线可看作弹性地基梁，土体处于弹性阶段，分四区间讨论，取对称模型，管线变形见图 9.4：$\left(-\infty < x < \dfrac{L}{2} \right)$ 段管线受拉，$\left(\dfrac{L}{2} < x < +\infty \right)$ 段管线受压。

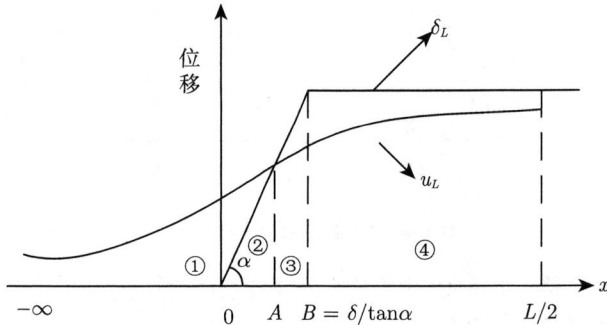

图 9.4　轴向滑坡 $|u_L - \delta_L| < D_L$ 时管线变形

假定 $x = 0$ 处，土体运动位移由 0 到 δ 呈角度 α 渐变，以代替瞬变可能带来的应变不连续。

区域①：$\delta_L = 0$，即 $u_L < D_L$ 时，管道位于稳定、弹性土区域，$(-\infty < x < 0)$，控制方程：

$$\frac{\mathrm{d}^2(u_1 - 0)}{\mathrm{d}x^2} = \lambda_L^2 (u_1 - 0) \tag{9.7}$$

区域②：$\delta_L > 0$ 时，管道位于非稳定、弹性土区域，$(0 < x < A)$，控制方程：

$$\frac{\mathrm{d}^2(u_2 - x\tan(\alpha))}{\mathrm{d}x^2} = \lambda_L^2 (u_2 - x\tan(\alpha)) \tag{9.8}$$

区域③：$\delta_L > 0$ 时，管道位于非稳定、弹性土区域，$(A < x < B)$，控制方程：

$$\frac{\mathrm{d}^2(x\tan\alpha - u_3)}{\mathrm{d}x^2} = \lambda_L^2 (x\tan\alpha - u_3) \tag{9.9}$$

区域④: $\delta_L > 0$ 时,管道位于非稳定、弹性土区域, $\left(B < x < \dfrac{L}{2}\right)$, 控制方程:

$$\frac{\mathrm{d}^2(\delta_L - u_4)}{\mathrm{d}x^2} = \lambda_L^2(\delta_L - u_4) \tag{9.10}$$

引入边界条件分别为: ① $x = -\infty, u_L = 0$; ② $x = 0$ 时, u_L, u_L' 连续; ③ $x = A$ 时, u_L, u_L' 连续; ④ $x = B$ 时, u_L, u_L' 连续。

沿管线轴向力平衡方程:

$$\sum N = \sum \int_{-\infty}^{\frac{L}{2}} K_L(\pi d)(u_L - \delta_L)\mathrm{d}x = 0 \tag{9.11}$$

通过以上公式计算的管线应变在 A 处达到最大值:

$$\varepsilon_{\max} = \left(u_0 - \frac{\tan\alpha}{2\lambda}\right)\lambda \mathrm{e}^{\frac{-\ln\left(-1+\frac{2u_0\lambda}{\tan\alpha}\right)\lambda}{2}} - \frac{\tan\alpha}{2}\mathrm{e}^{\frac{\lambda\ln\left(-1+\frac{2u_0\lambda}{\tan\alpha}\right)}{2}} + \tan\lambda \tag{9.12}$$

$$u_0 = \frac{\tan\alpha}{2\lambda}\left[-\mathrm{e}^{\frac{\frac{\lambda}{2}\ln\left(L-\frac{2\delta}{\tan\alpha}\right)}{2}} + \mathrm{e}^{\lambda\frac{L}{2}} + \mathrm{e}^{-\lambda\frac{L}{2}} - \mathrm{e}^{\frac{-\frac{\lambda}{2}\ln\left(L-\frac{2\delta}{\tan\alpha}\right)}{2}} + 2\right] \Big/ \left(1 + \mathrm{e}^{\lambda\frac{L}{2}}\right) \tag{9.13}$$

式中: u_0——$x = 0$ 处管线轴向位移。

2) $|u_L - \delta_L| > D_L$ 时的管道反应

部分土体进入塑性阶段,产生极限抗力 R_f, 按土体材料属性和运动状态可分为四区间讨论,如图 9.5 所示。

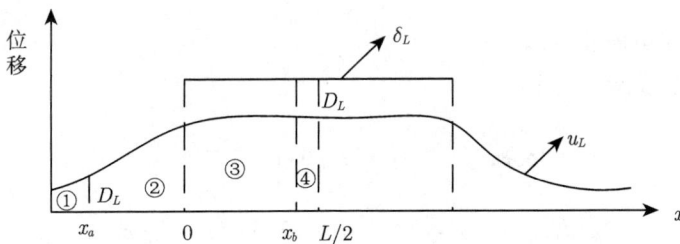

图 9.5 轴向滑坡 $|u_L - \delta_L| > D_L$ 时管线变形

区域①: $\delta_L = 0$, $|u_L - \delta_L| < D_L$ 即 $u_L < D_L$ 时, 管道位于稳定、弹性土区域, $(-\infty < x < x_a)$, 控制方程:

$$\frac{\mathrm{d}^2(u_1 - 0)}{\mathrm{d}x^2} = \lambda_L^2(u_1 - 0) \tag{9.14}$$

区域②：$\delta_L = 0$，$|u_L - \delta_L| > D_L$ 即 $u_L > D_L$ 时，管道位于稳定、塑性土区域，$(x_a < x < 0)$，控制方程：

$$\frac{\mathrm{d}^2(u_2 - 0)}{\mathrm{d}x^2} = \lambda_L^2 D_L \tag{9.15}$$

区域③：$\delta_L > 0, |u_L - \delta_L| > D_L$ 时，管道位于非稳定、塑性土区域，$(0 < x < x_b)$，控制方程：

$$\frac{\mathrm{d}^2(u_3 - \delta_L)}{\mathrm{d}x^2} = -\lambda_L^2 D_L \tag{9.16}$$

区域④：$\delta_L > 0, |u_L - \delta_L| < D_L$ 时，管道位于非稳定、弹性土区域，$\left(x_b < x < \dfrac{L}{2}\right)$，控制方程：

$$\frac{\mathrm{d}^2(u_4 - \delta_L)}{\mathrm{d}x^2} = \lambda_L^2(u_4 - \delta_L) \tag{9.17}$$

引入边界条件为：①$x = -\infty$ 时，$u_L = 0$；②$x = x_a$ 时，$u_L = D_L$，u_L，u_L' 连续；③$x = 0$ 时，u_L，u_L' 连续；④$x = x_b$ 时，$u_L = \delta_L - D_L$。解得

$$x_b = \left[(\lambda x_a - 1) \pm \frac{1}{D_L}\sqrt{2D_L\delta_L - 3D_L^2}\right] \Big/ \lambda \tag{9.18}$$

沿管线轴向力平衡方程

$$\sum N = \sum \int_{-\infty}^{\frac{L}{2}} K_L(\pi d)(u_L - \delta_L)\mathrm{d}x = 0 \tag{9.19}$$

与式 (9.18) 联立可解得 x_a。

四区间内管线应变方程：

$$区域①：\quad \varepsilon_1 = D_L\lambda_L \mathrm{e}^{\lambda_L(x - x_a)} \tag{9.20}$$

$$区域②：\quad \varepsilon_2 = \lambda_L^2 D_L x + D_L\lambda_L(1 - \lambda_L x_a) \tag{9.21}$$

$$区域③：\quad \varepsilon_3 = -\lambda_L^2 D_L x + D_L\lambda_L(1 - \lambda_L x_a) \tag{9.22}$$

$$区域④：\quad \varepsilon_4 = -\frac{1}{2}\mathrm{e}^{-\lambda_L x_b} D_L\lambda_L^2(x_a + x_b)\mathrm{e}^{\lambda_L x}$$

$$-\frac{1}{2}\mathrm{e}^{\lambda_L x_b} D_L\lambda_L[(x_a + x_b)\lambda_L - 2]\mathrm{e}^{-\lambda_L x} \tag{9.23}$$

管线最大应变发生在滑坡开始处，即 $x = 0$ 处

$$\varepsilon_{\max} = D_L \lambda_L (1 - \lambda_L x_a) \tag{9.24}$$

3) δ_L 足够大时管线反应

当轴向滑坡土体运动量足够大时，滑坡段土体的弹性部分很小，极限土抗力 R_f 作用在绝大部分埋设管段，即为完全塑性反应区，此时前面所述的四个反应区将不再适用，按土体材料属性和运动状态可分为五区间讨论，如图 9.6 所示。

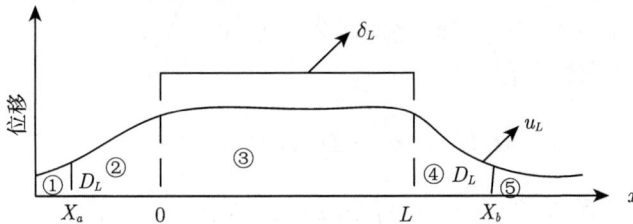

图 9.6 δ_L 足够大时管线变形

区域①：$\delta_L = 0$，$|u_L - \delta_L| < D_L$ 即 $u_L < D_L$ 时，管道位于稳定、弹性土区域，$(-\infty < x < X_a)$，控制方程：

$$\frac{\mathrm{d}^2(u_1 - 0)}{\mathrm{d}x^2} = \lambda_L^2 (u_1 - 0) \tag{9.25}$$

区域②：$\delta_L = 0$，$|u_L - \delta_L| > D_L$ 即 $u_L > D_L$ 时，管道位于稳定、塑性土区域，$(X_a < x < 0)$，控制方程：

$$\frac{\mathrm{d}^2(u_2 - 0)}{\mathrm{d}x^2} = \lambda_L^2 D_L \tag{9.26}$$

区域③：$\delta_L > 0$，$|u_L - \delta_L| > D_L$ 时，管道位于非稳定、塑性土区域，$(0 < x < L)$，控制方程：

$$\frac{\mathrm{d}^2(u_3 - \delta_L)}{\mathrm{d}x^2} = -\lambda_L^2 D_L \tag{9.27}$$

区域④：$\delta_L = 0$，$|u_L - \delta_L| > D_L$ 时，管道位于稳定、塑性土区域，$(L < x < X_b)$，控制方程：

$$\frac{\mathrm{d}^2(u_4 - 0)}{\mathrm{d}x^2} = \lambda_L^2 (u_4 - 0) \tag{9.28}$$

区域⑤：$\delta_L = 0$，$|u_L - \delta_L| < D_L$ 即 $u_L < D_L$ 时，管道位于稳定、弹性土区域，$(X_b < x < +\infty)$，控制方程：

$$\frac{\mathrm{d}^2(u_5 - 0)}{\mathrm{d}x^2} = \lambda_L^2(u_5 - 0) \tag{9.29}$$

边界条件为：①$x = -\infty, u_L = 0$；②$x = X_a$ 时，$u_L = D_L, u_L, u_L'$ 连续；③$x = 0$ 时，u_L, u_L' 连续；④ $x = X_b$ 时，$u_L = D_L$。

沿管线轴向力平衡方程

$$\sum N = \sum \int_{-\infty}^{+\infty} K_L(\pi d)(u_L - \delta_L)\mathrm{d}x = 0 \tag{9.30}$$

⑤$x = +\infty, u_L = 0$，由④⑤联立求得分界点 X_a，X_b。

五区间内管线应变方程：

$$区域①：\quad \varepsilon_1 = D_L\lambda_L\mathrm{e}^{\lambda_L(x - X_a)} \tag{9.31}$$

$$区域②：\quad \varepsilon_2 = \lambda_L^2 D_L x + D_L\lambda_L\left(1 - \lambda_L X_a\right) \tag{9.32}$$

$$区域③：\quad \varepsilon_3 = -\lambda_L^2 D_L x + D_L\lambda_L\left(1 - \lambda_L X_a\right) \tag{9.33}$$

$$区域④：\quad \varepsilon_4 = \lambda_L^2 D_L x + D_L\lambda_L\left(1 - \lambda_L X_a - 2\lambda_L D_L\right) \tag{9.34}$$

$$区域⑤：\quad \varepsilon_5 = -D_L\lambda_L\mathrm{e}^{\lambda_L(X_B - x)} \tag{9.35}$$

管线最大应变发生在滑坡开始处，即 $x = 0$ 处

$$\varepsilon_{\max} = D_L\lambda_L(1 - \lambda_L X_a) \tag{9.36}$$

9.2.2　轴向滑坡作用的埋地管线有限元建模

地下埋管的应力与埋管尺寸、填土厚度、填土力学性质、原始边界条件等因素有关，很难简单地用公式来概括这些因素。本章利用大型通用有限元分析软件 ANSYS 对地下埋管结构进行有限元数值分析。

1) 管道模型及单元选取

管道分析中，ANSYS 提供了实体单元、壳单元和管单元。一般对于复杂的管道结构，可以使用实体单元和壳单元，建立的模型比较直观；而对于计算长度较大的管道，采用管单元分析建模比较方便，实际情况中滑坡影响范围可能较大，可选择管单元来模拟，单元类型可为 PIPE16 或 PIPE20。

2) 管土相互作用模型及边界条件

地下管道的工作状态远比地上管道复杂，就是因为管土之间存在着变形约束与力的相互作用。管土体系内，由于管道和土壤的相对刚度不同，它们在外荷载作用下，管体和土体之间从作用力的相互关系来说，将发生主动力和被动力之间的相

互作用；从位移关系来说，变形的管体与受挤压的土体之间存在着相互制约与变形协调，结果导致作用于管周的径向土压力集度由初始阶段的极不均匀逐渐演变为较均匀状态[161]。对于埋地管线的分析重点就在于建立起最符合实际情况的管土相互作用的模型体系。许多学者都对管土相互作用理论进行了研究。其中较为常用的是将土体模拟成弹簧单元，考虑土弹簧单元的非线性特征，并将其作用在管壁节点上。

当管土相对变形较大，土体进入复杂的非线性状态，采用 COMBIN39 弹簧单元模拟管土之间的相互作用，把土壤用围绕管线的三向非线性弹簧模拟，分别是管轴方向、水平横向和垂直方向的土弹簧，这三个弹簧分别用来考虑管轴方向的土摩擦力、水平横向及垂直方向的土压力。管轴方向的土弹簧特性主要由管沟内的回填介质来确定，用竖直方向和水平横向的弹簧分别模拟土的竖向和侧向压力。关于弹簧系数取值第 2 章已有介绍。

理论上，如果把管子全部用管单元进行分析，只要分析的管子足够长，用固定端处理边界，这样得到的结果应该是问题精确的解。

9.2.3 轴向滑坡作用下埋地管道计算分析

埋地管道遭受轴向滑坡作用时，因为土体下滑位移作用，管壁内产生压应力和拉应力，当应力超过屈服应力时，管线产生不可恢复的塑性应变，当应力超过极限应力后，管线将被压裂或拉断，使管线失效。

1. 算例有限元建模

1) 算例介绍

算例参照文献 [162]，计算所需数据见表 9.1，不考虑内压、温度、初始装配应力等其他影响因素，管线埋于砂土层中，在轴向滑坡作用下为弹性。管材为钢材，其本构采用常用的三折线弹塑性模型。

2) 土弹簧有限元模型的建立

管道埋于砂土层中，基于 ANSYS，管线采用 PIPE16 管单元，采用 COMBIN39 单元模拟管土相互作用，在每个管单元节点分别连接轴向、横向、垂向三个定向弹塑性弹簧，为了便于比较，利用换算公式：

$$k_L = \pi dL K_L \tag{9.37}$$

式中：K_L—— 换算地基弹簧常数；

L—— 离散弹簧间距。

轴向弹簧弹性系数为 314594N/m，水平横向弹簧弹性系数取 546975N/m，竖向弹簧弹性系数按经验值取 $3G$，当土体受拉时取弹性系数为受压时的 1/10。管模型的两端固定，中部轴向弹簧施加滑坡土体位移，竖向和轴向各加弹簧约束。

管线采用管单元进行划分，沿管轴方向管单元长度为 0.5m。由于理论计算时假设管道为无限长，所以在仿真计算时尽可能将直管段长度取得长一些，以使管道模型能够包括滑坡段两侧所有受影响的部分。经试算，管线长度取 4 倍左右的滑坡长度即可满足要求。

表 9.1　材料特性

土体物理参数	管线轴向地基模数 K_L/(kPa/m)	1190
	轴向极限土反力对应位移 D_L/mm	4
	管线横向地基模数 D_s/(kPa/m)	6500
	横向极限土反力对应位移 D_s/mm	8
	土容重 γ/(kN/m³)	18
	土体内摩擦角 ϕ/(°)	20
管线参数	外直径 d/mm	168.3
	管壁厚度 t/mm	3.18
	弹性模量 E/GPa	200
	屈服强度 σ_y/MPa	386
	埋深 h/m	1
	泊松比	0.3

2. 理论解与有限元计算结果的比较

基于理论计算公式，编写计算程序，计算得到轴向滑坡作用下埋管变形的位移和内力理论解。

1) 管线轴向应变比较

如图 9.7 和图 9.8 所示，当滑坡长度为 $L = 80$m 和 $L = 500$m，对应滑坡位移为 0.015m 和 0.2m 时，通过理论计算和数值计算得到了管线轴向应变沿管线长度的变化情况，图中 0 为滑坡起始处。

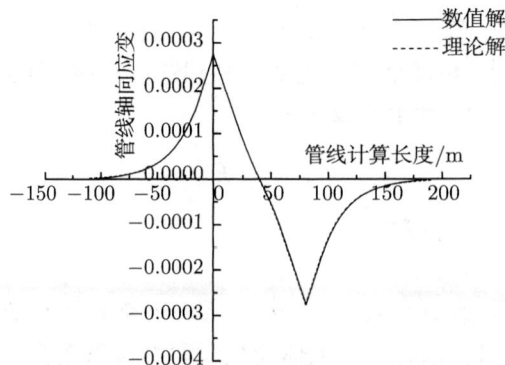

图 9.7　$L = 80$m，$\delta_L = 0.015$m 时管线轴向应变

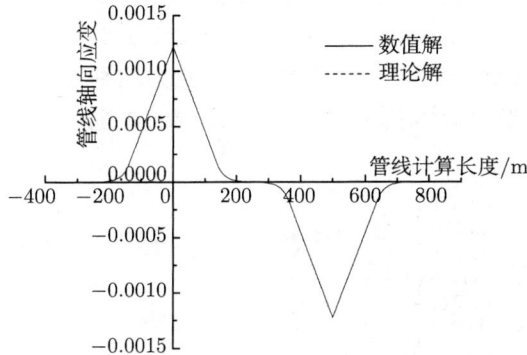

图 9.8 $L = 500\mathrm{m}$, $\delta_L = 0.2\mathrm{m}$ 时管线轴向应变

　　根据结果分析, 有限元计算与理论计算的数据符合得较好, 从而在一定程度上验证了理论计算公式的正确性。滑坡端处管线应变最大, 应变值将随离开滑坡端距离的增大而剧降, 所以此段附近要避免设置接头, 以防加重破坏。图 9.7 表明管线在滑坡中间位置的轴向应变值为 0, 这只在滑坡长度不大时成立, 这点由图 9.8 可以看出。

2) 管线轴向位移比较

　　轴向位移见图 9.9, 可知有限元计算与理论计算的数据几乎吻合。当滑坡长度不大时管线轴向位移在滑坡中部位移最大, 位移值将随离开滑坡端距离的增大而剧降。当滑坡长度足够大时管线轴向位移在滑坡中部一定范围内有一"平台"。

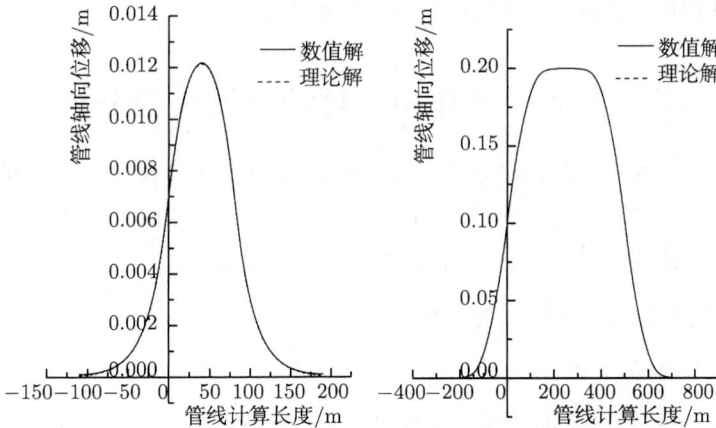

图 9.9 $L = 80\mathrm{m}$, $L = 500\mathrm{m}$ 时管线轴向变形

3) 不同滑坡长度的比较

如图 9.10 所示, 滑坡长度超过 500m 时管线才有可能屈服。相同的滑坡长度

下，管线最大轴向应变随滑坡位移的增大而增大，当滑坡位移大于一定值时轴向应变达到极值，不再增加，这意味着管线在管土间发生了滑移。当管道产生轴向变形时，周围的土介质将对这种运动产生阻力。当土阻力达到一定值时，管道表面附近的土将屈服，此时管道在管土界面上滑动。从工程的角度讲，滑移在一定程度上防止管线屈服，是有利的。

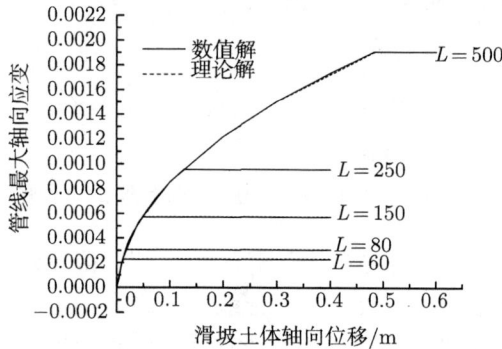

图 9.10　不同滑坡长度、位移下管线最大轴向应变

　　实际情况中，轴向滑坡范围一般不超过 100m，正因如此，管线在轴向滑坡时一般不会发生受轴向拉应力屈服的情况，但也应预防管线在大长度轴向滑坡下发生局部屈曲。

　　由以上分析看出，土体下滑位移很大时，管线的最大轴向应变主要受滑坡长度控制，滑坡长度大的轴向应变极值大；当滑坡长度很大时，管线的最大轴向应变受土体下滑位移控制，轴向应变随滑坡位移增大而增大。

9.3　横向滑坡作用下埋地管道反应分析

　　平面浅层滑坡中，与轴向滑坡相比较，管线在横向滑坡作用下受到的土体作用力更大，可能发生拉压、拉弯和剪切破坏，本节基于埋设于理想弹塑性土体的弹性梁的假设，推导管线变形广义解，并进行数值分析验证。

9.3.1　横向滑坡下埋地管线受力分析

1. 力学模型和基本假设

　　受横向滑坡作用的管线计算模型如图 9.11 所示，管线在水平面内土体的横向力作用下发生伸长和弯曲现象。管线的失效模式取决于拉伸应变和弯曲应变的比例，当拉伸应变很小时，管壁在弯曲作用下发生局部屈曲；反之，当拉伸应变很大时，管线在弯曲、拉伸综合效应下发生拉伸失效。

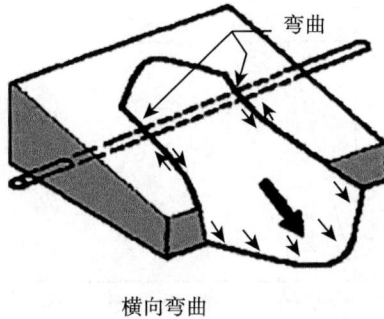

图 9.11　横向滑坡下管线计算模型图

1) 基本假设

(1) 下滑土体位移荷载沿管线均匀分布, 不计土体对管线的纵向摩擦力;

(2) 下滑土体对管线的作用力可看成管–土间相对位移的函数, 管–土相互作用采用理想弹塑性模型模拟;

(3) 将处于滑坡体中的管道看成埋设在理想弹塑性土体中的弹性梁;

(4) 在土体位移荷载作用下, 梁的应力不超过比例极限时不考虑弯曲、拉伸变形的耦合作用。

2) 力学理论

管–土相互作用模型由两个参数确定, 如图 9.12 所示, 即管土交界面单位长度最大土反力 p_u, 管土滑动面上的相对位移 Δ。土反力 p 由下式给出:

$$p = K_s d(u_s - \delta_s) \tag{9.38}$$

式中: K_s—— 土体横向地基模量;

　　　d—— 钢管外直径;

　　　u_s—— 管线横向位移;

　　　δ_s—— 土体横向下滑位移。

当管线发生大位移, 即管道处于极限平衡段 (塑性工作段) 时, 轴向土体极限反力 p_u 与管土轴向位移的关系为

$$p_u = K_s d D_s \tag{9.39}$$

式中, D_s—— 土体横向最大弹性位移。

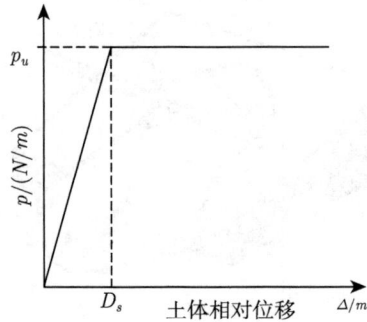

图 9.12　管–土相互作用关系

　　横向土体下滑作用使管线受到由轴力引起的拉应变和由弯矩引起的弯曲应变，定义为

$$
\begin{cases}
\varepsilon_{总} = \varepsilon_t + \varepsilon_b \\[2mm]
\varepsilon_t = \dfrac{1}{2}\left(\dfrac{\mathrm{d}u}{\mathrm{d}x}\right)^2 \\[2mm]
\varepsilon_b\left(\dfrac{d}{2}\right) = \dfrac{d}{2}\dfrac{\mathrm{d}^2 u}{\mathrm{d}x^2}
\end{cases}
\tag{9.40}
$$

式中：$\varepsilon_{总}$—— 管线轴向总应变；

　　　ε_t—— 轴向拉应变；

　　　ε_b—— 弯曲拉应变；

　　　u—— 管线横向位移。

2. 横向滑坡下管线变形广义解

　　管线处于弹性阶段，其变形方程可由四阶平衡微分方程表示

$$
-\frac{q}{EI} = \frac{\mathrm{d}^4 u}{\mathrm{d}x^4}
\tag{9.41}
$$

式中：q—— 土体下滑力；

　　　E—— 钢管弹性模量；

　　　I—— 钢管惯性矩。

　　当土体处于弹性阶段时，有

$$
q = K_s d(u_s - \delta_s)
\tag{9.42}
$$

式中：δ_s—— 土体横向下滑位移。

　　当土体处于塑性阶段时：

$$
q = p_u = K_s d D_s
\tag{9.43}
$$

假定土体下滑量沿管轴向为常量，土体为弹性时解得管线横向位移为

$$u_s = e^{\lambda_s x}[l_1 \cos(\lambda_s x) + l_2 \sin(\lambda_s x)] + e^{-\lambda x}[l_3 \cos(\lambda_s x) + l_4 \sin(\lambda_s x)] + \delta_s \quad (9.44)$$

式中：$\lambda_s = \left(\dfrac{k_s d}{4EI} \right)^{1/4}$。

土体为塑性阶段时，通解为

$$u_s = \frac{1}{EI} \left(-\frac{1}{24} p_u x^4 + \frac{1}{6} k_1 x^3 + \frac{1}{2} k_2 x^2 + k_3 x + k_4 \right) \quad (9.45)$$

式中：$l_i, k_i (i = 1, 2, 3, 4)$—— 待定系数。

根据滑坡宽度可分为有限宽滑坡和无限宽滑坡两种情况，本节将分别讨论。

1) 有限宽横向滑坡

(1) $|u_s - \delta_s| < D_s$ 时的管道反应。

管线可看成弹性梁，土体为弹性，分两区间讨论，见示意图 9.13。

区域①：$\delta_s = 0, u_s < D_s$ 时，管道位于稳定、弹性土区域 $(-\infty < x < 0)$，控制方程：

$$\frac{\mathrm{d}^4(u_1 - 0)}{\mathrm{d}x^4} = \frac{K_s d(u_1 - 0)}{EI} \quad (9.46)$$

区域②：$\delta_s > 0$ 时，管道位于非稳定、弹性土区域 $\left(0 < x < \dfrac{W}{2} \right)$，$W$ 为滑坡宽度，控制方程：

$$\frac{\mathrm{d}^4(u_2 - \delta_s)}{\mathrm{d}x^4} = \frac{K_s d(u_2 - \delta_s)}{EI} \quad (9.47)$$

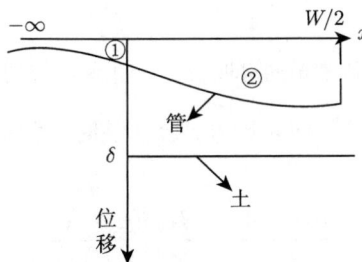

图 9.13 有限宽滑坡 $|u_s - \delta_s| < D_s$ 时管线变形

引入边界条件：①$x = -\infty$ 时，$u_s = 0$；②$x = 0$ 时，u_s, u_s', u_s'', u_s''' 连续；③$x = \dfrac{W}{2}$ 时，管线转角 $\theta = \dfrac{\mathrm{d}u}{\mathrm{d}x} = 0 \left(\text{管线变形关于 } x = \dfrac{W}{2} \text{ 对称} \right)$。

管线横向力平衡方程：

$$\sum F = \sum \int_{-\infty}^{\frac{W}{2}} K_s d(u_s - \delta_s) \mathrm{d}x = 0 \quad (9.48)$$

根据上述控制方程、边界条件和平衡方程, 得到滑坡段的管线轴向总拉应变为

$$
\begin{aligned}
\varepsilon =&\varepsilon_b + \varepsilon_t = \frac{d}{2}[2\lambda_s^2 e^{\lambda_s x}(-a_1 \sin(\lambda_s x) + a_2 \cos(\lambda_s x)) \\
&+ 2\lambda_s^2 e^{-\lambda x}(a_3 \sin(\lambda_s x) - a_4 \cos(\lambda_s x))] \\
&+ \frac{1}{2}[\lambda_s e^{\lambda_s x}((-a_1 + a_2)\sin(\lambda_s x) + (a_1 + a_2)\cos(\lambda_s x)) \\
&+ (-\lambda_s)e^{\lambda_s x}((a_3 + a_4)\sin(\lambda_s x) + (a_3 - a_4)\cos(\lambda_s x))]^2
\end{aligned}
\tag{9.49}
$$

式中:

$$
a_1 = \frac{\delta_s}{2}e^{-W\lambda_s}\left[\sin^2\left(\frac{W}{2}\lambda_s\right) - \cos^2\left(\frac{W}{2}\lambda_s\right)\right]
$$

$$
a_2 = \frac{\delta_s}{2}e^{-W\lambda_s}\left[1 - \sin\left(\frac{W}{2}\lambda_s\right) + \cos\left(\frac{W}{2}\lambda_s\right)\right]
$$

$$
a_3 = \frac{-\delta_s}{2}
$$

$$
a_4 = 0
$$

(2) $|u_s - \delta_s| > D_s$ 时的管道反应。

此种情况下, 以管–土间的状态, 可分四区间讨论, 见图 9.14。

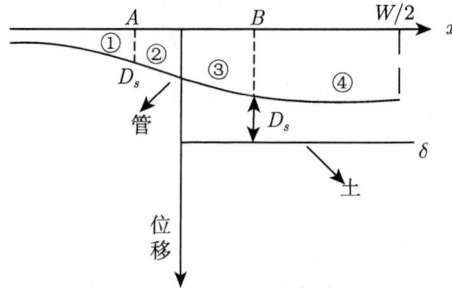

图 9.14　有限宽横向滑坡 $|u_s - \delta_s| > D_s$ 时管线变形

区域①: $\delta_s = 0, u_s < D_s$, 时, 即 $u_s < D_s$ 时, 管道位于稳定、弹性土区域 $(-\infty < x < A)$, 控制方程:

$$
\frac{\mathrm{d}^4(u_1 - 0)}{\mathrm{d}x^4} = \frac{K_s d(u_1 - 0)}{EI}
\tag{9.50}
$$

区域②: $\delta_s = 0, |u_s - \delta_s| > D_s$ 时, 即 $u_s > D_s$ 时, 管道位于稳定、塑性土区域 $(A < x < 0)$, 控制方程:

$$
\frac{\mathrm{d}^4(u_2 - 0)}{\mathrm{d}x^4} = \frac{-p_u}{EI}
\tag{9.51}
$$

区域③: $\delta_s > 0, |u_s - \delta_s| > D_s$ 时, 管道位于非稳定、塑性土区域 $(0 < x < B)$, 控制方程: (土反力和区域②方向相反)

$$
\frac{\mathrm{d}^4(u_3 - \delta_s)}{\mathrm{d}x^4} = \frac{p_u}{EI}
\tag{9.52}
$$

区域④: $\delta_s > 0, |u_s - \delta_s| < D_s$ 时, 管道位于非稳定、弹性土区域 $\left(B < x < \dfrac{W}{2}\right)$, 控制方程:

$$\frac{\mathrm{d}^4(u_4 - \delta_s)}{\mathrm{d}x^4} = \frac{K_s \mathrm{d}(u_4 - \delta_s)}{EI} \tag{9.53}$$

引入边界条件: ①$x = -\infty$ 时, $u_s = 0$; ②$x = A$ 时, u_s, u_s', u_s'', u_s''' 连续, $u_s = D_s$; ③$x = 0$ 时, u_s, u_s', u_s'', u_s''' 连续; ④$x = B$ 时, u_s, u_s', u_s'', u_s''' 连续, $u_s = \delta_s - D_s$; ⑤$x = \dfrac{W}{2}$ 时, 管线转角 $\theta = \dfrac{\mathrm{d}u_s}{\mathrm{d}x} = 0$。

管线横向力平衡方程:

$$\sum F = \sum \int_{-\infty}^{\frac{W}{2}} K_s d(u_s - \delta_s)\mathrm{d}x = 0 \tag{9.54}$$

由于涉及方程偏多, 需要编写程序求解得出各待定系数及分界点 A, B。基于 Newton-Raphson 法, 采用 MATLAB 语言编制程序来求解非线性方程组, 程序框图如下 (图 9.15):

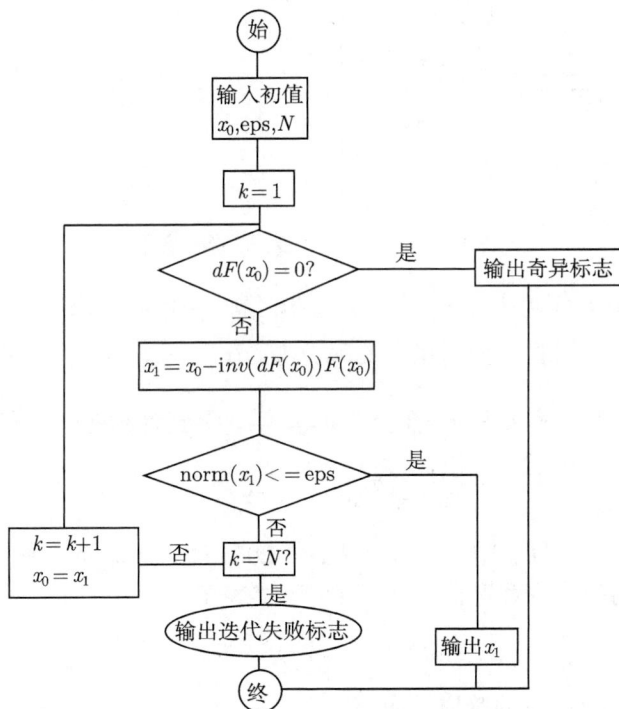

图 9.15 MATLAB 程序的流程图

计算得到管线在区域③轴向总拉应变达到最大，为

$$\varepsilon = \varepsilon_b + \varepsilon_t = \frac{d}{2}\left(\frac{\frac{1}{2}p_u x^2 + b_1 x + b_2}{EI}\right) + \frac{1}{2}\left(\frac{\frac{1}{6}p_u x^3 + \frac{1}{2}b_1 x^2 + b_2 x + b_3}{EI}\right)^2 \tag{9.55}$$

2) 无限宽横向滑坡

管线受无穷大范围横向滑坡时，滑坡发生足够缓慢，以至于在滑坡末端管线不受剪应力。

(1) $|u_s - \delta_s| < D_s$ 时的管道反应。

管线可看成置于弹性地基上，$(-\infty < x < 0)$ 与 $(0 < x < +\infty)$ 区间变形呈反对称分布，见图 9.16，控制方程：

$$\frac{\mathrm{d}^4(u_1 - 0)}{\mathrm{d}x^4} = \frac{K_s d(u_1 - 0)}{EI} \tag{9.56}$$

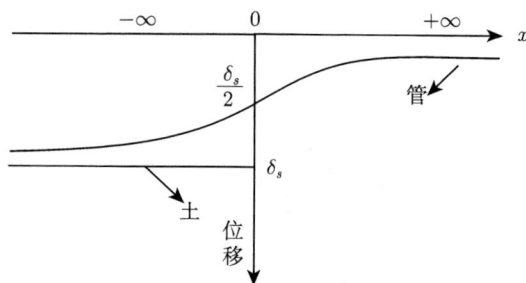

图 9.16　$|u_s - \delta_s| < D_s$ 时管线变形

引入边界条件：①$x = -\infty$ 时，$u_s = 0$；②$x = 0$ 时，曲率 $\rho = 0$ 即 $\frac{\mathrm{d}^2 u}{\mathrm{d}x^2} = 0\Big((-\infty < x < 0)$ 区间管线变形呈负曲率分布，$(0 < x < +\infty)$ 区间管线变形呈正曲率分布$\Big)$；③由于对称关系 $x = 0$ 时，$u_s = \frac{\delta_s}{2}$，得到管线变形方程

$$u_s = \frac{\delta_s}{2}\mathrm{e}^{\lambda_s x}\cos(\lambda_s x) \tag{9.57}$$

回代到条件 $|u_s - \delta_s| < D_s$ 中，得 $\delta_s < D_s = 0.008$ 时，土体处于弹性阶段。

总应变 (轴向拉应变和弯曲应变) 可用下式表示：

$$\varepsilon = \frac{d}{2}\delta_s \lambda_s^2 \mathrm{e}^{\lambda x}\sin(\lambda_s x) + \frac{1}{8}\delta_s^2 \lambda_s^2 \mathrm{e}^{2\lambda_s x}[1 - \sin(2\lambda_s x)] \tag{9.58}$$

(2) $|u_s - \delta_s| > D_s$ 时的管道反应

此时部分土体进入塑性阶段，见图 9.17，$(-\infty < x < 0)$ 与 $(0 < x < +\infty)$ 区间变形呈反对称分布，取右端未滑坡处，分两区间讨论，

区域①: $\delta_s = 0$, 即 $u_s > D_s$ 时, 管道位于稳定、塑性土区域 $(0 < x < B)$, B 为土体弹塑性分界点, 控制方程:

$$\frac{\mathrm{d}^4(u_1 - 0)}{\mathrm{d}x^4} = \frac{-p_u}{EI} \tag{9.59}$$

区域②: $\delta_s = 0$, 即 $u_s < D_s$ 时, 管道位于稳定、弹性土区域 $(B < x < +\infty)$, 控制方程

$$\frac{\mathrm{d}^4(u_2 - 0)}{\mathrm{d}x^4} = \frac{K_s d(u_2 - 0)}{EI} \tag{9.60}$$

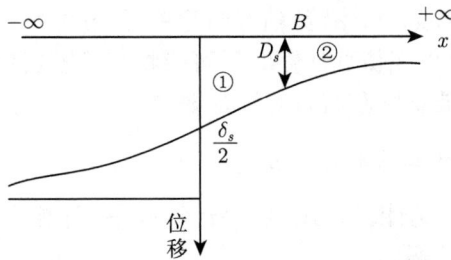

图 9.17 $|u_s - \delta_s| > D_s$ 时管线变形

引入边界条件: ① $x = 0$ 时, $u_s = \dfrac{\delta_s}{2}$, $\dfrac{\mathrm{d}^2 u}{\mathrm{d}x^2} = 0((-\infty < x < 0)$ 区间管线变形呈负曲率分布, $(0 < x < +\infty)$ 区间管线变形呈正曲率分布); ② $x = +\infty$ 时, $u_s = 0$; ③ $x = B$ 时, u, u', u'', u''' 连续; ④ $x = B$ 时, $u = D_s$

土体塑性区域管线总应变 ε_p, 土体弹性区域管线总应变 ε_e 分别为

$$\varepsilon_p = \frac{d}{2}\left(\frac{-\frac{1}{2}p_u x^2 + c_5 x}{EI}\right) + \frac{1}{2}\left(\frac{-\frac{1}{6}p_u x^3 + \frac{1}{2}c_5 x^2 + c_7}{EI}\right)^2 \tag{9.61}$$

$$\varepsilon_e = -\frac{d}{2}\lambda^2 \mathrm{e}^{-\lambda x}[-2d_3\sin(\lambda x) + 2d_4\cos(\lambda x)] + \frac{1}{2}\lambda^2 \mathrm{e}^{-2\lambda x}[-d_3(\cos(\lambda x) + \sin(\lambda x))$$
$$+ d_4(-\sin(\lambda x) + \cos(\lambda x))]^2 \tag{9.62}$$

式中: c_5, c_7, d_3, d_4, B 由边界条件③和④推出的方程联立解得。

9.3.2 横向滑坡作用下埋地管道计算分析

1. 算例有限元建模

1) 算例介绍

算例参照文献 [162], 计算所需数据见表 9.1, 不考虑内压、温度、初始装配应力等其他影响因素, 管线埋于砂土层中, 在横向滑坡作用下为弹性。

2) 土弹簧有限元模型的建立

管道埋于砂土层中，基于 ANSYS 建立有限元模型，管线采用 PIPE16 管单元，采用 COMBIN39 单元模拟管土相互作用，在每个管单元节点分别连接轴向、横向、垂向三个定向弹塑性弹簧，为了便于比较，利用换算公式：

$$k_s = dLK_s \tag{9.63}$$

式中：k_s—— 换算地基弹簧常数；

　　　L—— 离散弹簧间距。

管线采用管单元进行划分，沿管轴方向管单元长度为 0.5m。由于理论计算时假设直管道为无限长，所以在仿真计算时尽可能将直管段长度取得长一些。经过试算当管线长度取四倍滑坡长度左右时可满足要求。

2. 理论解与有限元计算结果的比较

基于本节中推导的理论计算公式，编写计算程序，计算得到横向滑坡作用下埋管变形的位移和内力理论解。

1) 管线轴向应变比较

现取滑坡宽度为 80m，滑坡位移为 0.2m 时，理论结果与有限元计算结果的对比，其中 0 为滑坡起始处，见图 9.18。

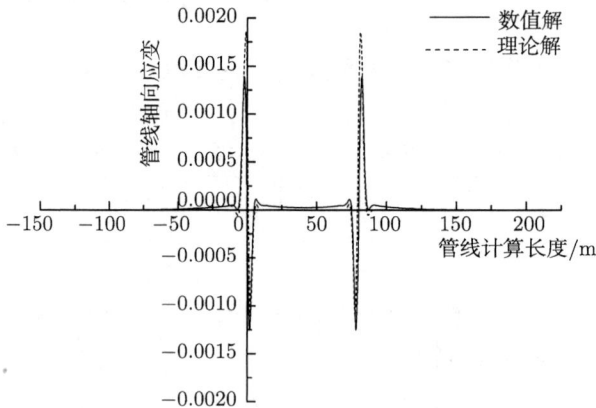

图 9.18　沿管线的轴向应变变化

图中显示理论计算与数值计算结果大致符合，由于理论公式未考虑轴向土体的约束作用，理论计算结果较数值结果偏大 20%左右，比较保守。但理论公式计算简单，能反映管线应变的变化趋势，有其工程上的实用意义。

管线轴向应变关于滑坡段中心点是对称的，管线最大应变位于滑坡端部附近，而且交界面两侧的管线应力极大值点距离交界面远近相同。应变值将随离开端部界面距离的增大而剧降。

在稳定区域与非稳定区域交界面附近 5m 范围内管线受力最大，最容易破坏，所以此段附近要避免设置接头，以防加重破坏。

2) 横向位移比较

现取滑坡宽度为 80m，滑坡位移为 0.2m 时得到的管线变形，如图 9.19 所示。

由图看出在滑坡宽度范围内，管线变形最大，与土体几乎同步变形，理论计算结果和 ANSYS 结果很相近。

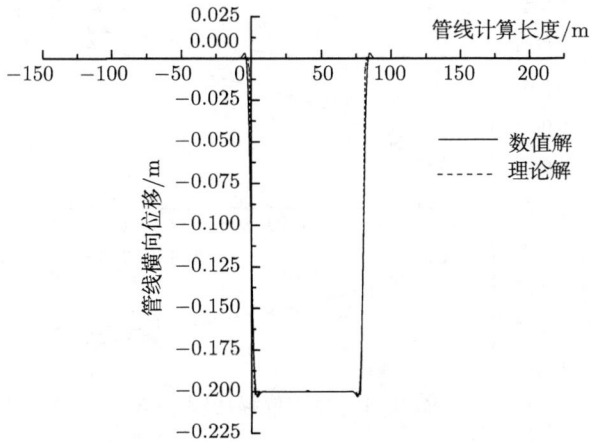

图 9.19 管线横向变形图

3) 滑坡宽度比较

图 9.20 显示了管线在相同滑坡位移 0.2m 时，不同滑坡宽度下管线的最大轴向应变。由图可以看出：

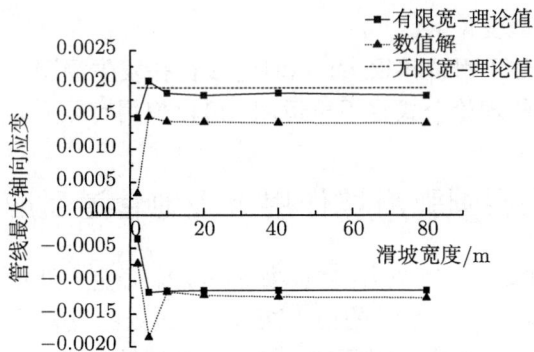

图 9.20 滑坡宽度比较

(1) 当滑坡宽度在 5m 以内时，管线最大轴向应变随滑坡宽度增大而增大；宽度大于 5m 时将逐渐趋于稳定；当滑坡宽度大于 20m 时，管线轴向应变与无限宽滑坡很接近。

(2) 滑坡宽 5m 时应变达到最大值，此时管线拉伸应变和弯曲拉应变均达到最大，在滑坡端产生集中剪切力。

4) 滑坡位移比较

图 9.21 为滑坡宽度取 80m，不同滑坡位移时管线轴向应变比较曲线。由图看出：

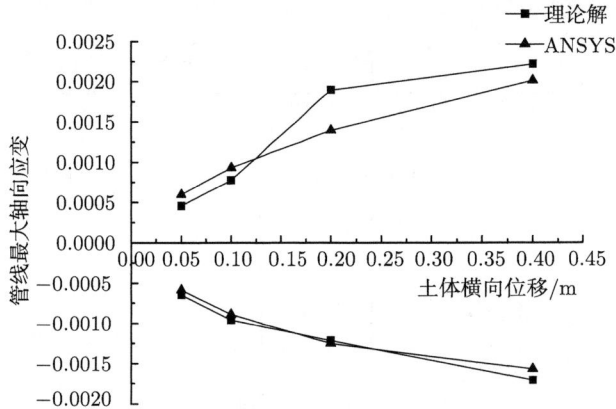

图 9.21　滑坡位移比较

(1) 同样的滑坡宽度，管线最大轴向应变随着滑坡位移的增大而增大，也就是说，同样的滑坡位移，当滑坡宽度大于 5m 时，宽度增大而滑坡端附近管线应变将趋于稳定。

(2) 理论计算结果和 ANSYS 结果在应变变化趋势上大致吻合，由于理论模型中没有轴向的土体摩擦力作用，所以由轴力引起的轴向应变比有限元计算结果要大，导致了拉伸总拉应变偏大。

实际情况下，土体下滑位移很大，这时管线往往发生屈服，处于弹塑性阶段或完全塑性阶段，本书的理论公式将不再适用，可以使用有限元方法进行计算。

9.4　深层圆弧滑坡作用下埋地管道反应分析

深层圆弧滑坡的滑动面近似为圆弧，如图 9.22。确定方法如下：已知滑坡的前缘处 M_1 和后缘处 M_2，以及滑坡的最大深度 d，该处的位置用 M_3 表示。由几何知识可以知道，由已知的 3 点可以画出一个圆。方法是：画 M_1 和 M_2 连线 $\overline{M_1M_2}$ 的垂直平分线；画 M_2 和 M_3 连线 $\overline{M_2M_3}$ 的垂直平分线，两线必定汇交于该圆的圆心。连线 $\overline{OM_1}$ 的长度就是该圆的半径。画出该圆，则弧线段 $\overline{M_1M_2M_3}$ 就是滑坡曲线。

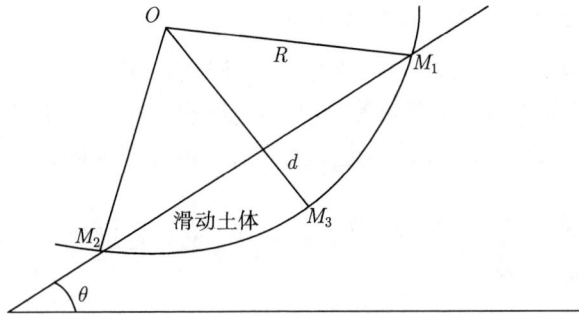

图 9.22　深层圆弧滑坡示意图

9.4.1　深层圆弧滑坡下埋地管线受力分析

1. 力学模型

受圆弧滑坡作用的管线计算模型如图 9.23 所示，管线平行于坡面敷设，埋深为 h，圆弧破坏面半径为 R，R_m 为滑动线中心到管线的垂直距离，土体沿破坏面滑动和转动，且切向位移为 δ_t，沿管土交界面的土体位移为 $\delta(x)$，随管线位置变化，x 为沿管线的距离。假定土的运动量沿破坏面中心均匀变化，土体位移 $\delta(x)$ 分解为平行于管轴分量 δ_L 和横向分量 δ_P，分别计算在各个分量下的管线应力和应变。

$$\delta_L(x) = \frac{\delta_t}{R} R_m \tag{9.64}$$

$$\delta_p(x) = \frac{\delta_t}{R} \left(\sqrt{R^2 - R_m^2} - x \right) \tag{9.65}$$

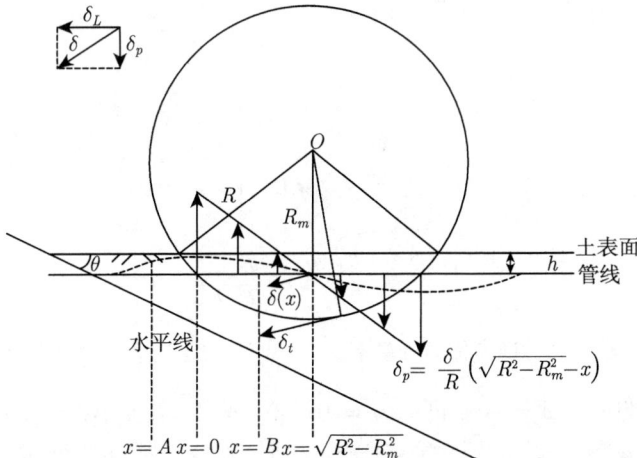

图 9.23　圆弧滑坡土体位移分量 (侧面图)

2. 横向位移分量 δ_p 作用下的管线行为

如公式 (9.67) 所示，土体横向位移分量 δ_p 沿管线呈线性分布，在滑动面和管线交界处 $(x = 0)$ 达到最大值，管线变形推导过程类似于横向滑坡。在大多数情况下，管土间相对位移大于 D_s，以管–土间的状态，可分四区间讨论，假定坡脚为无穷远处。见图 9.24。

区域①：$\delta_p = 0, |u_p - \delta_p| < D_s$，即 $u_p < D_s$ 时，管道位于稳定、弹性土区域 $(-\infty < x < A)$，控制方程：

$$\frac{\mathrm{d}^4(u_1 - 0)}{\mathrm{d}x^4} = \frac{K_s d(u_1 - 0)}{EI} \tag{9.66}$$

区域②：$\delta_p = 0, |u_p - \delta_p| > D_s$，即 $u_p > D_s$ 时，管道位于稳定、塑性土区域 $(A < x < 0)$，控制方程：

$$\frac{\mathrm{d}^4(u_2 - 0)}{\mathrm{d}x^4} = \frac{-p_u}{EI} \tag{9.67}$$

区域③：$\delta_p > 0, |u_p - \delta_p| > D_s$ 时，管道位于非稳定、塑性土区域 $(0 < x < B)$，控制方程：

$$\frac{\mathrm{d}^4(u_3 - \delta_p)}{\mathrm{d}x^4} = \frac{p_u}{EI} \tag{9.68}$$

区域④：$\delta_p > 0, |u_p - \delta_p| < D_s$ 时，管道位于非稳定、弹性土区 $\left(B < x < \sqrt{R^2 - R_m^2}\right)$，控制方程：

$$\frac{\mathrm{d}^4(u_4 - \delta_p)}{\mathrm{d}x^4} = \frac{K_s d(u_4 - \delta_p)}{EI} \tag{9.69}$$

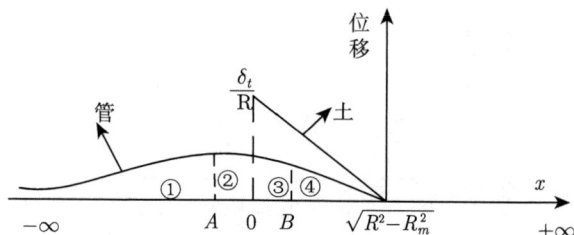

图 9.24　横向位移分量下 $|u_p - \delta_p| > D_s$ 时管线变形

引入边界条件：①$x = -\infty$ 时，$u_p = 0$；②$x = A$ 时，u_p, u_p', u_p'', u_p''' 连续，$u_p = D_s$；③$x = 0$ 时，u_p, u_p', u_p'', u_p''' 连续；④$x = B$ 时，u_p, u_p', u_p'', u_p''' 连续，$u_p = \delta_p - D_s$；⑤$x = \sqrt{R^2 - R_m^2}$ 时，$u_p = 0$。管线横向力平衡方程：

$$\sum F = \sum \int_{-\infty}^{\sqrt{R^2 - R_m^2}} K_s d(u_p - \delta_p) \mathrm{d}x = 0 \tag{9.70}$$

计算得到管线在区域③轴向总拉应变达到最大

$$\varepsilon = \varepsilon_b + \varepsilon_t = \frac{d}{2} \left(\frac{\frac{1}{2} p_u x^2 + e_1 x + e_2}{EI} \right) + \frac{1}{2} \left(\frac{\frac{1}{6} p_u x^3 + \frac{1}{2} e_1 x^2 + e_2 x + e_3}{EI} \right)^2 \tag{9.71}$$

式中: 待定系数 e_1, e_2, e_3 可通过 Newton-Raphson 法解非线性方程组求得。

3. 轴向位移分量 δ_L 作用下管线反应

由公式 (9.64) 看出, 深层圆弧滑动面沿管线的轴向分量是常数, 与前述轴向滑坡类似, 只是土体位移量 δ_L、滑坡长度 L 被这里的分量 $\frac{\delta_t}{R} R_m$ 和 $2\sqrt{R^2 - R_m^2}$ 所取代, 这里只列出 $|u_L - \delta_L| > D_L$ 时的情况, 这也是最普遍的情况。部分土体进入塑性阶段, 产生极限抗力 t_u, 按土体材料属性和运动状态可分为四区间讨论, 如图 9.25 所示。

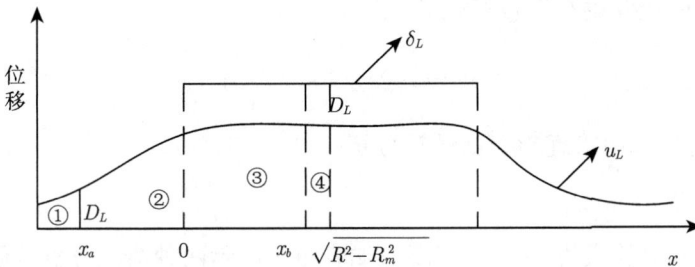

图 9.25 轴向滑坡 $|u_L - \delta_L| > D_L$ 时管线变形

①区域: $\delta_L = 0$, $|u_L - \delta_L| < D_L$ 即 $u_L < D_L$ 时, 管道位于稳定、弹性土区域, $(-\infty < x < x_a)$, 控制方程

$$\frac{\mathrm{d}^2(u_1 - 0)}{\mathrm{d}x^2} = \lambda_L^2 (u_1 - 0) \tag{9.72}$$

②区域: $\delta_L = 0$, $|u_L - \delta_L| > D_L$ 即 $u_L > D_L$ 时, 管道位于稳定、塑性土区域, $(x_a < x < 0)$, 控制方程

$$\frac{\mathrm{d}^2(u_2 - 0)}{\mathrm{d}x^2} = \lambda_L^2 D_L \tag{9.73}$$

③区域: $\delta_L > 0$, $|u_L - \delta_L| < D_L$ 时, 管道位于非稳定、弹性土区域, $(0 < x < x_b)$, 控制方程

$$\frac{\mathrm{d}^2(u_3 - \delta_L)}{\mathrm{d}x^2} = \lambda_L^2 D_L \tag{9.74}$$

④区域：$\delta_L > 0, |u_L - \delta_L| > D_L$ 时，管道位于非稳定、塑性土区域，($x_b < x < \sqrt{R^2 - R_m^2}$)，控制方程

$$\frac{\mathrm{d}^2(u_4 - \delta_L)}{\mathrm{d}x^2} = \lambda_L^2(u_4 - \delta_L) \tag{9.75}$$

边界条件为：①$x = -\infty, u_L = 0$；②$x = x_a, u_L = D_L, u_L, u_L'$ 连续；③$x = 0$，u_L, u_L' 连续；④$x = x_a, u_L = D_L, u_L, u_L'$ 连续；⑤$x = x_b, u_L = \delta_L - D_L$，得到方程

$$x_b = \left[(\lambda_L x_a - 1) \pm \frac{1}{D_L}\sqrt{2D_L \delta_L - 3D_L^2}\right] \Big/ \lambda_L \tag{9.76}$$

沿管线轴向力平衡方程

$$\sum N = \sum \int_{-\infty}^{\sqrt{R^2 - R_m^2}} K_L(\pi d)(u_L - \delta_L)\mathrm{d}x = 0 \tag{9.77}$$

与上式联立可解得 x_a。

管线最大应变发生在滑坡开始处，即 $x = 0$，

$$\varepsilon_{\max} = D_L \lambda_L(1 - \lambda_L x_a) \tag{9.78}$$

9.4.2　深层滑坡作用下埋地管道计算分析

1. 算例介绍

深层滑坡几何要素为 R, R_m，现取如表 9.2 所示两种情况分析管线最大轴向应变。

表 9.2　几何参数

几何要素 工况	R	R_m	L
1	30	25	33.16
2	50	25	86.60

2. 工况 1 比较

工况 1 计算结果见图 9.26，可见理论解与数值解基本一致。当土体切向位移 δ_t 很小时，由轴向位移分量 δ_L 引起的管线轴向应变比横向位移分量 δ_p 要大；当 δ_t 稍大时，情况相反，这时横向位移分量控制管线的破坏模式，管线易在坡脚受剪破坏。

由图 9.26 可知, 轴向和横向位移分量引起的管线最大轴向应变位置不同, 轴向滑坡作用下在滑坡端, 横向滑坡作用下在区域②或区域③, 所以这两部分应变不可以直接相加得到管线在深层滑坡作用下的最大轴向应变, 但可以取二者相加值作保守估计。

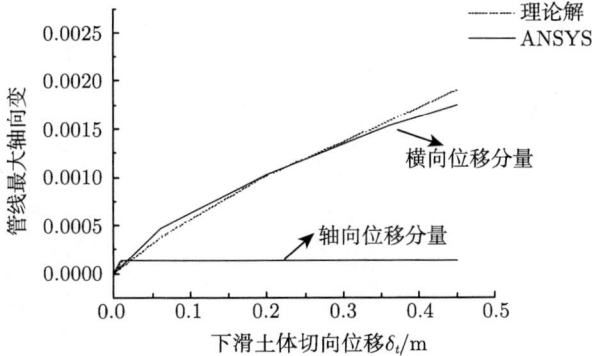

图 9.26　$R = 30\text{m}$, $R_m = 25\text{m}$ 时管线最大轴向应变 ($L = 33.16\text{m}$)

3. 工况 2 比较

滑坡长度增加到 86.60m 时, 管线最大轴向应变随滑坡位移的变化情况如图 9.27 所示, 理论解与数值解几乎吻合。

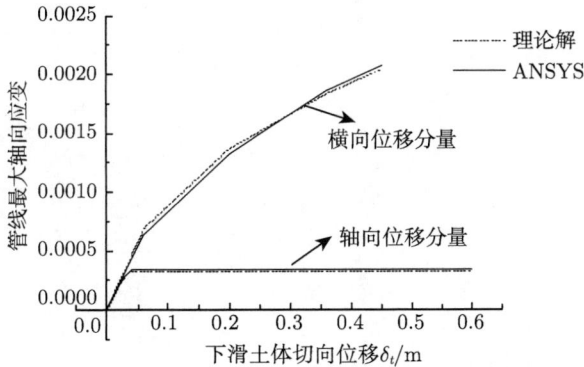

图 9.27　$R = 50\text{m}$, $R_m = 25\text{m}$ 时管线最大轴向应变 ($L = 86.6\text{m}$)

滑坡长度的增加放大了土体对管线的影响, 使管线屈服的临界土体切向位移相对于第一种工况来说大大减小, 由横向、轴向土体位移分量引起的管线轴向应变均有所加大。

第三篇

长输管道地震安全评价

第10章 埋地管道失效模式和失效准则

10.1 埋地管道抗震规范简介

10.1.1 陆地埋地管道抗震规范简介

1. 中国《输油（气）钢质管道抗震设计规范》(SY/T 0454—2004)

该规范[163]在埋地管道地震波动效应分析中使用的方法是 Newmark 法，即共同变位法。这一点，与美国规范相似，此方法未考虑管土之间的滑动，认为土与管道一起变形。本规范并没有提及埋地管道在地震波动作用下的数值仿真分析方法。在断层作用下，该规范只推荐了解析方法——Newmark-Hall 法，而判别管道失效的准则以管道变形是否超过允许变形为准。规范中提出了一些针对性的抗震措施。

2. 中国《油气输送管道线路工程抗震技术规范》(GB 50470—2008)

该规范[164]给出管道在地震波动效应分析中的方法也是 Newmark 法，未提及有限元方法。在断层作用分析中推荐了解析方法——Newmark-Hall 法和有限元方法两种方法。与 SY/T0450—2004 规范不同的是管道失效准则以管道变形的 2 倍是否超过允许变形为准。规范中提出了一些针对性的抗震措施。

3. 中国《室外给水排水和燃气热力工程抗震设计规范》(GB 50032—2003)

该规范[165]推荐进行给排水、燃气管道的地震波动效应分析时采用位移传递系数法，该种方法认为土与管道之间存在相对滑动，其核心思想与日本规范一致，规范中未提及有限元方法。在本规范中对断层作用下的管道反应分析没有提及。规范中给出了一些针对性的抗震措施。

4. 美国生命线大联盟 (ALA) *Guidelines for the Design of Buried Steel Pipe* (2001)

该规范[73]对于埋地钢质管道受地震波动效应的分析建议是使用 Newmark 法，并未提出有限元方法。在断层作用分析中只推荐了有限元方法而并未建议理论解析方法。规范中未给出相应的抗震措施。

5. 美国 PRCI *Guidelines for the Seismic Design and Assessment of Natural Gas and Liquid Hydrocarbon Pipelines* (2004)

该规范[166]中对埋地管道的地震波动效应分析提出的理论解法是 Newmark 法，数值仿真解法是利用有限元软件，Newmark 法中 Rayleigh 波系数取 1.0，剪切波系数取 2.0。对于断层作用分析主要推荐了有限元方法，并未给出解析解的方法，提出了一些抗震措施。

6. 美国 ASCE *Guidelines for the Seismic Design of Oil and Gas Pipeline Systems* (1984)

该规范[139]中对于埋地管道地震波动效应的分析不仅提出了解析方法——Newmark 法，还给出了相对应的有限元方法。在断层作用分析中提出了两种经典的解析方法，即 Newmark-Hall 法和 Kennedy 法，除此之外也提出了有限元方法。规范中提出了许多针对性的抗震措施，对埋地管线抗震施工提出了很有意义的建议。

7. 日本*Earthquake Resistant Design Codes in Japan* (2000)

该规范[167]对于地震波动效应分析提出了一种考虑管土相对滑动、不同于中国和美国规范的方法，在该规范中并未给出有限元解法。对于断层作用分析中，该规范给出了解析解，但是并未给出有限元解法，也未给出相应的抗震措施。

8. 小结

对于以上规范的汇总见表 10.1。可见，美国规范在地震波动效应分析中主要使用 Newmark 法，该法未考虑管土相对滑动，结果偏保守；而日本规范中的方法则考虑了管土相对滑动，相对于 Newmark 法更接近于实际；中国规范根据不同领域的管道分别采取了不同的方法。

在断层作用分析方法中，主要是 Newmark-Hall 法和 Kennedy 法两种解析方法；至于有限元法则以梁单元或壳单元为主建立数值仿真计算模型。

10.1.2   海底管道抗震设计规范简介

1. ANSI B31.4

ANSI B31.4[168]是适用于陆地和海上液体烃输送和配送系统的设计、施工和运行的美国标准。该标准鲜有涉及管道地震设计的准则和要求，只是强调创建一个通用的评估海底管道地震灾害的必要性。

在 B31.4 中，要求工程师在海底管道设计时要考虑地震的影响，尤其是一些特殊地段，如河谷交叉口、海底和内陆近海岸等。在偶然荷载作用下的极限应力计算和应力准则部分中，提出由压力、活荷载和死荷载以及风、地震等偶然荷载产生的纵向应力总和不应超过管道最小屈服应力的 80%。此限制是对地上管道或悬空管道而言，并不适用于因断层、液化等引起的大的地面运动。

表 10.1 中国、美国、日本规范汇总表

规范	地震波动效应分析			断层作用分析			
	方法	备注	有限元方法	解析方法	备注	有限元方法	抗震措施
SY/T 0450—2004	Newmark 法	不考虑管–土滑动	×	Newmark-Hall 法	比较管道变形	×	√
GB 50470—2008 输气管道	Newmark 法	不考虑管–土滑动	×	Newmark-Hall 法	比较管道应变 2 倍管道最大应变	√	√
GB 50032—2003 给水排水、燃气	位移传递系数法	考虑管–土滑动	×	×		×	√
ALA—2001	Newmark 法	不考虑管–土滑动	×	×		√	×
PRCI—2004	Newmark 法	不考虑管–土滑动	×	×		√	×
ASCE—1984	Newmark 法	不考虑管–土滑动	√	Newmark-Hall 法 Kennedy 法		√	√
Japan—2000	√	考虑管–土滑动	×	√		×	×

2. ANSI B31.8

ANSI B31.8[169] 是适用于陆地和海上气体输送和配送系统的设计、施工和运行的美国标准，与 B31.4 有部分相似，对于海底管线部分做了有限的叙述，但提出了许多抗震措施。

该规范对于极端荷载主要考虑的是地震惯性力而不是二次荷载，并建议当海底管道穿过已知的断层区域时，应考虑增加管道的滑动性来减少地震对管道的破坏。

在设计条件一节中，海底管道所受到的地震被认为是一种需预先考虑的设计条件。应变设计准则一节则规定当海底管道在经受一个可预测、非周期性的位移荷载，且预计损害率不会影响管道完整性时允许采用超过屈服应变的应变准则进行设计。允许应变标准应当以管道的延展性和屈曲行为为基础来确定，但并未给出明确值。

在海床稳定性一节中，管道的横向和竖直稳定性设计是受海床地形、土体特性，及水动力、地震和土体行为控制的。要求管道设计能够防止水平和竖直运动，或者虽然可以运动但是不超过管道的设计强度。

土壤液化一节要求海底管道在设计时要考虑液化和滑坡失效的影响，但并未定义明确的准则。

3. API Recommended Practice 1111

API Recommended Practice 1111[170] 建立了海底管道设计准则，适于与 ANSI B31.4 和 B31.8 标准共同使用，故 API 的准则本质上与 ANSI 规定的标准是一致的。

在 "2.1.4 动力" 一节中，要求在管道设计时需要考虑施加在管道上的动力及由此引起的总应力。这种应力情况可能由一系列的荷载条件引起，其中之一就是地震。该准则只是将地震作用作为一种动态荷载考虑。

在 "2.4.2.1 海床上的稳定性" 一节，讨论了自然情况下管线在海底的稳定问题。特别提及，对于海底管道在由地震引起的海底沉积物的液化、漂浮等问题上要求专门作为一个潜在情况考虑。

4. BS 8010 管道守则——海底管道部分

英国标准 BS 8010[171]，第三部分对水下管道的设计、施工、安装和测试提出了相应的建议。BS 8010 中认为地震活动作为一种环境荷载条件是必须考虑的。其中规定的条款如下：

"4.2.2.5 结构和环境荷载" 一节中，地震被定义为一种需要考虑的环境荷载，关于相互作用更详细的讨论见其附录 B。"4.2.5.4 等效应力" 这一节，指出海底管道等效应力 (依据 von Mises 应力判断准则) 应小于环境荷载条件下最小屈服应力的 0.96 倍。4.2.6 节应变设计准则中，指出 4.2.5.4 节中的等效应力准则可由 0.1% 的允许应变准则代替。"4.5.4.2 土体稳定性" 一节中指出，各种原因 (包括地震活动) 均可导致海底管道路由沿线的土壤不稳定，对此应该考虑增加加固措施。

B.1.10 地震活动这一节，要求考虑管道沿线的地震活动对管道的影响，尤其提到了土壤液化，但并未提供适当的指导措施。"B.2.7.5 液化" 一节，要求考虑土壤液化的影响，地震是一种可以引起液化的因素。

5. CSA Z662—96 油气管道系统

加拿大《油气输送管道系统规范》[172] 提及了在运行压力下热膨胀范围、温差、持续荷载和风荷载的设计应力要求，但其他荷载条件并没有明确的提及。

6. DNV 对于近海管道系统的规定

DNV[173] 海底管道系统设计规范中，认为地震活动作为一种环境荷载条件必须要考虑。其中相应的条款包括：

"2.1.1 自然环境现象" 这一节中，要求考虑所有损害结构功能或系统稳定性的环境现象。地震活动也应列为一种环境现象来考虑。

3.3.1.1 节中涉及环境荷载的部分，要求环境荷载的重现期均需大于 100 年。

10.1.3 海底管道与陆地埋地管道抗震设计的异同

海底管道可以被认为是埋地管道的一种特殊情况，其原理与陆上埋地管道相同，不同的是周围所处的环境，海洋环境与陆地埋地环境存在着明显的差异。

与陆上埋地管道相同的是海底管道也需要从永久地面变形 (断层分析) 和地震波动两个方面进行抗震设计，且分析方法与陆上埋地管道相似，可以参照陆地埋地管道抗震设计的方法进行验算。

而海底管道与陆地管道的不同之处主要体现在以下五点：

(1) 海底管道需要考虑海床土的孔隙水压力，而陆地管道由于埋深浅一般不需要考虑。

(2) 由于海底波流的淘蚀会使海底管道存在悬空段，产生水——结构的相互作用，故海底管道分析时需针对局部悬空管道进行分析，而陆地管道一般情况下不会出现悬空状态，故陆地管道不需要进行此项研究。

(3) 由于海洋环境的特殊性，海洋土与陆地土在性质上有所不同：① 海底土层除有陆相成因外，还有海相成因，成因的不同必然使土壤在工程特性上有所不同；② 海洋土一般是咸水饱和或接近饱和的，是一种特殊的三组分体系 (即土骨架 + 水 + 水中盐分) 或四组分体系 (再加空气)，而大陆土除特殊情况外，以两组分 (土骨架 + 水) 或三组分体系 (再加空气) 为主，孔隙水中含盐分较少，可以忽略；③ 海水波浪使海床土经常受到反复荷载和水平荷载，大风暴期间这种荷载更加突出；④ 海洋土在发生扰动之后，其性质发生变化，与原场地土性质不同。鉴于如此多的不同之处，故在分析时需尽可能多地参考海洋土力学相关内容对工程进行分析。

(4) 海底裸铺管道或悬空管道需要考虑外压对抗震极限压缩应变的折减，而海底埋设管道不需考虑外压影响。陆上埋地管道也不需考虑外压对极限压缩应变的折减。

(5) 海底管道的混凝土配重层，首先，会影响管道刚度及节点的应力，而陆地管道则不存在此情况；其次，陆地管道外涂层一般为 PE，而海底管道最外层为混凝土，土壤对二者之间的约束作用不同。

10.2 埋地管道失效模式

对于埋深较深 (超过 0.9m) 的无腐蚀连续钢质管道其主要失效模式是拉伸失效和局部屈曲。对于埋深较浅 (不足 0.9m) 的无腐蚀连续钢质管道其主要失效模式是梁屈曲。

10.2.1　拉伸失效

对于拉伸应变, 无腐蚀的连续电弧焊接钢管较为柔韧, 在拉伸破坏之前有很强的变形协调能力来适应大变形。但是, 老旧的管道和气焊管道在破坏之前却无法适应大的拉伸应变。此外, 对接焊接的管道其性能要优于滑动焊接的管道。当管道受到纵向永久地面变形时, 会产生拉伸破坏。

Newmark 和 Hall 于 1975 年指出管道拉伸应变通常会大于 4%, 故常将 4% 作为管道拉伸的极限应变, 当超过此极限应变时认为管道已发生拉伸破坏。

对于后屈服管道的性能研究需要有完整的应力–应变关系, 对此使用最为广泛的是管道钢 Ramberg-Osgood 本构模型, 具体可参考 2.4.1 节。

10.2.2　局部屈曲

屈曲是指结构在受压时由一个稳定状态变为不稳定状态时的过程。局部屈曲 (褶皱) 现象涉及管道管壁的不稳定。由于永久地面变形和地震波动的传播, 首先在局部管道的表面发生褶皱, 接着在褶皱处会发生进一步的变形、弯曲。由此产生的管壁大曲率变形通常导致管道的环形开裂和渗漏。该种失效模式对于钢管是一种常见的失效模式, 见图 10.1。

图 10.1　管道局部屈曲破坏

在经过大量实验验证后, Newmark 和 Hall 于 1977 年表明, 通常在管道受压, 其应变为理论值的 1/3 或 1/4 时, 管道开始产生褶皱屈曲。该理论值如下:

$$\varepsilon_{\text{theory}} = 0.6 \cdot t/R \tag{10.1}$$

式中: t——管道壁厚,

R——管道半径。

因此，判断管道屈曲失效的应变范围为

$$0.15 \cdot t/R \leqslant \varepsilon_{cr} \leqslant 0.20 \cdot t/R \tag{10.2}$$

该经验公式被认为适用于薄壁管道，对于厚壁管道其较为保守。目前尚未研究由大曲率弯曲造成的管道额外受压而导致管壁屈曲破裂的情况。

10.2.3 梁屈曲

管道的梁屈曲与欧拉梁屈曲类似，都是细长圆柱受压产生横向变形的情况。而管道相对运动分布于一个较大范围内，故管道的压应力不大。相对于局部屈曲，梁屈曲时管壁受压破裂的可能性减小，因此，处于受压区管道的梁屈曲被认为是一种相对安全的状态。

梁屈曲并不会导致管道像拉伸破坏、起皱和撕裂破坏那样"失效"。由于管道中运输的流体仍然保持通畅，故管道的梁屈曲问题更适合被描述为一个适用性问题。基于此，建立一个根据管道材料特性的管道梁屈曲失效准则是很困难的。管道的梁屈曲与许多因素有关，如抗弯刚度、管道埋深以及管道的初始缺陷。

各国学者已经对埋地管道的梁屈曲进行过很多研究。Marek 和 Daniels 于 1971 年首先给出了一种梁屈曲的求解方式，他们研究了温升引起管道隆起弯曲的情况。1981 年，Hobbs 对 Marek 和 Daniels 的模型进行了改进用以解决海底管道的屈曲问题，他认为由于温度变化和内部压力所引起的压缩荷载是有初始缺陷存在的管道产生梁屈曲的主要原因。模型如图 10.2 所示，其中，w 是海底管道单位长度的重量，L_b 是弯曲长度，L_s 是弯曲段附近管道于土壤产生相对滑动的长度。

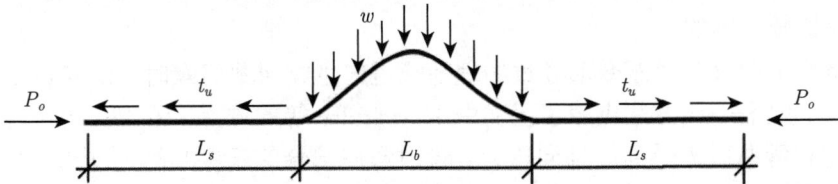

图 10.2　竖向屈曲模型

当弯曲长度为 L_b、最大弯曲幅度为 y_o 时轴向荷载与管道初始缺陷之间的关系见图 10.3。

如图 10.3 所示，弯曲荷载与弯曲长度之间是一个非线性的函数关系，当弯曲长度 L_{bm} 确定的时候，在 B 点弯曲荷载达到最小值。由于向上隆起的阻力与土壤的摩擦力有关，当弯曲长度大于 L_{bm} 时，弯曲荷载随着弯曲长度的增加而增大。显然，当荷载大于 B 点的弯曲荷载时，存在两种可能的弯曲长度和弯曲幅度，如图

10.3 中的 A，C 两点所示。A 点处的管道较为稳定，而 C 点处的管道在受到轴向压荷载时则可能最终折断。需注意的是，当初始缺陷较小时管道有可能会产生较大弯曲和变形，例如，路径 I 中轴向荷载最大值 O 点。相反，由于缺陷在不断增大，所以对于初始缺陷较大的管道，其轴向荷载一直增大不会产生极值，如路径 II。

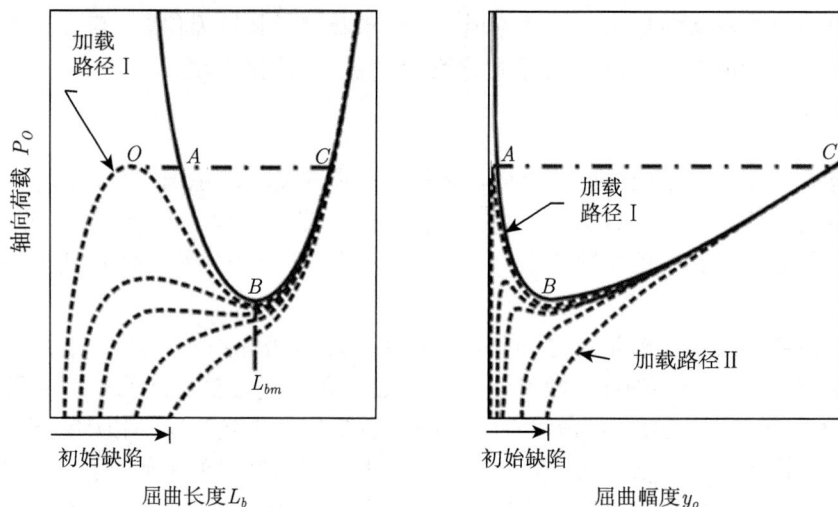

图 10.3　初始缺陷与弯曲荷载间关系

　　Kyriakides 等使用了类似的方法来研究梁屈曲问题，但该方法需要更为详细的缺陷信息。1989 年，Ariman 和 Lee 在考虑管土之间摩擦力、非线性的竖直抵抗力和弹塑性的管道弯矩曲率曲线后对 Kyriakides 等的模型进行了改进。对于 Kyriakides 等与 Ariman 和 Lee 的模型有一个共同的难点就是准确地获取管道的初始缺陷相关信息是比较困难的。

　　在解决纵向永久地面变形导致的埋地管道产生梁屈曲问题时 Meyersohn 改进了 Hobbs 的方法，该方法克服了上文中 Kyriakides 等的难点。图 10.4 展示了管道在弯曲前和弯曲后所受到的轴向压力。管道弯曲部分的长度与地面变形的大小和量级有着直接的关系。一旦管道所受到的轴向力 P 达到或超过某一特定值 $P_{\max}$，管道发生弯曲，弯曲段管道的摩擦力则减小。而在弯曲段两侧的摩擦力方向也发生改变 (如图 10.4 (b) 中摩擦力方向的改变) 同时应力也相应的减小。P_o 代表状态平衡后管道所受到的最大轴向力。

　　通常，梁屈曲大多发生于管道浅埋或使用松散回填材料的情况。也就是说，弯曲荷载随着埋深的增加而增大。因此，当管道埋深足够深时，在发生梁屈曲之前会先发生局部屈曲。基于此理念，Meyersohn 于 1991 年提出了区分局部屈曲和梁屈曲的临界埋深深度。任何埋深小于临界埋深的管道都会发生梁屈曲；相反，如果管

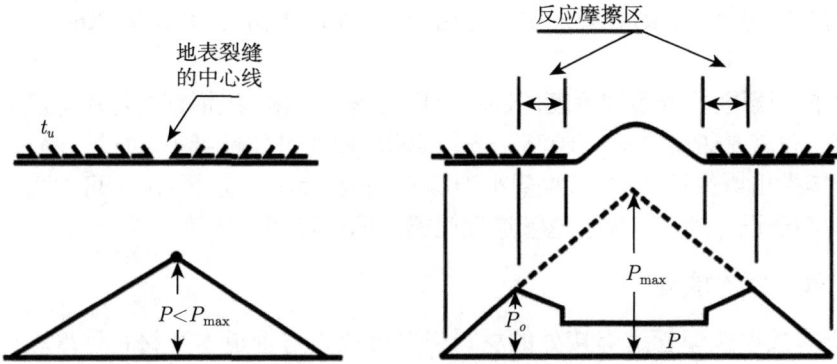

图 10.4 轴向压力的分布

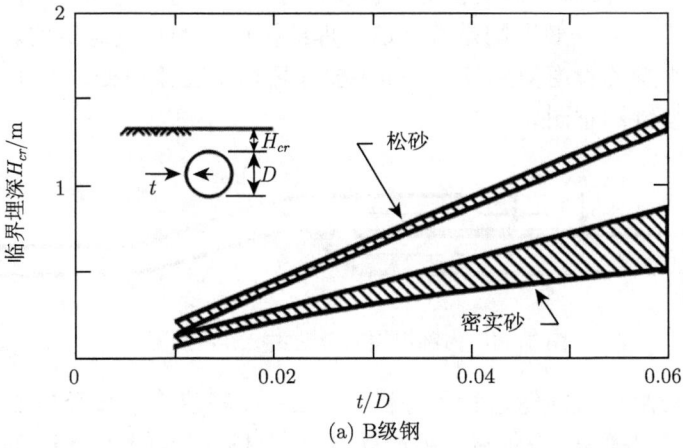

(a) B级钢

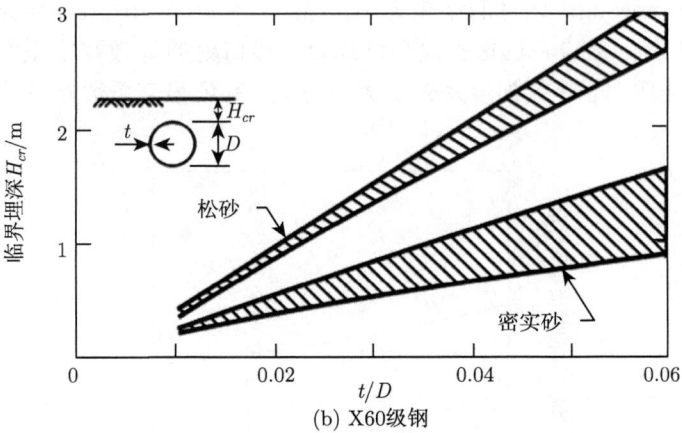

(b) X60级钢

图 10.5 B 级和 X60 级钢管的临界埋深

道埋深超过临界埋深，则其会发生局部屈曲。图 10.5 展示了 B 级和 X60 级钢管的临界埋深。

图中的阴影区代表不同程度的回填土压实程度。X60 级钢管的埋深深度要大于 B 级钢管，也就是说管道强度越高，产生局部屈曲的可能性越小。而且，Meyersohn 于 1991 年指出厚径比 t/D 通常要小于等于 0.02。因此，从图 10.5 可知由于临界埋深通常小于设计埋深，故埋地管道发生梁弯曲的可能性较小。

10.2.4　滑动式焊接缝

由于对接电弧焊管道焊接处的材料强度可视为与管道本身材料强度相同，故埋地钢质管道的失效准则也适用于对接电弧焊接的焊缝。由于滑动式焊缝、榫卯接口和氧–乙炔、气焊接口的钢质管道焊缝接口处的强度小于管道本身材料的强度，故该类型钢质管道的失效准则是基于这些焊缝接口处的强度确定的。在过去的地震中许多这种类型的管道受到破坏，而主要破坏均是在接口处。图 10.6 为内部焊接的滑动式焊接缝示意图。

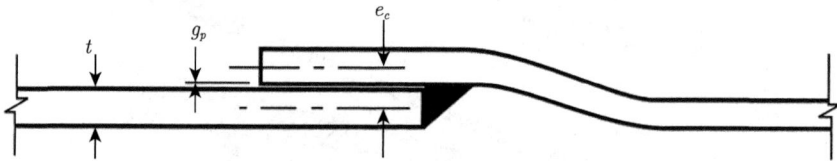

图 10.6　内部焊接的滑动式接缝示意图

许多学者对滑动式接缝进行了分析。Moncarz 等建立了直径为 2.74m 的非线性有限元滑动接口模型，发现接口处的强度只有材料强度的 0.4 倍。对于同样的接口类型，Brockenbrough 计算的结果为 0.35 倍，比 Moncarz 等的结果小了 12%。图 10.7 展示了 Brockenbrough 所建套管式模型接口处的等效强度系数。当焊缝之间没有气泡缺陷等时，等效强度系数最大为 0.41，等效强度系数随着缺陷的增加而减小。

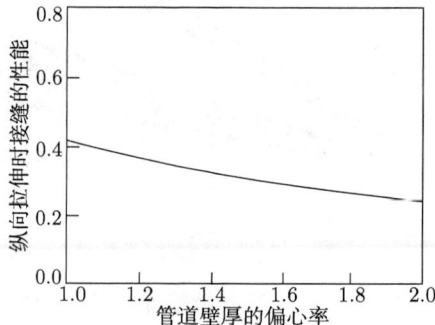

图 10.7　滑动式接头的等效强度系数

　　然而由于管道内径较小很难进行内部焊接,故大多数小口径管道采用外焊接滑动式接头的形式,图 10.8 展示了外焊接滑动式接头。

　　如图 10.8 (b) 所示,t 是壁厚,R_0 是管道半径,e 是偏心距 (接头的偏移量),L 是弯曲部分的长度。Tawfik 和 T. O'Rourke 使用壳单元建立非线性模型,并进行相应的计算,计算结果如图 10.9 所示。如图 10.7~ 图 10.9 所示,内焊接滑动式接头的强度通常要大于外焊接滑动式接头的强度。

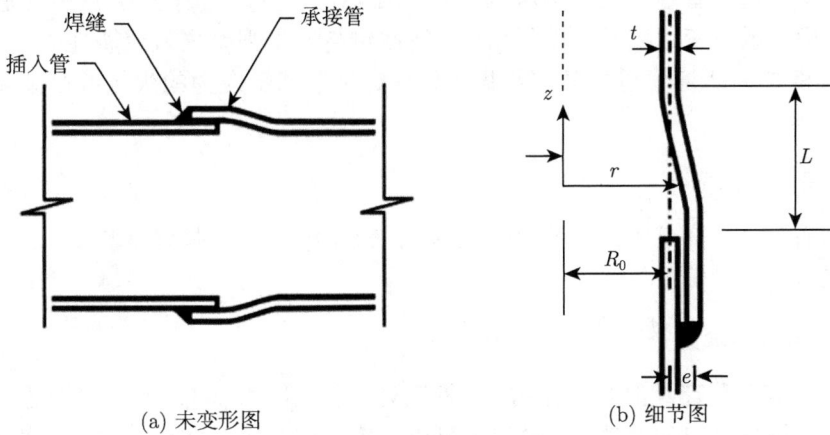

(a) 未变形图　　　　　　　　　　　　　　(b) 细节图

图 10.8　外焊接滑动式接头

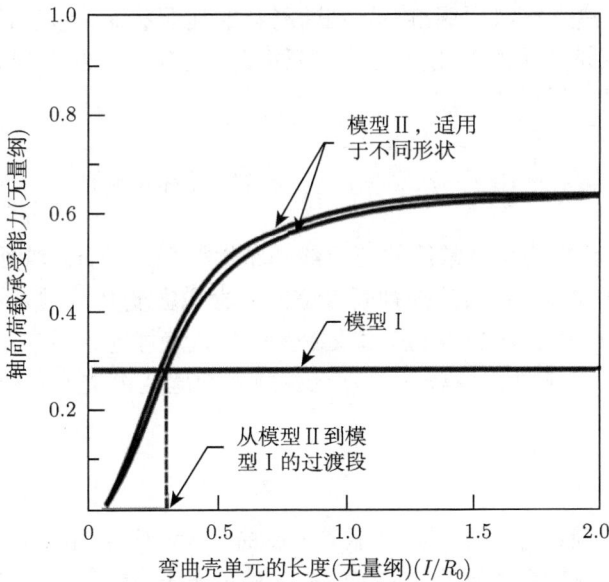

图 10.9　外焊接滑动式接头强度

10.3　埋地管道失效准则

长输管道受环境荷载影响，极易发生力学失效。例如，漏水掏空或海水冲刷和淘蚀等引起管道大面积悬空、滑坡引起的意外冲击荷载、地震引起的地震波、铁路、公路穿跨越处的交变荷载等。通常，将外部荷载引起的管道响应称为荷载控制响应，位移引起的管道结构响应称为位移控制响应。由管道钢应力–应变实验曲线可见，当应力或应变达到某一临界值时，管线钢将发生强度失效或塑性失效。根据应力和应变作为衡量管道失效的判据，分别定义了基于应力的失效准则和基于应变的失效准则。

10.3.1　判断准则

地震作用下，管道的抗震验算一般包括三方面内容：一是强度验算；二是延性验算；三是屈曲验算。

1. 强度验算准则

在地震和运行荷载的共同作用下，管壳处在复杂应力状态，宜按第四强度理论进行验算。根据第四强度理论，设计中可以让容许应力等于屈服应力。这里考虑材料非线性，因而取破坏极限应力作为设计时的容许应力。引入第四强度理论 (形状改变比能理论) 来建立材料屈服准则，判断材料的屈服状态。该理论认为，材料发生屈服的主要因素是形状改变比能，不论何种应力状态，只要其形状改变比能达到极限形状改变比能，材料就屈服。

$$\sigma_{r4} = \sqrt{\frac{1}{2}\left[(\sigma_1 - \sigma_2)^2 + (\sigma_2 - \sigma_3)^2 + (\sigma_3 - \sigma_1)^2\right]} \leqslant [\sigma] \qquad (10.3)$$

管材为钢管，其本构采用常用的三折线弹塑性模型。由于管道处于复杂受力状态，所以采用 von Mises 屈服准则判断管道的应力和应变是否进入塑性屈服状态。在管截面任意一点，把 von Mises 应力或应变作为该点埋地管线在滑坡情况下的响应分析的总应力或总应变。由总应力总应变判断管道是否进入弹塑性状态或塑性状态。

2. 延性验算准则

在大位移土体荷载作用下，如果不考虑屈曲，埋设管道的应变为自限性，即管道的应变不会因材料的屈服而无限增长，在这种情况下，只要保证管道有足够的延性，满足变形要求，就可以保证管线的安全运行。这就是延性验算准则，应变不大于容许应变。

在永久大位移的土体荷载作用下，埋设管线的延性准则可不考虑材料极限的疲劳影响，管道的抗震设计一般只需验算沿管轴向的应变，即轴力应变与弯曲应变的组合。

3. 屈曲验算准则

埋地管道的屈曲可分为两种形式：梁式屈曲和壳式屈曲。梁式屈曲一般发生于埋深较浅，覆土未压实并有一定初始弯曲的管道，通常可以避免。梁式屈曲中，应变的分布范围较广，而且管线一般不会像受压柱那样被压垮，因此危害性较小。壳式屈曲则是发生在很小的范围内，极易造成管壁破裂。

10.3.2 中国《油气输送管道线路工程抗震设计规范》

中国《油气输送管道线路工程抗震设计规范》(GB50470—2008) 中埋地管道设计失效准则以应变准则为准，其分为两部分：地震波动下设计准则和断层作用下设计准则。

1. 地震波动作用下的设计失效准则

对于地震波动下的设计准则，其分为允许拉伸应变 $[\varepsilon_t]_V$ 和允许压缩应变 $[\varepsilon_c]_V$。允许压缩应变 $[\varepsilon_c]_V$，需按照公式 (10.4) 和公式 (10.5) 进行计算；允许拉伸应变 $[\varepsilon_t]_V$，按照表 10.2 进行选取。

$$\text{X65 及以下钢级：} [\varepsilon_c]_V = 0.35 \times \frac{t}{D} \tag{10.4}$$

$$\text{X70 和 X80 钢级：} [\varepsilon_c]_V = 0.32 \times \frac{t}{D} \tag{10.5}$$

式中：t——管道壁厚；

D——管道外径。

表 10.2 组焊管道容许拉伸应变

拉伸强度极限 σ_b/MPa	容许拉伸应变 $[\varepsilon_t]_V$/%
$\sigma_b < 552$	1.0
$552 \leqslant \sigma_b < 793$	0.9
$793 \leqslant \sigma_b < 896$	0.8

2. 断层作用下的设计失效准则

对于断层作用下的设计准则，也分为允许拉伸应变 $[\varepsilon_t]_F$ 和允许压缩应变 $[\varepsilon_c]_F$，需根据断层对管道产生的拉压情况分类讨论。

埋地管道抗断层的轴向容许拉伸应变 $[\varepsilon_t]_F$ 需按照公式 (10.6) 进行计算：

$$[\varepsilon_t]_F = \varphi_{\varepsilon t} \varepsilon_t^{\text{crit}} \tag{10.6}$$

式中：$\varphi_{\varepsilon t}$——拉伸应变承载系数，取 0.7；

　　　　$\varepsilon_t^{\mathrm{crit}}$——钢管及组焊管段的极限拉伸应变，按实测值或经验公式 (10.7) 确定。

$$\varepsilon_t^{\mathrm{crit}} = \delta^{2.36-1.58\lambda-0.101\xi\lambda}(1+16.1\lambda^{-4.45})(-0.157+0.239\xi^{-0.241}\eta^{-0.315}) \ (表面型)$$
$$(10.7a)$$

$$\varepsilon_t^{\mathrm{crit}} = \delta^{1.08-0.612\eta-0.0735\xi+0.364\psi}(12.3-4.65\sqrt{t}+0.495t)$$
$$\times(11.8-10.6\lambda)\left(-5.14+\frac{0.992}{\psi}+20.1\psi\right)(-3.63+11.0\sqrt{\eta}-8.44\eta)$$
$$\times\left(-0.836+0.733\eta+0.0482\xi+\frac{3.49-14.6\eta-12.9\psi}{1+\xi^{1.84}}\right) \ (深埋型)$$
$$(10.7b)$$

式中：δ——表观 CTOD 韧性；

　　　　λ——屈强比；

　　　　ξ——缺欠长度与壁厚比率，$2c/t$；

　　　　η——缺欠厚度与壁厚比率，a/t（表面型缺欠）或 $2a/t$（深埋型缺欠）；

　　　　ψ——缺欠深度与壁厚比率，d/t，t 为管道壁厚。

埋地管道容许压缩应变 $[\varepsilon_c]_F$ 应按公式 (10.8) 计算，并取较小值：

$$[\varepsilon_c]_F = \begin{cases} 0.3\delta/D \\ \varepsilon_s \end{cases} \tag{10.8}$$

式中，ε_s——相应于管材屈服极限的应变。

10.3.3　美国 ASCE—1984 规范

　　美国土木工程师学会 (ASCE) 于 1984 年提出了关于油气管道系统的抗震指导，该导则的设计失效准则采取了应力失效准则和应变失效准则两种设计准则。按照不同情况选取不同的设计准则。

　　该导则的应力失效准则主要适用于使用线性方法进行的管道地震波动效应分析。当线性分析结果超过允许值时推荐使用非线性时程分析进行计算，计算结果按照应变失效准则进行判别。其具体的应力失效准则列于表 10.3。

表 10.3　应力失效准则

应力类型	允许应力
由内压、动静荷载、其他持续性荷载和可能型设计地震 (probable design earthquake, PDE) 型地震波动所引起的轴向应力	0.8SMYS(所规定的最小屈服应力)
由内压、动静荷载和偶然型设计地震 (contingency design earthquake, CDE) 型地震波动所引起的轴向应力	1.0SMYS(超过此值时推荐进行非线性时程分析)

应变失效准则主要适用于断层分析和使用非线性时程分析的 CDE 地震波动效应。其具体标准列于表 10.4。

表 10.4 应变失效准则

应变类型	允许应变
由内压、动静荷载以及非振动性的荷载 (断层、滑坡和液化等) 造成的应变	拉伸: 2%~5%(适用于直管, 对于弯管需要考虑更多准则) 压缩: 出现褶皱
由内压、动静荷载以及 CDE 型地震波动造成的应变	出现褶皱的应变的 50%~100%

考虑安全系数后, 出现褶皱的应变 $[\varepsilon_c]_F$ 按公式 (10.9) 计算:

$$[\varepsilon_c]_F = 0.3\frac{t}{D} \tag{10.9}$$

式中, t——管道壁厚;

D——管道外径。

10.3.4 美国 PRCI — 2004 规范

国际管道研究协会 (PRCI) 于 2004 年提出了油气管道抗震导则, 其设计失效准则按照控制荷载的类型进行分类, 使用应变作为判别标准, 主要适用于断层引起的反应。控制性能的方式主要分为位移控制 (地震引起的永久地面变形如液化、滑坡和断层) 和荷载控制 (地震导致荷载持续施加到管道的情况, 示例见图 10.10)。通常认为位移控制形式是首要的荷载形式, 而荷载控制形式为次一级的荷载形式。对于位移控制的荷载, 其有两个性能指标: 维持压力完整和维持正常操作。

1. 位移控制条件中的维持压力完整性目标

该种情况下对应于设防标准中的高标准地震, 为了维持压力稳定性的性能指标, 允许管道出现椭圆化或出现褶皱。在此目标之下, 应该预防余震的影响, 且地震发生后应该进行现场调查来确定是否有永久地面变形发生。当管道发生损坏时, 应及时更换损坏的部件以维持管道的正常运行。其设计失效标准如下。

允许纵向压缩应变:

$$\varepsilon_{cp} = 1.76\frac{t}{D} \leqslant \text{纵向拉伸允许应变} \tag{10.10}$$

允许纵向拉伸应变:

$$\varepsilon_{tp} = 0.02 \sim 0.04 \tag{10.11}$$

公式 (10.10) 对于径厚比小于等于 100 的管道是有效的, 且为管道椭圆化水平提供了一个评估准则。

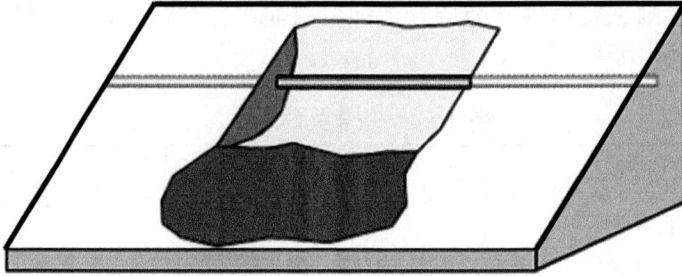

(a) 由于滑坡和侧向位移引起的悬跨管道

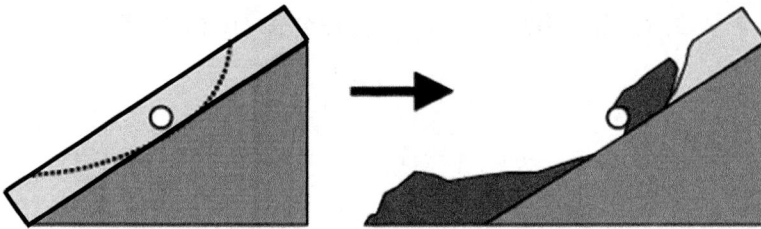

(b) 由于浅层滑坡造成的持续性土壤荷载

图 10.10　　对于埋地管道荷载控制条件下的举例

2. 位移控制条件中的维持管道正常运行目标

该种情况下对应于设防标准中的低标准地震，要求在地震发生时管道不能出现重大的损伤。

1) 纵向压缩允许应变

规范中按两种应力–应变曲线提出了相应的纵向压缩允许应变。一种是 Ramberg-Osgood 模型曲线，比较光滑无明显区分；另一种是双折线模型，有明显的屈服区。

Ramberg-Osgood 模型普通管道处允许应变：

$$\varepsilon_{co} = 0.437 \left(\frac{t}{D}\right)^{1.72} \left[1 - 0.892 \left(\frac{p}{p_y}\right)\right]^{-1} \left(\frac{E}{\sigma_y}\right)^{0.70} \left(1.09 - \left(\frac{\Delta}{t}\right)^{0.086}\right) \quad (10.12)$$

Ramberg-Osgood 模型环形焊缝处允许应变：

$$\varepsilon_{co} = 0.056 \left(\frac{t}{D}\right)^{1.59} \left[1 - 0.868 \left(\frac{p}{p_y}\right)\right]^{-1} \left(\frac{E}{\sigma_y}\right)^{0.85} \left(1.27 - \left(\frac{\mathrm{imp}}{t}\right)^{0.15}\right) \quad (10.13)$$

双折线模型普通管道处允许应变:

$$\varepsilon_{co} = 1.06 \left(\frac{t}{D}\right)^2 \left[1 - 0.50\left(\frac{p}{p_y}\right)\right]^{-1} \left(\frac{E}{\sigma_y}\right)^{0.70} \left(1.10 - \left(\frac{\Delta}{t}\right)^{0.09}\right) \tag{10.14}$$

双折线模型普环形焊缝处允许应变:

$$\varepsilon_{co} = 0.404 \left(\frac{t}{D}\right)^2 \left[1 - 0.906\left(\frac{p}{p_y}\right)\right]^{-1} \left(\frac{E}{\sigma_y}\right)^{0.80} \left(1.12 - \left(\frac{\text{imp}}{t}\right)^{0.15}\right) \tag{10.15}$$

上述公式中: t——管道的壁厚;

$\qquad\qquad D$——管道外直径;

$\qquad\qquad p$——管道内压;

$\qquad\qquad p_y$——产生与屈服应力相等的环向应力的内压, 按照 $p_y = 2\sigma_y t/$
$\qquad\qquad\quad (D - 2t)$ 计算;

$\qquad\qquad \sigma_y$——屈服应力;

$\qquad\qquad E$——管道材料的弹性模量;

$\qquad\qquad \text{imp}$——气泡缺陷所占壁厚的百分比;

$\qquad\qquad \Delta$——焊缝处管道接头的偏移量。

2) 纵向拉伸允许应变

$$\varepsilon_{tp} = 0.01 \text{ 或 } 0.02 \text{ (具体需参照规范相关注释)} \tag{10.16}$$

3. 荷载控制的条件 (次要条件)

纵向压缩允许应变:

$$\varepsilon_{cl} = 0.75\varepsilon_{co} \geqslant 2.42 \left(\frac{t}{D}\right)^{1.59} \tag{10.17}$$

纵向拉伸允许应变:

$$\varepsilon_{tl} = 0.005 \tag{10.18}$$

10.3.5 日本Earthquake Resistant Design Codes in Japan规范

该规范与位移传递系数法相对应,适合地震波动效应分析。允许应变基于低周疲劳分析结果确定,该规范由地震动造成的拉伸和压缩应变统一成一个允许应变。

1. 地震动水准 I 时设计失效准则

水准 I 允许应变取下述两标准中的较小值。
直管和弯管处的允许应变:

$$\varepsilon_{11} = 0.01 \tag{10.19}$$

由于屈曲产生的屈曲应变:

$$\varepsilon_{12} = \frac{4}{3} \cdot \frac{t}{D_m} n \tag{10.20}$$

$$\varepsilon_{12} = 35 \left(\frac{t}{D_m} \right) \tag{10.21}$$

当安全因子按 1.25 考虑时, 公式 (10.20) 可以用公式 (10.21) 代替, 公式 (10.21) 的单位为百分制。n 取 0.11, t 为管道的壁厚, D_m 为管道的平均直径, 按 $D - t$ 取。

2. 地震动水准 II 时设计失效准则

直管和弯管处的允许应变:

$$\varepsilon_2 = 0.03 \tag{10.22}$$

10.3.6　失效准则对比

1. 算例

以 X65 级钢管为例, 管径取 813mm, 壁厚取 25.4mm, 弹性模量取 207GPa, 设计压力取 14MPa, 密度取 7850kg/m³, 泊松比取 0.3, 表观 CTOD 韧性取 0.3mm, 屈强比取 0.843, 缺陷长度取 25mm, 缺陷厚度取 3mm, 缺陷深度取 10mm。X65 钢的本构关系见表 10.5。

表 10.5　X65 管线本构关系表

	工程应力–应变数据		真实应力–应变数据	
	应力/MPa	应变 ($\mu\varepsilon$)	应力/MPa	应变 ($\mu\varepsilon$)
	0.0	0	0.0	0
比例极限 ($75\%\sigma_y$)	336.0	1 680	336.0	1 678
	375.0	1 900	375.7	1 898
	400.0	2 500	401.0	2 496
	420.0	3 200	421.3	3 194
	435.0	3 900	436.7	3 892
屈服应力 σ_y	448.0	5 000	450.2	4 988
	465.0	10 000	469.7	9 950
	490.0	30 000	504.7	29 559
	510.0	60 000	540.6	58 269
	525.0	90 000	572.3	86 178
极限应力 σ_u	531.0	120 000	594.7	113 329
	525.0	150 000	603.8	139 762
	500.0	180 000	590.0	165 514
破坏应力	448.0	220 000	546.6	198 851

2. 对比分析

分别按照中国《油气输送管道线路工程抗震设计规范》(GB50470—2008)、美国 ASCE—1984 油气管道系统抗震指导 (以应变准则为准)、美国 PRCI—2004 的油气管道抗震指导和日本土木协会天然气管道抗震设计建议计算的结果见表 10.6。

由表 10.6 可以看出，中国规范和美国 ASCE 规范都比较全面地给出了埋地管道在断层和地震波动两种作用下的管道允许应变，但是这两种规范都是基于单一水准地震进行抗震设计的；而美国 PRCI 规范只给出了断层作用下的允许应变，日本规范只给出了地震波动下的允许应变，但二者均是按照两水准地震进行抗震设计的。从功能的完整性角度来看，前两种规范要优于后两种单一运动形式的规范。从考虑管道重要性的角度来看，采用两水准地震的规范相对于采用单一水准地震的规范更加合理。

表 10.6　规范计算结果比较

规范		断层允许应变		波动允许应变		备注
		拉伸	压缩	拉伸	压缩	
中国 GB50470		2.49%	0.50%	1.00%	1.09%	—
美国 ASCE		3.50%	0.94%	0.94%		断层拉伸应变取中间值，波动允许应变按 100% 褶皱选取
美国 PRCI	位移控制条件中维持压力完整性目标	3.33%	3.33%	—	—	压缩应变计算值大于拉伸允许值，按拉伸允许值选取，拉伸应变允许值按照规范附录选取
	位移控制条件中维持管道正常运行目标	2.00%	2.00%	—	—	
	荷载控制条件(次要条件)	0.50%	1.50%	—	—	拉伸允许应变为固定值，压缩允许应变按公式计算
日本规范	标准 I	—	—	1.00%		—
	标准 II	—	—	3.00%		—

对比断层允许应变，在拉伸时，中国规范的计算值为 2.49%，ASCE 规范的计算值为 3.50%，而 PRCI 规范中对于高标准地震 (维持压力完整性) 其计算值为 3.33%，对于低标准地震 (维持正常运行) 其计算值为 2.00%；在压缩时，中国规范的计算值为 0.50%，ASCE 规范的计算值为 0.94%，而 PRCI 规范中对于高标准地震其计算值为 3.33%，对于低标准地震其计算值为 2.00%。PRCI 规范荷载控制条件属于次要条件，此处不加入对比。通过对比可以看出按中国规范计算的结果偏小，按美国 ASCE 规范计算的结果偏大，对于考虑管道重要性的设计要求来说，单独使用中国规范或 ASCE 规范可能使设计偏保守或偏危险，相对而言 PRCI 使用两水准地震抗震标准更加合理，其低标准地震的结果与中国规范接近，其高标准地

震的结果与 ASCE 规范接近。

对比地震波动允许应变，按中国规范计算，拉伸时允许值为 1.00%，压缩时允许值为 1.09%；ASCE 规范未区分拉伸和压缩，按其计算的允许值为 0.94%；日本规范也并未区分拉伸和压缩，按其水准 I 计算的允许值为 1.00%，按水准 II 计算的允许值为 3.00%。通过对比我们可以发现在地震波动允许应变上中国、美国、日本的规范差别不是很大，日本规范的水准 II 差别较大，但是其是一个固定值，对于所有管道都适用，故在地震波动允许应变上三国规范差别可以说不是很明显。

通过对以上中国、美国、日本三国共四部具有代表性的管道抗震规范的失效准则进行对比，可以得到如下一些结论：中国规范的设计失效准则基于单一水准地震，功能比较完整，公式简单明确，便于设计人员计算，但是计算结果偏于保守。ASCE 规范的设计失效准则也基于单一水准地震，其功能也比较完整，但是其标准过于模糊，不利于设计人员选取，可能使计算结果偏危险。PRCI 规范的设计失效准则按照两水准地震进行设置，考虑因素比较全面，计算结果较合理，但其只有单一的断层失效准则，没有地震波动失效准则，功能性不够完整，考虑因素全面导致其计算公式比较复杂，不利于设计人员理解。日本规范的设计失效准则也是按照两水准地震进行设置，计算公式简单明确，但是同 PRCI 规范缺点相似，其只有单一的地震动失效准则，没有断层失效准则，功能性不够完整，且其标准过于单一。

第11章　埋地管道地震反应分析经典方法

11.1　地震波作用下埋地管道分析经典方法

11.1.1　共同变位法

1. 共同变位法——美国

本方法依据美国 *Guidelines for the Seismic Design and Assessment of Natural Gas and Liquid Hydrocarbon Pipelines* (2004) 所编。

共同变位法最早由 Newmark 于 1967 年提出，该方法忽略惯性力影响，假定地震波作用时管土共同变形，即管线的运动等于周围土体的运动，管线与土体等应变。由于地震波作用下管道自身的动力放大作用很小，所以这一假定合理。该方法还假定地震波为沿管线方向传播的行波，且不考虑衰减影响，传播过程中波形不变。

将地震行波的位移时程表示为

$$v = f(x + ct) \tag{11.1}$$

式中：v——土体质点位移，单位 m；

　　　x——波传播方向；

　　　c——地震波波速，单位 m；

　　　t——时间，单位 s；

　　　f——位移时程函数。

由共同变位法基本假定，管土共同变形，有

$$u = v = f(x + ct) \tag{11.2}$$

式中：u——管线位移，单位 m。

由式 (11.2)，注意到存在下面关系：

$$\frac{\partial u}{\partial x} = \frac{1}{c}\frac{\partial u}{\partial t} \tag{11.3}$$

因此，管线的轴向应变可以表示为

$$\varepsilon_l(t) = \varepsilon_s(t) = \frac{\partial u}{\partial x} = \frac{V(t)}{c} \tag{11.4}$$

式中：$\varepsilon_l(t)$——管线轴向应变；

    $\varepsilon_s(t)$——土体正应变；

    $V(t)$——土体质点振动速度，单位 m/s。

若地震波传播方向为沿管线方向 (纵波)，则管线轴向应变和土体正应变最大值为

$$\varepsilon_l = \varepsilon_s = \frac{V_m}{c} \tag{11.5}$$

式中：V_m——土体质点振动速度的最大值，单位 m/s。

共同变位法的基本假定中并没有规定地震波的波形，因此理论上该方法可用于任意地震波。此外，上述讨论中的地震波波速 c 为地表实测的地震波波速，并非抗震规范中的土层剪切波速。

2. 共同变位法——中国

中国使用的共同变位法可参考 《油气输送管道线路工程抗震技术规范》(GB50470—2008)。

当地震波通过土壤时，将产生土壤质点运动，通常可用一位移矢量 f 表示，该矢量的特性将随其位置和时间而变化。如果我们只考虑一维运动，则地震波的波动方程见下式：

$$f = A \sin 2\pi \left(\frac{t}{T} - \frac{x}{L} \right) \tag{11.6}$$

其中：A——地震波的振幅，单位 m；

    T——地震动反应谱特征周期，单位 s；

    L——地震波的波长，单位 m；

    t——时间，单位 s；

    x——地震波传播方向的位移，单位 m。

倾斜的剪切波对管道轴线方向 x' 波动的影响如图 11.1 所示，视波长为 $L' = \frac{L}{\cos \phi}$。剪切波的位移使管道在轴线方向产生纵向位移 u 及横向位移 w，其计算公式如下：

$$u = A \sin \phi \sin 2\pi \left(\frac{t}{T_g} - \frac{x'}{L'} \right) \tag{11.7}$$

$$w = A \cos \phi \sin 2\pi \left(\frac{t}{T_g} - \frac{x'}{L'} \right) \tag{11.8}$$

一些中外学者认为直埋管道地震时产生的弯曲应变远小于轴向应变，因此只考虑剪切波对直埋管道的轴向应变。管道轴线方向应变见下式：

$$\frac{\partial f}{\partial x'} = -\frac{2\pi A}{L'} \sin \phi \cos 2\pi \left(\frac{t}{T} - \frac{x'}{L'} \right) = -\frac{2\pi A}{L} \cos \phi \sin \phi \cos 2\pi \left(\frac{t}{T} - \frac{x'}{L'} \right) \tag{11.9}$$

管道最大轴向应变见下式:

$$\varepsilon_{\max} = \left(\frac{\partial f}{\partial x'}\right)_{\max} = \pm \frac{2\pi A}{L} \tag{11.10}$$

$$L = CT \tag{11.11}$$

$$A = \frac{\alpha T^2}{4\pi^2} \tag{11.12}$$

式中: C——地震波的传播速度,取场地剪切波速,单位 m/s,由式 (11.12) 可得

$$\varepsilon_{\max} = \pm \frac{\alpha T}{4\pi C} \tag{11.13}$$

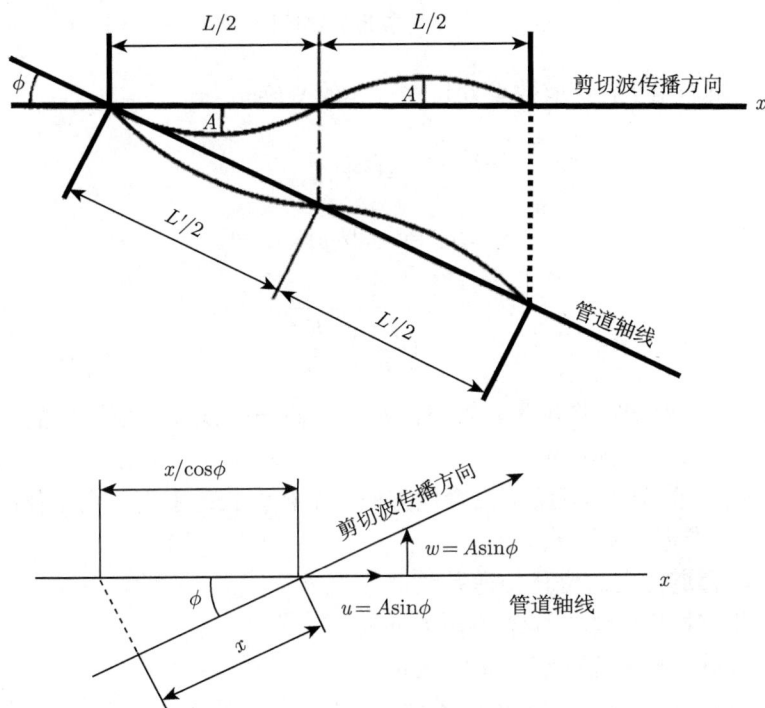

图 11.1 倾斜剪切波对管道轴向方向 x' 波动影响图

11.1.2 位移传递系数法

位移传递系数法参考中国《室外给水排水和燃气热力工程抗震设计规范》GB50032—2003。

地下直埋直线段管道沿管轴向的位移量标准值,可按下列公式计算 (图 11.2)。

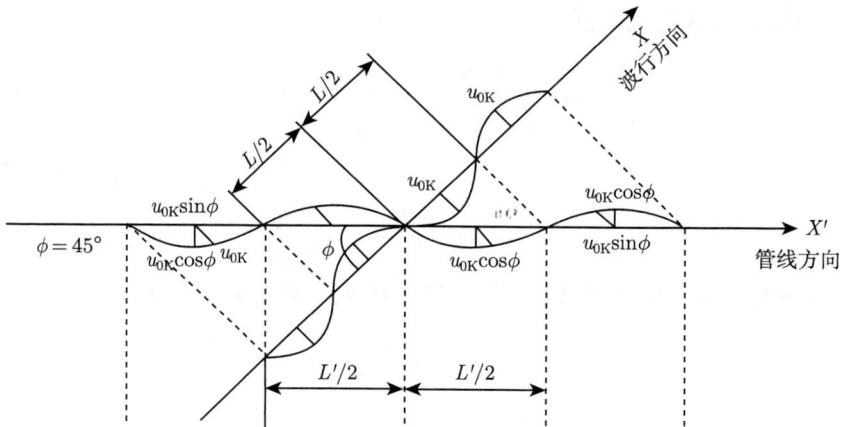

图 11.2　地下管道计算简图

管道在行波作用下，管道敷设处自由土体的变位：

$$\Delta_{pl,k} = \zeta_1 \Delta'_{sl,k} \tag{11.14}$$

$$\Delta'_{sl,k} = \sqrt{2} U_{0k} \tag{11.15}$$

$$\zeta_t = \cfrac{1}{1 + \left(\cfrac{2\pi}{L}\right)^2 \cfrac{EA}{K_1}} \tag{11.16}$$

式中：$\Delta_{pl,k}$——在剪切波作用下，管道沿管线方向半个视波长范围内的位移标准值，单位 mm；

$\Delta'_{sl,k}$——在剪切波作用下，沿管线方向半个视波长范围内自由土体的位移标准值，单位 mm；

ζ_t——沿管道方向的位移传递系数；

E——管道材质的弹性模量，单位 N/mm^2；

A——管道的横截面面积，单位 mm^2；

K_1——沿管道方向单位长度的土体弹性抗力，单位 N/mm^2，可按式 (11.17) 确定；

L——剪切波的波长，单位 mm，可按式 (11.18) 确定；

U_{0k}——剪切波行进时管道埋深处的土体最大位移标准值，单位 mm，可按式 (11.19) 确定。

沿管道方向的土体弹性抗力，可按下式计算：

$$K_1 = u_p k_1 \tag{11.17}$$

式中：u_p——管道单位长度的外缘表面积，单位 mm^2/mm；对无刚性管基的圆管即
为 πD_1（D_1 为管外径）；当设置刚性管基时，为包括管基在内的外缘
面积；

k_1——沿管道方向土体的单位面积弹性抗力，单位 N/mm^3，应根据管道外缘
构造及相应土质实验确定，当无实验数据时，一般可采用 $0.06N/mm^3$。

剪切波的波长可按下式计算：

$$L = V_{sp}T_g \tag{11.18}$$

式中：V_{sp}——管道埋设深度处土层的剪切波速，单位 mm/s，应取实测剪切波速的
2/3 值采用；

T_g——管道埋设场地的特征周期，单位 s。

剪切波行进时管道埋深处的土体最大水平位移标准值，可按下式确定。

$$U_{0k} = \frac{K_H g T_g^2}{4\pi^2} \tag{11.19}$$

式中：K_H——水平地震加速度与重力加速度的比值。

焊接钢管在水平地震作用下的最大应变量标准值可按下式计算。

$$\varepsilon_{sm,k} = \zeta_t U_{0k}\frac{\pi}{L} \tag{11.20}$$

11.2 断层作用下埋地管道分析经典方法

11.2.1 Newmark-Hall 法

Newmark-Hall 法计算模型如图 11.3 所示。定义 Δ 为断层错动的总位移，β 为
管线与断层的交角。管材的应力应变关系采用双折线模型，如图 11.4 所示，ε_2 和
σ_1 分别为管道弹塑性变形起点处的应变和应力，ε_2 和 σ_2 分别为管道弹塑性区与
塑性区交点处的应变和应力，E_1 和 E_2 为管道的弹性区模量和弹塑性区模量。

当断层两侧为相同的场地条件时，断层作用下管线在断层两侧的变形为反对
称形状，所以分析中只要考虑断层一侧的情况。Newmark-Hall 方法忽略了管道周
围土的横向作用力和管道内的弯曲变形，管道有如置于空气中，只有轴向的土摩擦
力作用。管道以纵向变形来吸收断层位移，由此产生的管道轴向内力依靠沿管线
均匀分布的管土间滑动摩擦力 f_s 来平衡。图 11.3 中的 C 点为锚固点。所谓的锚
固点，并不是指有一个实际的锚固物体，而是指管内应变为零的点。Newmark-Hall
分析方法认为管线应变最大点在管线与断层的相交处 (A 点)。假设管道在 A 点的

轴向应变值为 ε_A(最后待求的物理量)，定义 A 点和 C 点之间的长度为 L，它与 A 点的应变值可由下式求出：

$$L(\varepsilon_A) = EA\varepsilon_A/f_s \tag{11.21}$$

$$f_s = 0.75\pi DH\gamma_s\mu \tag{11.22}$$

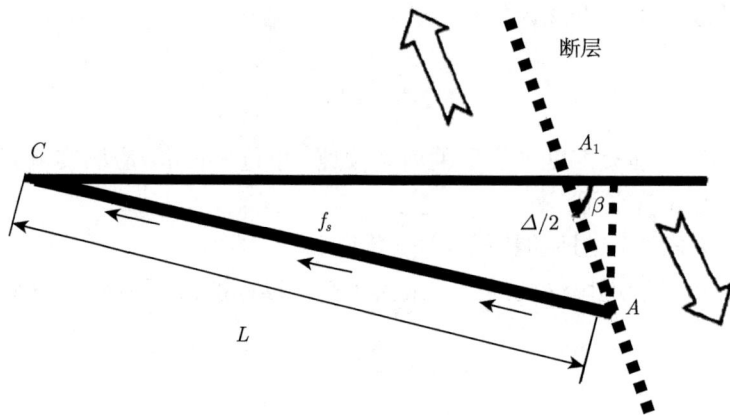

图 11.3　计算模型图

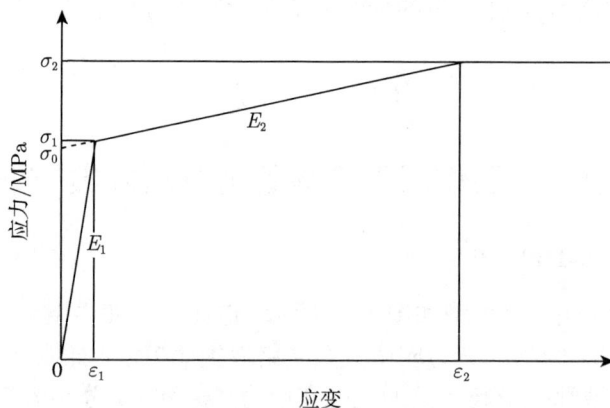

图 11.4　双折线应力应变图

式中：A——管道的横截面面积；

　　　D——管径；

　　　H——管道的埋深；

　　　γ_s——回填土的容重；

　　　μ——管土之间摩擦系数；

　　　f_s——管土之间的滑动摩擦力。

由图 11.3 可见，管道在断层作用下的几何伸长为

$$\Delta L_1(\varepsilon_A) = \frac{\Delta}{2}\cos(\beta) + \frac{\left[\dfrac{\Delta}{2}\sin(\beta)\right]^2}{2L(\varepsilon_A)} \tag{11.23}$$

管道的物理伸长可由下式计算得出：

$$\Delta L_2(\varepsilon_A) = \begin{cases} \dfrac{E_1 A \varepsilon_A^2}{2f_s}, & \varepsilon_A \leqslant \varepsilon_1 \\ \dfrac{E_1 A \varepsilon_1^2}{2f_s} + \dfrac{A E_2 (\varepsilon_A - \varepsilon_1)(\varepsilon_A + \varepsilon_1)}{2f_s}, & \varepsilon_1 < \varepsilon_A \leqslant \varepsilon_2 \end{cases} \tag{11.24}$$

式中：E_1——管道的弹性模量；

E_2——管道的弹塑性模量。

根据管道的几何伸长必须等于管道的物理伸长，便可以得到求管道内最大轴向应变的关系式：

$$\Delta L_1(\varepsilon_A) = \Delta L_2(\varepsilon_A) \tag{11.25}$$

利用迭代法可以求出管道的最大应变值 ε_A。得到的结果与管材的容许应变进行比较，从而可以判断管道在此断层位错作用下是否破坏。

11.2.2 Kennedy 法

Kennedy 法是对 Newmark-Hall 方法的改进，故也称 Newmark-Hall-Kennedy 法。美国输油输气管道抗震设计规范 (ASCE—1984) 采用该方法作为计算管道应力的方法。Kennedy 方法的计算模型如图 11.5 所示，图中 A 点为断层与管道交点，为管道变形的反弯点；B 点为管线变形后与其原始轴线相交中最靠近断层的点，C 点为管道内应变为零的锚固点。AB 两点之间的管道变形为一圆弧 (管土之间相对位移较大部分)，BC 两点之间的管道变形为一直线 (管土之间相对位移较小部分)。

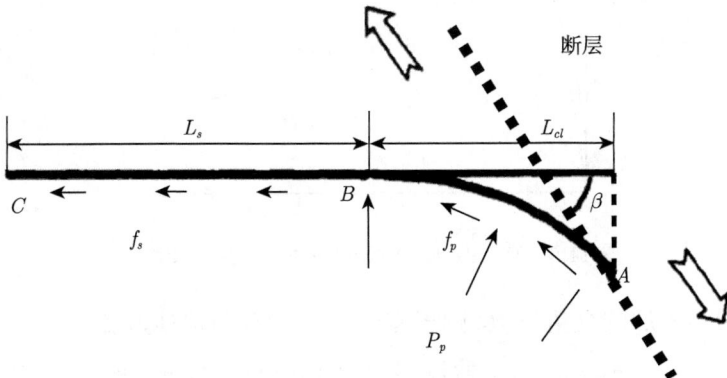

图 11.5　计算模型图

Kennedy 方法和 Newmark-Hall 方法的共同点在于它们在计算管道变形时都没有考虑管道的弯曲刚度，均认为整个管线的最大应力应变点在与断层相交处。在计算模型上，Kennedy 方法与 Newmark-Hall 方法主要有三点不同：

(1) Kennedy 用曲线段 (圆弧) 和直线段分别来描述在断层附近和离断层较远的管段变形。在断层附近的管段，管土间有着较大的相对位移。由于忽略了管道的弯曲刚度，管道在沿管线均匀分布的横向土反力作用下变形曲线为一圆弧；而在离断层较远的管段，管土之间的相对位移较小，管道随土体一起移动，只受到周围土的轴向滑动摩擦作用，管道的变形为一直线。这一点是对 Newmark-Hall 方法的一个较大改进，而且在以后其他学者提出的算法中也都采用这一将管道变形分段的方法。

(2) 认为土对管道的摩擦力在直线段和曲线段不同，在靠近断层的圆弧段，摩擦力更大。在断层附近考虑周围土体对管道的横向压力。

(3) 管材的应力–应变曲线使用的不是双折线模型而是 Ramberg-Osgood 应力–应变模型 (图 11.6)，它的函数形式是

$$\varepsilon(\sigma) = \frac{\sigma}{E}\left[1 + \left(\frac{\alpha}{r+1}\right) \cdot \left(\frac{|\sigma|}{\sigma_y}\right)^r\right] \tag{11.26}$$

式中：σ_y——管道的有效屈服应力，一般取应变为 0.5% 时的应力值，单位 Pa；

E——材料的弹性模量，单位 Pa；

α，r——Ramberg-Osgood 系数。

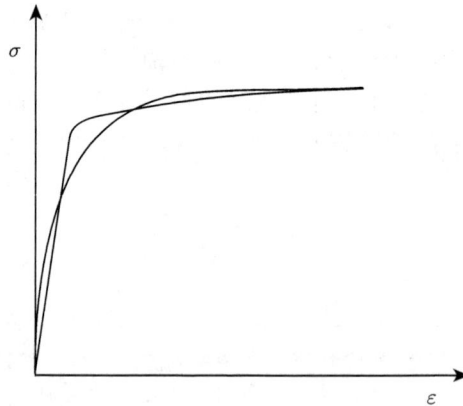

图 11.6 Ramberg-Osgood 模型应力–应变图

假设管道与断层的交角为 β，则管道在 A 点的轴向位移为 $\Delta u = \left(\frac{\Delta}{2}\right) \cdot \cos\beta$。侧向位移为 $\Delta w = \left(\frac{\Delta}{2}\right) \cdot \sin\beta$。假设 A 点的轴向应力为 σ_A(最后待求的物理量)，则圆弧段管线的曲率 K 由下式求出：

$$K = {}^{1}\!/_{R_{cl}} \tag{11.27}$$

$$R_{cl} = {}^{F_A}\!/_{P_P} = \sigma_A \cdot {}^{A}\!/_{P_P} \tag{11.28}$$

式中：R_{cl}——圆弧半径，单位 m；

F_A——管道在 A 点的轴力，单位 N；

P_P——管道圆弧段的横向土压力，单位 N/m。

管道在断层一侧的几何伸长 ΔL_G 为

$$\Delta L_G = \Delta u + \frac{\Delta w^2}{3L_{cl}} \tag{11.29}$$

参见图 11.5，管道受影响的总长度 L_t、直线部分的长度 L_s 和圆弧段的长度 L_{cl} 分别由下式计算：

$$L_t = L_s + L_{cl} \tag{11.30}$$

$$L_s = \frac{F_A - f_p L_{cl}}{f_s} \tag{11.31}$$

$$L_{cl} = (2R_{cl}\Delta w^2)^{1/2} \approx (2\Delta w \cdot R_{cl})^{1/2} \tag{11.32}$$

式中：f_s——直线段管土之间的滑动摩擦力；

f_p——圆弧段土对管道的滑动摩擦力。

由 Ramberg-Osgood 本构关系可以分别求得管道直线段和圆弧段这两部分的伸长量 ΔL_s，ΔL_{cl}：

$$\Delta L_s = \frac{\sigma_y}{E_1}\left[L_s \cdot \frac{(B_s + B_l)}{2} + \frac{\alpha}{r+1}\frac{A_s \cdot \sigma_y}{f_s \cdot (r+2)}(B_s^{r+2} - B_l^{r+2})\right] \tag{11.33}$$

$$\Delta L_{cl} = \frac{\sigma_y}{E_1}\left[L_{cl} \cdot \frac{(B_s + B_m)}{2} + \frac{\alpha}{r+1}\frac{A_s \cdot \sigma_y}{f_p \cdot (r+2)}(B_m^{r+2} - B_s^{r+2})\right] \tag{11.34}$$

其中，

$$B_m = {}^{\sigma_A}\!/_{\sigma_y} \tag{11.35}$$

$$B_s = \frac{\sigma_A}{\sigma_y} - \frac{f_p}{A \cdot \sigma_y} \cdot L_{cl} \tag{11.36}$$

$$B_l = \frac{\sigma_A}{\sigma_y} - \frac{1}{A \cdot \sigma_y} \cdot (f_p L_{cl} + f_s L_s) \tag{11.37}$$

类似 Newmark-Hall 分析方法，管道的几何伸长应等于管道的物理伸长：

$$\Delta L_G = \Delta L_s + \Delta L_{cl} \tag{11.38}$$

上面的方程很难得到一解析解表达式，可以用迭代的方法求解。计算得到 A 点的轴向应力 σ_A 之后，用 Ramberg-Osgood 应力–应变模型可以求出其轴向应变值 ε_A，再加上管道内的弯曲应变，管道的总应变为 $\varepsilon_{\max} = \varepsilon_A + K \cdot D/2$。将 $\varepsilon_{\max}$ 与管材的容许应变进行比较，最终判断管道在此断层作用下是否被破坏。

注意，Kennedy 方法还有两个使用条件：

(1) 管道内的弯曲应变小于或者等于 0.8 倍的轴向应变。

$$\varepsilon_{\text{Bending}} = K \cdot D/2 \leqslant 0.8\varepsilon_{\text{axial}} \tag{11.39}$$

(2) 管截面内的最小应变值满足：

$$\varepsilon_{\min} = \varepsilon_a - K \cdot D/2 \leqslant \sigma_y/E_i = \varepsilon_y \tag{11.40}$$

在断层作用下管道内的应变假如满足上述两个条件，则管内的弯曲应变不会显著影响轴向应变，此时管道的轴力可以近似地用 $F = \sigma \cdot A$ 计算：横向土压力产生的管道内弯矩很小，主要产生管道的轴力，这时管道变形便会表现得像一根没有弯曲刚度的索。

Kennedy 方法虽然考虑了土对管道的侧向压力和管道的最终曲率及与之相对应的弯曲应变，但是由于其忽略了管道的弯曲刚度，多数情况下它得到的结果偏于保守。

11.2.3　SY/T 0454—2004

由于断层错动引起管道长度的变化 ΔL，按下式计算：

$$\Delta L = \Delta X + \frac{\Delta Y^2 + \Delta Z^2}{4L_A} \tag{11.41}$$

$$\Delta X = \Delta H \cos \beta \tag{11.42}$$

$$\Delta Y = \Delta H \sin \beta \tag{11.43}$$

式中：ΔX——平行于管道轴线方向的断层位移，单位 m；

　　　ΔY——管道法线方向位移，单位 m；

　　　ΔZ——垂直方向位移，单位 m；

　　　β——活动断层带与管道轴线的夹角，单位 (°)；

　　　ΔH——水平方向的断层位移，单位 m；

　　　L_A——断层一侧过渡段的管道长度，单位 m，管道受拉时 $L_A = L_t$，受压时 $L_A = L_c$；

　　　L_t——管道受拉伸时断层一侧管道的滑动长度，单位 m；

　　　L_c——管道受压缩时断层一侧管道的滑动长度，单位 m。

L_t 和 L_c 按下式计算：

$$L_t = L_e + L_p \tag{11.44}$$

$$L_e = \frac{\pi D \delta \sigma_1}{F} \times 10^6 \tag{11.45}$$

$$L_p = \frac{\pi D \delta (\sigma_2 - \sigma_1)}{F} \times 10^6 \tag{11.46}$$

$$L_c = \frac{\pi D \delta \sigma_c}{F} \times 10^6 \tag{11.47}$$

式中：D——管道直径，单位 m；

　　　δ——管道壁厚，单位 m；

　　　σ_1——材料应力-应变简化折线中的材料弹塑性变形开始点的应力，单位 MPa；

　　　σ_2——弹塑性区与塑性区交点处的应力，单位 MPa；

　　　F——土壤与管道外表面之间单位长度上的摩擦力，按下式计算：

$$F = \mu(2W + W_p) \tag{11.48}$$

$$W = \rho_s D H_g \tag{11.49}$$

$$W_p = \left[\pi(D - \delta)\delta\rho_m + \frac{\pi}{4}(D - 2\delta)^2 \rho \right] g \tag{11.50}$$

式中：μ——土壤与管道外表面之间的摩擦系数；

　　　W——管道上表面至管沟上表面之间的土壤单位长度上的重力，单位 N/m；

　　　W_p——管道和内部介质的自重，单位 N/m；

　　　ρ_m——管道材料的密度，单位 kg/m³；

　　　ρ——输送液体的密度，单位 kg/m³。

通过管道长度变化 ΔL 计算出管道的应变 ε，与允许应变 $[\varepsilon]$ 作比较，从而判断管道是否处于安全状态。

11.2.4　GB 50470—2008

本规范推荐的分析方法与 SY/T 0454—2004 推荐的分析方法相同，只是将计算所得的应变 ε 扩大 2 倍得到 ε_v，然后与允许应变 $[\varepsilon]$ 作比较，从而判断管道是否处于安全状态。

11.3　断层作用下埋地管道反应控制策略

11.3.1　方法说明

经过大量研究统计表明，管道的材质是影响管道震害的重要因素。在海城、唐山地震和日本、苏联的一些地震中，钢筋混凝土管材震害最重，钢管震害相对较轻。

大量的震害资料表明，延性、强度均高的管材震害轻。在经济条件允许的情况下，管道的组成件宜采用钢质制品，但是钢制管道又需要注意防腐蚀问题，可以考虑在管道表面添加防腐涂层，以使其经久耐用。

城市输水、配水、排水埋地管道一般采用非刚性的承插式接口和套管接口。建议规定铺设在地震区的管段设置较长的承口，使用抗冻和耐久的橡胶圈，各种弹性稳定的聚合材料作的密封等可以密封承插式接口和套管接口。同时建议采用带限位器的承插式接口，这种限位器限制较大的位移且"挤压"密封填料。在承插口达到极限 (计算) 位移时，地震荷载由管体和设在接口连接处的限位器来承受。在带有非刚性接口的管道转弯处从大角一侧应设置混凝土挡块，从而在一定条件下在变相的地震荷载作用下可以明显降低拉力在接口连接处的传递。在许多情况下利用管道特制封套 (如无纺合成材料)，或用松土等黏着系数小且容重低的特制材料填充管沟的途径降低管道在土中的约束程度是适宜的。然而这些措施不利于管道承受温度的作用和输送物压力，即主要的使用荷载，这需要附设伸缩段。

不同结构的伸缩节或地上伸缩段 (管道曲线段)，在穿过可能的断层部位时将管道埋设在地表填土中或露天敷设都可以明显降低管道的地震荷载。以一定跨度进入地下管道的地上伸缩段也可以确保降低管道正常使用过程中由于温度和压力变化引起的纵向应力。使用柔性好、尺寸较小和确保管道很好工作的波纹伸缩节是很有前景的。不论在直线管段还是在曲线管段均可设置不同结构的波纹伸缩节。在穿越性能截然不同的两个土层的管段中，在管道与各种构筑物、设施、机组和设备等连接时，以及与其他管道连接时都可以设置波纹伸缩节。

管道的变形是引起管道破坏的重要原因，而地基变形对管道的变形有很大的影响。在地震区，管道施工时软土垫层的存在会对管道的抗震性能造成不小的影响。由于软土地基的承载能力很差，如果外部荷载很大，地基会发生不均匀沉降或者较大的变形，但是，软土地基有时是埋地管道必须要经过的。为了管道的安全性能考虑，将管道途经的所有软土地基进行处理是最理想的，但是，埋地管道的铺设都很远，对所有地基进行处理是很困难且很不经济的。建议如下。

(1) 如果埋地管道底部的软土层不厚，可以考虑将其底部做成人工垫层，具体做法是：将软土部分挖除，用砂石或干土夯实。

(2) 如果软土层比较厚，在进行加固处理时，必须要考虑土层的扰动情况。采用桩基础是一个可行性很高的办法。

11.3.2　通用措施

(1) 当计算的应变值大于规范所要求的允许应变值时，可选用大应变钢管，应该经过对口焊接实验，采用满足变形要求的阻焊管段。

(2) 抗震设防的埋地管道，宜采用宽浅沟铺设；回填土宜采用疏松无黏性的土料。

(3) 在抗震设防的埋地管段，不宜设置弯头，应采用弹性铺设，且曲率半径不得小于 1000D。当需设置热弯管时，其曲率半径不得小于 6D；当需设置冷弯管时，其曲率半径不得小于 30D。

(4) 铺设于地震危险地段的管道，宜设置预警系统。

(5) 通过全新世活动断层带的埋地管道，抗震验算不满足要求时，宜适当增加钢管壁厚。

(6) 管道通过全新世活动断层或设计地震动峰值加速度不小于 0.2g 的埋地管道，在大型穿跨越的两侧应设截断阀。

11.3.3 专项措施

(1) 对通过断层的管道，应选择断层位移和断裂宽度较小的地段通过。管道与断层错动方向的交角宜为 30°~70°，不得大于 90°。以水平走滑为主的活动断层和正断层，在断裂带及两侧 400m 内应增大管沟宽度，管沟宽度宜大于沿管道法线方向的断层水平位移，管沟坡度不宜大于 30°，并应采用疏松砂土浅埋，逆冲断层应专门研究。在设固定墩时，固定墩与活动断层的距离应为同侧管道滑动长度的 1.5~2.0 倍。通过断层的管道采用埋地铺设不能满足抗震要求时，宜将管道铺设于地上或架空，并应保证管道在轴向与横向上自由滑移，同时应采取相应的安全保护措施。

(2) 通过沉陷区的管道，有条件时可采用地面或地上 (跨越) 铺设。

(3) 铺设于严重液化区的管道可采取换填非液化土并夯实、抗浮桩及衬铺压土等措施。

(4) 埋设于液化区较长的管道，可分段采取抗液化措施。

(5) 确需在难以绕避的滑坡区内铺设管道时，控制滑坡可采取减载、支挡、锚固及排水措施。

(6) 采用直埋式穿越水域或沟壑的管道，其斜坡角不应大于 30°。

(7) 洞埋式穿越管道采用支墩方式敷设时，应设置防止管道侧向滑落的管卡。

(8) 洞埋式穿越管道贴地铺设时，应保证地震发生时管道轴向与横向自由位移，并不得失稳。

(9) 位于墩台上的跨越结构应采取限位措施。在跨越结构上应固定或限制管道的相对位置，可采用挡块、钢夹板、U 形螺栓等连接件。

(10) 位于软弱黏性土层、液化土层和严重不均匀地层上的刚性跨越结构，不宜采用高次超静定结构。

(11) 跨越结构下部墩台应避免布设在软弱黏性土层、液化土层和不稳定的河岸上，在难以避开时，应采取其他处理措施。

(12) 在管道或支承结构与支墩之间可设置隔震部件，该部件应提供必要的竖向承载力、侧向刚度和阻尼，并应便于检查和维护。

(13) 对出入锚固墩部位的管道宜局部加强或采用柔性连接。

11.3.4　工程实践经验方法

埋地钢质管道经过几十年的发展，在工程上已经取得很大的应用，成为油气输送行业的重要组成部分。大量的实际工程为埋地管道抵抗断层提供了丰富具体的经验方法，具体如下：

(1) 不同断层类型对管道产生不同的应力，正断层产生拉应力；逆断层产生压应力；走滑断层，根据管道穿越断层的角度不同，会产生不同效应的应力。通常埋地钢质管道受拉能力强于受压，故在条件允许的时候尽可能使管道受拉。

(2) 断层倾角越大越有利于管道抵抗断层的作用，但不要超过 90°，使管道与断层尽可能地垂直穿越。

(3) 在回填土内摩擦角不为 0 时，浅埋有助于管道抵抗断层作用，如果内摩擦角为 0 则埋深对管道影响不大。

(4) 回填土种类对管道反应也有影响，大量工程经验表明砂土要优于黏土。近年来，在一些工程中采用泡沫塑料球作为回填材料，其对于管道抵抗断层也具有明显的作用。

(5) 大管径、厚管壁的管道有利于管道穿越断层；大变形钢性能要优于普通钢。

(6) 对于急弯弯头、三通等会产生锚固效应的部件，其应尽量远离断层，如必须设置也应该设置在断层影响范围以外。

第12章 长输管道地震反应分析和评价软件

12.1 简 介

"埋地管道地震反应分析"软件是由大连理工大学开发,用以计算埋地管道在地震波动作用和断层作用下的反应计算和安全评价软件,可由网址: http://dl.pconline. com.cn/download/408935.html 免费下载。

埋地管道地震反应分析软件是基于 C#语言,在 Visual Studio 2013 以及 MAT-LAB R2013a 的环境下进行的开发。

C#是微软公司发布的一种面向对象运行于.NET Framework 之上的高级程序设计语言,并定于在微软职业开发者论坛 (PDC) 上登台亮相。C#似乎与 Java 有着惊人的相似: 它包括了诸如单一继承、接口、与 Java 几乎同样的语法和编译成中间代码再运行的过程。但是 C#与 Java 有着明显的不同,它借鉴了 Delphi 的一个特点,与 COM(组件对象模型) 是直接集成的,而且它是微软公司.NET windows 网络框架的主角。

C#是一种安全、稳定、简单、优雅的由 C 和 C++ 衍生出来的面向对象的编程语言。它在继承 C 和 C++ 强大功能的同时去掉了一些它们的复杂特性 (例如, 没有宏以及不允许多重继承)。C#综合了 VB 简单的可视化操作和 C++ 的高运行效率,以其强大的操作能力、优雅的语法风格、创新的语言特性和支持面向组件编程,为.NET 开发的首选语言。

C#是面向对象的编程语言。它使得程序员可以快速地编写各种 MICROSOFT. NET 平台的应用程序,MICROSOFT.NET 提供了一系列的工具和服务来最大程度地开发利用计算与通信领域。

Microsoft Visual Studio(简称 VS) 是美国微软公司的开发工具包系列产品。VS 是一个基本完整的开发工具集,它包括了整个软件生命周期中所需要的大部分工具,如 UML 工具、代码管控工具、集成开发环境 (integrated development environment, IDE) 等。

MATLAB 是 Math works 公司于 1982 年推出的一套高性能的数值计算和可视化软件,其全称是 Matrix Laboratory,亦即矩阵实验室,经过多年的逐步发展与不断完善,现已成为国际公认的最优秀的科学计算和数学应用软件之一,是近几年来在国内外广泛流行的一种可视化科学计算软件。它集数值分析、矩阵运算、信号处理和图形显示于一体,构成了一个方便的、界面友好的用户环境,而且还具有可以扩展的特征。Math Works 公司针对不同领域的应用，推出了信号处理、控制系统、神经网络、图像处理、小波分析、鲁棒控制、非线性系统控制设计、系统辨识、优化设计、统计分析、财政金融、样条、通信等 30 多个具有专门功能的工具箱，这些工具箱都是由该领域内的学术水平较高的专家编写的，无需用户自己编写所用的专业基础程序，可直接对工具箱进行运用。同时，工具箱内的函数源程序也是开放性的，多为 M 文件，用户可以查看这些文件的代码并进行更改，MATLAB 支持用户对其函数进行二次开发，用户的应用程序也可以作为新的函数添加到相应的工具箱中。

12.2   软件基本框架和功能

埋地管道地震反应分析软件是基于目前国内外常用的埋地管道在地震作用下的理论解析方法进行开发的。根据实际情况将地震对管道的作用分为断层效应和地震波动效应两个方面进行分析、计算，并根据相应的管道失效准则对计算结果进行判断，方便工程设计人员使用。

本程序采用面向对象的设计方法，该方法能有效地模拟工程师在解决问题时的实际思维方式，为软件的设计开发提供便利条件，也更有利于提高用户的使用体验。

12.2.1   软件基本框架

图 12.1 为程序设计框架图。

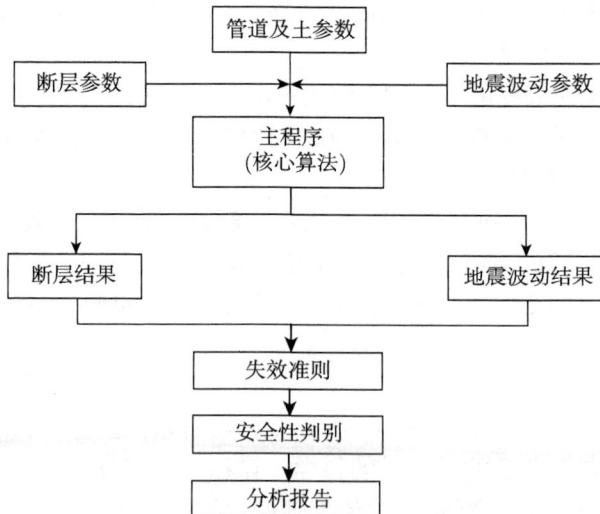

图 12.1   程序设计框架图

12.2.2 软件基本功能

图 12.2 为软件功能框架图。

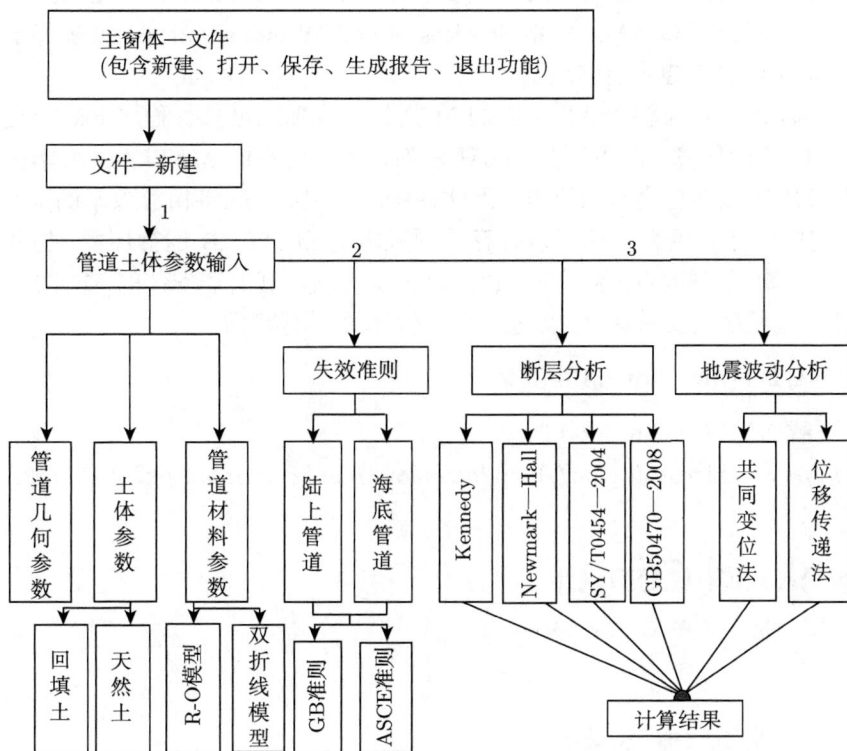

图 12.2 软件功能框架图

12.3 安 装 手 册

12.3.1 运行环境

操作系统：Windows 7/Windows 8/8.1。

架构：64 位/32 位。

硬盘：1GB 以上。

其他：需安装.NET.Framework.4.0 及以上版本。

12.3.2 安装软件简介

由于本软件是基于 C#语言和 MATLAB 软件开发的，所以在使用之前需完成相关运行环境的安装准备工作。

C#是微软公司发布的一种面向对象的、运行于.NET Framework 之上的高级程序设计语言，所以需先进行安装.NET Framework.4.0 及以上版本 (多数计算机已预装该组件，未安装请在微软官网下载安装)。.NET Framework.4.0 是支持生成和运行下一代应用程序和 XML Web Services 的内部 Windows 组件，很多基于此架构的程序需要它的支持才能够运行。

MCRInstaller 是为将 MATLAB 的 M 文件生成独立可执行程序 exe 而提供的 MATLAB 的运行环境，占用硬盘 400M 左右，对于用不同 MATLAB 版本生成的 exe 文件，MCR 版本也会有所不同，因此在程序打包时，应将相应版本的 MCR 一起打包。在同一计算机客户端可以并存不同版本的 MATLAB 运行环境，但并不会相互影响。本次开发的程序基于 MATLAB2013a 版本，其所需安装的 MCRInstaller 文件已打包在程序主文件夹之内，分为 32 位和 64 位两种。

12.3.3　NET Framework.4.0 安装

(1) 下载.NET Framework.4.0。

http://www.microsoft.com/zh-cn/download/confirmation.aspx?id=17718.

Download Center

产品　　类别　　安全　　支持

Microsoft　感谢您下载

Microsoft .NET Framework 4（独立安装程序）
如果 30 秒后您的下载仍没有开始，请单击此处：开始下载

⊖ 说明

1. 重要事项：请确保计算机上已安装最新的 Windows Service Pack 和关键更新。若要查找安全更新，请访问 Windows Update。如果安装的是 XP 的 64 位版本或 Windows 2003，则可能需要安装 Windows 图像处理组件。可以在此处找到 Windows 图像处理组件的 32 位版本。可以在此处找到 Windows 图像处理组件的 64 位版本。

2. 在此页上，找到并单击"下载"按钮以开始下载。若只需要极小的 x86 版本的安装程序，则可以在此处找到此安装程序。如果需要在 Ia64 上进行安装，请使用在此处找到的 Ia64 安装程序。

3. 若要立即开始安装，请单击"运行"。

4. 若要将下载的文件保存到计算机上，以便稍后进行安装，请单击"保存"。

5. 若要取消安装，请单击"取消"。

(2) 点击安装。

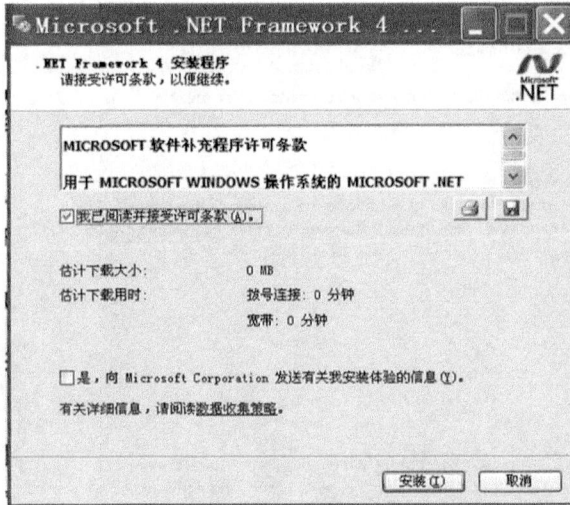

(3) 重新启动。

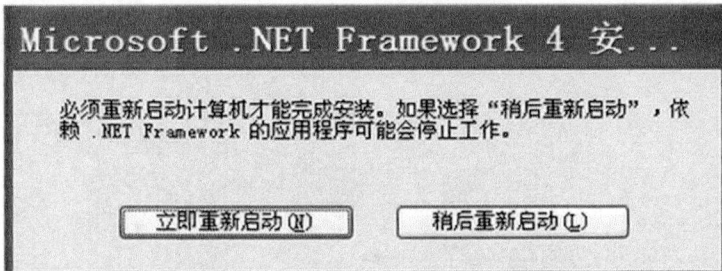

12.3.4 MCRInstaller 安装

(1) 点击安装 MCRInstaller.exe，首先需要进行一下解压。

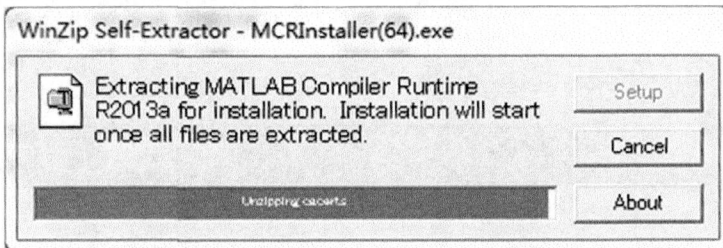

(2) 随后 MCRInstaller.exe 开始安装，点击下一步。

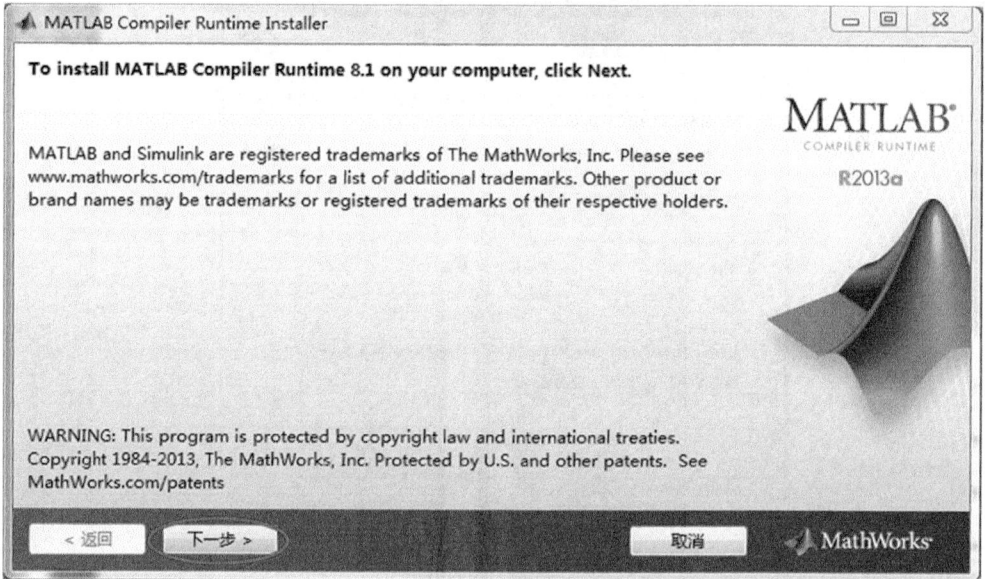

(3) 接受许可条款，并点击下一步。

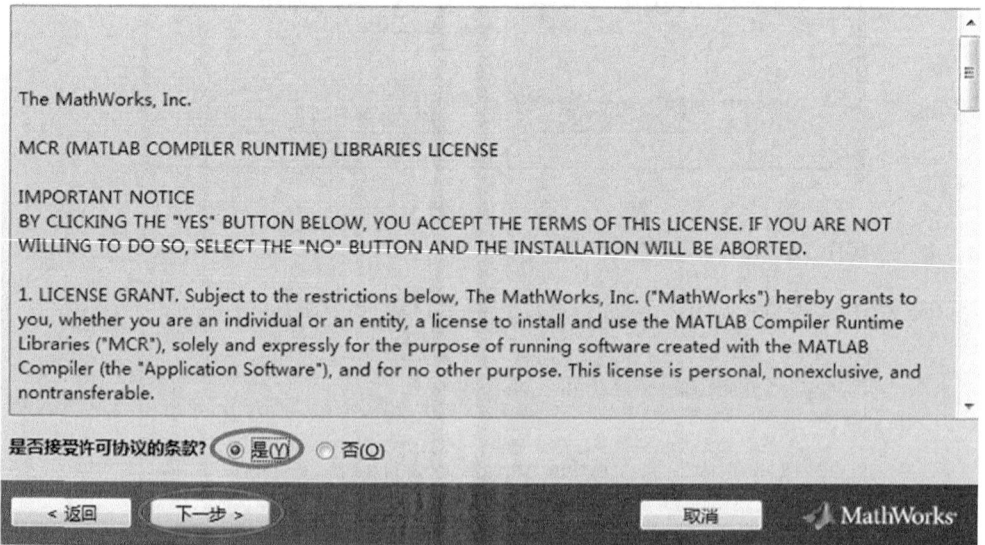

(4) 选择安装路径, 并点击下一步。

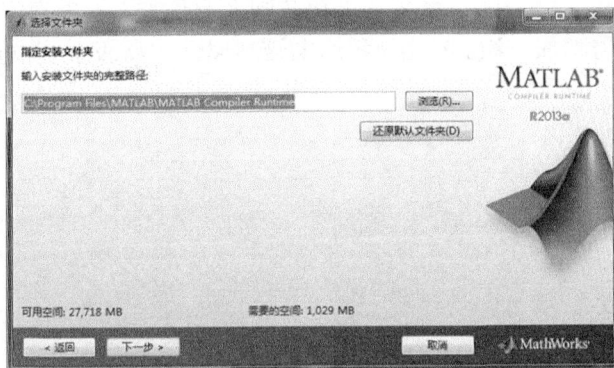

(5) 确认安装。

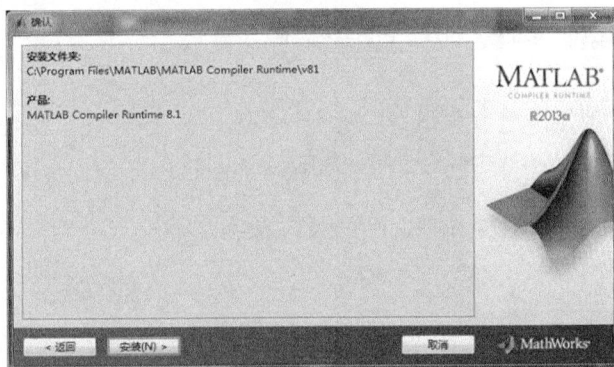

(6) 开始安装, 等待安装完成。

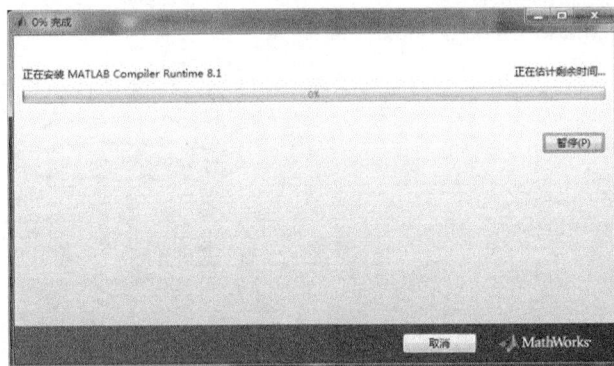

(7) 安装完成之后还需要将 MCR 编译器安装目录添加到系统环境变量中。如之前已安装过 MATLAB，此环境变量仍存在则无需添加，如果未安装过任何版本的 MATLAB，则需添加一次。右击"我的电脑""属性""高级系统设置"。

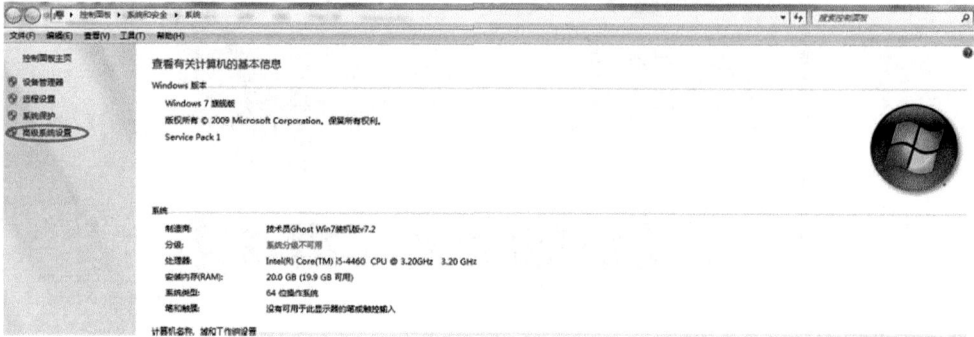

(8) 在"系统属性""高级"中，点击"环境变量"。

(9) 在"环境变量"中，点击新建。

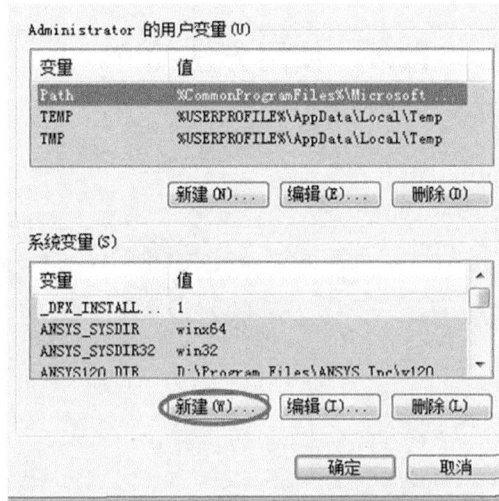

(10) 弹出环境变量的编辑界面，变量名自取，变量值就是 MCR 安装目录 (第二步中的安装目录 \MATLAB Compiler Runtime\v717\runtime\win64)，点击确定。

(11) 此时，完成该条环境变量添加。

12.4 使用方法简介

12.4.1 启动

(1) 双击启动图标。

(2) 进入程序。

12.4.2 管道参数输入

(1) 在"文件"中点击"新建"进入管道参数输入界面。

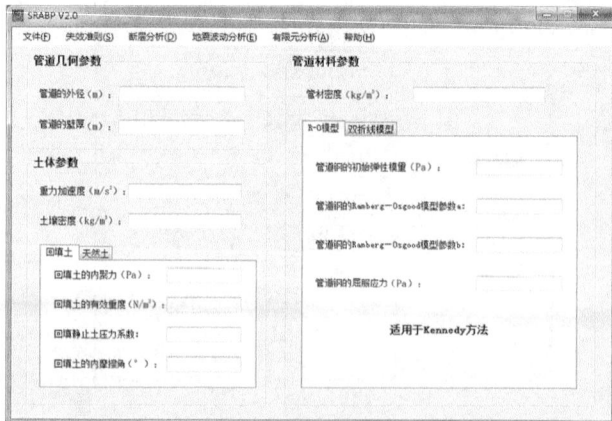

(2) 根据提示填入所需要的参数。

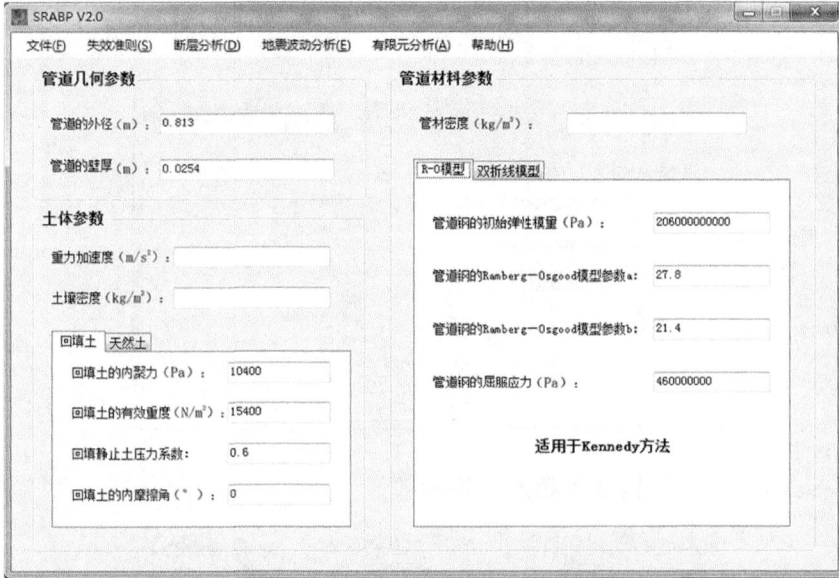

12.4.3　失效准则的选取

在管道相关参数填入后选择所需要的失效准则，点击"失效准则 (S)"中的"海底管道失效"，填入所需参数。本软件失效准则分为海底管道失效和陆上管道失效两部分，具体又可以选择 GB 50470 准则和 ASCE 准则。

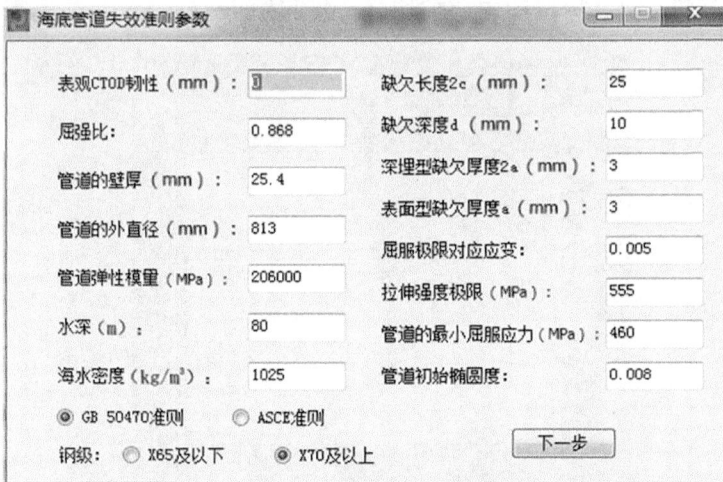

12.4.4   断层分析方法选择

(1) 在失效准则选取后选择相应的断层分析方法，点击 "断层分析 (D)" 中的 "Newmark-Hall(N)"，填入所需参数。

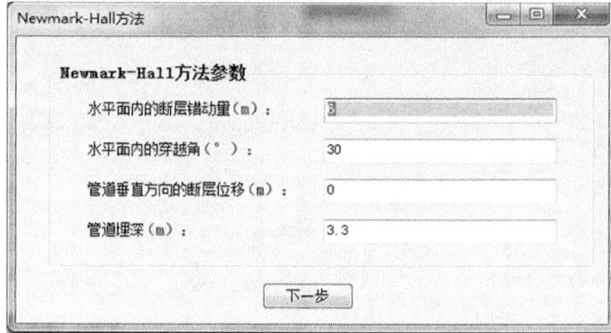

(2) 点击下一步，依据要求填入其他参数。

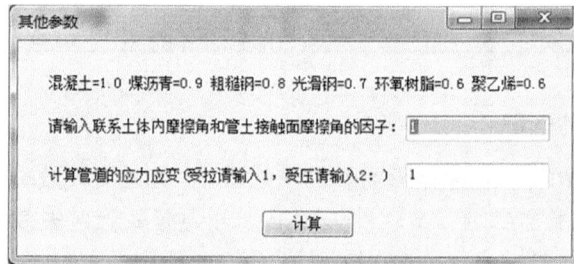

(3) 点击计算，用鼠标按图中要求选择计算起始点 (Kennedy 法无需此步)。

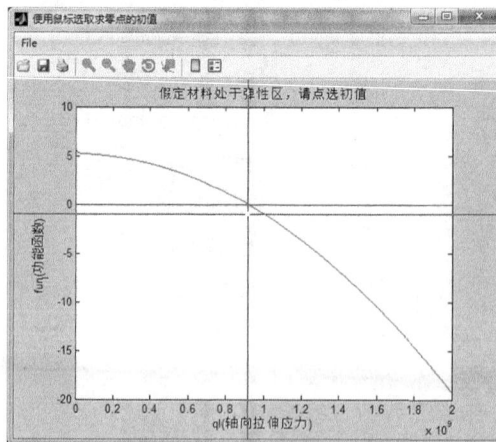

(4) 当弹性区假设错误时，系统提示，重新假设重复上一步。

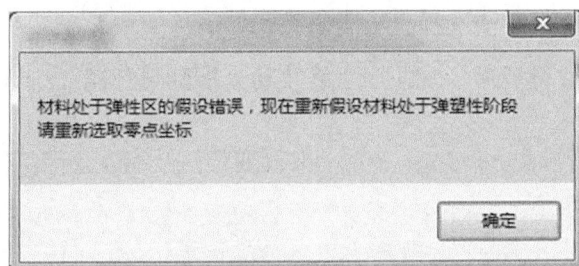

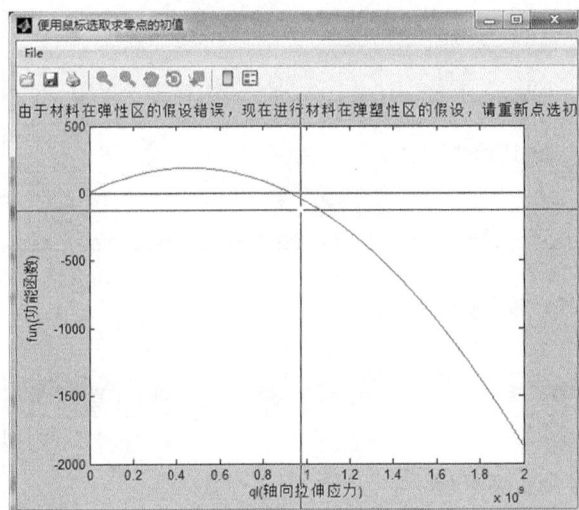

(5) 得出计算结果。

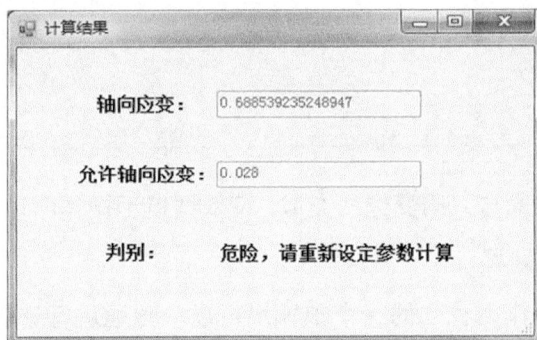

其他方法 (Kennedy 法、SY/T 0454—2004 法和 GB50470—2008 法) 与 Newmark-

Hall 法类似, 请依据提示计算即可。

12.4.5　地震波动分析方法选择

在完成管道参数设置后, 如进行地震波动分析则可忽略 12.4.4, 直接进入地震波动分析。

(1) 点击 "地震波动分析 (E)" 中的 "共同变位法", 填入所需参数, 并选择受拉或者是受压。

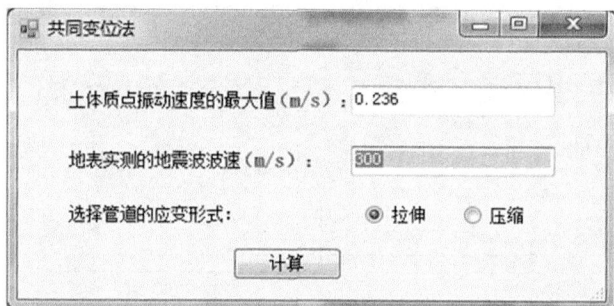

(2) 点击 "计算", 得出计算结果。

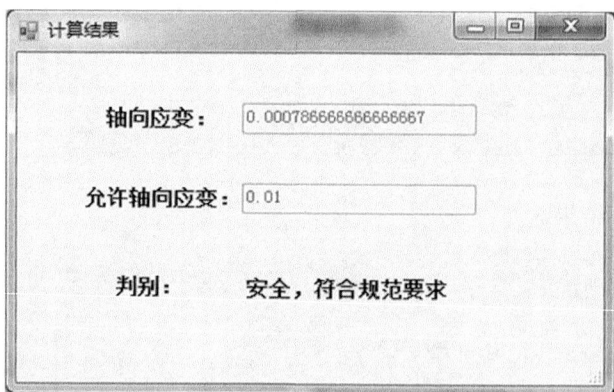

位移传递法的方式与共同变位法类似, 请依据提示操作即可。

12.4.6　土弹簧参数计算

有限元分析部分作为独立的一个子模块可以单独地进行计算而不依赖于之前运算的步骤。

(1) 软件启动后, 在 "文件" 中点击 "新建" 进入管道参数输入界面, 然后点击 "有限元分析 (A)" 中的 "土弹簧参数计算 (S)"。

(2) 依据提示，填入相关参数，点击 "计算" 即可得到土弹簧参数的计算结果。

12.4.7　应力集中因子

对于海底管道，混凝土配重层的存在会造成管道在节点处产生应力集中，故在计算海底管道地震反应时，有必要计算相应的应力集中因子。具体内容请参考 5.4.1 节相关部分。

同土弹簧计算过程类似，软件启动后，在"文件"中点击"新建"进入管道参数输入界面，然后点击"有限元分析 (A)"中的"应力集中因子 (F)"后填入所需参数然后计算即可。

12.4.8 断层分布的 APDL 命令流生成

本功能主要用以生成可供大型商业有限元软件——ANSYS 直接读取的 APDL 命令流。利用生成的 APDL 命令流可以直接在 ANSYS 中进行埋地管道断层作用下的数值模拟反应。

软件启动后，在"文件"中点击"新建"进入管道参数输入界面，然后点击"有限元分析 (A)"中的"断层 APDL 报告 (R)"按照需要填入相关数据。

注：APDL 中土弹簧参数可以使用软件中"土弹簧参数计算"的结果。

12.4.9 数据保存及生成报告

(1) 在计算完成后，依次将运行的窗口关闭到主窗口。

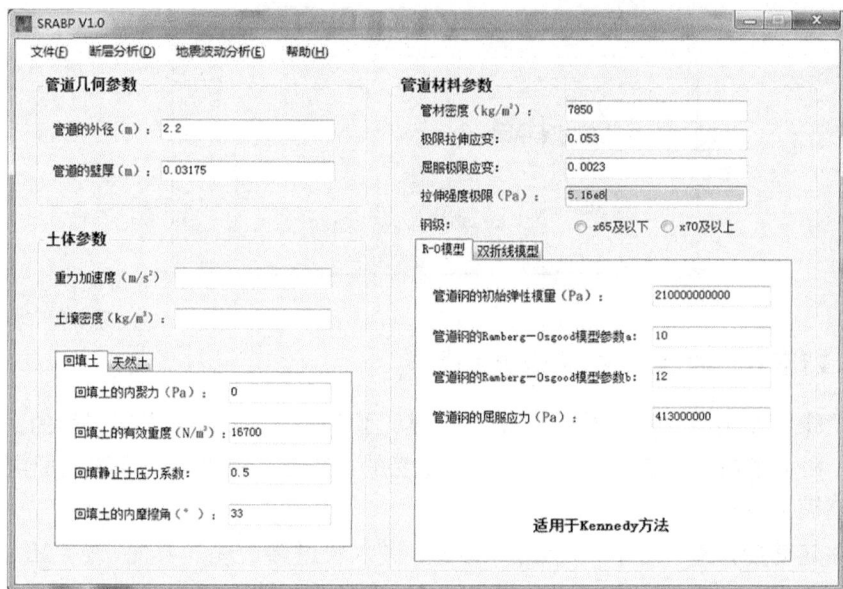

(2) 点击"文件"中的"保存"即可生成可供下次快速打开的.dat 格式的数据文件。

(3) 点击"文件"中的"生成报告"即可将本次计算的结果生成一个.txt 格式的报告文件。

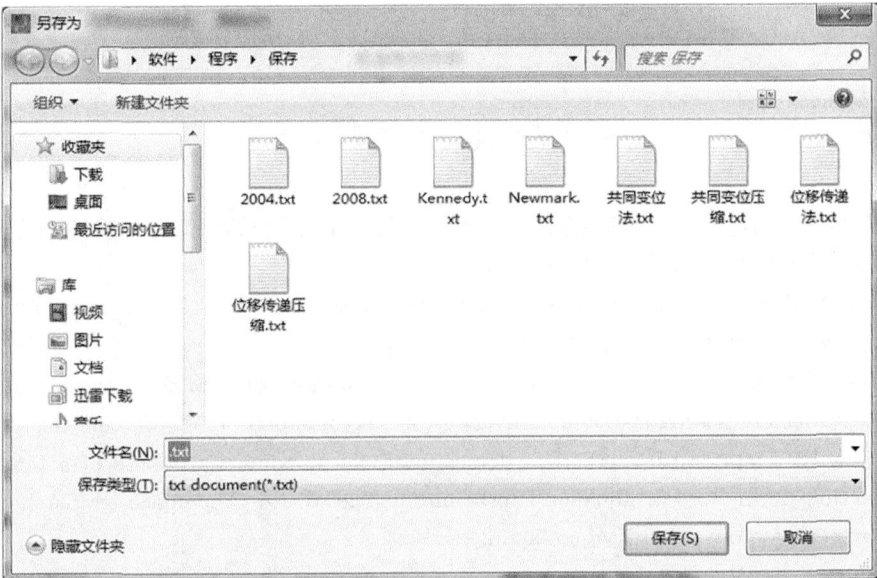

(4) 生成的报告如下所示。

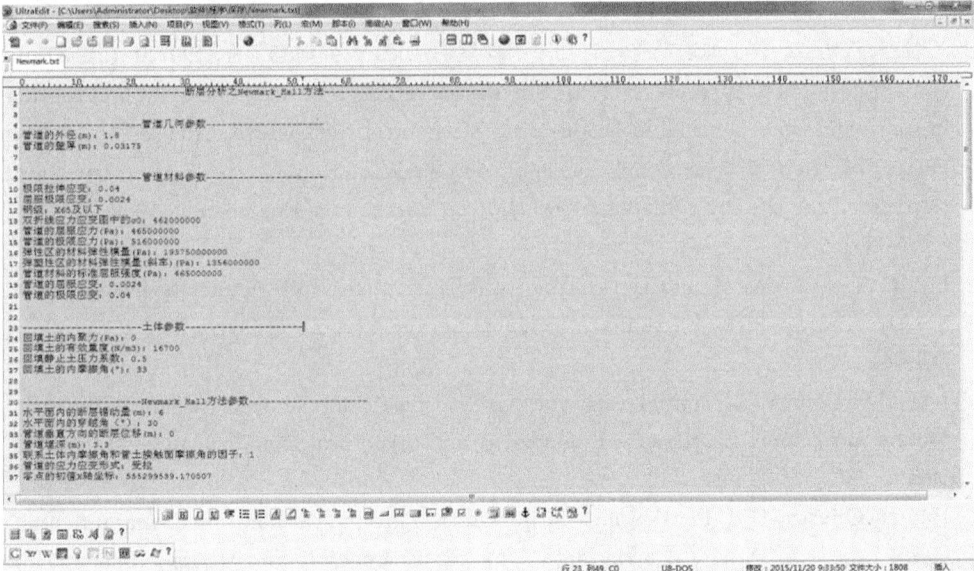

参 考 文 献

[1]   潘旦光, 楼梦麟, 范立础. 多点输入下大跨度结构地震反应分析研究现状. 同济大学学报 (自然科学版), 2001, 29(10): 1214-1219.

[2]   Zerva A, Zervas V. Spatial variation of seismic ground motions: an overview. Applied Mechanics Reviews, 2002, 55(3): 271-297.

[3]   Knani K. Semi-empirical formula for the seismic characteristics of the ground. Bulletin of earthquake research institute, University of Tokyo, Japan. 1957, 35: 309-325.

[4]   Tajimi H. A statistical method of determining the maximum response of a building structure during an earthquake. Proceeding of 2nd World Conference on Earthquake Engineering. Tokyo and Kyoto, Japan.

[5]   Clough R W, Penzien J. Dynamics of Structures. 2nd ed. New York: McGraw-Hill, 1993.

[6]   胡聿贤, 周锡元. 弹性体系在平稳和平稳化地面运动下的反应. 中国科学院土木建筑研究所地震工程研究报告集第一集, 北京: 科学出版社, 1962.

[7]   王君杰, 江近仁. 关于地震动平稳自功率谱模型的注记. 世界地震工程, 1997, 13(2): 37-40.

[8]   Harichandran R S, Vanmarcke E H. Stochastic variation of earthquake ground motion in space and time. Journal of Engineering Mechanics, 1986, 112(2): 154-174.

[9]   Feng Q M, Hu Y X. Spatial correlation of earthquake motion and its effect on structural response. Proc US-PRC Bilateral Workshop on Earthquake Engineering, 1982, 1: A-5-1 - A-5-14.

[10] Loh C H. Analysis of spatial variation of seismic waves and ground movements from SMART-l array data. Earthquake Engineering and Structural Dynamics, 1985, 13(5): 561-581.

[11] Loh C H, Yeh Y T. Spatial variation and stochastic modeling of seismic differential ground movement. Earthquake Engineering and Structural Dynamic, 1988, 16(5): 583-596.

[12] Hao H, Oliveira C S, Penzien J. Multiple-station ground motion processing and simulation based on SMART-1 array data. Nuclear Engineering and Design, 1989, 111(3): 293-310.

[13] Loh C H, Lin S G. Directionality and simulation in spatial variation of seismic waves. Engineering Structure, 1990, 12(2): 134-143.

[14] Abrahamson N A, Schneider J F, Stepp J C. Empirical spatial coherency functions for application to soil-structure interaction analysis. Earthquake Spectra, 1991, 7: 1-28.

[15] 王君杰. 多点多维地震动随机模型及结构的反应谱分析方法. 哈尔滨: 国家地震局工程力学研究所, 1992.

[16] 屈铁军, 王君杰, 王前信. 空间变化的地震动功率谱的实用模型. 地震学报, 1996, 18(1): 55-62.

[17] Goto H, Toki K. Structural response to nonstationary random excitation. Proc. 4WCEE, 1969: 130-144.

[18] Amin M, Ang A H S. Nonstationary stochastic model for earthquake motions. ASCE, 1968, 94, EM2.

[19] Hao H, Oliveira C S, Penzien J. Multiple-station ground motion processing and simulation based on SMART-1 array data. Nuclear Engineering and Design, 1989, 111(3): 293-310.

[20] Zerva A. Seismic ground motion simulations from a class of spatial variability model. Earthquake Engineering and Structural Dynamics, 1992, 21(4): 351-361.

[21] Zerva A. On the spatial variation of seismic ground motions and its effect on lifelines. Engineering Structure, 1994, 16(7): 534-546.

[22] Abrahamson N A. Generation of spatially incoherent strong motion time histories. Proc of 10th World Conf on Earthquake Engineering, 1992.

[23] Ramadan O, Novak M. Simulation of spatially incoherent random ground motions. Journal of Engineering Mechanics, 1993, 119(5): 997-1016.

[24] Ramadan O, Novak M. Simulation of multidimensional, anisotropic ground motions. Journal of engineering mechanics, 1994, 120(8): 1773-1785.

[25] Spanos P D, Zeldin B A. Efficient iterative ARMA approximation of multivariate random processes for structural dynamics applications. Earthquake engineering & structural dynamics, 1996, 25(5): 497-507.

[26] Li Y, Kareem A. Simulation of multivariate nonstationary random processes by FFT. Journal of engineering mechanics, 1991, 117(5): 1037-1058.

[27] Li Y, Kareem A. Simulation of multivariate random processes: hybrid DFT and digital filtering approach. Journal of Engineering Mechanics, 1993, 119(5): 1078-1098.

[28] Jin S, Lutes L D, Sarkani S. Efficient simulation of multi dimensional random fields. Journal of Engineering Mechanics, 1997, 123(10): 1082-1089.

[29] Vanmarcke E H, Heredia-Zavoni E, Fenton G A. Conditional simulation of spatially correlated earthquake ground motion. Journal of Engineering Mechanics, 1993, 119(11): 2333-2352.

[30] Abrahamson N A. Spatial interpolation of array ground motions for engineering analysis. Proceedings of 9th World Conference on Earthquake Engineering, Tokyo, Japan, 1988.

[31] 屈铁军, 王前信. 空间相关的多点地震动合成 (I) 基本公式. 地震工程与工程振动, 1998, 18(1): 8-15.

[32] 屈铁军, 王前信. 空间相关的多点地震动合成 (II) 合成实例. 地震工程与工程振动, 1998, 18(2): 25-32.

[33] 刘文华. 大跨复杂结构在多点地震动激励作用下的非线性反应分析. 北京: 北京交通大学, 2007.

[34] 倪永军, 朱晞. 考虑时间–空间变化的人工随机场模拟. 地震学报, 2002, 24(4): 407-412.

[35] 夏友柏, 王年桥, 张尚根. 一种合成多点地震动时程的方法. 世界地震工程, 2002, 18(1): 119-122.

[36] 刘先明, 叶继红, 李爱群. 空间相关多点地震动合成的简化方法. 工程抗震, 2003, (1): 30-36.

[37] 屈铁军. 地面运动的空间变化特征研究及地下管线地震反应分析. 哈尔滨: 国家地震局工程力学研究所, 1995.

[38] 田景元, 刘汉龙, 陈国兴, 等. 土石坝二维多点输入地震反应分析. 岩土力学, 2004, 25(1): 99-104.

[39] Berndt J D, Clifford J. Using dynamic time warping to find patterns in time series. Proceeding of the KDD Workshop, Seattle, WA, USA, 1994: 359-370.

[40] Berndt J D, Clifford J. Finding patterns in time series: a dynamic programming approach, Advances in Knowledge Discovery and Data Mining. AAAI/MIT Press, 1996.

[41] Saragoni G R, Hart G C. Simulation of artificial earthquakes. Earthquake Engineering and Structure Dynamics, 1974, 2(3): 249-267.

[42] Ohsaki Y. On the significance of phase content in earthquake ground motions. Earthquake Engineering and Structure Dynamics, 1979, 7(5): 427-439.

[43] Nigam N C. Phase Properties of a Class of Random Process. Earthquake Engineering and Structure Dynamics, 1982, 10: 711-717.

[44] 赵凤新, 胡聿贤. 地震动非平稳性与幅值谱和相位差谱的关系. 地震工程与工程振动, 1996, 14(2): 1-5.

[45] 金星, 廖振鹏. 强地震动相位特征的统计规律性. 地震学报, 1994, 16(1): 106-110.

[46] Thráinsson H, Kremidjian A S. Simulation of digital earthquake accelerograms using the inverse discrete Fourier transform. Earthquake Engineering and Structural Dynamics, 2002, 31(12): 2023-2048.

[47] 赵凤新, 胡聿贤, 李小军. 地震动相位差谱的统计规律. 自然灾害学报, 1995, 4(增刊): 49-56.

[48] 赵凤新, 胡聿贤. 地震动反应谱与相位差谱的关系. 地震学报, 1996, 18(3): 287-291.

[49] 程纬, 刘光栋, 易伟建. 地震动相位谱与相位差谱分布特征的研究. 湖南大学学报 (自然科学版), 1999, 26(2): 82-91.

[50] 杨庆山, 姜海鹏, 陈英俊. 基于相位差谱的时–频非平稳人造地震动的生成. 地震工程与工程振动, 2001, 21(3): 10-16.

[51] 杨庆山, 姜海鹏. 基于相位差谱的时–频非平稳人造地震动的反应谱拟合. 地震工程与工程振动, 2002, 22(1): 32-38.

[52] 建筑抗震设计规范. 2001.

[53] 潘旦光, 楼梦麟, 范立础. 多点输入下大跨度结构地震反应分析研究现状, 同济大学学报 (自然科学版), 2001, 29(10): 1214-1219.

[54] 陈玮. 大跨桥梁多点激励随机地震响应分析及程序实现. 上海: 同济大学, 1998.

[55] 杨庆山，刘文华，田玉基. 国家体育场在多点激励作用下的地震反应分析. 土木工程学报, 2008，41(2): 35-41.

[56] 项海帆. 斜张桥在行波作用下的地震反应. 同济大学学报, 1983, (2): 4-12.

[57] 袁万城. 大跨桥梁空间非线性地震反应分析. 上海: 同济大学, 1990.

[58] 胡聿贤. 地震工程学. 北京: 地震出版社, 1988.

[59] Zerva A, Zervas V. Spatial variation of seismic ground motions: an overview. Applied Mechanics Reviews, 2002, 55(3): 271-297.

[60] Yamamura N, Tanaka H. Response analysis of flexible MDF systems for multiple-support seismic excitation. EESD, 2010, 19(3): 345-357.

[61] Berrah M, Kausel E. Response spectrum analysis of structures subjected to spatially varying motions. EESD, 2010, 21(6): 461-470.

[62] Heredia-Zavoni E, Vanmarke E H. Seismic random-vibration analysis of multisupport-structural systems. J Eng Mech, 1994, 120(5): 1107-1128 .

[63] Kiureghian A D, Neuenhofer A. Response spectrum method for multi-support seismic excitations. EESD, 1992, 21(8): 713-740.

[64] 刘洪兵，朱晞. 多支承激励地震响应分析的简化反应谱法. 中国公路学报，2002，15(1): 34-37.

[65] Petrov A A. Seismic response of extended systems to multiple support excitations. Acapulo: Elsevier Science Ltd , 11thWCEE, 1996.

[66] Hao H. Response of multiply supported rigid plate to spatially correlated seismic excitation. EESD, 2010, 20(9): 821-838.

[67] Soyluk K, Dumanoglu A A. Comparison of asynchronous and stochastic dynamic responses of a cable-stayed bridges. Eng Struct, 2000, 22(5): 435-445.

[68] 楼梦麟, 林皋. 地震动空间相关性对水坝地震反应影响. 水力发电学报, 1984, (2): 39-46.

[69] 林家浩. 随机地震响应功率谱快速算法. 地震工程和工程振动, 1990, 10(4): 38-46.

[70] Hindy A, Novak M. Earthquake response of underground pipelines. Earthquake Engineering & Structural Dynamics, 1979, 7(5): 451-476.

[71] 阎盛海. 地下结构抗震. 大连：大连理工大学出版社, 1989.

[72] Wang L R L. Seismic evaluation model for buried lifelines[C]//Lifeline Earthquake Engineering@s The Current State of Knowledge, 1981, ASCE, 2015.

[73] American Lifelines Alliance. Guidelines for the Design of Buried Steel Pipe. ASCE, 2001.

[74] 白宁, 赵冬岩. 海底管道弯矩–曲率形式的 Ramberg-Osgood 方程参数计算. 中国海洋平台, 2011, 26(6): 16-20.

[75] ANSYS , Inc. ANSYS Structural Analysis Guide Release 11. 0.

[76] Zeinoddini M, Sadrossasat S M, Parke G A R. Nonlinear seismic analysis of free spanning submarine pipelines: effects of pipe-water interaction. Proceedings of the 27th International Conference on Offshore Mechanics and Arctic Engineering, Estoril, Portugal, 2008: OMAE2008-57781.

[77] 周晶, 李昕, 马冬霞. 海底悬跨管线的地震响应和振动控制. 世界地震工程, 2000, 16(4): 58-62.

[78] 李昕, 刘亚坤, 周晶, 等. 海底悬跨管道动力响应的实验研究和数值模拟. 工程力学, 2003, 20(2): 21-25.

[79] Li X, Dong R B, Jin Q et al. Hydrodynamic force model on free spanning pipeline subjected to seismic excitations. Proceedings of the 27th International Conference on Offshore Mechanics and Arctic Engineering, Estoril, Portugal, 2008: OMAE2008-57081.

[80] 林皋, 朱彤, 林蓓. 结构动力模型实验的相似技巧. 大连理工大学学报, 2000, 40(1): 1-8.

[81] 张鸿雁, 张志政, 王元. 流体力学. 北京: 科学出版社, 2004.

[82] 李玉成, 滕斌. 波浪对海上建筑物的作用. 2 版. 北京: 海洋出版社, 2002.

[83] DNV Recommended Practice, DNV-RP-C205: Envriomental conditions and environmental loads. Norway: Det Norske Veritas, 2007.

[84] Son J S, Hanratty T J. Numerical solution for the flow around a cylinder at Reynolds number of 40, 200 and 500. Journal of Fluid Mechanics, 1969, 35(2): 369-386.

[85] Jain P C, Rao K S. Numerical solution of unsteady viscous incompressible fluid flow past a circular cylinder. Phys. Fluid Suppl., 1969, 12(12): 15501-15527.

[86] Jordan S K, Fromm J E. Oscillatory drag lift and torque on a circular cylinder in a uniform flow. Phys. Fluids, 1972, 15(3): 371-376.

[87] Lin C L, Pepper D W, Lee S C. Numerical methods for separated flow solutions around a circular cylinder, AIAA J, 1976, 14(7): 900-907.

[88] Ha minch H, Boisson H C, Martinez G. Unsteady mixed convection heat transfer around a circular cylinder. Trans. ASME J. Heat Transfer, 1980, 13: 35-44.

[89] 张洪泉. 混合层绕流圆柱旋涡脱落的数值研究. 力学学报, 1993, 25(3): 356-361.

[90] 叶春明, 吴文权. 数值模拟圆柱绕流旋涡生成、分离及演化. 华东工业大学学报, 1995, 17(4): 25-30

[91] 叶春明, 吴文权. 数值模拟圆柱绕流旋涡运动及尾流不稳定性分析. 工程热物理学报, 1997, 18(2): 169-172.

[92] 凌国平, 林国灿. 绕旋转圆柱流动涡尾流结构和临界状态特性. 力学学报, 1997, 29(1): 8-16.

[93] Lei C, Cheng L, Armfield S W, et al. Vortex shedding suppression for flow over a circular cylinder near a plane boundary. Ocean Engineering, 2000, 27(10): 1109-1127.

[94] 李玉成, 陈兵. 海底管线上波浪力的大涡模拟及三步有限元数值模拟. 海洋通报, 1999, 21(6): 87-93.

[95]　Chen B, Cheng L. Numerical investigation of three-dimensional flow around a free-spanned pipeline. Proceedings of the Twelfth International Offshore and Polar Engineering Conference, Kitakyushu, Japan, 2002, II: 61-67.

[96]　吕林. 海洋工程中小尺度物体的相关水动力数值计算. 大连: 大连理工大学, 2006.

[97]　Hirt G W, Amaden A A, Cook J L. An arbitrary Lagrangian-Eulerian computing method for all flow speeds. Journal of Computational Physics, 1974, 14 (3): 227-253.

[98]　Nomura T, Hughes T J R. An arbitrary Lagrangian-Eulerian finite element method for interaction of fluid and a rigid body. Computer Methods in Applied Mechanics and Engineering, 1992, 95(2): 115-138.

[99]　Takashi N. ALE finite clement computations of fluid-structure interaction problems. Computer Methods in Applied Mechanics and Engineering, 1994, 112(4): 291-308.

[100]　Wei R, Sekine A, Shimura M. Numerical analysis of 2D vortex-induced oscillations of a circular cylinder. International Jounial for Numerical Methods in Fluids, 2010, 21(20): 993-1005.

[101]　Newman D J, Karniadakis G E. A direct numerical simulation study of flow past a freely vibrating cable. Journal of Fluid Mechanics, 1997, 344(344): 95-136.

[102]　Schulz K W, Kallinderis Y. Unsteady flow structure interaction for incompressible flows using deformable hybrid grids. Journal of Computational Physics, 1998, 143(2): 569-597.

[103]　蒋莉, 沈孟育, 求解流体与结构相互作用问题的 ALE 有限体积方法. 水动力学研究与进展 (A 辑), 2000, 15(2): 148-155.

[104]　曹丰产, 项海帆. 圆柱非定常绕流及涡致振动的数值计算. 水动力学研究与进展 (A 辑), 2001, 16(1): 111-118.

[105]　王国兴. 海底管线管跨结构涡致耦合振动的数值模拟与实验研究. 青岛: 中国海洋大学, 2006.

[106]　ADINA Theory and Modeling Guide, ADINA R&D, Inc., 2004.

[107]　Olson L G, Bathe K J. An infinite element for analysis of transient fluid-structure interactions. Engineering Computations, 1985, 2(4): 319-329.

[108]　ADINA Theory and Modeling Guide Volume I: ADINA Solids & Structures. ADINA R & D, Inc. 2009.

[109]　Wilson E L. Three dimensional static and dynamic analysis of structures: a physical approach with emphasis on earthquake engineering. Berkley, California: Computers and Structures, Inc., 2002.

[110]　O'Rourke M J, Liu X J. Response of buried pipeline subjected to earthquake effects. MCEER Monograph No. 3, 1999.

[111]　侯忠良, 甘文水, 肖五虎. 秦京输油管线的抗震鉴定. 北京: 冶金工业部建筑研究总院防灾抗震工程研究所, 1991.

[112] 张进国, 吕英民. 地震裂缝错位作用时埋地管道的有限元分析. 油气储运, 1997, 16(2): 28-30.

[113] 郭恩栋, 冯启民. 跨断层埋地钢管道抗震计算方法研究. 地震工程与工程振动, 1999, 19(4): 43-47.

[114] Tohidi R Z, Shakib H. Response of steel buried pipeline to the three dimensional fault movement. Journal of Science and Technology, 2003, 14(56B): 1127-1135.

[115] Takada S, Liang J W, Li T Y. Shell model response of buried pipelines to large fault movements. Journal of Structural Engineering, JSCE, 1998, 44a: 1637-1646.

[116] 冯启民, 赵林. 跨越断层埋地管道屈曲分析. 地震工程与工程振动, 2001, 21(4): 80-87.

[117] 刘爱文, 胡聿贤, 赵凤新, 等. 地震断层作用下埋地管线壳有限元分析的等效边界方法. 地震学报, 2004, 26(增刊): 141-147.

[118] 赵海宴, 李小军, 刘爱文. 冀宁输气管道穿越活动断裂的抗震分析与设计. 工程抗震与加固改造, 2005, 27(6): 85-88.

[119] Kuwata Y, Takada S, Ivanov R. Estimation of allowable fault displacement for pipelines and countermeasures. Proceedings of the Pipeline Division Specialty Conference, Houston, TX, United States, 2005: 674-685.

[120] 李小军, 侯春林, 赵雷, 等. 考虑压缩失效时埋地管线跨地震断层的最佳交角研究. 应用基础与工程科学学报, 2006, 14(2): 203-210.

[121] Cocchetti G, di Prisco C, Galli A. Soil-pipeline interaction along active fault systems. International Journal of Offshore and Polar Engineering, 2008, 18(3): 211-219.

[122] Cocchetti G, di Prisco C, Galli A. Soil-pipeline interaction along active fault system. Proceedings of the Seventeenth International Offshore and Polar Engineering Conference, Lisbon, Portugal, 2007: 3065-3072.

[123] Li X J, Hou C L, Zhao L, et al. Improved Newmark method for analyzing response of buried pipeline crossing fault. Rock and Soil Mechanics, 2008, 29(5): 1210-1216.

[124] Jiao Z L, Shuai J, Han K J. Response analysis of buried pipeline subjected to fault movements. International Conference on Pipelines and Trenchless Technology 2009: Advances and Experiences with Pipelines and Trenchless Technology for Water, Sewer, Gas, and Oil Applications, Shanghai, China, 2009: 1212-1218.

[125] Vazouras P, Karamanos S A, Dakoulas P. Finite element analysis of buried steel pipelines under strike-slip fault displacements. Soil Dynamics and Earthquake Engineering, 2010, 30(11): 1361-1376.

[126] Takada S, Hassani N, Fukuda K. A new proposal for simplied design of buried steel pipes crossing active faults. Earthquake Engineering and Structural Dynamics, 2001, 30(8): 1243-1257.

[127] 江闽. 下埋管线跨越断层地震反应研究与实践. 低温建筑技术, 2005, (6): 102-104.

[128] Liu M, Wang Y Y, Yu Z F. Response of pipelines under fault crossing. Proceedings of the International Offshore and Polar Engineering Conference, Vancouver, BC, Canada,

2008: 162-165.

[129] Bathe K J. Finite element procedures. America: Prentice-Hall Inc., 1996.

[130] Nader Y G. Analysis of buried pipelines with thermal applications. Edmonton, Alberta, Canada: University of Alberta, 2002.

[131] American Lifeline Alliance. Guidelines for the design of buried steel pipe//ASCE. USA: ASCE, 2001.

[132] 侯春林. 跨断层埋地管线断层错动反应分析方法. 北京: 中国地震局地球物理研究所, 2006.

[133] Kennedy R P, Darrow A C, Short S A. Seismic design of oil pipeline systems. Journal of the Technical Councils of ASCE, 1979, 105(1): 119-134.

[134] 史永霞. 埋地管线在沉陷情况下的响应分析. 大连: 大连理工大学, 2007.

[135] 张素灵, 许建东, 曹华明, 等. 地震断层作用对地下输油 (气) 管道破坏的分析. 地震地质, 2001, 23(3): 432-437.

[136] Newmark N M, Hall W J. Pipeline design to resist large fault displacement. Proceedings of US Conference on Earthquake Engineering, Ann Arbor, Michigan, 1975: 416-425.

[137] 胡明祎, 林均岐, 李祚华, 等. 跨越断层埋地管线地震反应研究述评. 地震工程与工程振动, 2005, 25(1): 159-163.

[138] 中国石油天然气股份有限公司管道分公司, 中国海洋大学. SY/T 0450-2004 输油 (气) 钢质管道抗震设计规范//国家发展和改革委员会. 北京: 国家发展和改革委员会, 2004.

[139] ASCE. Guidelines for the seismic design of oil and gas pipeline system//ASCE. USA: ASCE, 1984.

[140] Kennedy R P, Chow A W, Williamson R A. Fault movement effects on buried oil pipeline. Transportation Engineering Journal, 1977, 103: te5(5): 617-633.

[141] Wang L R L, Yeh Y H. A refined seismic analysis and design of buried pipeline for fault movement. Earthquake Engineering and Structural Dynamics, 1985, 13(1): 75-96.

[142] 陈冠卿. 活动断层区埋地管道的设计要求及防范措施. 油气储运, 1988, 7(1): 27-35.

[143] 陶勇寅, 柳广乐. 管道在地震断层作用下的位移内力分析. 油气储运, 1994, 13(2): 13-16.

[144] Chiou Y J, Chi S Y. A study on buried pipeline response to fault movement. Journal of Pressure Vessel Technology. ASME, 1994, 116: 1(1): 36-41.

[145] Wang L R L, Wang L J. Parametric study of buried pipelines due to large fault movements. Proceedings of 3rd Trilateral China-Japan-U. S. Symposium on Lifeline Earthquake Engineering, Kunming, China, 1998: 165-172.

[146] Wang L J, Wang L R L. Buried pipelines in large fault movements. Proceedings of the 4th U. S. Conference on Lifeline Earthquake Engineering, San Francisco, CA, United states, 1995: 152.

[147] Wang L R L, Wang L J. Parametric study of buried pipelines due to large fault movements. Proceedings of the third China-Japan-US Trilateral Symposium on Lifeline Earthquake Engineering, Kobe, 1995: 165-172.

[148] 王元, 汤林. 活动断层区埋地管道的地震反应分析. 石油工程建设, 1998, (2): 7-11.

[149] 刘爱文, 张素灵, 胡聿贤, 等. 地震断层作用下埋地管线的反应分析. 地震工程与工程振动, 2002, 22(2): 22-27.

[150] Karamitros D K, Bouckovalas G D, Kouretzis G P. Stress analysis of buried steel pipelines at strike-slip fault crossings. Soil Dynamics and Earthquake Engineering, 2007, 27(3): 200-211.

[151] Takada S, Hassani N, Fukuda K. Damage directivity in buried pipelines of Kobe city during the 1995 earthquake. Journal of Earthquake Engineering, 2002, 6(1): 1-15.

[152] Hreinsdottir S, Freymueller J T, Burgmann R, et al. Coseismic deformation of the 2002 Denali fault earthquake: insights from GPS measurements. Journal of Geophysical Research-solid Earth, 2006, 111(B3): 55-68.

[153] de Michele M, Raucoules D, de Sigoyer J, et al. Three-dimensional surface displacement of the 2008 may 12 Sichuan earthquake (China) derived from synthetic aperture radar: evidence for rupture on a blind thrust. Geophysical International Journal, 2010, 183(3): 1097-1103.

[154] Ha D, Abdoun T H, O'Rourke M J. Soil-pipeline interaction behavior under strike-slip faulting. Proceedings of the Geotechnical Earthquake Engineering and Soil Dynamics IV Congress 2008, Sacramento, CA, United states, 2008: 1-10.

[155] 赵雷. 断层错动引发基岩上覆土层破裂及其对埋地管线的影响研究. 北京: 中国地震局地球物理研究所, 2004

[156] Chen C C, Ariman T, Lee. Elastic Buckling Analysis of Buried Pipe under seismic loads. National Bureau of Standards, 1984, 665: 156-166.

[157] Chan P D S. Soil-pipeline interaction in slopes. University of Calgary, Canada, 2000.

[158] 刘学杰, 孙邵平. 地下管道穿越断层的应变设计方法. 特种结构, 2005, 22(2): 81-85

[159] 李鹤林, 李霄, 吉玲康, 等. 油气管道基于应变的设计及抗大变形管线钢的开发与应用. 焊管, 2007, 30(5): 5-11.

[160] 童华. 长输管线大变形设计理论研究. 成都: 西南石油学院, 2005.

[161] 李晓丽. 钢质管道地震地质灾害若干问题研究. 大庆: 大庆石油学院, 2007.

[162] Chan P D S, Wong R C K. Performance evaluation of a buried steel pipe in a moving slope, a case study. Canadian Geotechnical Journal, 2004, 41(5): 894-907.

[163] 中华人民共和国石油天然气行业标准输油 (气) 钢质管道抗震设计规范 (SY/T0450—2004). 北京: 中国石油天然气股份有限公司管道分公司, 中国海洋大学, 2004.

[164] 马骅, 冯启民, 高泽涛. GB 50470—2008 油气输送管道线路工程抗震技术规范. 2009.

[165] G B. 室外给水排水和燃气热力工程抗震设计规范. 2003

[166] Honegger D G, Nyman D J. Guidelines for the seismic design and assessment of natural gas and liquid hydrocarbon pipelines. Pipeline Research Council International, Inc., Arlington, Va. Catalogue, 2002: 563-570.

[167] Japan Society of Civil Engineers. Earthquake resistant design codes in Japan. January 2000.

[168] American Society of Mechanical Engineers. Liquid transportation systems for hydrocarbons, liquid petroleum gas, anhydrous ammonia and alcohols, ASME/ANSI B31.4, USA, 1998.

[169] American Society of Mechanical Engineers. Gas transmission and distribution piping system, ASME/ANSI B31.8, USA, 2000.

[170] Design C. Operation, and Maintenance of Offshore Hydrocarbon Pipelines (Limit State Design) API Recommended Practice 1111, 1999.

[171] BS8010 Part 3: Pipelines Subsea: Design, Construction and Installation, British Standards Institution, 1993.

[172] Canadian Standards Association. Oil and Gas Pipeline Systems. Rexdale, Ontario, Canada, 1996.

[173] Det Norske Veritas(DNV). Rules for Submarine Pipeline Systems. Høvik, Norway, 2000.

彩　图

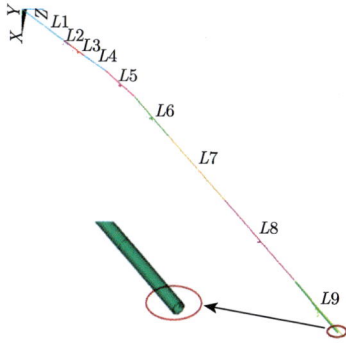

(a) 管道模型图

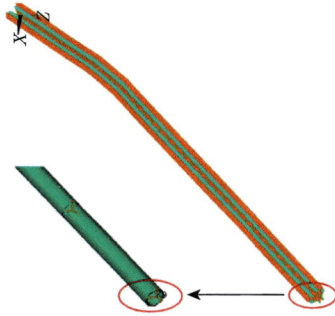

(b) 管-土弹簧模型图

图 2.5　管道有限元模型图

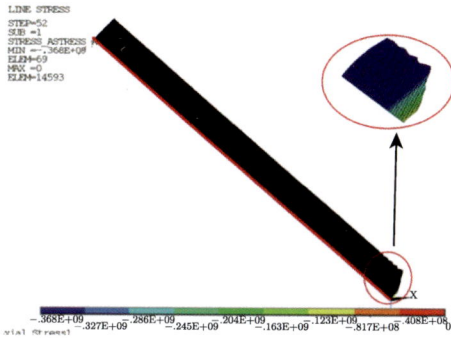

(a) 第 1 段 (极值: −368MPa)

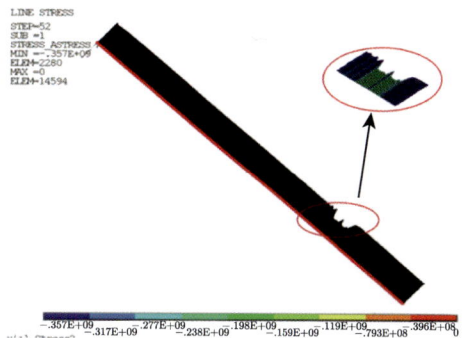

(b) 第 2 段 (极值: −357MPa)

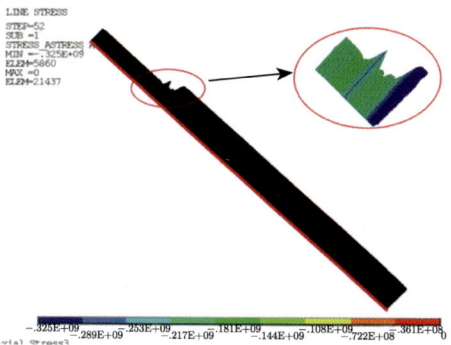

(c) 第 3 段 (极值: −325MPa)

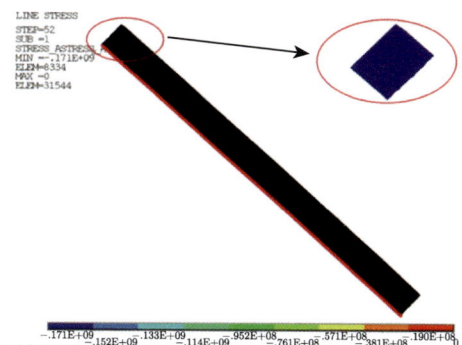

(d) 第 4 段 (极值: −171MPa)

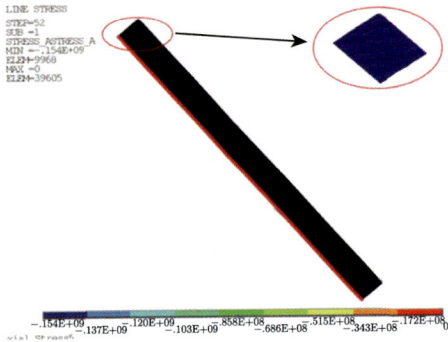

(e) 第 5 段 (极值：−154MPa)

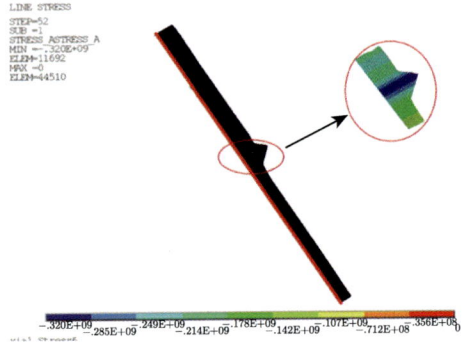

(f) 第 6 段 (极值：−320MPa)

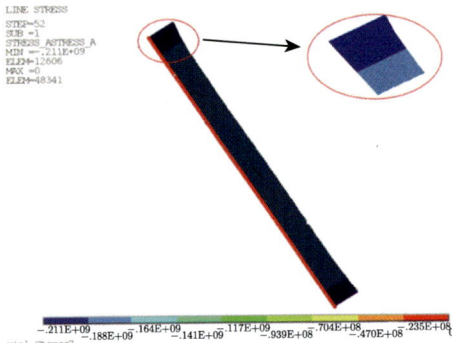

(g) 第 7 段 (极值：−211MPa)

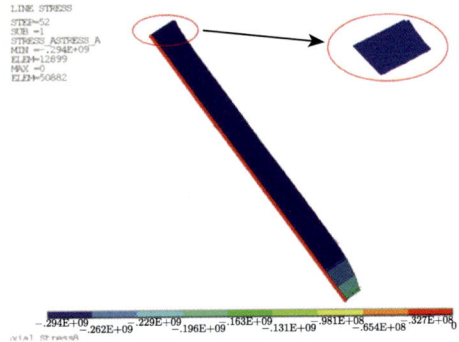

(h) 第 8 段 (极值：−294MPa)

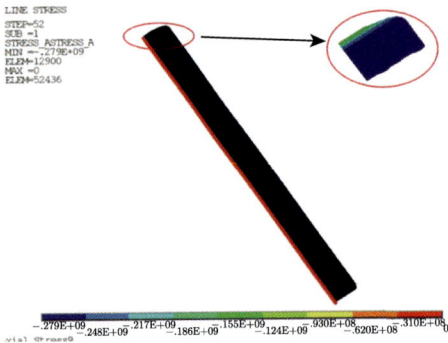

(i) 第 9 段 (极值：−279MPa)

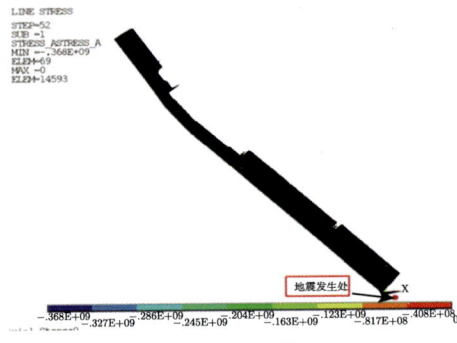

(j) 全部管段 (极值：−368MPa)

图 2.8　无运行荷载下管线地震反应极值应力云图

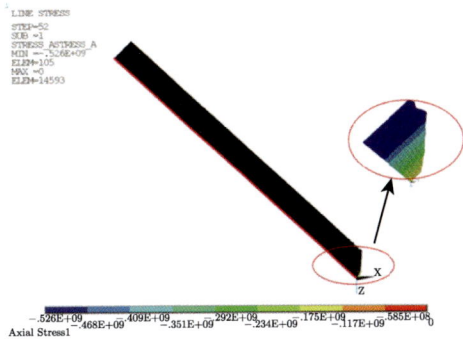

(a) 第 1 段 (极值：−526MPa)

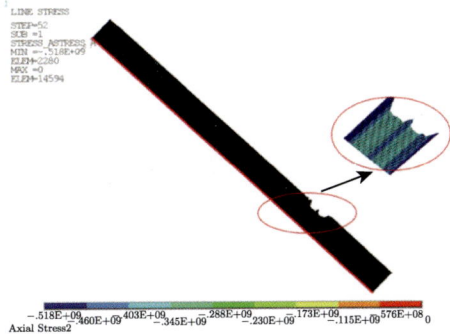

(b) 第 2 段 (极值：−518MPa)

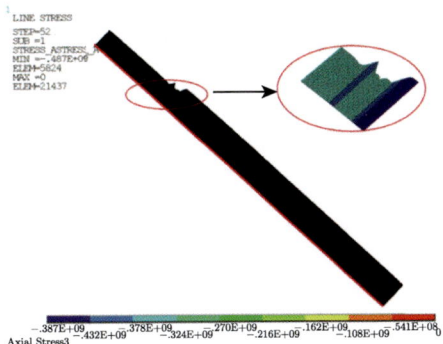

(c) 第 3 段 (极值：−487MPa)

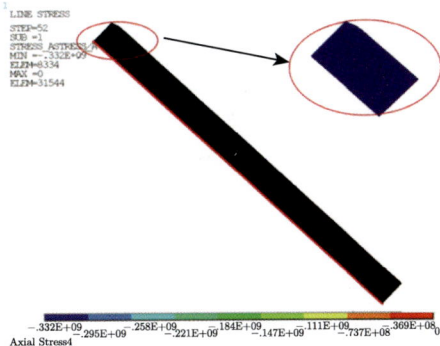

(d) 第 4 段 (极值：−332MPa)

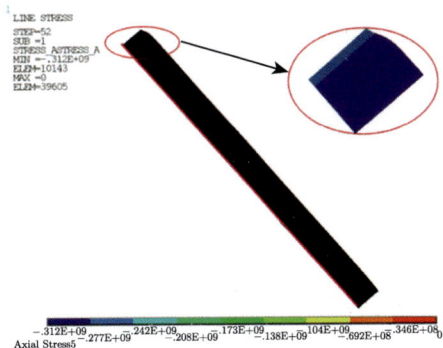

(e) 第 5 段 (极值：−312MPa)

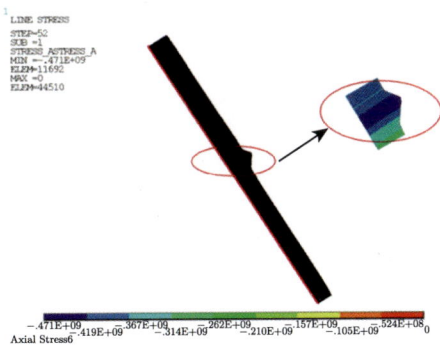

(f) 第 6 段 (极值：−471MPa)

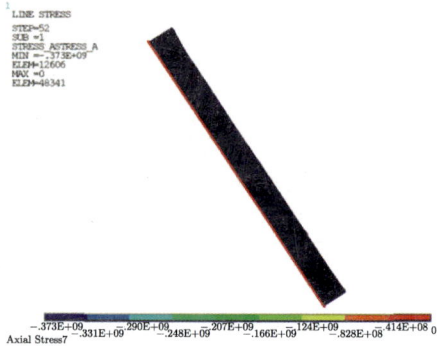

(g) 第 7 段 (极值：−373MPa)

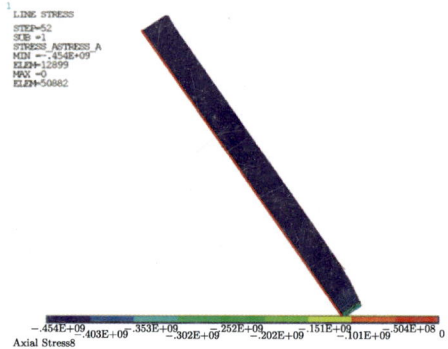

(h) 第 8 段 (极值：−454MPa)

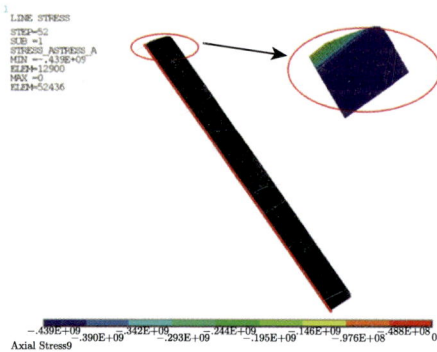

(i) 第 9 段 (极值：−439MPa)

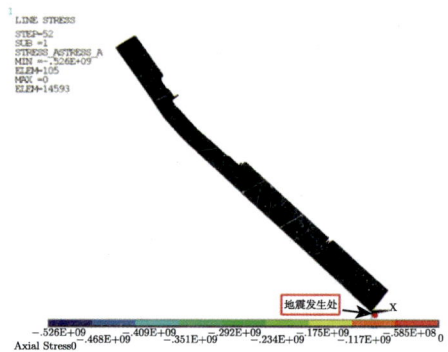

(j) 全部管段 (极值：−526MPa)

图 2.11　运行荷载下管线地震反应极值应力云图

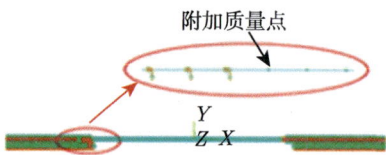

(a) 附加质量示意图

(b) 附加质量和集中力示意图

图 5.18　有限元模型